Jens König

Gregor Gysi

Eine Biographie

Rowohlt · Berlin

Für Elsa, Sophie und Lilli

2. Auflage August 2005
Copyright © 2005 by Rowohlt · Berlin Verlag GmbH, Berlin
Lektorat Jens Dehning
Satz Utopia und Univers PostScript,
InDesign, bei Pinkuin Satz und Datentechnik, Berlin
Druck und Bindung Clausen & Bosse, Leck
Printed in Germany
ISBN 3 87134 453 2

Inhalt

1. Kapitel

Eine Lebensgeschichte mit Pointe

Als Heiner Müller ein Problem mit seiner Neubauwohnung hatte, war Gregor Gysi seine letzte Hoffnung. Müller, der bekannte Dramatiker, wollte, dass Gysi, der bekannte Anwalt, ihm bei dem Streit mit seinem Vermieter hilft. Müller erklärte also eine Viertelstunde lang, worum es ging. Als er fertig war, sagte Gysi: «Müller, ich erinnere mich gerade an einen sehr schönen Satz von Ihnen. In Ihrer ‹Weiberkomödie› schreiben Sie: ‹Ja, ja, das Gras wächst von hüben nach drüben, nur der Mensch braucht Papiere.›»

Müller war verwirrt. Er fragte Gysi, was dieser ihm sagen wolle.

«Müller, Sie können das ganze Schicksal der DDR in einem einzigen Satz beschreiben», antwortete Gysi. «Aber Ihr kleines Mietproblem können Sie nicht mal in einer Viertelstunde erklären.»

«Gysi», erwiderte Müller, «glauben Sie, ich würde schreiben, wenn ich reden könnte?»

Gregor Gysi kann reden, und wie! Aber man tritt ihm sicher nicht zu nahe, wenn man, frei nach Heiner Müller, behauptet, dass sich gerade deswegen seine Fähigkeit zu schreiben in Grenzen hält.

Gysi hat drei Bücher über sein Leben verfasst. Er schreibt darin über seine Kindheit, seine Arbeit als Rechtsanwalt in der DDR, seinen rauschhaften Aufstieg in der Wendezeit 1989/90, seine Medienkarriere im vereinigten Deutschland, seine Begeisterung für Politik, aber auch sein Leiden an ihr. Er steht gern im Mittelpunkt. Und doch erfährt man nicht viel von ihm, schon gar nicht von der Privatperson Gregor Gysi. Ebenso im persönlichen Gespräch: Gysi wirkt sympathisch, man kommt leicht an ihn heran, er plaudert sofort drauflos, auch über scheinbar persönliche Dinge. Aber je länger man ihm zuhört, desto mehr wird deutlich, dass er nicht wirklich etwas von sich preisgibt. Gysi geht es wie vielen Eitlen – er ist empfindlich. Er will gesehen werden und sich gleichzeitig verstecken.

Das hat zunächst mit einem Defekt zu tun, unter dem viele Spitzenpolitiker leiden. Sie glauben, den Voyeurismus ihres Publikums bedienen zu müssen, geben sich aber gleichzeitig der Illusion hin, das Interesse der Medien steuern zu können. Als Gysi im Sommer 2005 entschied, trotz mehrerer Herzinfarkte und einer Gehirnoperation ins politische Geschäft zurückzukehren, dachte er offenbar, der Öffentlichkeit einen Beweis für seine Gesundheit schuldig zu sein. Er erlaubte seinem Arzt, mit der *Bild*-Zeitung zu sprechen, allerdings nur über «allgemeine» Fragen, wie er versichert. Die Boulevard-Reporter erledigten ihr Geschäft gewohnt gründlich. *Bild* präsentierte zwei Tage nach dem Arztbesuch Gysis angebliche Krankenakte. «Gysi zeigt sein Gehirn», stand groß auf Seite 1, daneben ein Foto: «Gysis Gehirn im Computer-Tomographen. Die roten Flecken zeigen Blutströme.» Gysi war beim Tanz auf dem schmierigen Boulevard ausgerutscht. Sein Arzt beteuerte, die Fotos zeigten nicht das Gehirn seines prominenten Patienten, sondern das eines anderen Menschen. Gysi sah seine Privatsphäre verletzt und klagte gegen *Bild*.

Gysis Empfindlichkeit gegen öffentliches Zurschaustellen hat aber noch einen anderen Grund. Am Anfang seiner politischen Karriere ist er in einem heute kaum vorstellbaren Maß angegriffen und ausgegrenzt worden. Diejenigen Politiker und Medien, die an den Angriffen beteiligt waren, lassen sich nur ungern daran erinnern. Als Gysi im Sommer 2000 den PDS-Fraktionsvorsitz im Bundestag niederlegte, erklärte er in einem Interview, dass er nie ganz verstanden habe, warum er in der Politik jahrelang persönlich gejagt worden sei, Konkurrenz- und Neidgefühle würden da als Erklärung nicht ausreichen. «Diese Verletzungen bleiben», sagte er. «Ich bin anderen Menschen gegenüber dadurch leider etwas misstrauisch geworden.»

Gysi hat nicht vergessen, dass es im vereinigten Deutschland mal eine Zeit gab, in der es ein Makel war, seinen Namen zu tragen. Gabriele Gysi, Theaterschauspielerin und Regisseurin, bekam zwischen 1990 und 1992 kein einziges Engagement, weder im Osten noch im

Westen – weil sie die Schwester des vielerorts verhassten Politikers war. Gregor Gysis Mutter hat bis heute kein Namensschild an ihrer Haustür.

Wenn es um sein eigenes Leben und das seiner Familie geht, versteht Gysi keinen Spaß. Da verlassen ihn sein Witz und seine Ironie, auf die er doch sonst so stolz ist. Er will Herr über seine Geschichte bleiben. Gysi war deswegen nicht bereit, an dieser Biographie mitzuarbeiten. Er stand zu keinem einzigen Interview für das Buch zur Verfügung. Entsprechende Anfragen über mehrere Jahre hinweg hat er abgelehnt. Er finde eine Biographie über sich zu Lebzeiten nicht angemessen, ließ er wissen.

Das erste Buch, das Gysi geschrieben hat («Das war's. Noch lange nicht!»), erschien 1995. Es trug den Untertitel «Autobiographische Notizen». Der Autor war noch nicht einmal fünfzig Jahre alt.

Der große Entertainer Harald Schmidt hat anlässlich des zehnten Jahrestages der deutschen Einheit bekannt, dass er die Lebensgeschichten von Ostdeutschen nicht hören wolle. Sie seien eine Belästigung. Sie hätten keine Pointe. Schmidt hat Recht. Früher war es so, aber heute ist es ganz anders – so klingen die meisten ostdeutschen Geschichten. Sie laufen auf nichts Besonderes hinaus, wie im Übrigen auch die meisten westdeutschen Geschichten.

Gysis Lebensgeschichte hat eine Pointe. Aber in seinen Büchern hat er sie nicht erzählt. Gysi ist nur ein Jahr älter als das Land, in dem er geboren wurde. Er ist ein Kind dieser DDR. Und doch ist er scheinbar bruchlos zum Star der westlichen Mediengesellschaft geworden. «Gysi war schon immer für diese Gesellschaft gekleidet», meint der DDR-Bürgerrechtler und heutige Grünen-Politiker Werner Schulz.

Gysi verfügt über ein besonderes intellektuelles und kulturelles Repertoire. Das hat er nicht in erster Linie der DDR zu verdanken – sondern der Tatsache, dass er aus einer bürgerlichen, jüdisch-kommunistischen Ausnahmefamilie stammt. Dieses Buch ist der Versuch, diese außergewöhnliche Familiengeschichte zu erzählen – und Gregor Gysi so besser zu verstehen.

Die Macht des historischen Zufalls: Wie Gregor Gysi in die Politik geschleudert wurde

Dass Gregor Gysi im Dezember 1989 letzter Vorsitzender der SED wurde, einer Partei, zu der er auf den ersten Blick noch weniger zu passen schien als Gerhard Schröder zur SPD – das war ein historischer Zufall.

Und trotzdem nicht ganz zufällig.

In Gregor Gysis Fall hat die Geschichte eine ganz besondere Kapriole geschlagen. «Eigentlich ist Rainer Eppelmann an allem schuld», sagt Gysi. Ausgerechnet Eppelmann, ein Pfarrer, ein Oppositioneller, einer der ärgsten Feinde des SED-Regimes. Dafür verantwortlich, dass Gysi, der Retter der SED, in die Fänge der Politik geriet. «Mit dieser Schuld kann ich leben», sagt Eppelmann mehr als fünfzehn Jahre später.

Die Gelassenheit wirkt etwas gespielt. Eppelmann und Gysi sind nicht gerade das, was man Freunde nennt. Es hat weniger damit zu tun, dass sie politischen Lagern angehören, die bis heute den Kalten Krieg nachspielen. Immerhin duzen sich die beiden seit der gemeinsamen Zeit in der Volkskammer 1990, und sie kämen sich jetzt reichlich blöd vor, zum «Sie» zurückzukehren.

Zwischen dem einstigen CDU-Verteidigungsminister und dem ehemaligen PDS-Vorsitzenden steht etwas, was sie früher weniger trennte als heute: die DDR. Genauer gesagt, die Rolle, die ein Rechtsanwalt namens Gregor Gysi in diesem Land spielte.

Der Blick zurück vom Ende der Geschichte her macht es Eppelmann nicht ganz leicht zu erklären, warum er sich damals für Gysi als seinen Verteidiger entschied. Auch wenn die DDR kein Rechtsstaat war und von freier Anwaltswahl natürlich nicht die Rede sein konnte – warum ging Eppelmann wieder und wieder zu Gysi, obwohl er doch heute erklärt, ihm sei dieser Advokat schon immer verdächtig vorgekommen, genau genommen seit dem 10. April 1982, als sich die beiden zum ersten Mal begegneten?

An jenem 10. April ist Robert Havemann, der berühmteste Dissident der DDR, gerade einen Tag tot. Eppelmann und seine Frau Evi sind bereits am Morgen nach Grünheide rausgefahren, um Havemanns Witwe Katja beizustehen. Ihr Freund Robert Havemann war am Abend des 9. April in seinem Haus bei Berlin gestorben. Als die beiden dort ankommen, sitzt Gregor Gysi schon im Wohnzimmer. Er war Robert Havemanns Anwalt und hat bereits zu dieser frühen Morgenstunde kondoliert.

Katja Havemann, so erzählt Eppelmann, habe ihn und seine Frau am Gartentor empfangen und gesagt, Gysi sei da und wolle nicht gehen. Da sei er «diesen kleinen Bräsiker Gysi», der dort herumgesessen und «natürlich ganz den aufrechten, besorgten Rechtsanwalt gegeben» habe, etwas unfreundlich angegangen. Warum sind Sie denn so giftig zu mir?, habe Gysi geantwortet. «An diesem Tisch bei Katja sehe ich ihn heute noch sitzen», sagt Eppelmann. «Als 1992 die ersten Stasi-Gerüchte aufkamen, musste ich sofort an diese Szene denken. Ich hatte ja schon damals den Verdacht, dass Gysi nicht aus pastoralseelsorgerischem Interesse bei Katja Havemann aufgekreuzt war.»

Wie groß dieser Argwohn damals auch gewesen sein mag, er hinderte Eppelmann nicht daran, ein paar Jahre später in Gysis Kanzlei zu erscheinen und ihn um Hilfe zu bitten. Der aufmüpfige Pfarrer der Berliner Samaritergemeinde hatte im Winter 1988 Wanzen in seiner Wohnung entdeckt und beim Generalstaatsanwalt der DDR Anzeige erstattet. Von Gysi holte er sich juristischen Beistand. Ein paar Wochen danach lud Eppelmann den Anwalt sogar in seine Gemeinde ein, in der er regelmäßig politische Gesprächskreise veranstaltete. Gysi hielt dort, unter aufmerksamer Beobachtung der Staatssicherheit, einen Vortrag über die gerade neu eingeführten Verwaltungsvorschriften der DDR. Dieser Auftritt in der Gemeinde des «Staatsfeindes» Eppelmann war für Gysi – Nomenklaturkader, SED-Mitglied, Vorsitzender des Berliner Rechtsanwaltskollegiums, Chef des Rates aller DDR-Anwaltskammern – zu diesem Zeitpunkt nicht ungefährlich. Der Pfarrer wusste das und war entsprechend dankbar. Er hatte sogar den Eindruck, dass dieser SED-Anwalt den politischen Anliegen der Kirche gegenüber aufgeschlossen war.

Wenn Eppelmann ins Plaudern kommt und sich an diese Begebenheiten erinnert, wird deutlich, warum er zu DDR-Zeiten auf Gysi gesetzt hat, bei allem, was die beiden auch damals schon trennte. «Er war mutiger als viele andere Anwälte», sagt Eppelmann. «Gysi traute sich Fälle anzunehmen, die andere einfach ablehnten. Er hat mich nie falsch beraten, er hat nie versucht, mir irgendetwas auszureden. Dafür hatte er zu DDR-Zeiten meinen Respekt, trotz der ersten Erfahrung in Katja Havemanns Wohnzimmer.»

Im Mai 1989 wählte Eppelmann erneut Gysi zu seinem Anwalt. Der Pfarrer hatte beim Generalstaatsanwalt Strafanzeige wegen Wahlfälschung gestellt. Nach eigenen Zählungen vieler Oppositionsgruppen war klar: Das DDR-typische Achtundneunzig-Komma-noch-was-Ergebnis der Kommunalwahlen vom 7. Mai konnte nur durch Manipulation zustande gekommen sein. Eppelmann beauftragte Gysi, bei der Generalstaatsanwaltschaft die Akten einzusehen.

In seinem Brief an den Generalstaatsanwalt schrieb Gysi, wenn das Wahlergebnis nicht gefälscht worden sei, dann wäre doch eine Offenlegung der Listen die beste Methode, die Gerüchte über eine Wahlfälschung zu widerlegen. Für den Fall, dass die Verdächtigungen zuträfen, müsste dem Generalstaatsanwalt daran gelegen sein, die Schuldigen zu ermitteln und Schaden von der DDR abzuwenden. Gysis Antrag wurde selbstverständlich abgelehnt – allerdings mit der absurden Begründung, das Wahlgesetz der DDR sehe eine Einsicht in die Wahlunterlagen durch Rechtsanwälte nicht vor.

Juristisch war es völlig unerheblich, was im Wahlgesetz stand. Es lag der Verdacht einer Straftat vor, da kamen die Wahlunterlagen als Beweismittel sehr wohl in Betracht. Gysis Antrag auf Einsichtnahme gründete sich ja nicht auf das Wahlgesetz, sondern auf die Strafprozessordnung. Doch auch der Protest des Anwalts blieb erfolglos. Hier sollte wieder einmal die Macht und nicht das Recht triumphieren.

Die Wahlunterlagen bekam Gysi nie zu Gesicht; wie er später erfuhr, waren sie zu diesem Zeitpunkt schon längst vernichtet. Sein Einsatz für Eppelmann hatte für Gysi schwerwiegende Folgen. Das Fernsehmagazin *Kennzeichen D* berichtete über den Protest des oppositionellen Pfarrers gegen die Wahlfälschung in der DDR und erwähnte dabei den Namen seines Anwalts. Nichts fürchtete die SED-Führung mehr als «Propaganda» im Westfernsehen. Ein paar Tage nach dem ZDF-Bericht wurde Gysi zu Egon Krenz zitiert. Krenz war Mitglied des SED-Politbüros und Vorsitzender der Wahlkommission, die Eppelmann der Fälschung bezichtigt hatte.

Als Gysi am 27. Juli 1989 etwas beklommen die heiligen Hallen des Zentralkomitees am Werderschen Markt im Zentrum Berlins betritt, hat er seine Verteidigungsrede bereits fertig im Kopf. Er ist auf eine Maßregelung von oben vorbereitet, auf eine der üblichen Litaneien, was ein Genosse in zugespitzten Klassenkampfsituationen zu tun, vor allem zu lassen habe. Krenz jedoch geht nur kurz auf den Anlass des Gespräches ein. Dann stellt er dem Vorsitzenden des Rates der DDR-Rechtsanwaltskollegien Fragen über Fragen: über die Situation der Justiz in der DDR, die Stellung der Gerichte, den Strafvollzug, das Reiserecht, die oppositionelle Szene, deren führende Köpfe Gysi seit einigen Jahren als Anwalt vertritt.

Ein Mitglied des angeblich allwissenden Politbüros fragt einen Rechtsanwalt über die Verhältnisse in der DDR aus – eine geradezu absurde Situation. Sie ist nur mit der Krise im Land zu erklären, und mit der Person Egon Krenz. Krenz, der Dauerlächler, war intellektuell noch nie besonders auf der Höhe. Er ist vorsichtig, geradezu ängstlich. Er spekuliert schon seit Jahren darauf, seinen Ziehvater Erich Honecker bald beerben zu können. Krenz ist aber auch eine Art FDJler auf Lebenszeit, strebsam und ständig bemüht. Er will immer dazulernen, er ist Lehrer von Beruf. Seine Fragen an Gysi zeugen von aufrichtigem Interesse. Er fordert den Anwalt auf, frei von der Leber weg zu reden. Er macht sich während des Gesprächs mehr als zwanzig Seiten Notizen. Krenz hat keine Ahnung von dem Land, das er regiert.

In diesem merkwürdigen Gespräch gewinnt Gysi keinen schlechten Eindruck von ihm. Da sitzt ein SED-Politbüromitglied vor ihm und hört geschlagene drei Stunden zu. Auch wenn Gysi es gewohnt ist, viel zu reden – das ist mehr, als er erwarten konnte.

Er schlägt Krenz gleich eine Reihe von notwendigen Veränderungen vor: größere Transparenz im Strafvollzug, Entkriminalisierung der politischen Kapitel im Strafgesetzbuch, echte Unabhängigkeit der Gerichte. Als das Gespräch auf Rolf Henrich kommt, den Rechtsanwalt aus Eisenhüttenstadt, will Krenz von Gysi wissen, ob er es richtig finde, dass gegen Henrich kein Strafverfahren eingeleitet worden sei. Die Frage ist für einen Genossen im Angesicht eines Politbüromitglieds nicht einfach zu beantworten. Henrich hatte im April 1989 sein Buch «Der vormundschaftliche Staat» im Westen veröffentlicht, es war eine radikale Abrechnung mit dem DDR-Sozialismus.

Gysi antwortet trotzdem mit Ja, fügt aber listig hinzu, dass er es im Interesse der Gleichheit aller vor dem Gesetz nicht richtig finde, dass ein einfacher Arbeiter, der unter Alkoholeinfluss eine dumme Äußerung mache, strafrechtlich zur Verantwortung gezogen werde.

So hat Gysi Krenz mit einem juristischen Grundproblem konfrontiert, das er schon länger mit sich herumträgt: Wenn der Staat ein bestimmtes politisches Verhalten kriminalisiert, sich jedoch bei prominenten Oppositionellen, die im Westen bekannt sind, gleichzeitig nicht mehr traut, juristisch dagegen vorzugehen, dann gibt er sich eigentlich auf. Krenz schreibt weiter fleißig mit. Gysi hat später behauptet, ihm sei bereits im Mai 1989 klar geworden, dass ein normaler Wechsel in der SED-Führung nicht mehr zustande kommen und die Entwicklung der DDR auf eine Katastrophe hinauslaufen würde, auch wenn er damals noch nicht genau gewusst habe, wie diese Katastrophe aussehen könnte. Doch mit der vermeintlichen Gewissheit vom bösen Ende der DDR funktionierte es bei den meisten Genossen selbst noch 1989 nach dem Lenin'schen Motto «Ein Schritt vorwärts, zwei Schritte zurück»: Heute dachten sie, jetzt sei alles vorbei, um morgen umso irrationaler neue Hoffnung zu schöpfen.

Gysi verlässt Krenz an diesem Julitag mit dem Gefühl, dass wenigstens ein einziges Mitglied des Politbüros ahnt, was sich alles ändern muss. Ein paar Tage später beginnt ein Massenexodus. Zehntausende DDR-Bürger versuchen, über Ungarn in den Westen zu gelangen, oder flüchten sich in die westdeutschen Botschaften in Prag, Warschau, Budapest und Berlin. Sie geben ihr Land endgültig verloren.

Als der Anwalt Lothar de Maizière am Sonntag, dem 5. November, erfährt, dass die DDR-Regierung den Entwurf eines Reisegesetzes am folgenden Tag im *Neuen Deutschland* veröffentlichen will, erinnert er sich sofort an das Gespräch seines Freundes Gregor Gysi mit Egon Krenz. Er ruft Gysi an und bittet ihn, er solle «ganz oben» versuchen, die Veröffentlichung zu verhindern. Der Gesetzentwurf sei eine Katastrophe, er würde den Druck im Kessel nur noch erhöhen.

Krenz ist seit drei Wochen neuer SED-Chef. Honeckers Entmachtung am 17. Oktober sollte ein Befreiungsschlag sein. Aber Krenz begreift nicht, dass eine neue Zeit anbricht. Er ist zu langsam. Er denkt immer noch wie früher. Nur mit dem Lächeln hat er aufgehört.

Gysi erscheint es wohl aussichtslos, den neuen Generalsekretär ans Telefon zu kriegen. Ihm fällt plötzlich ein, dass Günter Schabowski ihm am 4. November auf der großen Demonstration auf dem Berliner Alexanderplatz seine Telefonnummer zugesteckt hatte. Schabowski sitzt auch im SED-Politbüro. Gysi wählt seine Nummer und ist ganz überrascht, dass er Schabowski gleich am Hörer hat. Das wäre vor kurzem noch undenkbar gewesen. Der Anwalt trägt ihm seine Bedenken vor und bietet an, den Entwurf für das Reisegesetz einfach mal zu lesen. Schabowski sagt sofort zu. In diesen Tagen geht sowieso alles drunter und drüber.

In Schabowskis Büro überfliegt er das Gesetz. Ihm ist sofort klar, dass es zu viele Einschränkungen und bürokratische Hürden enthält. De Maizière hatte mit seinen Befürchtungen Recht. Gysi zieht Papier und Kugelschreiber aus der Tasche und setzt aus dem Stand einen vollständigen Gegenentwurf auf. Jeder DDR-Bürger soll einen Reisepass bekommen. Schluss mit der Praxis, dass der Staat die Ausreise eines Bürgers zu genehmigen hat. Kein Ausreisevisum mehr. Und ein angemessenes Minimum an Westgeld für jeden!

Gysi hat erst spät begriffen, was für die Bürger der DDR das Eingemauertsein wirklich bedeutete. Er kommt aus einer weltläufigen Familie. Die Freunde seiner Eltern aus Frankreich, England, der Sowjetunion und Amerika haben ihm die Welt da draußen ersetzt. Im Januar 1988, mit 40 Jahren, war er das erste Mal in den Westen gereist: nach Paris. Seine Mutter Irene Gysi, die im Kulturministerium bis 1977 die Abteilung Internationale Beziehungen leitete, hatte ihm über Freunde eine Einladung des Pariser Kulturzentrums der DDR besorgt. In seiner Funktion als Anwalt sollte er dort ausgerechnet über die Verwirklichung der Menschenrechte in der DDR einen Vortrag halten. So erfuhr Gregor Gysi zum ersten Mal am eigenen Leib, dass es für einen DDR-Bürger im Prinzip einfacher war, in den Weltraum zu fliegen, als in den Westen zu gelangen. Dutzende Formulare musste er ausfüllen und über ein Jahr auf sein Visum warten. Das Tagegeld für seine Dienstreise war lächerlich gering, die paar Francs, die er mitbekommen hatte, hütete er wie einen Schatz. Als er in Paris im Café saß, traute er sich nicht so richtig, eine Bestellung aufzugeben. Kaffee trinken, dachte er, das kannst du auch in der DDR.

Paris traf Gysi mit aller Wucht. Seine Erinnerung daran ein paar Jahre später ist immer noch von dem Gefühl geprägt, eine Entdeckung fürs Leben gemacht zu haben: «Ich war begeistert und spürte stärker denn je, daß niemand das Recht hatte, den DDR-Bürgern dies einfach vorzuenthalten», schreibt er 1995 in seinen autobiographischen Notizen «Das war's. Noch lange nicht!». «Was ich bislang nur geahnt hatte, wurde in Paris zur Gewißheit: Es geht nicht gut, wenn wir weiter eingemauert bleiben! Selten in meinem Leben bin ich so viel gelaufen wie in dieser Woche. Und ich habe alles besichtigt, was man sich in ein paar Tagen anschauen kann.»

In den Monaten danach reiste Gysi dienstlich öfter in den Westen, nach London, Delhi, München und Istanbul. Er gewann langsam Routine. Er durfte jetzt nicht nur die Welt, sondern auch die ganze Bandbreite an kleinlichen Schikanen der DDR-Behörden kennen lernen. Nach einem Österreich-Besuch im März 1989 beschwerte er sich in seinem obligatorischen Reisebericht fürs DDR-Justizministerium über die penible Durchsuchung seines Gepäcks: «Noch nie in meinem Leben bin ich von ausländischen Zollorganen kontrolliert worden. Dagegen kann ich mich darauf verlassen, regelmäßig von den Zollorganen der DDR einer Kontrolle unterzogen zu werden.» Gysi beschrieb das «leicht demütigende Gefühl», im Beisein eines Kollegen seine ganzen Sachen ausbreiten zu müssen. Außerdem hätten ihm die «Genossen des Zollorgans» ein Exemplar der *Süddeutschen Zeitung* abnehmen wollen. «Irgendwie fände ich es günstig, wenn mir künftig solche Erlebnisse und Diskussionen erspart bleiben würden», bemerkte Gysi im Tonfall des Vielgereisten. «Natürlich besteht auch die Möglichkeit, daß ich auf die Mitnahme solcher Dokumente verzichte. Dann würde jedoch ein gewisser Informationsverlust eintreten.»

In Schabowskis Büro versucht Gysi, mit diesem ganzen Zirkus endlich Schluss zu machen. Seine radikale Kritik am Reisegesetz überzeugt den Berliner SED-Chef sofort. Schabowski ruft bei Krenz an: «Wenn du einen cleveren Syndikus brauchst, Egon, bei mir sitzt einer – Gregor Gysi.» Der neue Generalsekretär lässt sich berichten, dass der Anwalt den Entwurf für verfehlt halte und eine komplette Überarbeitung empfehle, bevor er veröffentlicht werde. Krenz verkennt, wieder einmal, die explosive Lage. Gysi könne seine Vorschläge als Diskussionsbeitrag ja öffentlich unterbreiten. Er habe den Entwurf des Reisegesetzes für morgen angekündigt, also werde er auch morgen veröffentlicht.

Am 6. November bricht ein Sturm der Entrüstung los. Gysi hat Recht behalten. Die Bürger wollen keine Reiseverordnung mehr, die ihnen als Gnadenakt des Staates gewährt wird. Für den Abend ist im DDR-Fernsehen zu dem umstrittenen Gesetz eine Diskussionsrunde geplant. Gysi erhält einen Anruf. Ob er an der Sendung teilnehmen wolle, fragt ihn ein Fernsehredakteur. Wahrscheinlich hat Schabowski den Tipp mit dem «cleveren Syndikus» gegeben.

Am Abend in Berlin-Adlershof tritt Gregor Gysi zum ersten Mal in seinem Leben live im Fernsehen auf. Um ihn herum die Vertreter verschiedener Ministerien, blass, unsicher, zugeknöpft. Alle verteidigen aus nahe liegenden Gründen das geplante Reisegesetz. Gysi ist der Einzige, der der versammelten Staatsmacht widerspricht. Schon allein das wirkt im DDR-Fernsehen spektakulär. Und wie er das tut! Er argumentiert bestechend logisch, erklärt komplizierte Zusammenhänge scheinbar mühelos und spricht eine klare Sprache. «Man kann nur etwas verstehen, wenn man informiert wird», sagt Gysi und fordert die Regierung auf, im nächsten Staatshaushalt zu veröffentlichen, wie viele Devisen die DDR einnimmt und wofür sie diese ausgibt – ganz so, als sei eine solche Forderung in diesem Land selbstverständlich. Der Finanzminister neben ihm schluckt. «Ich kann dem Genossen Gysi nur zustimmen», sagt er devot, «sein Vorschlag findet meine volle Unterstützung.» Ein einziges, leicht ironisches Lächeln von Gysi reicht, um die Verteidigungslinie dieser Ministeriumsheinis zu durchlöchern. Vier Wochen vorher hat auf diesem Bildschirm noch Honecker trotzig und stumm seine Faust gereckt.

Gysi sitzt so souverän in seinem schwarzen Ledersessel, als würde er schon seit Jahren von Fernsehstudio zu Fernsehstudio gereicht. Er wirkt trotz seiner 41 Jahre wie ein großer, frecher Junge. Er trägt einen grauen Anzug und ein weißes Hemd. Auf seiner Nase tanzt eine runde Nickelbrille. Sein Schlips sitzt genauso locker wie seine Zunge. Am Ende kündigt er Vorschläge der Rechtsanwälte zur Überarbeitung des Gesetzentwurfes an. «Ich schicke sie gern auch dem Fernsehen», sagt Gysi zum Moderator und lacht.

Es ist ein denkwürdiger Auftritt. Die Zuschauer können sich nicht erinnern, dass jemals im DDR-Fernsehen jemand so intelligent, ja fast schon provozierend lässig über Politik gesprochen hat.

An diesem Abend des 6. November 1989 wird Gregor Gysi ein zweites Mal geboren. Hier erblickt die öffentliche Figur das Licht der Welt, die später fast jeden Marktplatz, jeden Saal und jede Talkshow beherrschen wird. Es muss ein früher Wink von Gysis Schicksal sein, dass diese Geburt ausgerechnet im Fernsehen passiert.

Zwei Tage zuvor hatte Gysi beim ersten großen öffentlichen Auftritt schon eine Kostprobe seines außergewöhnlichen Talents gegeben. Da stand der Anwalt im hellen Trenchcoat auf der Rednerbühne auf dem Alexanderplatz und riss über 500 000 Menschen zu Begeisterungsstürmen hin. Er brauchte nur ein paar Worte, um den ganzen Irrsinn der DDR auf den Punkt zu bringen. «Die beste Staatssicherheit ist immer noch die Rechtssicherheit», sagte er. Und: «Jeder Haushalt soll über ein Telefon verfügen, und die Bemerkung ‹Das möchte ich dir lieber nicht am Telefon sagen› sollte für immer der Geschichte angehören.» Aber an diesem 4. November jubelten die Menschen vielen Rednern zu: Stefan Heym, Christa Wolf, Steffi Spira, Christoph Hein. Gregor Gysi war nur ein Teil der Menge, die sich zur größten Demonstration in der DDR-Geschichte zusammengefunden hatte.

Erst bei seinem Fernsehauftritt zwei Tage später ist der kleine Anwalt nicht mehr zu übersehen. Gysi, obwohl Mitglied der SED – im Fernsehen trägt er, wie damals bei führenden Genossen üblich, am linken Revers seines Jacketts das Parteiabzeichen –, wird zum Helden all derer, die endlich reisen wollen. Und das sind viele.

Nach der Fernsehsendung kommt der Betrieb in Gysis Anwaltskanzlei fast vollständig zum Erliegen. Über sechstausend Briefe mit Vorschlägen für das neue Reisegesetz erreichen ihn. Seine Sekretärin kapituliert. Eine Brigade aus einem Berliner Betrieb erscheint in seinem Büro und überreicht ihm eine Urkunde. Sie ernennt Gysi im Namen der «Arbeiterklasse der DDR» zum «neuen Justizminister».

Fast alle Zeitungen der DDR drucken Interviews mit dem Anwalt. Die gefälschten Kommunalwahlen vom Mai, Reisegesetz, Schwarzarbeit, Verfassungsfragen, Steuerrecht, Zulassung neuer politischer Vereinigungen, Amtsmissbrauch, neues Mediengesetz – Gysi ist plötzlich ein gefragter Mann, zu allem und jedem soll er etwas sagen. Er fordert, die führende Rolle der SED aus der Verfassung zu streichen: Nach Wahlen mit konkurrierenden Parteien müsse die SED auch minderheitsfähig sein, wenn sie keine Mehrheit gewinne.

In diesen Tagen muss Gysi der Gedanke nicht mehr losgelassen haben, wohin ihn dieser ganze Aufruhr bloß noch führen würde. «Vieles geschah eher mit mir, als daß ich es mit Vorsatz betrieb», schrieb er später über diese Zeit. Alles, was er in den vergangenen Monaten getan hatte, war seine Arbeit als Anwalt. Er hat es dem Staat nicht immer leicht gemacht. Er hat als kritischer Genosse weniger Rücksicht genommen als vorher. Er hielt aber immer noch zu seinem Land und seiner Partei. Doch die Ereignisse trieben ihn über den Punkt hinaus, bis zu dem er eigentlich gehen wollte. Das ganze Land wurde von einem Sog erfasst, da gab es auch für Gysi scheinbar kein Entrinnen.

Ende September und Anfang Oktober war Gysi gemeinsam mit Wolfgang Vogel, dem Honecker-Vertrauten und Top-Anwalt für Ausreisefälle aller Art, in den westdeutschen Botschaften in Prag und Warschau. Vogel hatte Gysi gebeten, ihn zu begleiten, um die Krise dort zu entschärfen. Hunderte DDR-Bürger waren in die Botschaften geflüchtet, um ihre Ausreise zu erzwingen. Die Stimmung war explosiv. Die verzweifelten Menschen wollten dem Staat ihre ganze Verachtung zeigen. Sie spuckten Vogel an, als er durch die Menge ging. Gysi bot ihnen anwaltliche Hilfe an, für den Fall, dass sie in die DDR zurückkehren wollten, um von dort ihre Ausreise weiter zu betreiben. Es war alles vergeblich, trotz der Zusicherungen, trotz der guten Worte. Gysi begriff, dass nichts mehr ging.

Aber seine Fahrt mit Honeckers Sondergesandtem befeuerte noch mehr das Gerücht, er, der junge, clevere Anwalt und aufstrebende Parteimann, solle Vogel, jener geheimnisvollen Gestalt, die Zehntausende Häftlinge freigekauft hatte und von der DDR- wie von der BRD-Regierung als Makler respektiert wurde, nachfolgen. Ob Erich Honecker und Erich Mielke diese Entscheidung – nur der SED-Generalsekretär und der Stasi-Chef hätten sie treffen können – überhaupt jemals geplant haben, ist fraglich. Dokumente darüber sind bislang nicht bekannt. Ob Gysi diese Aufgabe angenommen hätte, ist sowieso unklar. Ohnehin war das Schicksal von Honecker und Mielke Anfang Oktober 1989 so gut wie besiegelt. (Aber der Stasi-Chef erinnerte sich immerhin im Knast noch an den hervorragenden Strafverteidiger. In einem sehr persönlich gehaltenen Schreiben bat er Gysi am 7. Dezember direkt aus dem Zentralen Haftkrankenhaus Leipzig heraus, seine Verteidigung zu übernehmen. Der Anwalt sollte einen Tag später zum neuen SED-Chef gewählt werden; er lehnte ab.)

Am 3. Oktober 1989 schrieb Gysi eine Eingabe an das Innenministerium der DDR. Der Anwalt war dazu von Bärbel Bohley beauftragt worden. Sie hatte zusammen mit anderen Bürgerrechtlern Anfang September die Oppositionsbewegung «Neues Forum» gegründet. Die Legalisierung der Vereinigung war vom Innenminister, der für diese Frage formal zuständig war, aber nichts zu entscheiden hatte, am 22. September abgelehnt worden. Die SED-Führung witterte überall die Konterrevolution. Die Eingabe gegen diese Entscheidung durch Bohleys Anwalt wurde ebenfalls zurückgewiesen, wiederum durch das Innenministerium. Auffällig war, dass Gysis Schriftsatz und die Antwort des Ministeriums ein völlig unterschiedliches Rechtsverständnis widerspiegelten. Gysi argumentierte streng nach den gültigen Normen des DDR-Rechts. Er rügte die Verletzung des Artikels 29 der Verfassung der DDR sowie mehrerer Bestimmungen der Vereinigungsverordnung. Die Genossen im Politbüro gaben sich nicht einmal Mühe, die politische Instrumentalisierung des Rechts zu verbergen. Sie ließen das Innenministerium einfach behaupten, das «Neue Forum» diffamiere die «sozialistische Staats- und Rechtsordnung» der DDR. Damit war der Fall für sie erledigt.

Als die *Tagesschau* Gysis Eingabe vermeldete, herrschte Alarm im SED-Zentralkomitee. Dort glaubten sie, Gysi hätte die Seiten gewechselt: Obwohl das Innenministerium die Gründung des «Neuen Forums» abgelehnt hatte, vertrat Gysi als Anwalt dessen Interessen. In der Abteilung Staat und Recht im ZK beriet die Leitung stundenlang über Gysi. Erst erwogen die Verantwortlichen ein Parteiausschlussverfahren, dann überlegten sie, wie sie Gysi von der Spitze der DDR-Anwaltschaft verdrängen könnten. Am Ende passierte nichts. Die Wut der Genossen war mittlerweile größer als ihre Autorität.

Doch am 7. und 8. Oktober schlug die Staatsmacht noch einmal zurück. Während Honecker den 40. Jahrestag der DDR feiern ließ, forderten im ganzen Land Hunderttausende Bürger eine Demokratisierung der Gesellschaft. In Potsdam, Leipzig, Dresden, Plauen, Jena, Magdeburg, in vielen Städten prügelte die Polizei die Demonstranten brutal nieder. Christa Wolf und andere riefen erregt bei Gysi an. Er solle sich für die Opfer verwenden und Strafanzeige erstatten.

Als sich die Anzeigen häuften, die Polizei aber jegliche Übergriffe leugnete, trafen sich am 15. Oktober im Deutschen Theater in Berlin Hunderte Künstler zu einer Protestveranstaltung. Sie luden Gysi ein. Er solle als Jurist etwas zu den Polizeieinsätzen sagen. Die Theaterleute wollten außerdem eine große Demonstration anmelden, genauso wie es die Menschen in Leipzig Montag für Montag vormachten. Keiner wusste, wie so etwas ging. Es entstand ein großes Durcheinander. Der Schauspieler Hans-Peter Minetti, Mitglied des SED-Zentralkomitees, erklärte, eine solche Protestdemonstration sei wegen der Grenze in der Stadt nicht möglich, Berlin sei nicht Leipzig. Das Theater war zum Bersten voll, auf den Rängen und im Parkett entstanden Tumulte.

Da stand Gysi plötzlich auf und sagte ganz ruhig: «Ihr müsst mal eure Verfassung lesen. Dort ist das Demonstrationsrecht verbürgt. Berlin ist in keinem Artikel der DDR-Verfassung ausgeschlossen.» Der Anwalt schlug vor, doch einfach ganz legal eine Demonstration zu beantragen. Es existiere eine Verordnung, der zufolge der Polizeipräsident von Berlin Kundgebungen genehmigen müsse. Wenn er ablehne, bliebe immer noch die Möglichkeit, ungesetzlich zu demonstrieren. Die Schauspieler waren begeistert. Sie meldeten für den 4. November einfach eine Demonstration in der Berliner Innenstadt an. Ihrem Antrag wurde tatsächlich stattgegeben. Johanna Schall, die Enkelin Bertolt Brechts und eine der Initiatorinnen, rief Gysi an und bat ihn, auf der Protestveranstaltung zu sprechen, schließlich sei sie seine Idee gewesen.

So erfuhr die DDR am 4. November, wer Gregor Gysi war. Zwei Tage später machte ihn das Fernsehen zum Star.

Gysi selbst hat die Zündschnur gelegt. Jetzt explodiert alles, und schon wird er als neuer Justizminister gehandelt. Er steht plötzlich im Rampenlicht. Das schmeichelt ihm natürlich. Er ist eitel. Die Bühne auf dem Alexanderplatz ist beträchtlich größer als die in einem Gerichtssaal. Als ihm Hunderttausende zujubelten, hat er die Faszination gespürt, die vom Beifall der Massen ausging. Aber soll er deshalb gleich in die Politik wechseln? Er ist doch Anwalt mit Leib und Seele, und kein Mensch weiß, was mit dieser DDR passiert.

«Ich wollte in meine Anwaltskanzlei zurück», wird Gysi 1995 das Gefühl dieser aufregenden Wochen beschreiben. «Ich war ein politischer Mensch, aber kein Politiker. Irgendwie verunsicherte es mich auch, daß ich plötzlich derart exponiert war. Ich wollte wieder raus aus dieser Mühle.» Schon am 9. November erfährt Gysi jedoch, wie schnell alles außer Kontrolle geraten kann. Die SED-Führung öffnet die Mauer, panisch, unkoordiniert, zu diesem Zeitpunkt ungewollt. Was die verwirrten Genossen im Politbüro als Befreiungsschlag für ihre völlig in die Defensive geratene Partei planen, wird plötzlich Weltgeschichte.

Gysi hat sich an diesem Abend früh ins Bett gelegt, er hat am nächsten Tag eine wichtige Verhandlung. Seine Lebensgefährtin Monika Koepp, mit der er nicht zusammenwohnt, klingelt ihn in der Nacht aus dem Bett. «Die Mauer ist offen», sagt sie am Telefon. Er sei um diese Zeit nicht zu Scherzen aufgelegt, antwortet er. Doch als er den Fernseher einschaltet, sieht er es selbst. «Das ist der Anfang vom Ende der DDR», sagt er spontan zu ihr. Das sei doch Quatsch, entgegnet seine Lebensgefährtin, die Leute wollten nur rüber, einen Kaffee trinken und dann wieder zurückkommen.

Was Gysi in dieser Nacht so nüchtern prophezeit, was er rational begreift, lässt er emotional lange nicht an sich heran. «Mein Gefühl sperrte sich gegen die Tatsache, daß die Uhr ablief», schreibt er.

Das Land taumelt weiter. Krenz hat endgültig den Überblick verloren. Die Krise bricht jetzt auch innerhalb der SED offen aus. Gysi versucht mühsam, sich auf seine Anwaltsgeschäfte zu konzentrieren. Ende November fährt er als Vorsitzender des Rates der Kollegien der Rechtsanwälte zu Gesprächen ins Saarland. Während er mit dem Saarländischen Anwaltsverein über die Gewährleistung der Rechtshilfe fachsimpelt, wird zu Hause gerade das Ende der SED eingeläutet. Anfang Dezember hat die Partei bereits über 600 000 der ehemals 2,3 Millionen Mitglieder verloren. Am 1. Dezember streicht die Volkskammer die Führungsrolle der SED aus Artikel 1 der DDR-Verfassung. Die oberen tausend Nomenklaturkader in Partei und Staat, die zur «Verteidigung der Revolution» mit persönlichen Waffen ausgerüstet sind, werden aufgefordert, ihre Pistolen abzuliefern. Krenz ruft das SED-Zentralkomitee für den 3. Dezember zu einer außerordentlichen Sitzung zusammen.

In der SED hatte es vielleicht einzelne Reformer, aber nie einen wirklichen Reformflügel gegeben, geschweige denn eine innerparteiliche Opposition. Honeckers Laden war durch und durch deutsch, brav, obrigkeitsfixiert, staatstragend. So wurde die SED zu einer der reformunwilligsten kommunistischen Parteien in ganz Osteuropa. Erst im Sommer 1989 bildete sich eine Basisbewegung von kritischen Genossen, die vorher vereinzelt und ängstlich auf ihre immer unfähiger werdende Führung geblickt haben. Dass in ihrem Land gerade eine Revolution vor sich geht, begreift sie trotzdem zu spät.

Aber als ihr das Volk mit seinem Protest die Straße frei geräumt hat, nimmt die SED-Basis wenigstens die Zerschlagung ihrer alten Führung in die eigenen Hände. Für den Abend des 2. Dezember hat sie zu einer Demonstration gegen das eigene Politbüro vor dem ZK-Gebäude in Berlin gerufen. Gysi, der mittlerweile populäre Anwalt, wird gebeten, dort aufzutreten. Als er am «Großen Haus» eintrifft, ist der Platz davor schon hell erleuchtet. Das Fernsehen hat seine Kameras aufgebaut. Ideale Voraussetzungen für Gysi also.

Sprechchöre fordern den Rücktritt des Politbüros. «Wir sind die Partei!», ruft die SED-Basis. Plötzlich kommt Krenz aus dem Gebäude. Er wird von den eigenen Genossen gnadenlos ausgepfiffen. Krenz versteht die Welt nicht mehr. Für einen Moment bekommt Gysi Mitleid mit seinem Parteichef. Gysi hat ein Herz für Schwache und Ausgegrenzte. Deswegen ist er ja Verteidiger geworden.

Ende Juli hatte er noch bei Krenz im Zimmer gesessen und gedacht, mit ihm sei eine Lösung der Krise möglich. Am 18. Oktober hatte Gysi dem neuen SED-Generalsekretär sogar noch ein Glückwunschtelegramm ganz im alten Stil geschickt. «Die gegenwärtige komplizierte Lage in unserem Land beschäftigt auch die Rechtsanwälte. Deshalb möchte ich Dir versichern, daß wir unseren Beitrag zum Ausbau der sozialistischen Rechtsstaatlichkeit als einer für das Vertrauen der Bevölkerung zu unserem Staat und damit auch zu unserer Partei unabdingbaren Voraussetzung weiter verstärken werden», hatte er geschrieben und dann ganz hoffnungsfroh hinzugefügt: «Bei dieser Gelegenheit möchte ich mich noch einmal für das offene und interessante Gespräch im Juli bedanken, aus dem sich für mich auch Schlußfolgerungen für die künftige Tätigkeit der Rechtsanwaltskollegien ergaben. Ich hoffe, daß es nicht vermessen ist, den Wunsch zu äußern, daß, wenn vielleicht auch nicht mit Dir selbst, so doch mit dem nunmehr zuständigen Sekretär solche Gespräche fortgesetzt werden könnten.» Und selbst am 4. November auf der großen Demonstration hatte Gysi, gegen die allgemeine Stimmung, um «eine Chance» für Krenz geworben.

Aber jetzt vor dem ZK-Gebäude lässt er sich von seiner alten Schwäche nicht übermannen. Gerade noch rechtzeitig besinnt Gysi sich auf seine neuen Qualitäten als Agitator der Massen. Er fordert unter dem Jubel der demonstrierenden Genossen den Rücktritt von Krenz und dem gesamten Zentralkomitee. Nur so sei eine fundamentale Reform der Partei möglich.

Bis zu diesem Zeitpunkt der Wende war Gysi, obwohl er seine SED-Mitgliedschaft nie verschwieg, als Anwalt und als kritischer Bürger aufgefallen. An diesem Samstagabend jedoch betritt der Genosse Gysi die historische Bühne. Eben noch Idol der aufgebrachten Massen, ist er plötzlich Held der rebellierenden Parteibasis.

Gysi glaubte, so hat er Jahre später erzählt, sein Ausflug in die Politik sei mit diesem Auftritt beendet, er habe seinen Irrtum mit Krenz vom 4. November öffentlich korrigiert und könne zurück in seine Anwaltskanzlei. Er hat sich gründlich getäuscht. Wenn alles zu Ende geht, fängt immer auch etwas Neues an. Gysi steht jetzt ganz im Bannkreis der SED. Das Fernsehen hat es live übertragen.

Am 3. Dezember verabschiedet sich das einst mächtige SED-Politbüro samt seinem Zentralkomitee sang- und klanglos in die Geschichte. Für den einzigen dramatischen Höhepunkt der letzten

ZK-Sitzung sorgt Bernhard Quandt. Quandt, 1903 geboren, 1920 der Sozialistischen Arbeiterjugend und der SPD beigetreten, 1923 in die KPD übergewechselt, Überlebender der Konzentrationslager Dachau und Sachsenhausen, beklagt unter Tränen den Zusammenbruch seines Weltbildes. Erregt fordert er, mit der «Verbrecherbande des alten Politbüros» abzurechnen. Der alte Kommunist plädiert dafür, die Todesstrafe wieder einzuführen und alle standrechtlich zu erschießen, «die unsere Partei in eine solche Schmach gebracht haben, daß die ganze Welt vor einem großen, einem solchen Skandal steht, den sie noch niemals gesehen hat». Quandt sagt, er habe sich vor zwei Tagen geweigert, seine persönliche Waffe abzugeben. Er wollte sie seinem ZK persönlich aushändigen.

Das letzte Aufbäumen wirkt nur noch grotesk. Es steht symbolisch für die Kapitulation. Die alte SED ist am Ende, das Zentralkomitee löst sich einfach auf. In seinem allerletzten Beschluss, auf Druck der bereits neu gewählten SED-Bezirkschefs zustande gekommen, legt das ZK die Vorbereitung des Außerordentlichen Parteitages und die Führung der Parteigeschäfte bis dahin in die Hände eines Arbeitsausschusses. Mit ihm hört die SED auf, die alte Partei zu sein. Dem Ausschuss gehören 14 der 15 Ersten SED-Bezirkssekretäre sowie elf Genossen an, von denen man sich einen Beitrag zur «Erneuerung der Partei» erhofft. Unter ihnen Markus Wolf, der ehemalige Spionagechef der DDR, der Filmwissenschaftler Lothar Bisky, der Dresdener Oberbürgermeister Wolfgang Berghofer, die Journalistin Brigitte Zimmermann, der Wirtschaftswissenschaftler Dieter Klein und – Gregor Gysi. Nicht einmal Gysi selbst konnte bislang sagen, wer genau ihn eigentlich in dieses Gremium berufen hatte. In diesen Tagen wusste die linke Hand nicht, was die rechte tat.

Bei der Klärung dieser Frage ist ein Mann unverzichtbar: Gerd Schulz, ein entspannt aussehender Mittfünfziger. Schulz ist heute Besitzer eines gut gehenden Strandhotels auf der Insel Usedom und trägt teure Anzüge. Im Herbst 1989 war er Leiter der Abteilung Jugend im SED-Zentralkomitee, ein Mitglied der Krenz-Fraktion, groß geworden im Apparat der FDJ.

Schulz gehörte zu der Arbeitsgruppe im ZK, die den Außerordentlichen Parteitag vorbereiten sollte. Er erkannte schnell, dass diese Gruppe vom Tempo der Ereignisse einfach überrollt wurde. Schulz stellte nach Absprache mit Hans Modrow, dem neuen Ministerpräsidenten, eine Liste mit Namen zusammen. Sie sollten jetzt das Ruder übernehmen. Auf seiner Liste steht natürlich auch der Name des Anwalts, der in diesen Wochen in aller Munde ist. «Als Gysi in meinem Arbeitszimmer erschien, fragte ich ihn, ob er bereit wäre, in dem geplanten Arbeitsausschuss mitzuarbeiten», erzählt Schulz. «Er hätte sich in den zurückliegenden Monaten kritisch in der Öffentlichkeit geäußert, dabei jedoch nie verschwiegen, dass es ihm um eine neue SED und eine bessere DDR ginge. Gysi überlegte einen Moment. Dann sagte er ‹ja›, fügte jedoch hinzu: ‹Aber die deutsche Einheit ist mit mir nicht zu machen.›» Für den Anwalt ist eine Sonderaufgabe vorgesehen: Er soll die parteiinterne Kommission leiten, die die Korruption und den Amtsmissbrauch im alten ZK der SED untersucht.

Der Arbeitsausschuss ist nicht das Ergebnis einer durchdachten Planung. Er ist ein Produkt des Chaos dieser Tage. Wer auch immer an die Zukunft der SED dachte: Fast alle hatten Gysi auf der Rechnung. Er war der populäre Anwalt, der Saubermann, der Unbelastete. In Wirklichkeit wussten sie so gut wie nichts von ihm. In der offiziellen Vorlage für die letzte ZK-Sitzung, in der der Arbeitsausschuss bereits erwähnt war, hatten sie sogar seinen Namen falsch geschrieben. In der alphabetischen Auflistung der Personen, die diesem Ausschuss angehören sollten, stand an sechster Stelle: «Gysy, Gregor».

Der Arbeitsausschuss konstituiert sich am Nachmittag des 3. Dezember. Fast alle, die hier in einem Nebenraum des ZK-Tagungszimmers zusammenkommen, sehen Gysi zum ersten Mal in ihrem Leben. Als sie nach Abschluss ihrer ersten Sitzung überlegen, wer den Genossen von der Basis, die vor dem ZK-Gebäude immer noch demonstrieren, die Ergebnisse der Zusammenkunft mitteilen soll, richten sich alle Blicke auf – natürlich, Gregor Gysi.

Also tritt er, wie schon am Abend zuvor, vor die aufgebrachte Parteibasis. Diesmal jedoch wiegelt er sie nicht auf. Er beruhigt sie. Gysi steht nicht mehr draußen an ihrer Seite – er ist jetzt drin. Dort, wo sich die roten Telefone befinden. Wo die Macht sitzt.

Gysi hat als Leiter der Untersuchungskommission zunächst eine klar umrissene Aufgabe. Das unterscheidet ihn von den meisten anderen in dem Arbeitsausschuss. «Wir sahen Gysi in einer Sonderrolle», sagt Roland Claus, damals SED-Bezirkschef von Halle. «Er sollte nicht so sehr in die übrige Arbeit des Ausschusses hineingezogen werden. Er brauchte seine ganze moralische Autorität und Ausstrahlungskraft für die Untersuchungskommission.»

Noch am Abend des 3. Dezember ordnet Gysi die Versiegelung aller Zimmer der Politbüromitglieder samt ihrer Panzerschränke an. Er lässt in der Abteilung Finanzen alle Unterlagen sicherstellen und auch dort die Türen versiegeln. Er legt fest, dass ab dem nächsten Morgen nichts mehr aus dem ZK-Gebäude mitgenommen werden darf. Alle Taschen und Fahrzeuge müssen kontrolliert werden.

Gysi macht sich damit keine Freunde im Apparat. Aber seine Autorität wirkt. Alle halten sich an seine Anweisungen. Am nächsten Morgen kommen sogar ein paar Politbüro-Mitglieder zu ihm und fragen höflich, ob sie in ihre Zimmer dürften, um ihre persönlichen Sachen abzuholen, selbstverständlich nur in seinem Beisein.

Der Einzige, der sich widersetzt, ist Krenz. Als er am Morgen des 5. Dezember ins ZK will, stellt sich ihm ein Soldat des Wachregiments entgegen. Krenz zückt seinen Ausweis als Vorsitzender des Nationalen Verteidigungsrates. «Kennen Sie diesen Ausweis?», fragt er den Soldaten. Daraufhin wird er ins Gebäude gelassen. Aber sein Arbeitszimmer in der zweiten Etage ist versiegelt. Krenz ruft bei Gysi an und beschwert sich. Bisher hätte er ihn ja für einen anständigen Menschen gehalten, aber jetzt sei er doch sehr enttäuscht von ihm. So könne man mit ihm nicht umspringen, er sei immerhin noch das Staatsoberhaupt der DDR.

Er habe keine Räume im Staatsratsgebäude versiegeln lassen, entgegnet Gysi ruhig. Das könne man doch nicht trennen, antwortet Krenz. Alle seine Unterlagen befänden sich im ZK. Schließlich darf er unter Aufsicht einige Materialien zusammensuchen. Krenz besteht darauf, dass Gysi anwesend ist, und hält ihm ganz demonstrativ jedes Blatt einzeln unter die Nase. Die Sekretärin im Vorzimmer weint. Gysi arbeitet so, wie er es gewohnt ist: allein gegen alle. Je größer der Gegner, desto besser. Die ersten drei Tage besteht die ganze Untersuchungskommission aus einer einzigen Person – aus Gysi selbst. Jede Nacht arbeitet er bis morgens um vier Uhr, nach zwei Stunden Schlaf geht es weiter. Er vertraut niemandem. Ein harter Hund ist Gysi deswegen noch lange nicht. Szenen wie die mit Krenz berühren ihn unangenehm. Liest er Unterlagen und Dokumente, in denen SED-Größen belastet werden, erkennt er reflexartig die Lücken. Er ist es gewohnt, die Beschuldigung zu Fall zu bringen. Er muss sich überwinden, jetzt den Chefankläger der SED zu spielen.

Gysi begreift, dass er von seiner Partei keine Ahnung hat. Er droht sich im Labyrinth des Riesenapparates zu verlaufen. Er möchte, so sagt er, die Funktion «so rasch wie möglich» wieder abgeben.

Gysi wird schnell der am meisten gefragte Mann im Arbeitsausschuss. Markus Wolf, der mit ihm in dieser Zeit ein Vorzimmer teilte, erinnert sich: «Das Telefon stand nicht mehr still. Immer wieder wurde nach Gysi verlangt. Auskünfte, Beschwerden, Anzeigen wegen Machtmissbrauchs – fast alles drehte sich nur um ihn.»

Und wie nebenbei nimmt er an den Debatten um die Zukunft der SED und die Vorbereitung des Parteitages teil. Die Tagungen des Arbeitsausschusses sind chaotisch, es herrscht ein einziges Kommen und Gehen. Eine konzentrierte Diskussion ist kaum möglich. Das Land befindet sich in Aufruhr, die Partei steht vor dem Untergang. Eine Hiobsbotschaft nach der anderen wird in den Ausschuss hineingereicht. Diese aussichtslose Situation ist wie geschaffen für Gysi. Die anderen Mitglieder des Ausschusses registrieren das früh. «Er war durch und durch mit der DDR verbunden, ohne dass man ihm das auf den ersten Blick ansah. Er empfand eine Treue gegenüber der SED, die mir fast fremd war. Und trotzdem war er anders als wir, gebildeter, geistreicher, ironischer. Er verkörperte einen völlig neuen Typus für diese Partei», sagt Roland Claus.

Dass diesen Typus, bei aller Verbundenheit mit seiner Partei, auch eine gewisse Respektlosigkeit auszeichnet, führt Gysi seinen Genossen in diesen Tagen vor Augen. Er geht mit Dieter Klein und ein paar anderen in Honeckers Arbeitszimmer, das Allerheiligste der SED, eine Art Oval Office für deutsche Spießer. Ein Gemälde, das dort hängt, soll abgenommen und dem rechtmäßigen Besitzer zurückgegeben werden. Plötzlich setzt sich Gysi auf Honeckers Stuhl – und lächelt die anderen an.

Es gibt nur noch einen in diesem Arbeitsausschuss, der eine ähnliche Autorität wie Gysi genießt, wenn auch aus einem ganz anderen Grund: Wolfgang Berghofer, Jahrgang 1943, Dresdener Oberbürgermeister. Er ist ein Ziehkind von Egon Krenz, ein Mann, der alles, was er kann, im FDJ-Apparat gelernt hat. In den siebziger und achtziger Jahren war er Abteilungsleiter im FDJ-Zentralrat. Er organisierte viele Jugendfestivals, diese berühmt-berüchtigten Jubelfeiern zwischen Rock'n'Roll und Rotlichtbestrahlung. Als Berghofer 1986 als Oberbürgermeister nach Dresden ging, emanzipierte er sich Schritt für Schritt von Krenz. Im Herbst 1989 drehte er seinen kühlen Kopf schneller als viele andere SED-Funktionäre und genoss dadurch den Ruf eines Reformers. In den Medien nannten sie ihn bald «Bergatschow». Im Arbeitsausschuss fällt Berghofer nicht als radikaler Erneuerer der SED auf, sondern als Realist, als redegewandter Managertyp, der seine Genossen ständig davor warnt, sich ihren Träumen hinzugeben. Er verkörpert die Illusion, dass der Parteiapparat schon irgendwie in den Griff zu bekommen sei, wenn man nur alles richtig organisiere.

Als der Arbeitsausschuss nach nur drei Tagen merkt, dass ihn die Geschichte überholt, zieht er den ursprünglich für den 15./16. Dezember geplanten Sonderparteitag um eine Woche vor. Plötzlich fragt einer nahezu beiläufig in die Runde, wen der Ausschuss denn als Parteichef vorschlagen solle. Alle blicken sich verlegen um. «Das Merkwürdigste war, daß wir uns nie Gedanken gemacht hatten, wer eigentlich Vorsitzender der Partei werden soll», behauptet Gysi.

Trotzdem ist allen im Ausschuss klar, dass nur zwei Personen für den Vorsitz in Frage kommen: Berghofer und Gysi. Hans Modrow, der Hoffnungsträger der SED für eine Reform der DDR nach sowjetischem Vorbild, wird als Ministerpräsident gebraucht.

In der entscheidenden Sitzung schlägt zunächst jemand Berghofer vor. Dieser sagt ab und behauptet, er nütze der Partei mehr, wenn er in Dresden Oberbürgermeister bliebe. Gysi findet das Argument merkwürdig, er beschuldigt Berghofer der Drückebergerei. Der dreht den Spieß einfach um und schlägt Gysi als neuen Parteichef vor. Jetzt ist es an dem Anwalt, nach Ausflüchten zu suchen. Für ihn sei der Ausflug in die Politik mit dem Parteitag beendet, erklärt er. In der nächsten Woche sitze er wieder in seiner Kanzlei. Gleichzeitig spricht Gysi leidenschaftlich darüber, welche Qualitäten der neue Vorsitzende haben müsse. Berghofer erinnert sich: «‹Tolle Rede, Gregor›, habe ich gesagt, ‹du musst nur den Namen austauschen. Der Typ, den du beschreibst, das bist du selbst.› Dann hat er zu meiner Überraschung ganz schnell ja gesagt.»

Einige im Arbeitsausschuss hielten Berghofer für einen Karrieretypen. Sie vermuteten, er habe damals darauf spekuliert, neuer Staatschef werden zu können, und deshalb gezögert. Aber das gab nicht den Ausschlag. Gysi war für die meisten der bessere Kandidat. Er entsprach der momentanen Aufbruchstimmung und den neuen Mehrheitsverhältnissen in der Partei auf fast idealtypische Art: Die SED sollte radikal erneuert, aber nicht aufgelöst werden. Sie sollte in einen pluralistischen Wettbewerb mit allen anderen Parteien treten, aber für diese Auseinandersetzung so viel wie möglich von ihrem Eigentum und ihrem alten Apparat sichern. Sie sollte ihren Avantgardismus ablegen, aber Vorreiter bleiben. Sie sollte mit dem Stalinismus brechen, aber ihr Weltbild nicht aufgeben. Sie sollte die deutsche Frage diskutieren, aber die DDR retten. Sie sollte mit ihrer alten Führung abrechnen, aber die einfachen Genossen zum Weitermachen bewegen.

Die SED-Mitglieder ahnten, dass sie für dieses utopische Programm jemanden brauchten, der ganz anders war als sie selbst. Die Partei war auf eine Ausnahmeerscheinung wie Gysi angewiesen. Auf sein moralisches Kapital als Anwalt von DDR-Oppositionellen. Auf seine intellektuellen Fähigkeiten. Auf sein Talent als Verführer der Massen. Auf seine Gabe zur Selbstdarstellung. Wenn schon alle bisherigen Gewissheiten überholt waren, dann konnte die Partei der Arbeiterklasse jetzt auch auf den Nachweis der proletarischen Herkunft und den Stallgeruch eines Apparatschiks verzichten.

Die Genossen hofften, dass Gysi der sein würde, den sie in ihm sahen: der Erneuerer ihrer Partei, der Verteidiger ihrer sozialistischen Idee, der Retter ihrer Würde, der Prophet ihrer lauteren Absichten.

Obwohl Gysi von Politik eigentlich keine Ahnung hat, enttäuscht er seine neuen Anhänger auf dem Sonderparteitag am 8. und 9. Dezember nicht. Schon bei der Vorbereitung, so chaotisch sie unter dem Zeitdruck und angesichts des kaum mehr regierbaren Landes auch verläuft, zeigt er sein ganzes taktisches Geschick. Er stimmt mit Hans Modrow, dem in den eigenen Reihen populären Ministerpräsidenten, das wichtigste Ziel dieser ersten Tagung des Parteitages ab: die Wahl einer neuen Führung, damit die SED und die von ihr geführte Regierung wieder handlungsfähig sind. Er überträgt Berghofer, dem knallharten Organisator, die Regie der Veranstaltung. Er überlässt dem Potsdamer Historiker Michael Schumann und dem Berliner Wirtschaftswissenschaftler Dieter Klein die inhaltlichen Hauptreferate über den Bruch mit dem Stalinismus bzw. die Aufgaben einer modernen sozialistischen Partei. Der designierte Vorsitzende soll über allen schweben. Er muss unangreifbar sein.

Als die 2700 Delegierten am Abend des 8. Dezember in der Dynamo-Sporthalle in Berlin-Hohenschönhausen eintreffen, merken sie sofort, was die neue Zeit geschlagen hat: Sie sitzen auf harten Holzstühlen statt in weichen Polstersesseln, der Parteitag findet zum ersten Mal an einem Wochenende, also in der arbeitsfreien Zeit statt, und die Genossen des alten Politbüros, sofern sie nicht verhaftet sind, dürfen auf billigen Tribünenplätzen ihrer Abstrafung beiwohnen. Nur die personifizierte neue Zeit sieht ganz alt aus.

Gysi ist übermüdet. Er hat kaum geschlafen. Am Abend zuvor hatte auch noch der Runde Tisch mit seinen Sitzungen begonnen.

Gysis Manuskript besteht zum großen Teil aus einem wüsten Haufen handgeschriebener Zettel. Und so hört sich seine Rede dann auch an: an manchen Stellen ziemlich durcheinander, ungewohnt hölzern, fast schon referatsmäßig. Auf der nach oben offenen Gysi-Skala ist der Auftritt kaum messbar.

Aber seine Botschaften kommen trotzdem an. Gysi plädiert für eine pluralistische, völlig «neue Partei». Er mahnt, das «Selbstbestimmungsrecht der DDR-Bevölkerung» nicht zu verspielen. Und er warnt davor, die SED aufzulösen und neu zu gründen. Die Folgen eines solchen radikalen Schrittes beschreibt er in den düstersten Farben: Es wäre eine «Katastrophe für die Partei». Es entstünde ein «politisches Vakuum im Land». Es würde die «Krise der DDR verschärfen». Außerdem weist der Anwalt auf die rechtlichen Folgen hin: «Mit einer Auflösungserscheinung sind sämtliche Mitarbeiter des Apparates arbeitslos, und die soziale Existenz der Mitarbeiter der parteieigenen Betriebe und Einrichtungen wäre erheblich gefährdet. Das Eigentum der Partei wäre zunächst herrenlos. Anschließend würden sich sicherlich mehrere Parteien gründen, die in einen juristischen Streit um die Rechtsnachfolge träten.»

Diese Worte verfehlen ihre Wirkung bei vielen nicht. Sie sorgen aber auch nicht für die Lösung des moralischen Problems der SED. Kurz vor Mitternacht ist die von der Führung nicht erwünschte Entscheidungssituation plötzlich doch da. Ein gewisser Norbert Voigtsberger, delegiert vom Kombinat Landtechnik aus Erfurt, tritt ans Mikro 9. «Ich bin mit dem Auftrag der Genossen, die ich vertrete, hier, eine Auflösung der Partei zu fordern», sagt er fast ungerührt.

Ehe die müden Delegierten bemerken, was überhaupt läuft, unterbricht Berghofer einfach die Sitzung. Im kleinen Führungskreis wird besprochen, dass Modrow und nicht etwa Gysi gegen den Antrag sprechen soll. «Gysi sollte in der Situation unbelastet bleiben», erinnert sich Modrow. «Ich habe gleich zu ihm gesagt, wenn ich als Ministerpräsident da auf die Bühne gehe, können die mich nicht ablehnen. Wenn doch, dann kannst du immer noch eingreifen.»

Modrow setzt sich in einem Beratungszimmer in die Ecke und

macht sich ein paar Notizen. Berghofer schmeißt alle Journalisten aus dem Saal. Hinter verschlossenen Türen schickt er die Delegierten in eine zermürbende Nachtsitzung. Der populäre Ministerpräsident Modrow, der ehrliche, bescheidene Hans, wie selbst die Westmedien schreiben, zieht in seiner Rede alle Register. Prügelt auf Honecker, Mielke und Krenz ein. Sagt, dass über viele der Verfehlungen zu sprechen, aber auch «ein Schlussstrich zu ziehen» sein werde. Zitiert Gorbatschow, der erst am Montag zu ihm gesagt hätte, wenn in Berlin die SED nicht gerettet werde, hänge auch die Perestroika in Moskau mit dran. Modrow mahnt mehrfach, endlich eine Leitung zu wählen. «Ich muss hier in aller Verantwortung sagen: Wenn bei der Schärfe des Angriffs auf unser Land dieses Land nicht mehr regierungsfähig bleibt, weil mir, dem Ministerpräsidenten der Deutschen Demokratischen Republik, keine Partei zur Seite steht, dann tragen wir alle die Verantwortung dafür, wenn dieses Land untergeht.»

Das ist die Entscheidung. Unter der Last der historischen Verantwortung rührt sich kein Widerstand mehr. Die radikale Herangehensweise, die SED nicht nur zu erneuern, sondern aufzulösen und eine finanziell unbelastete, moralisch geläuterte neue Partei zu gründen, ist nicht mehrheitsfähig. Der Antrag auf Auflösung der Partei, der offen abgestimmt wird, erhält in dieser aufgeladenen Situation keine einzige Stimme.

Gysi findet in dieser Nacht seine Form wieder. Er meldet sich in der Debatte noch mehrfach zu Wort und stellt sich schließlich als einziger Kandidat zur Wahl des neuen Parteivorsitzenden. Die Genossen bekommen Gelegenheit, ihm Fragen zu stellen. Das ist so üblich in demokratischen Parteien, und nichts möchte die SED fortan mehr sein als – demokratisch.

Ein paar Delegierte melden sich zu Wort. Sie wollen wissen, welches sozialökonomische System Gysi vertritt. Was er unter dem «dritten Weg» versteht. Wie er als gelernter Rinderzüchter zur Landwirtschaft steht. Ob er noch Rechtsanwalt von Bärbel Bohley ist. Welchen Sicherheitsapparat es in der DDR geben soll, wenn das Amt für Nationale Sicherheit aufgelöst wird. Nur ein Delegierter wird persönlich. «Welche Privilegien hat der Genosse Gysi in der Zeit vor der Wende durch seinen Vater genießen können?», fragt er.

Gysi reagiert so, wie es die Mitglieder seiner Partei nicht gewohnt sind: offen, selbstbewusst, schlagfertig. «Ich bin durchaus dafür, dass auch andere noch ihre Anfragen an mich richten», sagt er. «Dazu ist die Frage einfach zu wichtig, über die hier entschieden werden muss. Ich sage aber auch, dass bei Fragen unterhalb der Gürtellinie die Sache für mich beendet ist. Ich glaube, dass sich in dieser Situation in dieses Amt niemand wirklich mit Freude bewerben kann.»

Es gibt keine weiteren Fragen, schon gar keine unterhalb der Gürtellinie. Gysis Antworten bewegen sich, nach seiner Grundsatzrede ein paar Stunden zuvor, im Rahmen des Erwartbaren. Bemerkenswert jedoch ist seine Auskunft zu den Privilegien. «Privilegien durch den Vater, die Frage ist völlig berechtigt», sagt er. «Wenn es so gewesen wäre, hätte ich hier nicht gestanden.» Weiter geht es im leichten Gysi-Sound, der den Genossen noch lange nicht vertraut ist. «Also erstens hatte ich ein Privileg … Das fällt leider jetzt am 31. Dezember weg: Ich hatte nämlich eine Parkkarte. Die haben wir Anwälte uns erstritten, weil vor allen Justizgebäuden Parkverbot war. Das war aber ein echtes Privileg, denn ich konnte überall parken, wo ihr Geld bezahlen musstet, wenn ihr da geparkt habt. Das räume ich ein.» Ein Lachen der Erleichterung fliegt durch die Reihen der Delegierten. Endlich einer, der nur einen Parkschein hat und kein Haus in Wandlitz. Und endlich mal einer, der die richtigen Worte findet.

«Mit meinem Vater ist das ziemlich unproblematisch», fährt Gysi fort. «Der wurde Kulturminister, als ich das 18. Lebensjahr bereits vollendet hatte. Damit stand die Frage zu keinem Zeitpunkt. Also, ich habe weder einen einzigen Tag meines Lebens im Regierungskrankenhaus verbracht, höchstens, wenn ich ihn mal besucht habe; ich habe niemals in einem Gästehaus der Partei oder des Ministerrats Urlaub gemacht. Was könnte es noch sein? Ja, mehr fällt mir jetzt nicht ein. Aber ich sage auch mal: Ich bin ganz froh darüber, dass ich schon achtzehn war, als er Kulturminister wurde, weil ich nicht genau weiß, was ich sonst hier hätte antworten müssen. Denn heilig bin ich natürlich auch nicht …»

Ja, mehr fiel Gysi in diesem Moment nicht ein. Privilegien zu genießen – das wurde in jenen Tagen und Wochen des Herbstes 1989 selbst von SED-Mitgliedern gleichgesetzt mit Amtsmissbrauch und Korruption, mit Villen im Politbüro-Ghetto und ungesetzlicher Bevorzugung von Funktionärskindern. Davon konnte bei Gregor Gysi keine Rede sein. Insofern war seine Antwort korrekt – und trotzdem unterschlug er das Wesentliche. Er erwähnte zum Beispiel nicht, dass auf seinem Weg zum jüngsten Anwalt der DDR sein Vater Klaus Gysi ein paarmal die Hand schützend über den Sohn gehalten hatte. Und er kam erst recht nicht auf die Idee, ein Privileg einfach nur für das zu nehmen, was es normalerweise ist: eine Sonderstellung, eine Ausnahme von der Regel. In diesem Sinne genoss Gregor Gysi nämlich das größte natürliche Privileg, das die DDR zu vergeben hatte – eine außergewöhnliche Herkunft.

Kaum jemand in der Dynamo-Sporthalle weiß, wer Gregor Gysi eigentlich ist. Die meisten der Delegierten haben ihn ein- oder zweimal im Fernsehen gesehen. Aber in dieser Nacht interessiert sie nur, wohin ihr neuer Vorsitzender will. Keiner fragt, woher er kommt.

Am nächsten Vormittag gegen halb elf Uhr wird das Ergebnis bekannt gegeben. Gysi ist mit dem Honecker-verdächtigen Ergebnis von 95,32 Prozent gewählt. Die Genossen überreichen ihm statt Blumen einen großen Besen. Er soll in der Partei aufräumen.

Die SED ist nicht mehr die alte, aber auch keine neue Partei. Dass sie sich eine Woche später auf der zweiten Tagung des Parteitages in SED-PDS umbenennen wird, ist da nur konsequent.

Wäre die Geschichte der DDR und möglicherweise auch die deutsche Vereinigung anders verlaufen, wenn sich die SED aufgelöst hätte? Die Frage mag interessant sein, aber sie ist unhistorisch. Fakt bleibt, dass die zentralen Figuren der Transformation der SED – die Vatergestalt Modrow genauso wie der sächsische Selfmademan Berghofer und der Intellektuelle Gysi – sich von der jahrzehntelang praktizierten Machtlogik der Partei nicht ganz freimachen konnten.

Das war ihre Version von «Realismus». Nur auf diesem Wege glaubten sie, die alte Staatspartei modernisieren zu können.

Beim neuen Parteivorsitzenden kam noch etwas hinzu, was mit bloßem Auge nicht zu erkennen ist: Sentimentalität.

«Wer bin ick denn, det ick bei der Partei, die Rosa Luxemburg und Karl Liebknecht jegründet haben, det Licht ausknipse», verteidigte Gysi später mit Berliner Schnoddrigkeit die Entscheidung. Hier sprach nicht der Reformer, der glaubte, dass die DDR ohne SED nicht zu retten sei. Hier sprach auch nicht der Anwalt, der mit geschultem Blick juristische Streitereien um herrenloses Eigentum kommen sah. Hier sprach ein echter Gysi.

Ein Mann von 41 Jahren, in dessen ganzem Körper die kommunistische Bewegung steckte. Dessen Großmutter Erna Gysi noch genau wusste, was Rosa Luxemburg und Karl Liebknecht wollten, weil sie 1923, nur vier Jahre nach deren Ermordung, Mitglied der Kommunistischen Partei Deutschlands geworden war. Dessen Vater Klaus Gysi bereits 1928, im Alter von 16 Jahren, zum Kommunistischen Jugendverband gefunden hatte. Dessen Mutter Irene Gysi 1945 in die KPD eingetreten war.

Gregor Gysi hätte es als Verrat empfunden, wenn er die SED aufgelöst und sich davongemacht hätte. Als Verrat an der Partei und seiner Familie. Bereits am 10. Dezember 1989, einen Tag nach seiner Wahl zum Parteivorsitzenden, ist er in der ZDF-Sendung «Was nun, Herr Gysi?» gefragt worden, warum er sich nicht den Bürgerrechtlern angeschlossen habe, sondern in der alten SED geblieben sei. In der Rückschau auf das Jahr 1989 lag die Frage nahe. Mit Blick auf seine Lebensgeschichte war sie überflüssig. Er war schon in der richtigen Partei. Eine andere wäre für ihn nicht in Frage gekommen. Niemals.

Er fühle sich wirklich als Kommunist, hat Gysi geantwortet. Nicht als Kommunist im einfachen Sinn, sondern als einer, der sozialdemokratische und pazifistische Traditionen genauso ernst nehme wie sozialistische. «Warum sollte ich also zu einer anderen Partei gehen?» So gesehen ist es dann doch kein Zufall, dass ausgerechnet er in jenem Herbst 1989 Vorsitzender der SED geworden ist.

3. Kapitel

In der Welt zu Hause:
Die Lessings und die Gysis

Gregor Gysi wurde in eine außergewöhnliche Familie hineingeboren, die die Größe und den Glanz, aber auch die Tragik des gesamten 20. Jahrhunderts widerspiegelt. Er ist Teil einer gesellschaftlichen Institution, die Gysi heißt.

Das berühmteste Mitglied dieser weit verstreuten Familie ist ausgerechnet eine Frau, die nicht nur mit dem Kommunismus gebrochen hat, sondern heute jede Art von Utopie verabscheut. «Utopien», erklärt sie, «enden meist in Konzentrationslagern.» Diese Frau heißt Doris Lessing, sie ist eine weltberühmte Schriftstellerin und Gregor Gysis Tante.

Doris Lessing war vor über fünfzig Jahren mit Gottfried Lessing verheiratet, dem Bruder von Gysis Mutter Irene. Die Lebensgeschichte von Doris und Gottfried Lessing aus den vierziger und fünfziger Jahren ist ein Beispiel dafür, dass überzeugte Kommunisten die Weltrevolution oft wichtiger nahmen als die Liebe und das Glück der eigenen Kinder. Und dass die kommunistische Bewegung von heroischen und tragischen, aber manchmal auch von lächerlichen Momenten geprägt ist.

Doris Lessing lernt «Godfrey», wie sie ihn nennt, 1941 in Südrhodesien, dem heutigen Simbabwe, kennen. Gottfried Lessing war 1938 vor den Nazis aus Deutschland geflohen, zunächst nach Großbritannien, wo er im Herbst 1939 sechs Wochen in einem Internierungslager einsaß. Er wurde wieder freigelassen und emigrierte von London aus nach Südrhodesien. In Salisbury erhält er durch Beziehungen einen Job als Rechtsanwalt. «Als Gottfried in die Kanzlei aufgenommen wurde», erzählt Doris Lessing, «bestand sie aus einem törichten alten Mann, seiner unterbelichteten Frau und einer Schreibkraft – mir.»

Gottfried Lessing und Doris May Wisdom, wie sie damals noch heißt, treffen sich nicht nur regelmäßig im Büro, sondern auch auf Diskussionsrunden einer bunt gemischten linken Gruppe von politischen Flüchtlingen aus Europa und Männern der Royal Air Force, die während des Krieges in Südrhodesien stationiert sind. Doris May Wisdom fühlt sich zu den «Roten» hingezogen, weil die junge Frau, die in Persien geboren und in Rhodesien aufgewachsen ist, mit ihnen die Überzeugung teilt, dass die rassistische Gesellschaft in Rhodesien auf Dauer dem Untergang geweiht ist.

Doris Lessing beschreibt in ihrem Buch «Unter der Haut», dem ersten Teil ihrer Autobiographie, die Gruppensitzungen im Rückblick als «aufgeblasenes, kindisches und ziemlich verrücktes» Herumpolitisieren. Man trifft sich beim Bier, träumt von der Revolution und redet rührselig von Stalin, den sie alle «Uncle Joe» nennen. Auf der Tagesordnung steht nicht weniger als das Paradies für die Welt.

1942 gründet sich die Gruppe illegal als Kommunistische Partei Südrhodesiens – trotz Widerstands in den eigenen Reihen. Einige meinen, es gebe keine Basis für eine solche Partei, in Südrhodesien fehle das schwarze Proletariat. Die neue Kommunistische Partei versucht verzweifelt, Kontakt zu den Schwarzen herzustellen. «In uns loderte die echte, ursprüngliche Flamme», erinnert sich Doris Lessing, «wir waren durchdrungen vom Geist Lenins, wir lebten und sprachen, als könnten wir schon am nächsten Tag vor dem Erschießungskommando stehen. ‹Ein Kommunist ist ein Toter auf Urlaub› – mit solchen Phrasen warfen wir in vollem Ernst um uns.»

Und Gottfried immer vorneweg. Er übernimmt 1942 den Vorsitz der Partei. Doris Lessing beschreibt ihn als einen «politischen Fanatiker», einen «Hundertfünfzigprozentigen», einen jungen Mann aus reichem Hause, dem der Marxismus in Berlin als Theorie beigebracht worden sei, ohne dass er selbst jemals schlechte Zeiten erlebt habe. «Er war immer die Verkörperung kalter, schneidender marxistischer Logik», sagt sie über ihren Mann. «Gottfried war immer im Recht. Sein klarer, kühler Verstand sagte ihm, daß es so war. Zum Scherz sagten wir immer, daß er einen guten Inquisitor abgegeben hätte.

Als er davon erfuhr, faßte er es als Kompliment auf. Jemand, der die Gruppe zornentbrannt und maßlos enttäuscht verließ, schrie ihn an, daß er zu den Leuten gehöre, die vor dem Frühstück hundert Menschen erschießen würden, weil diese ‹die Linie› falsch verstanden hätten, und hinterher ausgiebig und mit Genuß speisen könnten. ‹Das stimmt nicht›, antwortete Gottfried in seiner schleppenden Art, ‹ich würde jemand anderem befehlen, sie zu erschießen.› Wir lachten: Hört euch Gottfried an.»

Alte Fotos zeigen Gottfried Lessing als schönen Mann mit dunklen, sanften Zügen. Alles an ihm wirkt elegant und kultiviert. Man kann verstehen, dass Doris Lessing sich in diesen Mann verliebte.

Aber richtig gemocht hat sie ihn offenbar nicht. Sie fühlt sich nicht ernst genommen. «Von Anfang an sprach er mir jede Eignung als kommunistischer Kader ab.» Trotzdem heiraten die beiden 1943. Gottfried Lessing gilt als feindlicher Ausländer und läuft Gefahr, wieder ins Internierungslager zu kommen. Als Kommunist lebt er gefährlich. «Es war meine Pflicht als Revolutionärin, ihn zu heiraten», schreibt Doris Lessing. «Es war uns klar, daß wir nicht sonderlich gut zueinander paßten. Aber wir dachten, daß es keine Rolle spiele und wir uns einfach scheiden lassen würden, sobald der Krieg vorbei wäre.» Nach dem Krieg entscheidet sich Gottfried Lessing, nach Großbritannien zu gehen. Mehrere Mitglieder des Lessing-Clans haben früher schon in London gelebt, ein Cousin gehörte sogar dem Parlament an. Gottfried beantragt die britische Staatsbürgerschaft und bittet seine Frau, sich nicht von ihm zu trennen, solange er keine offiziellen Papiere habe. Dies sollte noch vier Jahre dauern.

In der Zwischenzeit bekommen Doris und Gottfried Lessing ein Kind: 1946 wird ihr Sohn Peter geboren. Genauso pragmatisch wie sie mit ihrer Heirat umgegangen sind, planen sie jetzt die Zukunft. Nach der Scheidung wollen sie Freunde bleiben. Ende 1948 erhalten Gottfried und Doris Lessing die britische Staatsbürgerschaft. Sie beschließen, in London getrennt zu leben, reichen ihre Scheidung ein, und Doris Lessing erlangt das Sorgerecht für den Sohn.

Anfang 1949 reist sie mit ihrem Kind per Schiff nach England, ein paar Wochen später folgt ihr geschiedener Mann nach. Gottfried tritt schnell in die britische Kommunistische Partei ein und bemüht sich um Arbeit als Rechtsanwalt. Alle Bewerbungen bleiben unbeantwortet. Gottfried ist deprimiert: Er beantragt ein Visum und besucht seine Schwester Irene und deren Mann Klaus – die Eltern von Gregor Gysi – in der DDR. Als er nach London zurückkehrt, erklärt er plötzlich, er habe sich für Berlin entschieden. Und fragt seine geschiedene Frau, ob sie mit ihm kommen wolle. «Sie leben sehr gut da drüben», erzählt er. «Sie haben schöne Wohnungen und Autos und Chauffeure.» Doch Doris Lessing will weder mit ihm noch in der DDR leben.

So stellt Gottfried Lessing für sich einen Antrag an die DDR-Regierung, als Staatsbürger nach Ostdeutschland zurückkehren zu dürfen. Er erhält keine Antwort. Ein zweiter Antrag folgt. Wieder nichts. Als ihm eine Freundin erklärt, er habe keine Ahnung vom Kommunismus, wenn er auf eine offizielle Antwort warte, entgegnet er wütend, dies sei antisowjetische Propaganda. Aber die Freundin behält Recht. So muss Gottfried Lessing 1950 mit einem Besuchsvisum in die DDR einreisen und kann erst vor Ort, mit Hilfe seiner Schwester Irene und seines Schwagers Klaus Gysi, in deren Haus er zunächst einzieht, alle Formalitäten klären. Er übernimmt schnell eine Stelle als wissenschaftlicher Mitarbeiter beim Dietz Verlag. Als die DDR-Behörden jedoch registrieren, dass Gottfried Lessings rhodesischer Pass noch drei Jahre gültig ist, wird er plötzlich für den Außenhandel der DDR interessant. 1951 wird er in die SED «überführt» und als Gruppenleiter in der Abteilung «Kapitalistisches Ausland» im Ministerium für Außenhandel eingesetzt. 1952 übernimmt er den Vorsitz in der Kammer für Außenhandel der DDR. Er macht jetzt Karriere.

Schon kurz nach seiner Ankunft 1950 hatte Gottfried Lessing seinen Sohn Peter in die DDR eingeladen. Der Junge verbrachte den ganzen Sommer bei seinem Vater und der Familie Gysi in Berlin. Doris Lessing schreibt: «Als er zurückkam, konnte er kein Wort Englisch mehr und plapperte munter deutsch mit mir. Sie hatten ihm auch beigebracht, die linke Hand beim Essen neben den Teller auf den Tisch zu legen und die Hacken zusammenzuschlagen und einen

Diener zu machen, wenn man ihn ansprach. Binnen weniger Wochen verschwand aber der kleine deutsche, und der englische Junge war wieder da. Gottfried hatte ihm einen Brief mitgegeben, in dem er vorschlug, daß Peter den Sommer grundsätzlich bei ihm verbringen solle. Und dann – nichts mehr, totale Funkstille.» Gottfried Lessing ist in Schwierigkeiten geraten. Anfang der fünfziger Jahre begegnet man in der DDR den Westemigranten mit Misstrauen. Als Lessing der Kammer für Außenhandel mitteilt, dass er Kontakt zu seiner geschiedenen Ehefrau Doris pflege, wird er vom Kaderleiter rüde abgefertigt. Man erlaubt ihm nicht einmal, seinem Sohn Briefe zu schreiben.

Gottfried Lessing bricht daraufhin den Kontakt zu seiner Exfrau und dem gemeinsamen Sohn abrupt ab. Doris Lessing schreibt verzweifelte Briefe und lässt Botschaften übermitteln. Keine Reaktion. Sie entschließt sich daraufhin, selbst nach Ostberlin zu fahren, um Gottfried aufzuspüren. Die Stadt empfindet sie als schrecklich. «Alles war häßlich, grau und kahl.» Ihr geschiedener Mann lässt sich ein paar Tage lang verleugnen und reagiert nicht auf Nachrichten. Schließlich treffen sie sich, Gottfried hat seine Schwester Irene Gysi an seiner Seite. Die beiden erscheinen Doris Lessing wie Gestalten aus der *Vogue*. Sie «sahen aus, als hätte der Krieg nie stattgefunden, als lebten sie noch das Leben, in das Hitler eingebrochen war. Sie waren elegant, weltoffen und bedienten sich des halbzynischen Wortwitzes, den man in Kreisen der Reichen und Erfolgreichen so häufig hört.» Doris hält Gottfried vor, dass er dem Kind falsche Versprechungen gemacht habe. Was dann folgt, bezeichnet Doris Lessing auch noch Jahrzehnte später als «eines der schlimmsten Erlebnisse meines Lebens»: «Gottfried gab sich lässig und arrogant, als wäre das alles nicht von Bedeutung. Innerlich muß er aber vor Angst gezittert haben. Ich hatte damals keine Ahnung, wie groß seine Angst wirklich war. Er gab mir ein bißchen Geld, gerade genug für ein Spielzeug. Ich sagte ihm, daß mir das Geld egal sei, ich wolle lediglich, daß er die Verbindung zu seinem Sohn aufrechterhalte.» Gottfried bleibt hart. Er wünscht der Mutter seines Sohnes nonchalant alles Gute. Doris Lessing wird ihren «Godfrey» nie wieder sehen.

Sie reist ab. Und er erklimmt die Kaderleiter. Fünf Jahre lang führt Gottfried Lessing die Kammer für Außenhandel. 1959 wird er Leiter der DDR-Handelsvertretung in Indonesien, 1965 Generalkonsul in Tansania und 1978 Botschafter in Uganda. Auch privat fügt er seiner Lebensgeschichte ein weiteres bemerkenswertes Kapitel hinzu: In den fünfziger Jahren heiratet er Ilse Dadoo, die geschiedene Frau von Yusuf Dadoo, dem Vorsitzenden der Kommunistischen Partei Südafrikas und einem Freund Nelson Mandelas. Noch Jahrzehnte später wird in der Familie Gysi mit Genugtuung registriert, dass Nelson Mandela 1994 in seiner Autobiographie «Der lange Weg zur Freiheit» Yusuf Dadoo als einen «großen Helden» bezeichnet, als einen Menschen von «außerordentlichem Mut, Weisheit und Großmut».

Gottfried Lessing, der als einer der besten Afrika-Spezialisten in der DDR gilt, kommt am 11. April 1979 tragisch ums Leben. Er wird während der Unruhen nach der Flucht des Diktators Idi Amin in der ugandischen Hauptstadt Kampala ermordet. Dabei sind selbst noch die Begleitumstände seines Todes so außergewöhnlich (Lessing soll alle Warnungen ignoriert haben und mit seinem Auto den schießwütigen tansanischen Truppen geradewegs in die Arme gefahren sein), dass sich bis heute hartnäckig das Gerücht der südafrikanischen Geheimpolizei hält, er sei Agent des sowjetischen Geheimdienstes KGB gewesen. «Er war mit Sicherheit lange Kommunist, viele Jahre lang», zieht Doris Lessing in ihrer Autobiographie ein nüchternes Fazit. «Die Partei war für ihn, wie für andere bestimmte Typen von Menschen, eine Art absolute Gewalt, ein Gott.»

Gottfried Lessings Lebensgeschichte hat Doris Lessing mit Deutschland «schwer verstrickt», wie sie sagt. Aber wenn die heute 86-jährige weißhaarige Frau die Heimat ihres ehemaligen Mannes besucht, wird sie kaum nach Gottfried Lessing gefragt, dafür aber umso mehr nach dessen Neffen: Gregor Gysi. «Das ist schon sehr komisch», sagt sie. «Dabei haben wir so gut wie nichts miteinander zu tun.»

Doris Lessing hat Gregor Gysi in ihrem Leben nur zwei- oder dreimal getroffen, einmal davon in London. Das letzte Mal sahen sich die beiden Ende der neunziger Jahre in Berlin, auf einem Empfang des British Council. Die Unterredung soll nicht gerade ausufernd gewesen sein; sie spricht kein Deutsch und er so gut wie kein Englisch. Aber als sie mit Gysi sowie dessen neuer Frau und dem neuen Kind in Berlin die Straßen entlanglief und sah, wie er auf die Leute zuging, da wusste sie: «Er ist ein geborener Politiker.» Sie mag seine sympathische Art, seinen Witz, seine Ironie. Nichts an ihm erinnert sie an Gottfried Lessing und die Art Parteiführer, die sie früher kennen gelernt hat, diese «Hechte im Karpfenteich», wie Doris Lessing sie nennt, die charismatisch, aber skrupellos sind und die Menschen, die sie beherrschen, verachten. Sie habe mit Gregor Gysi nie über Politik diskutiert, sagt sie, aber sie sei überzeugt davon, dass er ein «romantischer Sozialist» sei, der eine «völlig neue Generation von Parteiführern» verkörpere. «Gregor Gysi glaubt daran, daß man die Menschheit verbessern kann.»

Auch Gregor Gysi bezeichnet die Verbindung als «vergleichsweise lose». Trotzdem erwähnt er nie ohne Stolz, dass die große Dame der englischen Literatur seine Tante ist – es lässt seine Biographie ein wenig mehr schillern. Auf die Frage, ob sich Doris Lessing zur großen Familie der Gysis und Lessings zugehörig fühle, hat Gregor Gysi in Interviews unzählige Male die Geschichte erzählt, wie seine Tante Anfang der achtziger Jahre bei den Gysis in Berlin angerufen habe und sie aus der DDR habe herausholen wollen. Nachdem die USA die Stationierung ihrer Pershings in der Bundesrepublik beschlossen hatten, sei Doris Lessing davon überzeugt gewesen, dass es jetzt zu einem Atomkrieg komme und Deutschland dabei vernichtet werde. 1982 sollten die Gysis zu ihr nach London kommen. Gregor Gysis Mutter Irene habe das jedoch abgelehnt. Doris Lessing kann sich an diese Episode heute zwar nicht mehr erinnern, aber sie meint, wenn Gregor Gysi sie so erzähle, werde sie schon stimmen.

Die Bedeutung der Geschichte von Doris und Gottfried Lessing für das Weltbild Gregor Gysis ist nicht zu unterschätzen. Als Erzählung aus den vierziger und fünfziger Jahren gehört sie zum geistigen Familienerbe der Gysis. Die eindringliche Abrechnung mit kommunistischen Verheißungen konnte Gregor Gysi in Doris Lessings Büchern nachlesen, nicht zuletzt in ihrem autobiographisch geprägten Roman «Sturmzeichen» aus dem Jahr 1964. Gregor Gysi wird außerdem registriert haben, dass die DDR diese große Literatur so lange instrumentalisiert hat, bis sie in ihre kleine Welt passte. So schrieb ein bekannter DDR-Journalist noch 1989 in einem Afrika-Reportagebuch über das Verhältnis von Doris und Gottfried Lessing: «Wenn diese aus konservativen Kreisen stammende Britin in vielen ihrer Bücher Partei für die Sache der afrikanischen Völker genommen hat und sich in der Friedensbewegung engagierte, so ist das sicher mit eine Auswirkung der Ausstrahlungskraft des deutschen Kommunisten gewesen. Hatte Doris Lessing auch kein tiefes und deshalb kein dauerndes Verständnis für sein stets von der marxistisch-leninistischen Weltanschauung geprägtes Handeln, was schließlich zum politischen und persönlichen Bruch zwischen beiden führte, so sind doch in ihren Werken viele seiner Ideen zu finden.»

Das größte Missverständnis liegt hier nicht darin, dass der deutsche Kommunist die englische Bürgerliche für die «fortschrittliche Sache» gewonnen haben soll. Der Selbstbetrug ist viel größer: Die DDR wollte nicht wahrhaben, dass ihr deutscher Kommunist Gottfried Lessing selbst ein Bürgerlicher war. Das passte natürlich nicht in eine Welt, in der täglich das Loblied des Proletariats gesungen wurde und die Führer der Arbeiterklasse predigten, sie hätten die Gesellschaft vom Joch der Bourgeoisie befreit.

Gottfried und seine Schwester Irene Lessing stammen aus einer Industriellenfamilie mit adligen Vorfahren. Ihr Vater Gottfried Lessing war von Beruf Diplomingenieur und leitete die Fabriken, die Großvater Anton Lessing im 19. Jahrhundert in Russland gegründet hatte. Dieser Anton Lessing, ein geborener Levy, hatte mit einer cleveren Geschäftsidee viel Geld gemacht. In Russland gab es viele Pferde und in jedem Dorf einen Schmied, aber keine maschinelle Produktion von Hufnägeln. Also gründete Anton Lessing eine Hufnagelfabrik und wurde damit ein reicher Mann. Mit diesem Geld baute er in Kolomna, einer kleinen Stadt in der Nähe Moskaus, Dieselmotoren für Lokomotiven und die Schleppschiffe auf der Wolga. Sogar Lenin persönlich soll das Lessing-Unternehmen als ein Beispiel für sinnvoll eingesetztes Kapital gelobt haben. Das Kolomna-Werk existiert noch heute und ist – unter einem anderen Eigentümer – das größte Transportmaschinenbau-Unternehmen Russlands.

Anton Lessings Sohn, der Ingenieur Gottfried Lessing, führt die Geschäfte in Russland weiter. Er heiratet die Tochter einer deutschrussischen Familie. Sie heißt Tatjana und arbeitet in seiner Fabrik bei Moskau. Dabei ist sie eine geborene von Schwanebach – ein altes deutsches Adelsgeschlecht, das die Armut nach Osten vertrieben hat. Tatjanas Mutter ist Russin, eine geborene Saburowa, also aus einem der ältesten Adelshäuser Russlands, das sich rühmt, an Noblesse sogar den Romanows, der Zarenfamilie, überlegen zu sein.

Gottfried Lessing und seine Frau Tatjana bekommen zwei Kinder. 1912 wird in St. Petersburg ihre Tochter Irene geboren, 1914 ihr Sohn Gottfried. Als im August 1914 Deutschland Russland den Krieg erklärt, werden die Lessings als «feindliche Ausländer» zunächst nach Pensa in Zentralrussland geschickt und später aus dem Zarenreich ausgewiesen. Gottfried Lessing wird zur deutschen Armee eingezogen und kämpft gegen die Brüder seiner Frau Tatjana, die auf der Seite der russischen Armee stehen. Nach dem Ende des Ersten Weltkriegs – Gottfried Lessing hat, da er sowohl Deutsch als auch Russisch beherrscht, sogar bei den Friedensverhandlungen von Brest-Litowsk gedolmetscht – lässt sich die Lessing-Familie in Berlin im noblen Viertel rund um den Schlachtensee nieder. Um die Kinder kümmert sich Mascha, die Amme. Für Irene und Gottfried ist sie wie eine zweite Mutter – die Nana, wie die Russen sie nennen.

Irene Lessing kommt 1919 in die Lewis-Schule, eine Privatanstalt in Berlin-Nikolassee. Sie spricht am Anfang kein Wort Deutsch. Die Mitschülerinnen bewerfen sie mit Steinen und beschimpfen sie als «Polenspionin». Ihr Bruder Gottfried folgt ihr zwei Jahre später auf dieselbe Schule. Ihm fällt die Eingewöhnung leichter, denn er kann schon Deutsch sprechen. Irene wechselt bald aufs Goethe-

Lyzeum nach Lichterfelde, Gottfried aufs Gymnasium in Zehlendorf. 1931 nimmt sie in Berlin an der Friedrich-Wilhelm-Universität, der späteren Humboldt-Uni, ihr Studium der Volkswirtschaft auf, er studiert dort ab 1933 Jura. Durch eine Freundin der Familie kommen beide zum ersten Mal mit dem Marxismus in Berührung. Kontakte zu kommunistischen Gruppen werden beide erst ein paar Jahre später knüpfen. Ihre Eltern gehören keiner Partei an.

Die Lessings sind reich, sie führen ein sorgenfreies Leben. In St. Petersburg sollen sie eine 60-Zimmer-Villa, angefüllt mit Kunstwerken und exklusiven Möbeln, besessen haben. Ihr Haus am Schlachtensee, in dem sie seit 1924 wohnen, ist kleiner, aber mit 400 Quadratmetern auf zwei Etagen und einem riesigen Garten noch immer herrschaftlich. Selbst das Kindermädchen und das Dienstmädchen haben separate Zimmer. Das Haus ist oft voller Gäste. In der Familie wird Russisch, Deutsch und Französisch gesprochen. «Sie war viel unterwegs und gab zu Hause Gesellschaften, aber er saß in der Bibliothek und las Geschichtsbücher», schrieb Gottfried über seine Eltern in jener Zeit. Ein Foto der Familie erinnert Doris Lessing «an die Frühzeit der Forsytes oder an die Buddenbrooks».

Als Hitler 1933 an die Macht kommt, gerät das Weltbild der Lessings ins Wanken. Am Anfang halten sie, wie so viele Deutsche, Hitler für einen primitiven Emporkömmling, von dem sie glauben, ihn ignorieren zu können. Aber schon zwei Jahre später bestimmen die Nazis durch die Rassegesetze, wer «Arier», wer «Jude» und wer als «Mischling» zu betrachten sei. Die Lessings zählen zu den assimilierten Familien, sie empfinden sich nicht als Juden. Da Irene und Gottfried jedoch einen jüdischen Großvater haben, gelten sie nach der Definition der Nationalsozialisten fortan als «Vierteljuden», also «Mischlinge 2. Grades». Gottfried kann nur mit Mühe zu Ende studieren. 1937 erwirbt er sein juristisches Diplom und promoviert sogar noch. Durch die Wiedereinführung der Wehrpflicht im März 1935 droht ihm die Einberufung. 1938 flieht Gottfried Lessing nach Großbritannien. Ein Jahr später emigriert er nach Südrhodesien.

Irene Lessing lernt 1934 während ihres Volkswirtschafts-Studiums in Berlin Studenten kennen, die in bereits verbotenen kommunistischen Organisationen mitarbeiten. Einer von ihnen ist Klaus Gysi. Er ist intelligent, witzig und kann ohne Unterlass reden. Er wirkt selbstsicher und lässig. Seine Haare sind zurückgekämmt, er trägt eine runde Brille und feine Anzüge. Er sieht gut aus. Ihr erstes Rendezvous, irgendwann Ende 1935 oder Anfang 1936, wird das Leben der beiden verändern.

Klaus Gysi hat Irene Lessing zum Kaffee in die berühmte Schlosskonditorei in der Berliner Friedrichstraße eingeladen. Irene versucht Klaus zu erklären, warum sie einen gelben Streifen in ihrem Studentenausweis hat. Er versteht sie scheinbar nicht. Sie erzählt von ihrem Großvater, von den Nürnberger Rassegesetzen, davon, dass sie in ihrer Ausbildung an der Universität behindert wird. Klaus spielt weiter den Begriffsstutzigen. Irene müht sich anderthalb Stunden ab. Vergeblich. Plötzlich legt Klaus seinen Studentenausweis auf den Tisch. «Meinst du so einen gelben Streifen hier?», fragt er und lacht.

«Nach so einer Begegnung», sagt Irene Lessing später, «trennst du dich entweder sofort, oder du heiratest und bleibst für immer zusammen.» Die beiden sollten für viele Jahre zusammenbleiben. Aber zunächst muss Irene Lessing den Kaffee zahlen. Ihr Herr Charmeur hat nicht genug Geld dabei.

Klaus Gysi hat in dieser Zeit an der Universität nicht nur unter den ersten Schikanen als so genannter Halbjude zu leiden. Die Nationalsozialisten bekämpfen ihn vor allem als Kommunisten. Die Nazis fürchten die Kommunisten zu Recht als ihre entschlossensten Gegner, und so wird in den ersten Monaten nach ihrer Machtübernahme der größte Teil der kommunistischen Funktionäre ermordet, verhaftet oder zur Flucht ins Ausland gezwungen. Die KPD hatte 1932 rund dreihundertsechzigtausend Mitglieder – bereits 1934 waren sechzigtausend inhaftiert. Klaus Gysi gehört seit 1933 zur Leitung der illegalen kommunistischen Studentenorganisation. Er organisiert Flugblatt-Aktionen und gibt illegale Studentenzeitungen heraus. Sein Deckname: Paul Riemer. Seit 1931 ist er Mitglied der KPD.

Als Klaus Gysi auf Irene Lessing trifft, ist er, im Gegensatz zu ihr, schon ein kommunistischer Jungkader mit erster politischer Erfahrung. Dabei stammt er keineswegs aus einer kommunistischen Vorzeigefamilie. Er gehört, so hat er selbst einmal gesagt, zu den jungen Kommunisten, die «noch im letzten Augenblick auf den fahrenden Zug der Weltrevolution aufgesprungen» sind.

Die Gysis zählen zu den ältesten Familien Berlins. Salomon Gysi, ein Schneider und Leibeigener aus der Nähe von Basel, soll 1770 aus der Schweiz nach Berlin ausgewandert sein. Der erste offizielle Eintrag eines Gysi im Berliner Adressbuch, das seit 1799 geführt wird, stammt aus dem Jahre 1823: «J. R. Gysi, Kaufmann, Friedrichstr. 172». Im Adressbuch von 1833 findet sich ein gewisser C. Gysi, Fischerbrücke 23, Berufsbezeichnung «Chirurgus». Die Gysis waren über Generationen hinweg Ärzte. Der erste Gysi, der mit dieser Tradition brechen wird, ist Klaus. Er hat Talent für Fremdsprachen und interessiert sich für Kunst, Literatur und Wirtschaft.

Klaus' Vater Hermann Gysi, geboren 1880, hatte die Familientradition noch fortgeführt. Er ließ sich mit seiner Arztpraxis 1915 bewusst im Berliner Arbeiterviertel Neukölln nieder, zu seinen Patienten zählten viele arme Leute. Hermann Gysi war beileibe kein Kommunist, auch gehörte er keiner Partei an. Aber er war sozial eingestellt, Mitglied im Sozialistischen Ärzteverband. Weil er seinen Patienten so aufopferungsvoll half und mit den Linken sympathisierte, sagten die Leute in seiner Nachbarschaft: Wenn einer ein wirklicher Kommunist ist, dann Hermann Gysi.

Klaus' Mutter Erna, geboren 1893, stammte aus einer etablierten jüdischen Familie aus Süddeutschland. Die Wurzeln der Familie Frank reichen bis ins 15. oder 16. Jahrhundert zurück. Wie so viele Juden in Deutschland verstanden sie sich, was ihre Religion angeht, zwar als Juden, sie fühlten sich aber als Deutsche. Bevor Erna geboren wurde, zog die Familie nach Berlin. Dort heiratete Ernas Mutter in die Potolowsky-Familie ein, jüdische Immigranten aus Polen. Sie hatten es als erfolgreiche Kaufleute zu einigem Wohlstand gebracht. Die Potolowskys besaßen in Berlin zwei große Handschuhläden – einer in der glamourösen Passage in der Friedrichstraße, der andere in der Leipziger Straße. Erna Potolowsky wurde ein bildhübsches Mädchen. Sie hatte feine Gesichtszüge und dunkle Haare. Besonders auffällig waren ihre schönen, schmalen Hände und ihre langen Finger. Diese Hände konnte bald die ganze Stadt bewundern: Auf Plakaten, die überall in Berlin aushingen, warb Erna als junge Frau für die eleganten Handschuhe der Potolowskys.

Erna Potolowsky und Hermann Gysi heiraten 1912. Im selben Jahr wird ihr Sohn Klaus geboren. Die gut situierten Eltern wollen, dass er auf eine «normale» Schule in Neukölln geht. Klaus Gysi ist das einzige «bessere Kind» in seiner Klasse, alle seine Mitschüler stammen aus dem Arbeitermilieu. Aber auch zu Hause lernt er bereits als kleiner Junge die Not der einfachen Leute kennen – der Erste Weltkrieg ist noch nicht ganz vorbei. In einem seiner wenigen ausführlichen Interviews, die Klaus Gysi nach 1989 gegeben hat, schildert er die Zeit seiner Kindheit und Jugend so: «Meine Mutter wurde in den Kriegsjahren von vielen Arbeiterfrauen aufgesucht und um Rat gefragt, die vor dem Krieg bei meinem Vater in Behandlung waren. Auch andere Dinge habe ich miterlebt und sehr genau behalten. Zum Beispiel Flüchtlinge aus der Bayerischen Räterepublik, die nach der Niederschlagung zu uns kamen, von irgendjemand die Adresse hatten und zum Übernachten blieben, bis sie ihre Flucht fortsetzen konnten. Ich wundere mich immer noch, was man im Alter von sechs bis acht Jahren aufnehmen kann, denn ich hörte sehr genau bei den Gesprächen zu. Auch den Matrosen sehe ich noch vor uns stehen, der meine Mutter um einen Zivilanzug bat, weil man die Matrosen nach dem blutigen Ende ihres Widerstandes in Berlin überall jagte. Ich sehe noch, wie meine Mutter ihm einen Anzug meines Vaters gab und er ihr seine Uhr, seine Brieftasche und andere persönliche Dinge übergab, die sie an die Adresse seiner Mutter bringen sollte.»

Erna Gysi engagiert sich politisch mehr als ihr Mann. Sie kämpft vor allem für die Interessen der Frauen, etwa für das Recht auf Abtreibung. Und sie hält nicht viel von politischen Konventionen. Erna Gysi teilt die jüdische Sympathie für den Sozialismus, die in Osteuropa viel häufiger anzutreffen ist als in der bürgerlichen Welt der deutschen Juden. Konfrontiert mit den wachsenden Spannungen der Weimarer Republik, entscheiden sich viele Juden in Deutschland für die politische Mitte und damit für die Anpassung. Nicht so Erna Gysi. Radikale Zeiten erfordern radikale Lösungen, davon ist sie überzeugt. Sie entscheidet sich für die Kommunisten. Die treten in ihren Augen nicht nur für die Rechte der Frauen am konsequentesten ein.

Trotz ihres etwas romantischen Verhältnisses zum Kommunismus tritt Erna Gysi in die KPD ein, vermutlich 1923. (Ihr Sohn hat später widersprüchliche Angaben dazu gemacht. Einmal behauptete er, seine Mutter sei 1923 Mitglied geworden, ein weiteres Mal, sie sei erst nach ihm, also nach 1931, in die Partei eingetreten.) Sie stammt nicht aus der Schicht, die am meisten Not leidet. In ihrem Salon zu Hause treffen sich Künstler und Schriftsteller, etwa Alfred Döblin, sie diskutieren die großen Fragen der Menschheit.

1928 meldet Erna Gysi ihren 16-jährigen Sohn beim Kommunistischen Jugendverband an. Klaus Gysi legt später Wert darauf, dass er zwar unter dem Einfluss seiner Mutter, aber aus eigenem Antrieb bei den Kommunisten gelandet war. Noch als er Jahrzehnte danach gefragt wird, wie und warum er Kommunist geworden sei, erzählt er immer wieder die gleiche Geschichte. 1928 habe er in der Wohnung seiner Eltern in Neukölln am Fenster gestanden und gesehen, wie unten auf der Straße ein Demonstrationszug von vielleicht 200 Arbeitern vorbeigezogen sei. Die Arbeiter hätten mit Plakaten gegen die Schließung ihrer Fabrik protestiert. Schlagartig sei die Polizei an Ort und Stelle gewesen und habe auf die Demonstranten eingeschlagen. Ein Schuss sei gefallen, und plötzlich habe einer der Arbeiter tot auf der Straße gelegen. «Als ich das von oben gesehen habe», so Klaus Gysi, «da habe ich mir gesagt: Also alles, wie es auch sei, was es auch sei, ist besser als das. Da kannst du nicht mehr zusehen.»

Die KPD gewinnt an Einfluss, auch in bürgerlichen Milieus. Künstler und Intellektuelle engagieren sich für die Partei. Klaus Gysi wird später erzählen, dass auf einer der ersten Parteiveranstaltungen, die er besuchte, Albert Einstein Geige gespielt habe. Die Weltwirtschaftskrise ab 1929 beschert der KPD noch mehr Zulauf: Ende 1932 avanciert sie mit über sechs Millionen Wählern zur drittstärksten Kraft. Die Kommunistische Partei radikalisiert sich und erklärt die Sozialdemokratie zum Hauptgegner. Gelenkt wird sie von der Kommunistischen Internationale in Moskau. Mit dieser ultralinken, sowjetisch fixierten Politik spaltet die KPD die Arbeiterbewegung und wird ein Jahr später ungewollt zum Sieg Hitlers beitragen.

Für den knapp 20-jährigen Klaus Gysi ist das zunächst nur große, ferne Politik. Seine Sympathie für den Kommunismus hat noch etwas Spielerisches. Auch dass er Jude ist, spielt für ihn zu diesem Zeitpunkt keine Rolle. Seine Mutter Erna verleugnet ihre jüdische Identität nicht, seine Großmutter geht noch regelmäßig in die Synagoge. Aber Erna Gysi macht den Sohn nicht mit den jüdischen Traditionen und religiösen Bräuchen vertraut. In ihren Erzählungen über berühmte Linke und Kommunisten lässt sie jedoch nie unerwähnt, wer von ihnen Jude ist. Sie erinnert ihren Sohn daran, dass selbst Karl Marx jüdischer Abstammung war. Als jüdische Kommunistin hängt sie dem Glauben ihrer Partei an: dass der Kommunismus nicht nur die ökonomischen Probleme Deutschlands lösen, sondern mit der Beseitigung des Kapitalismus die Befreiung der gesamten Menschheit und damit auch aller Juden erfolgen wird. Das wenige, was Klaus Gysi über das Judentum lernt, erfährt er von seinem Vater.

Doch Hermann Gysi ist kein Jude. Er trägt die Schmisse eines Burschenschaftlers im Gesicht, was er später bereut und mit der Bemerkung kommentiert, die Narben in seinem Gesicht würden bezeugen, was er früher einmal für ein Idiot gewesen sei. Hermann Gysi wird im Laufe seines Lebens zum Philosemiten. Die Familie sagt scherzhaft, der Vater verstünde mehr vom Judentum als viele Juden selbst.

Das Judentum der Gysis manifestiert sich nicht in einem religiösen Glauben, sondern in ihrem kulturellen und intellektuellen Habitus, ihrer Weltoffenheit. Ihre Identität als Deutsche beziehen sie aus dem Liberalismus jener Zeit. «Bei uns zu Hause gab es keinerlei jüdische Tradition, aber ebenso wenig eine katholische oder protestantische», erinnert sich Klaus Gysi. «Als ich mich bei meiner Mutter nach Jesus erkundigte, sagte sie mir, ihrer Meinung nach sei er der erste Kommunist gewesen, ohne aber den Weg zum Kommunismus zu kennen. Mein Vater machte hingegen nur faule Witze, als ich ihn nach der unbefleckten Empfängnis fragte. Diese Erkundungen zog ich schätzungsweise mit zehn Jahren ein. Aber es herrschte bei uns eine völlig selbstverständliche Toleranz in jeder Beziehung. Wenn ich an meine Mitschüler in Neukölln denke, die fast alle Arbeiterkinder waren, muss ich sagen, dass ich natürlich ein ausgesprochen deutsches, linkes, intellektuelles und mit Lesen, Büchern und Kultur verbundenes Zuhause hatte.» Als Klaus Gysi in der Schule einen Fragebogen ausfüllen muss, schreibt er in die Spalte, in der nach seiner Religion gefragt wird: «Dissident».

In der Oberschule eckt er mit seinen Auffassungen häufig an. Klaus Gysi lässt sich nicht den Mund verbieten. Um einem Rauswurf zu entkommen, folgt er der Bitte seines Vaters und wechselt 1930 zusammen mit seinem sechs Jahre jüngeren Bruder Gert an die Odenwaldschule in Ober-Hambach in Hessen. Die Odenwaldschule ist eine der berühmtesten Reformschulen der Weimarer Republik, auch Klaus Mann hat sie Anfang der zwanziger Jahre besucht. Die Schule wird von dem Schweizer Pädagogen Paul Geheeb geleitet und hat viele fortschrittliche Ideen der Jugendbewegung wie Ganzheits- und Gruppenerziehung, Schülerselbstverwaltung sowie Koedukation übernommen. Der jugendliche Gysi ist von Geheeb stark beeindruckt, wie ihm überhaupt die ganze Art des Unterrichts sehr gefällt. 1931 macht Klaus Gysi an der Odenwaldschule sein Abitur. Im selben Jahr lassen sich seine Eltern scheiden.

Für die Gysis galt es immer als Selbstverständlichkeit, dass ihre beiden Söhne zum Studieren ins Ausland gehen würden, nach Frankreich, vielleicht sogar in die USA. Klaus setzt das in die Tat um. Er studiert Rechtswissenschaft, Philosophie und Volkswirtschaft. 1931 beginnt er mit dem Studium in Frankfurt am Main, 1932 geht er dann an die Sorbonne in Paris, 1933 folgt die Rückkehr nach Frankfurt. Im Frühjahr 1933 kommt er für einen illegalen Studentenkongress nach Berlin. Danach soll es für ihn mit einem Studium in den USA weitergehen. Aber sein Bruder Gert ist schwer krank, er hat Leukämie in fortgeschrittenem Stadium. (Gert Gysi wird 1934 sterben.) Klaus will die Familie nicht allein lassen und bleibt in Berlin. Er schreibt sich an der Friedrich-Wilhelm-Universität in Berlin ein. 1935 kann er gerade noch sein Diplom in Volkswirtschaft ablegen, bevor ihn die Nazis «aus rassischen Gründen» von der Uni relegieren. Seine Doktorarbeit, die fest eingeplant ist und an der er sogar noch vier Jahre arbeiten wird, kann er nicht mehr verteidigen.

Die Lage in Deutschland wird indes für Menschen wie Klaus Gysi immer gefährlicher. Auch Irene Lessing bekommt zunehmend Schwierigkeiten. Ihr Studium kann sie 1935 als Diplom-Volkswirtin noch abschließen. Die Doktorarbeit über die «wirtschaftlichen Verpflichtungen des britischen Weltreiches», die sie kurz darauf beginnt, muss Irene Lessing bald abbrechen – ebenfalls «aus rassischen Gründen». Klaus Gysi widmet sich nach seinem Studium ausschließlich der politischen Arbeit. Für die kommunistische Studentenorganisation reist er zwischen 1935 und 1938 mehrfach nach England, Frankreich und in die Tschechoslowakei. Er arbeitet jetzt aktiv im illegalen Widerstand der KPD mit.

Irene Lessing jedoch will weg aus Deutschland. Sie und Klaus beschließen, sich für eine Weile zu trennen, aber in Kontakt zu bleiben. Sie belegt in den Sommerferien 1936 Kurse an der London School of Economics und an der Sorbonne. 1937 reist sie nach Südafrika zu Freunden der Familie. Das soll eigentlich der Beginn ihrer Emigration sein. Nachdem ein halbes Jahr vergangen ist, erhält sie Post von Klaus Gysi. Ihr Freund fühlt sich einsam in Deutschland. «Es herbstet, seit du weg bist», schreibt er. Irene Lessing packt sofort ihre Koffer. Sie verlässt ihr sicheres Exil in Südafrika und kehrt ins faschistische Deutschland zurück, um Klaus zu heiraten. Aber 1937 ist dort eine Heirat zwischen zwei «Nichtariern» schon nicht mehr möglich.

Obwohl er von der rassistischen Politik der Nazis persönlich betroffen ist, beharrt Klaus Gysi darauf, als Kommunist verfolgt zu werden – und nicht als Jude. Juden sind in den Augen vieler Kommunisten Opfer. Kommunisten – das sind Kämpfer, Menschen, die widerstehen. Helden. Seine jüdische Abstammung bedeutet für Klaus Gysi nur eine zusätzliche Gefahr. In einem Interview 1991 erinnerte er sich an diese Verfolgungssituation: «Wenn die Nazis dich jetzt kriegen, sagte ich mir damals, dann bist du dreifach gefährdet. Erstens als Kommunist. Zweitens als Jude. Drittens als Brillenträger.»

Erna Gysi hat mehr Angst als ihr Sohn. Im Oktober 1938 flüchtet sie mit ihrem neuen Lebensgefährten Kurt Levy, einem jüdischen Bankier, und dessen zwei Töchtern nach Paris. Einen Monat später, am 9. November 1938, organisieren die Nazis in der «Reichskristallnacht» den bislang größten Pogrom gegen die Juden im Deutschen Reich. Deutschland soll jetzt «judenfrei» werden. Klaus Gysi denkt sofort an die beiden Handschuhläden seiner Großeltern, der Potolowskys, in der Friedrichstraße und in der Leipziger Straße. Als er am Morgen des 10. November mit dem Fahrrad durch Berlin fährt, um herauszufinden, ob die Läden der Großeltern zerstört worden sind, sieht er Rauch von den jüdischen Synagogen aufsteigen. Später erklärt er, als er die brennenden Synagogen gesehen habe, habe er gedacht: Jetzt brennt bald ganz Deutschland.

Im August 1939 fahren Klaus und Irene, die jetzt ohne Trauschein zusammenleben, zu Erna Gysi nach Paris. Ihr Touristenvisum ist nur vier Wochen gültig. Erna Gysi rät den beiden, ihren Besuch in Frankreich zu verlängern. Die Lage in Deutschland sei zu gefährlich. Klaus und Irene entscheiden sich, noch eine Weile zu bleiben.

Am 1. September überfällt Deutschland Polen, zwei Tage später erklären Frankreich und Großbritannien Hitler den Krieg. Klaus Gysi und Kurt Levy, der Lebensgefährte Erna Gysis, werden, wie Tausende andere deutsche Männer in Frankreich auch, zu «feindlichen Ausländern» erklärt und im Sammellager Colombes in der Nähe von Paris inhaftiert. Später verlegt man sie in die Internierungslager Vierzon und Bourges. Drei Monate nach ihren Männern werden auch Irene Lessing und Erna Gysi verhaftet. Zunächst kommen sie ins Pariser Sammellager Velodrome d'Hiver und anschließend in das berüchtigte Pyrenäenlager Gurs, in dem viele Spanienkämpfer interniert sind.

Die französischen Internierungslager hatten mit den SS-Arbeitslagern oder gar den Vernichtungslagern nichts gemein. Die Verhafteten wurden in der Regel von keiner Wachmannschaft terrorisiert. Aber ob Nazi-Anhänger oder Nazi-Gegner, Jude oder Zigeuner, Emigrant oder Krimineller – man sperrte sie alle in Baracken, ließ sie von Soldaten bewachen und bei schlechtem Essen sowie unter katastrophalen hygienischen Bedingungen in Ungewissheit schmoren. Ab Ende 1940 stellten ausländische Juden die Mehrheit der Gefangenen in den Internierungslagern. Für Tausende von ihnen wurden Lager wie Gurs und Les Milles zur Vorhölle von Auschwitz.

Klaus Gysi, Irene Lessing, Erna Gysi und Kurt Levy haben Glück. Die deutschen Truppen besetzen im Juni 1940 Paris, am 22. Juni unterzeichnet Frankreich einen Waffenstillstand. Für ein paar Tage bricht Chaos im Land aus. Viele können die Internierungslager verlassen, darunter auch die Gysis. Ab Anfang Juli, als die Ordnung wiederhergestellt ist, ist eine Flucht nahezu unmöglich.

Klaus Gysi wird mit einem LKW in die Nähe des Lagers in Gurs gefahren, dort trifft er auf seine Frau Irene und schlägt sich mit ihr zu Fuß nach Toulouse durch. In Toulouse nimmt er Kontakt zur dortigen illegalen KPD-Leitung auf, der Alexander Abusch und Albert Norden angehören, zwei erfahrene Parteiarbeiter, die später in der DDR als Kulturminister (Abusch) bzw. SED-Propagandachef (Norden) Karriere machen sollen. Abusch und Norden geben dem Genossen Gysi einen Parteiauftrag, der einem Himmelfahrtskommando gleicht: Er soll mit seiner Frau nach Deutschland zurückkehren und dort die illegale Arbeit fortsetzen.

Man kann sich heute kaum vorstellen, was es für einen Kommunisten und von den Nazis als «Halbjude» Verfolgten bedeutet haben muss, mitten im Krieg 1940 nach Deutschland zurückzukehren. Abusch und Norden haben Klaus Gysi erklärt, die KPD in Frankreich könne nicht für alle Emigranten sorgen, die Partei habe weder ausreichend Platz noch Geld zur Verfügung. Und da er, Gysi, und seine Frau als Studenten legale Papiere sowie gültige Reisepässe besäßen, sei ihre Rückkehr relativ ungefährlich. Solche Parteiaufträge sind in dieser Zeit nicht unüblich. Sie werden von Franz Dahlem, dem Leiter der KPD-Auslandszentrale in Paris und Mitglied des KPD-Politbüros, durchgesetzt. Die Partei braucht Genossen, die den Widerstandskampf gegen die Nazis innerhalb des Landes weiterführen.

Klaus Gysi beugt sich der Entscheidung. Er muss mit 28 Jahren zum ersten Mal lernen, was Parteidisziplin im Ernstfall bedeuten kann. Irene Lessing trägt die Entscheidung mit und begleitet Klaus Gysi zurück nach Deutschland. Sie ist zwar kein Mitglied der KPD, aber versteht sich seit 1937, so wird sie es später angeben, als Unterstützerin der Partei. Dennoch hat sie um ihren Mann mehr Angst als um sich selbst. Als «Vierteljüdin» ist sie nicht ganz so gefährdet wie Klaus Gysi. Er ist gleich einem doppelten Risiko ausgesetzt: als Mitglied der verbotenen KPD und als «Halbjude». Dass die Partei ihren Mann und sie trotzdem auf diese lebensgefährliche Reise schickt, daran wird Irene Lessing zeit ihres Lebens schwer zu tragen haben. Sie selbst redet öffentlich allerdings nie darüber, erst ihr Sohn wird ihre tiefe Kränkung offenbaren «Das hat meine Mutter der Partei eigentlich nie verziehen», sagt Gregor Gysi 1991 in einem Interview.

Klaus Gysi verdankt diesem Reisebefehl nicht nur die bittere Einsicht, dass die Partei im Zweifel undurchführbare Aufträge erteilt und dabei den Tod eines Genossen in Kauf nimmt. Er lernt auch den Pragmatismus seiner Frau kennen. «Es muss doch schließlich gemacht werden», kommentiert sie, bei allen inneren Zweifeln, den Auftrag nüchtern. Diese Haltung hat Klaus Gysi in einem Interview im April 1990 als eine «besondere Erkenntnis dieser Überlebensperiode» bezeichnet: «Der entschlossenere Teil der deutschen Nation ist der weibliche.» Seine Begründung: «Wenn man jemanden finden muss, der einen für eine Nacht unterbringt oder zwei oder drei Nächte, und man fragt einen Mann, dann braucht der zehn Minuten, um seine Überlegungen auszubreiten, warum das so ungeheuer und bei ihm so speziell gefährlich ist, und dann, nach einer halben Stunde, sagt er, es geht doch nicht. Eine Frau guckt einen kurz an, überschlägt die Sache noch einmal kurz im Kopf, und nach drei, maximal fünf Minuten sagt sie: ‹Ja, kannst bleiben, Bettwäsche habe ich auch.›»

Klaus Gysi und Irene Lessing brechen im August 1940 von Toulouse nach Deutschland auf. Diese Reise wird sie in Lebensgefahr bringen, das ahnen sie. Sie können jedoch nicht wissen, dass genau aus diesem Mut, aus der in Kauf genommenen Lebensgefahr vieler Kommunisten im Kampf gegen Hitler, Jahre später in der DDR der Mythos von den antifaschistischen Helden geboren wird.

Das Paar überquert die Demarkationslinie zwischen dem besetzten und unbesetzten Teil Frankreichs bei Vierzon, wo sie sofort deutschen Truppen in die Arme laufen. Sie geben sich als deutsche Touristen aus, die bei ihrer Reise vom Krieg überrascht worden seien. Die deutschen Soldaten, noch im Siegestaumel, zeigen sich großzügig. Der Bahnhofskommandant, ein junger Leutnant, bietet ihnen an, sie mit einem Urlauberzug nach Deutschland zurückzuschicken. Der Regimentskommandeur empfiehlt ihnen jedoch, über Paris zu fahren, weil man ohne eine Genehmigung von offizieller Stelle in der französischen Hauptstadt nicht weiterkomme. Der junge Leutnant macht ihnen erneut das Angebot, sie jederzeit nach Deutschland zu bringen, wenn die Fahrt von Paris aus schwierig werden sollte.

In Paris stellen Klaus Gysi und seine Frau fest, dass sie für die Rückreise ein Sondervisum des deutschen Konsulats benötigen. Dafür müssten sie einen Fragebogen ausfüllen, dessen Angaben bei Vernehmungen durch Gestapo-Beamte überprüft werden. Eine legale Rückkehr nach Deutschland unter Vortäuschung falscher, harmloser Angaben erscheint ihnen nicht möglich. Sollen sie den Parteiauftrag ignorieren und versuchen, in den unbesetzten Teil Frankreichs zurückzukehren? Oder sollen sie sich illegal nach Deutschland durchschlagen? Sie entscheiden sich für Letzteres. Sie fahren zurück nach Vierzon und treffen dort auf dem Bahnhof den Leutnant wieder. Dieser glaubt ihnen ihre Touristengeschichte. Außerdem ist er geschmeichelt, mit seiner Befürchtung Recht behalten zu haben. Der Leutnant setzt Klaus Gysi und Irene Lessing am nächsten Tag in einen Zug nach Freiburg und informiert den Zugkommandanten, dass es mit beiden jungen Deutschen schon alles seine Richtigkeit habe. So erreichen sie, unbehelligt von Kontrollen, Freiburg im Breisgau.

Dort verlassen sie den Zug und wollen zusammen mit den Soldaten die Absperrung auf dem Bahnhof passieren. Sie werden aufgehalten. Ein Beamter erklärt ihnen, dass sie für die Strecke von der französischen Grenze bis nach Freiburg als Zivilisten Fahrkarten nachlösen oder sich beim Bahnhofskommandanten melden müssten. Geld haben sie keines, freiwillig melden können sie sich auch nicht. Während sie vor dem Beamten stehen und fieberhaft nach einem Ausweg suchen, beugt sich ein zweiter Beamter plötzlich vor und winkt sie durch die Sperre, nicht ohne ihnen hinterherzurufen, ja nicht in Freiburg zu bleiben, sondern gleich weiterzureisen.

Auf dem Hauptpostamt schicken die beiden mit ihren letzten zwei Reichsmark ein Telegramm an die Lessings in Berlin. Sie bitten Irenes Eltern, ihnen telegrafisch sofort Geld nach Freiburg zu überweisen. Nach ein paar Stunden ist das Geld da. Klaus Gysi quartiert sich und seine Frau im teuersten Hotel von Freiburg ein; selbst in der größten Not verliert er nicht sein Stilbewusstsein. Da die beiden noch nicht verheiratet sind und unterschiedliche Familiennamen tragen, gibt Klaus Gysi Irene Lessing als seine Sekretärin aus. Das bewahrt sie vor neugierigen Nachfragen. Gleich am nächsten Morgen fahren sie in einem Schlafwagen der 1. Klasse nach Berlin weiter. Wieder übernimmt Klaus Gysi die Regie. Er überlässt dem Schlafwagenschaffner ein ordentliches Trinkgeld und gibt ihm, von Mann zu Mann, zu verstehen, dass er und seine junge Freundin nicht gestört werden möchten. Die beiden erreichen ohne weitere Kontrollen Berlin. Am Bahnhof holt sie Gottfried Lessing, Irenes Vater, ab.

In einem Lebenslauf, den Klaus Gysi 1951 geschrieben hat, ist der Irrsinn dieser Reise im Auftrag der Partei auf einen lakonischen Satz zusammengeschrumpft: «Dieser Beschluß war, rückblickend betrachtet, eigentlich kaum durchführbar und glückte nur durch das Zusammentreffen einer Reihe günstiger Umstände und Zufälle.»

Die günstigen Umstände und Zufälle begleiten Klaus Gysis und Irene Lessings Leben weiter bis zum Kriegsende 1945. Nach ihrer Ankunft in Berlin quartieren sie sich in der Villa von Irenes Eltern ein, Am Schlachtensee 130. Das Haus der Lessings gewährt ihnen Schutz: Direkt vor der Haustür liegt der Schlachtensee, nach hinten eine ungepflasterte Straße, die entlang der S-Bahn-Linie führt. Von hier aus ist die Villa kaum einsehbar, sie wird durch die Bäume im Garten verdeckt. Unmittelbare Anwohner gibt es auch kaum, was in einer Zeit, in der in Deutschland viele Menschen denunziert werden, die Lebensgefahr wenigstens nicht vergrößert.

Irene Lessing meldet sich bei den Behörden. Klaus Gysi zieht es zunächst vor, illegal in Berlin zu leben. Seine Frau sorgt für ihn. «Meine Aufgabe ist Klaus», sagt sie. Nachdem Klaus Gysi sich davon überzeugt hat, dass er von den Behörden weder gesucht noch vermisst worden ist, legalisiert er einige Wochen später seinen Aufenthalt. Er meldet sich unter der Adresse seiner Schwiegereltern an und bezieht offiziell Lebensmittelkarten. Ihren Lebensunterhalt verdienen Klaus Gysi und Irene Lessing die nächsten fünf Jahre über als freie Mitarbeiter im «Spezialarchiv der Deutschen Wirtschaft» des katholischen Verlages Hoppenstedt & Co. Sie verfassen im Auftrag dieses Berliner Verlages Firmenfestschriften und Industrie-Monographien. Für freie Autoren muss der Verlag keine Personalunterlagen anlegen, das schützt Klaus Gysi und Irene Lessing vor Nachfragen. Außerdem werden sie von dem liberalen Geschäftsführer gedeckt.

Obwohl Hitler als oberster Befehlshaber der Wehrmacht in einer Verfügung vom 8. April 1940 – einen Tag vor dem deutschen Angriff auf Dänemark und Norwegen – die «Halbjuden» für «wehrunwürdig» erklärt hat, wird Klaus Gysi im September 1940 noch gemustert und erhält einen Wehrpass. Er wird jedoch nicht zur Armee eingezogen, sondern mit dem Vermerk n. z. v. im Wehrpass («nicht zu verwenden») wieder entlassen und in die Ersatzreserve II eingestuft.

Doch Klaus Gysi schwebt ständig in Gefahr, in die Maschinerie der nationalsozialistischen Rassenverfolgung zu geraten. Er lässt Geld, Beziehungen und das Glück spielen. Als das Arbeitsamt «Mischlinge» für Sondereinsätze einteilt, besticht Klaus Gysi einen Beamten und kommt so um den Einsatz herum. Als er 1944 zur «Organisation Todt», einer Sondereinheit für militärische Bauvorhaben, und 1945 zum Volkssturm eingezogen werden soll, legt er sich mit einer vorgetäuschten Diphtherie ins Bett. Eine Oberärztin am Berliner Urban-Krankenhaus, die Frau eines Schulfreundes von Klaus, besorgt ihm ein Attest; sie legt den Abstrich eines ihrer Diphtherie-Patienten einfach in Klaus Gysis Krankenakte. (Die Ärztin heißt Helga Wittbrodt, hat seit Ende der dreißiger Jahre Kontakte zu kommunistischen Widerstandsgruppen und wird 1949 Chefärztin des Regierungskrankenhauses der DDR.) Schließlich schafft es Klaus Gysis Vater Hermann auch noch, die persönlichen Daten des Sohnes aus den amtlichen Registern löschen zu lassen. Er überredet dazu einen Gestapo-Beamten, der sein Patient ist. Und selbst als in den letzten Kriegstagen Elitesoldaten der SS-Leibstandarte Adolf Hitler in die Lessing-Villa am Schlachtensee eindringen und den «kranken» Klaus Gysi finden, rettet den Sohn noch einmal der gute Name des Vaters. Die Soldaten lassen durch einen Arzt überprüfen, ob Klaus Gysi wirklich krank ist. Als er sein Attest zeigt und angibt, dass er bei Hermann Gysi in Neukölln in Behandlung ist, antwortet der Arzt, er kenne Gysi, das sei ein guter Arzt, der tue schon das Richtige. Die Soldaten ziehen wieder ab.

Die allermeisten Verwandten aus der Potolowsky-Familie haben weniger Glück. Im Februar 1943 führen die Nazis die letzte große Razzia zur Deportation aller noch im Reich verbliebenen Juden durch. Goebbels verkündet das Ziel, Berlin bis Ende März 1943 «judenfrei zu machen». Klaus Gysi besucht unmittelbar vor der Razzia zusammen mit seiner Frau eine seiner Tanten. Sie hat Nachricht erhalten, ihre Sachen packen zu müssen. Sie solle binnen 24 Stunden reisefertig sein. Kein Wort von Deportation oder Konzentrationslager. Die alte Frau ahnt nicht, wohin es gehen soll. Klaus und Irene fürchten, dass sie der Tod erwartet, aber sie wollen die Tante nicht beunruhigen. Was sollen sie auch tun? Verstecken können sie sie nicht, und im Haus am Schlachtensee ist es durch Klaus' Anwesenheit schon gefährlich genug. Sie helfen der Tante beim Packen.

Kurz darauf wird sie abgeholt und nach Theresienstadt deportiert. Klaus Gysi erhält über einen Freund sogar noch eine Postkarte von der Tante. Sie sei in Theresienstadt angekommen, schreibt sie, es gehe ihr gut. Sie bittet die Familie, etwas zu essen zu schicken. (Die

Nazis haben viele KZ-Häftlinge zu solchen Nachrichten gezwungen.) Als Klaus Gysi die Postkarte liest, so erfährt er viele Jahre später, war die Tante schon längst in Auschwitz vergast worden.

Klaus Gysis gesamte mütterliche Verwandtschaft – in einem selbst verfassten Lebenslauf von 1951 spricht er von «etwa zwölf Personen» – ist in Theresienstadt, Auschwitz oder einem anderen Lager umgebracht worden. Neun von ihnen waren zwischen 70 und 80 Jahre alt. Allein von Lisa Potolowsky, seiner Oma, der Mutter Erna Gysis, sind im offiziellen Holocaust-Gedenkbuch ein paar dürre Angaben geblieben. Unter «Angaben zur Deportation» steht dort: «30. Alterstransport vom 27.7.1942, Theresienstadt», als «Sterbeort» ist «Auschwitz» festgehalten, unter «Schicksal» heißt es: «für tot erklärt». Aber selbst dieses Schicksal durchleidet Klaus Gysi als Kommunist und nicht als Jude. «Das ging mir natürlich sehr nahe», sagt er. «Aber zugleich waren ja auch unerhört viele meiner Genossen im KZ oder starben da ebenfalls. Also, es gab von vornherein so eine Art Ausgewogenheit.»

Ihre illegale politische Arbeit führen Klaus Gysi und Irene Lessing in dieser Zeit fort, wobei sie nach dem Krieg nie ausführlich berichtet haben, worin genau diese Arbeit bestand. Sie erwähnten Hilfe für politisch Verfolgte, Kontaktaufnahme zu anderen Hitler-Gegnern und Geldsammlungen für Angehörige von verhafteten oder umgebrachten Genossen. Sie sollen auch Informationen über Rüstungsbetriebe gesammelt haben, die sie an Verbindungsleute weiterleiteten. 1950 schreibt Klaus Gysi in einem Lebenslauf: «Mit einer Gruppe von einigen Technikern und Forschern der Kriegsindustrie in Berlin besprachen wir regelmäßig die Lage und die Art einer zweckentsprechenden Sabotage und Propaganda.» Sicherlich sind es auch solche Andeutungen, die bis heute das Gerücht am Leben erhalten, Klaus Gysi habe während des Krieges für die «Rote Kapelle» gearbeitet, jenen legendenumwobenen Berliner Widerstandskreis, der im Frühjahr 1941 sowjetische Stellen über deutsche Kriegsvorbereitungen informiert hat. Belege für eine solche exponierte Widerstandstätigkeit Klaus Gysis gibt es allerdings nicht.

Der kommunistische Widerstand in Deutschland während des Krieges war ohnehin nicht so groß und so wirksam und so heroisch, wie die DDR das später immer behauptet hat. Die Verfolgung der Kommunisten nach 1933 führte dazu, dass sie aus der Isolation in der Weimarer Republik auch in der Hitler-Diktatur geradewegs in die Rolle des erbarmungslos bekämpften Außenseiters gerieten. Das erschütterte auch ihre nationale Identität. Die deutschen Kommunisten fühlten sich emotional stark an die Sowjetunion gebunden. Aber gerade Moskau überschätzte die Möglichkeiten ihrer deutschen Genossen grandios und gab gefährliche oder undurchführbare Anweisungen. Eine organisierte politische Tätigkeit in Deutschland war für die Kommunisten in den Kriegsjahren unmöglich. Es gab nur wenige Widerstandsgruppen, die durch eine immer effizienter arbeitende Gestapo jedoch nach und nach zerschlagen wurden.

Das alles ändert freilich nichts an der Tatsache, dass die KPD die meisten Opfer im Kampf gegen den Faschismus zu beklagen hatte. Viele einzelne ihrer Mitglieder haben sich in Lebensgefahr begeben und großen Mut bewiesen. Ihre Kraft zum Widerstand, ihre innere Überzeugung, das einzig richtige zu tun, hat auf manche ihrer Mitmenschen eine besondere Anziehungskraft ausgeübt.

Das war wohl auch bei Klaus Gysi und Irene Lessing der Fall. Davon kann man sich noch sechzig Jahre später ein Bild machen, wenn man die Briefe liest, die Felix Hartlaub in den Kriegsjahren an die beiden geschrieben hat. Hartlaub war Soldat der Wehrmacht und mit den Gysis befreundet. In seinen Briefen redete er sie mit «Ihr Lieben» oder «Ihr meine Süßen» an. Er bewunderte Klaus Gysi, diesen «eindrucksvoll wohlausgestatteten Jungherren», für dessen Entschiedenheit. An Irene Lessing mochte er ihre «reife und überlegene Art», ihre Resolutheit. «Sie glaubt an die Arrangierbarkeit des Lebens.»

Während der Urlaube in Berlin sah der Soldat, in welcher realen Gefahr sich Irene Lessing und Klaus Gysi während des Krieges befanden. «Man muß wohl richtig mit den Trümmern ‹zusammenleben› wie ihr, sie zu verschiedenen Tageszeiten und vor allem bei ihrer Entstehung oder kurz danach sehen, damit sie Wirklichkeit werden im inneren Seelenschrein», schrieb Hartlaub ihnen am 20. Februar 1944. «Die eigentliche Leere hinter den stehengebliebenen Fassaden hat sich noch nicht ins Bewußtsein gefressen ... wie im Grunde die ganze Situation: daß Ihr einerseits Eurem Beruf nachgeht, Euren Verabredungen, Besorgungen etc. und andererseits in einer Gefahrenzone lebt, gegenüber der das Dschungel des Urmenschen, sämtliche Tiefpunkte des Mittelalters und heute manche Frontabschnitte ausgesprochene Schongebiete darstellen.»

Hartlaub wurde mit Kriegsbeginn im September 1939 zur Wehrmacht eingezogen. 1941 landete er im «Oberkommando der Wehrmacht», 1942 sogar in deren «Abteilung Kriegstagebuch» im Wehrmachtsführungsstab. Hartlaub zog durch die Führerhauptquartiere «Werwolf» und «Wolfsschanze» und schrieb am offiziellen Kriegstagebuch der Nazis mit. Hier gelangte er an Informationen, die nur wenigen im Land zugänglich waren. Und hier notierte er seine «Aufzeichnungen aus dem Führerhauptquartier», kühle, kluge und illusionslose Beobachtungen aus dem Zentrum der bürokratischen Vernichtungsmaschine. Der Schriftsteller und Historiker erkannte schnell, dass er an nichts Geringerem als der «Vernichtung Europas» teilnahm.

Die Geschichte des großartigen Chronisten Felix Hartlaub, von dem zu Lebzeiten nichts veröffentlicht wurde, ist aber auch die eines unglücklichen Menschen. Er ist einsam und isoliert, ein Einzelgänger. Zu den wenigen Freunden, die er findet, gehören ausgerechnet Juden und Kommunisten: die Gysis.

Hartlaub hat Klaus Gysi und dessen Bruder Gert 1930 auf der Odenwaldschule kennen gelernt. Die Schulfreunde begegnen sich später in Berlin wieder, als Hartlaub während seines Studiums auf Zimmersuche ist. Er quartiert sich 1937 für ein Jahr bei Klaus Gysis Großmutter Lina Potolowsky in Berlin-Steglitz zur Untermiete ein.

Klaus Gysi ist das ganze Gegenteil von Hartlaub – selbstsicher und extrovertiert, ein Mensch, der gesellige Gespräche liebt und feste politische Überzeugungen hat. Wohl gerade deswegen verstehen sich die beiden auf Anhieb. Der scheue Hartlaub fühlt sich von Klaus Gysi angezogen, auch weil der Freund – im Gegensatz zu ihm selbst – politisch «ganz entschieden Stellung bezogen» hat, wie er notiert.

Hartlaub besucht in dieser Zeit an vielen Abenden Klaus Gysi, der seit der Trennung der Eltern bei seiner Mutter in der Templiner Straße in Zehlendorf wohnt. Hartlaub fühlt sich in der Familie Gysi wohl. Hier herrscht ein ganz anderes Klima als in seinem strengen, ehrgeizigen Elternhaus, er spürt nicht den Druck, den er von zu Hause kennt. Es geht entspannt zu, unkonventionell, über alles wird diskutiert, jeder ist für den anderen da. Die Bekanntschaft mit den Gysis bezeichnet Hartlaub als sein «großes Berliner Erlebnis».

Später, während des Krieges, wird Hartlaub durch die Gysi-Familie auf die brutale Realität in Deutschland gestoßen. Die Beziehung zu Irene Lessing und Klaus Gysi ist neben dem Schreiben und Lesen das Einzige, was ihn aufrechterhält. «Wie es sein soll, wenn ich Euch nicht mehr alle ein, zwei Monate sehen kann, stelle ich mir nicht vor», schreibt er den beiden am 20. Februar 1944, «die Stunden mit Euch sind die einzigen, die als persönliches Leben zählen …»

In der Lessing-Villa in Schlachtensee erreicht Hartlaub im April 1945 der Stellungsbefehl. Er ist zur Infanterie abkommandiert worden und soll sich in der Seeckt-Kaserne in Spandau melden. Die Rote Armee steht bereits in den Vororten Berlins. Klaus Gysi und Irene Lessing schlagen Hartlaub vor, ihn in Schlachtensee zu verstecken. Hartlaub lehnt ab. Seine Freunde seien schon genug in Gefahr. Hartlaub bricht auf. Irene Lessing begleitet ihn zum S-Bahnhof Nikolassee. Als er die Treppen zum Bahnsteig hochgeht, dreht er sich ein letztes Mal um, lächelt Irene Lessing an und zitiert den listigen Soldaten Schwejk: «Wir treffen uns gleich nach dem Krieg», sagt er. «Also dann, bis morgen früh um sechs im Café Kelch.»

Sein Schicksal wird ungewiss bleiben. Ein paar Tage darauf ist der Krieg vorbei. Die sowjetischen Truppen haben Berlin befreit.

Zum ersten Mal seit fünf Jahren kann Klaus Gysi wieder ohne Angst auf die Straße gehen. Einer der ersten Wege führt ihn zum Rathaus. Ob man hier heiraten könne, fragt er. «Ja, warum nicht», antwortet der Beamte. An der Wand hinter ihm, genau in dem Raum, in dem die Trauung stattfinden soll, hängt ein Spruch von Hitler. «Wir warten so lange, bis Sie das abgenommen haben», sagt Klaus Gysi. Am 9. Juni 1945 heiraten sie – Irene Lessing ist jetzt eine Gysi.

Drei Monate später, am 7. September, lässt die sowjetische Militäradministration in dem von ihr besetzten Sektor Berlins das legendäre «Deutsche Theater» wieder eröffnen. Nicht ohne Grund steht «Nathan der Weise» auf dem Premierenplan. Das Stück gilt geradezu als Gleichnis für religiöse Toleranz, Humanität und Sittlichkeit.

Diese Ideale der Aufklärung waren stets der kulturelle Bezugspunkt des jüdischen Bürgertums im Kaiserreich und in der Weimarer Republik. Die Lessings tragen ihren Familiennamen angeblich sogar zu Ehren des Dramatikers Gotthold Ephraim Lessing; sie sollen ihren eigentlichen Familiennamen geändert haben, als «Nathan der Weise» 1783 in Berlin zum ersten Mal aufgeführt worden ist. Der reiche und edle Jude Nathan, der in der berühmten Ringparabel davon spricht, dass keiner der drei Religionen der Vorzug zu geben ist – er ist eine Figur ganz aus der Geisteswelt von Klaus und Irene Gysi. An diesem 7. September 1945 wird ausgerechnet dieses Stück in der Stadt gespielt, in der nur ein paar hundert Juden den Krieg und die Verfolgung überlebt haben.

Die Gysis wollen die Wiedereröffnung des Theaters unbedingt miterleben. Da die S-Bahn noch nicht wieder fährt, laufen sie fünf Stunden zu Fuß vom Schlachtensee bis in die Innenstadt – über Trümmer hinweg, vorbei an zerschossenen Häusern und gesprengten Brücken. Von der Vorderfront des «Deutschen Theaters» steht nur noch der Torbogen. Aber im Inneren bietet sich ihnen der denkbar größte Kontrast zur Welt da draußen: ein völlig intakter Raum in Gold und rotem Samt. Unter der Regie des berühmten Fritz Wisten spielen Paul Wegener und Eduard von Winterstein die Hauptrollen, zwei Schauspieler, die schon vor 1933 unter Max Reinhardt zum Ensemble gehörten. Klaus und Irene Gysi sitzen ergriffen im Zuschauerraum. Dieser «Nathan» wird ihnen unvergesslich bleiben. Es ist für sie der späte Triumph über Hitler und seine Diktatur.

Jetzt kann ihr neues Leben beginnen.

Das Heldenkind, dem die Zukunft gehört: Eine sozialistische Jugend und der Aufstieg des Vaters

Gregor Gysi wird am 16. Januar 1948 in Berlin geboren. Er ist der Sohn von antifaschistischen Widerstandskämpfern. Von Siegern der Geschichte.

Das Heldenkind Gregor Gysi wächst auf in der Gewissheit, dass ihm die Zukunft gehören soll – jene Zukunft, in deren Namen seine Eltern unter Hitler ihr Leben riskierten. Alles um ihn herum ist so angeordnet, dass ihm diese Gewissheit ganz selbstverständlich erscheint.

Die Eltern bewohnen in der Waldstraße 37 in Johannisthal, einer eher bürgerlichen Gegend im Südosten Berlins, ein großes Haus mit Garten. Überall stehen Bücher und wertvolle Kunstwerke. Gleich im Eingangsflur hängt ein signiertes Bild von Helene Weigel, der Frau Bertolt Brechts. Es herrscht eine offene, tolerante Atmosphäre, es geht entspannt zu. Als Zweitgeborenem wird dem Sohn die besondere Liebe der Mutter zuteil, er ist der kleine Prinz der Familie. Gregor ist zwei Jahre jünger als seine Schwester Gabriele; sie wurde am 13. Juli 1946 geboren.

Klaus und Irene Gysi machen in der gerade gegründeten DDR Karriere. Zu Hause kümmert sich ein Kindermädchen, das «Schätzchen», um den Haushalt und die beiden Kinder. Das Mädchen wird Gregor und Gabriele fast zu einer zweiten Mutter, sie holt sie aus dem Kindergarten ab, mit ihr besprechen sie auch die meisten großen und kleinen Sorgen des Alltags. Diese Form der Erziehung ist für Irene Gysi nichts Besonderes, sie selbst ist als Kind in Russland und später in Deutschland von einer Nana großgezogen worden. In der DDR zu Anfang der fünfziger Jahre ist ein Haushalt mit Kindermädchen jedoch eine Seltenheit.

Den meisten DDR-Bürgern bleibt die Welt versperrt, zu den Gysis kommt sie nach Hause. Kampfgefährten aus der Zeit der Emigration, Künstler, Theaterleute, Schriftsteller, Freunde und Bekannte aus Russland, Frankreich, Südafrika, Großbritannien und den USA, die Verwandtschaft, die über die halbe Welt verstreut ist – das Haus in Johannisthal ist oft voller Besucher. Die meisten von ihnen sind gebildet, kultiviert und teilen die politischen Ansichten der Eltern.

Diese Welt des kleinen Gregor Gysi kennt keine Grenzen. So ist es nicht verwunderlich, dass er Jahre später einräumt, die Abschottung der DDR in ihrem wirklichen Ausmaß lange nicht wahrgenommen zu haben. Und es erscheint nur logisch, dass Gysi kein Heimat- und Vaterlandsgefühl ausgeprägt hat. «Ich bilde mir ein, ein wirklicher Internationalist zu sein», erklärt er 1991 in einem Interview. «Die Frage der Nationalität eines Menschen, auch seiner Religion, interessiert mich vielleicht an vorletzter Stelle, um nicht zu sagen, an letzter.» Ganz der Sohn, dessen Mutter in Russland geboren wurde, in Deutschland zur Schule ging, in England studierte und in Frankreich interniert war. «Hat Heimat für Sie eine Flagge?», ist Irene Gysi 1993 gefragt worden. Ihre Antwort: «Ich bin Europäerin.»

Während in Deutschland nach dem Zweiten Weltkrieg die heimkehrenden Männer kollektiv schweigen, wird in der Familie Gysi geredet. Für Klaus und Irene Gysi gibt es viel, worauf sie stolz sein können. Als ihre Kinder älter werden, malen sie ihnen gern und oft ihre Heldengeschichten aus. Ihre Verfolgung als Juden, ihre Gefangenschaft in Frankreich, ihr Widerstand gegen Hitler verleiht den Eltern eine solche moralische Autorität, dass in den Augen der Kinder ihr kleiner Alltag dagegen umso unbedeutender erscheint. Doch merkwürdig: Die Heldengeschichten rufen keinen Trotz hervor, im Gegenteil, sie scheinen die Bindung an die Eltern noch zu verstärken.

Ein altes Foto zeigt Gregor Gysi inmitten seiner Klassenkameraden. Er ist vielleicht sieben oder acht Jahre alt. Vor ihm und seinen Mitschülern sitzt Klaus Gysi, der junge Kulturfunktionär, und erzählt davon, so scheint es, wie ehrenvoll es ist, diesen neuen Staat mit aufbauen zu dürfen. Der Gesichtsausdruck seines Sohnes lässt keinen Zweifel zu: Der kleine Gregor Gysi betet seinen Vater an.

Nur wer sich in der Welt seiner Eltern so behütet fühlt, kommt als Kind auf die Idee, den neuen Herren dieses neuen Landes einen netten, frechen Brief zu schreiben. *Hern Minster. Mistärium für Kultur. Berlin. Molken Markt 1 bis 3* steht in krakeliger Schrift auf dem Umschlag. Am 9. Dezember 1956 schickt der 8-jährige Gregor Gysi einen Brief an Johannes R. Becher, den berühmten DDR-Kulturminister. *Lieber Minister,* beginnt er. Er schreibt mit Bleistift auf liniertem Papier. In frühem Stilempfinden unterteilt Gregor Gysi den Brief in vier Abschnitte, womit möglicherweise kleine orthographische Unebenheiten elegant kaschiert werden sollen. *I. Teil. Lieber Minister ich möchte gerne das auch bei ihn eine Weihnachtzfeier stattfindet. Weil in jeden Betrieb eine Weihnachtzfeier stattfindet.*

II. Teil. Ich möchte mich beschwären das sofiele Filme nicht zugelaßen sind. Wenn ich soald bin werden diese Filme nicht mehr gespielt. Und darum bitte ich alle Filme zugelassen sind.

III. Teil. Ich beschwere mich dass das Theater der Freundschaft Stücke spielt, die unter 14 Jahre nicht zugelasen sind, und darum bette ich daß daß Theater der Freundschaft für alle Kinder zugelaßen wird.

V. Teil. Ich würde sogerne in einer Oper gehen, aber alle Opers werden erst nach 9 Uhr geschlossen. Und darf ich nicht mehr auf der Straße sein. Auch wenn ich mit meinen Ältern bin. Wegen Jugentgesetz. Unterschrieben ist der Brief ganz selbstbewusst mit *Gregor Gysi 8 Jare alt. Berlin Johnistahl Waldstraße 37.*

Aber nur wer in dieser neuen Welt auch zu Hause ist, bekommt auf einen solchen Brief eine ordentliche Antwort. Gregor Gysis Vater ist mit Johannes R. Becher befreundet, er verdankt ihm einige seiner bisherigen Posten in der DDR. *Lieber Freund!,* schreibt also der Herr Kulturminister an den Jungpionier Gregor Gysi am 14. Dezember 1956 zurück. *Zu Teil I: Eine Kinderweihnachtsfeier findet am 20. Dezember statt.*

Zu Teil II: Deine Beschwerde, daß zu viele Filme für Jugendliche unter 14 Jahren nicht zugelassen sind und ebenso auch Theaterstücke nur von jungen Menschen über 14 Jahre besucht werden dürfen, ist berechtigt, und ich habe mich an die betreffenden Stellen gewendet, um hier vielleicht im Rahmen dessen, was möglich ist, eine Änderung herbeizuführen.

Was den Opernbesuch anbelangt, so unterhalte Dich darüber einmal mit Deinem Vater. Ich glaube, daß das schon eine besondere Oper sein müßte, die ein Kind in Deinem Alter versteht. Alles kommt mit der Zeit und nicht auf einmal, und für einen achtjährigen Jungen ist eben nun einmal nicht alles zu begreifen wie für einen Jungen von 14 Jahren oder für einen erwachsenen Menschen.

Mit den besten Grüßen

Dr. h. c. Johannes R. Becher

Nicht die Antwort an sich wird Gregor Gysi verwundert haben, sondern die Tatsache, dass selbst ein Dichter wie Becher einem kleinen Jungen Sätze in bestem Funktionärsdeutsch zukommen lässt, in denen die Probleme von «betreffenden Stellen» gelöst werden, selbstverständlich nur «im Rahmen dessen, was möglich ist». Gregor Gysi wird das nicht umgeworfen haben, im Gegenteil. Wahrscheinlich hat er den Brief stolz seinen Schulkameraden gezeigt.

Die Heldenerzählungen im Hause Gysi, der weltläufige Besuch, der berufliche Aufstieg der Eltern – all dies hält die außergewöhnliche Familiengeschichte für die Gysi-Kinder lebendig. Gregor besucht in den fünfziger Jahren gelegentlich sogar seine Oma Tatjana Lessing in Westberlin. Die alte Dame von Adel – die geborene Frau von Schwanebach! – wohnt zusammen mit ihrer Haushälterin Mascha in einer Dreizimmerwohnung in Berlin-Nikolassee. Großvater Lessing war 1950 gestorben. Ihre Villa am Schlachtensee wurde gleich nach dem Krieg von den Amerikanern requiriert. Die Besuche bei seiner Großmutter müssen den zehnjährigen Jungen gleichermaßen beeindruckt wie verstört haben. Obwohl die beiden alten Damen schon seit ihren gemeinsamen Jahren in Russland zusammenwohnen, spricht Mascha, die Haushälterin, die Großmutter mit «Sie» und «Frau Lessing» an. Die wiederum duzt Mascha standesgemäß.

Gregor Gysi erlebt mit, welche merkwürdigen Gestalten in der Wohnung der Oma Lessing ein und aus gehen. Ein «Herr Hauptmann» aus dem Ersten Weltkrieg, eine «Tante Ida», die einen Baron heiratet, nur um seinen Adelstitel zu erwerben, und die sich ansonsten damit vergnügt, Dienstmädchen einzustellen und wieder zu entlassen. Die Einzige, die der kleine Junge aus dem ostdeutschen Arbeiterstaat leiden kann, ist Mascha. Sonst erblickt Gregor Gysi in dieser komischen Gesellschaft in Nikolassee nur die Zeichen einer «untergegangenen Welt». Im Rückblick übertrug sich dieses Bild in seiner Kindheit auf ganz Westberlin: «So hatte ich einen Eindruck verstaubter Realitätsferne. Hier offenbarten sich extrem gegensätzliche Welten und Lebensweisen. Da waren die steifen Umgangsformen, die eingestickten Monogramme auf Bettwäsche, Damasttischtüchern und Servietten, gravierte Serviettenringe und silberne Messerbänkchen, der distanzierte Umgang mit Angestellten – und daneben die einfache Mascha.»

Vor dem Mauerbau am 13. August 1961 sollte Gregor Gysi Westberlin nur einmal anders erleben. Freunde seiner Eltern aus Frankreich holen ihn und seine Schwester mit einem Mercedes zu Hause ab, fahren durchs Brandenburger Tor, zeigen ihnen den Funkturm, gehen im Hilton Hotel mit ihnen essen und anschließend ins Kino. Einen Monat später ist diese Glitzerwelt eingemauert.

Wenn Kinder aus der Nachbarschaft die Gysis zu Hause in Johannisthal besuchen, dann sind einige von ihnen genauso beeindruckt und verstört wie Gregor Gysi in der «untergegangenen Welt» in Westberlin. Selbst vierzig Jahre später kann man das kindliche Erstaunen noch heraushören. «Das Elternhaus war faszinierend», erzählt eine Schulfreundin. «Die Mutter trat auf wie so eine alte Gräfin. Die hatten unwahrscheinlich viel Bücher und ein Kindermädchen.»

Und eine französische Großmutter. Erna Gysi, das Handschuh-Model, die Kommunistin der zwanziger Jahre, kommt nur selten aus Paris in die DDR. Es ist nicht ganz klar, ob sie ihrem Sohn Klaus nur Ärger wegen der Westverwandschaft ersparen will oder mit dem sozialistischen Experiment in der DDR schon nichts mehr anfangen kann. Klaus Gysi jedenfalls muss gegenüber seinen ewig misstrauischen Genossen erklären, warum seine Mutter den Ruf der deutschen Kommunisten, in Ostdeutschland einen neuen, antifaschistischen Staat aufzubauen, konsequent überhört und einfach in Frankreich bleibt. «Als sechzigjährige Frau, die dort wieder einen Mann gefunden und sich eingelebt hat, hat sie offenbar die Absicht, dort zu bleiben», schreibt er am 27. Januar 1951 in einem Lebensbericht für die Zentrale Parteikontrollkommission. «Sie steht auch heute noch von Grund auf positiv zur Partei, zur Sowjetunion, ohne jedoch meines Wissens noch aktiv oder organisiert zu sein. Sie ist außerdem ziemlich krank. Unser persönlicher Kontakt ist gering und beschränkt sich auf äußerst raren, etwa halbjährlichen Briefwechsel.» Diesen Kotau wiederholt Klaus Gysi am 10. Mai 1961, diesmal verzichtet er jedoch auf den letzten Satz. Er will nicht abermals den Eindruck erwecken, seine Mutter überhaupt nicht mehr zu sehen.

Gregor Gysi bekommt von dem offiziellen Misstrauen gegenüber seinem Vater und seiner Großmutter in dieser Zeit kaum etwas mit. Er genießt die wenigen Tage und Wochen, die seine Großmutter in Berlin ist. Die gebildete, warmherzige Frau weitet den Horizont ihres Enkelsohnes. Besonders beeindruckt ihn, dass seine Oma die Menschen ständig in Juden und Nichtjuden scheidet. Es provoziert seinen kindlichen Widerspruch. Hat er zu Hause nicht gelernt, dass Religion und nationale Herkunft nur wenig, Charakter und Leistung aber umso mehr bedeuten? Es sei nicht gerecht, die Menschen in Juden und Nichtjuden zu unterteilen, erklärt er seiner Großmutter eines Tages. Entscheidend sei doch, ob jemand ein guter Komponist oder ein begabter Geiger sei. Da zischt Erna Gysi ihren Enkel mit einem einzigen Satz an: «Das war nun mal das entscheidende Element in meinem Leben, davon hing mein ganzes Schicksal ab.» So streng hat sie später nie wieder mit ihm geredet.

Das Thema Juden ist bei den Gysis, im Gegensatz zu anderen Familien jüdischer Kommunisten, nicht tabu. Es gehört zum Familiengespräch, wenn auch der großmütterliche Wutausbruch vermutlich die Ausnahme bleibt. Gregor Gysis Vater behauptet von sich, ein

Heide zu sein. In seinen Heldengeschichten vom antifaschistischen Widerstand fällt das Wort «Kommunist» viel häufiger als das Wort «Jude». Wenn er von Juden erzählt, so spricht er meist von Benachteiligten, Unterprivilegierten, kleinen verzweifelten Händlern, die um ihre Existenz oder ihr Leben bangen. Seine Geschichten erwecken fast immer Mitleid mit den Juden. Wenn Gregors Mutter die Juden erwähnt, dann sind dies oft besondere Persönlichkeiten, berühmte Künstler oder erfolgreiche Wissenschaftler – Menschen, die sie schätzt und mag.

Zwischen väterlicher Verharmlosung und mütterlichem Stolz ist in der Familie kein Platz für religiöse Traditionen und Bräuche. Wie schon sein Vater in den dreißiger Jahren zieht Gregor Gysi die Erkenntnis: «Jude war man von Geburt an, man konnte es sich nicht aussuchen. Kommunist und deshalb verfolgt zu sein – das hingegen war ein bewußter Vorgang.»

Die Erfahrung, mit verschiedenen Kulturen und Welten konfrontiert zu sein, macht Gregor Gysi schon früh. Die Waldstraße in Johannisthal wird auf der einen Seite von großen Zweifamilienhäusern mit Garten gesäumt, während sich gegenüber graue, vierstöckige Miethäuser aneinander reihen. Hier leben Leute wie Gregor Gysis Eltern, Antifaschisten, die in der Hitler-Diktatur mit dem Leben davongekommen sind und jetzt das Sagen haben – dort leben Deutsche, die eben noch dem Führer zujubelten oder gar für Volk und Vaterland kämpften, Arbeiter und Angestellte, die jetzt von den Antifaschisten vis-à-vis regiert werden.

In der 8. Grundschule in Johannisthal, die Gregor Gysi von 1954 bis 1962 besucht, bleiben die Kommunistenkinder in der Minderheit. In Gysis Klasse sitzt nur noch ein weiterer Junge, dessen Eltern Mitglieder der SED sind. Die beiden gelten als «die Roten» und fühlen sich ein wenig isoliert. «Selbst wir Kinder spürten das lauernde Mißtrauen», erinnert sich Gregor Gysi. «Streitereien auf dem Schulweg hatten häufig politischen Charakter.»

Das Trennende, dieses Wir und Ihr, das Gefühl von latenter

Fremdheit wird von den jüdischen Kommunisten in der DDR nicht bewusst gelebt. Doch für sie und ihre Kinder ist es stets gegenwärtig. Gregor Gysi ist fast genauso alt wie das neue Land, in das er hineingeboren wurde. Er ist ein Kind der DDR. Aber er ist ein besonderes Kind einer besonderen DDR. Ein Außenseiter – und gleichzeitig privilegiert. Die Gysis gehören nicht zur Mehrheit in dieser Gesellschaft. Sie und ihre Genossen sind die herrschende Minderheit.

Viele jüdische Intellektuelle in der DDR leben, mehr noch als die Ulbrichts und Piecks, die proletarischen Parteikader, in einer Art selbst gewählter Isolation. Es waren schließlich Deutsche, die ihre Familien und Freunde vergast hatten. Die jüdisch-kommunistischen Familien, unter ihnen viele Westemigranten, pflegen häufig nur mit anderen Westemigranten engen Kontakt. Sie verbindet ein unsichtbares Band. Sie reden, wie alle SED-Funktionäre, ständig vom Volk, aber sie leben in einer anderen Welt als das Volk. Sie sind in einer anderen Kultur groß geworden, haben andere Lebenserfahrungen und Wertevorstellungen. Sie sind gebildet, kultiviert, weltgewandt. Die meisten von ihnen können nicht Russisch, aber sie beherrschen die Weltsprachen Französisch und Englisch perfekt. Sie verkörpern die angeblich gute sozialistische Variante der Bourgeoisie; einer Bourgeoisie, die zu bekämpfen sich die DDR auf ihre Fahnen geschrieben hat. Sie sind eine Art rote Aristokratie.

Die Kinder jüdischer Kommunisten erzählen von frühen Erfahrungen unterschwelliger Fremdheit in der DDR. Irene Runge, Tochter des Kunsthändlers und Publizisten Georg Friedrich Alexan, ist 1942 in New York geboren und 1949 als selbstbewusstes amerikanisches Mädchen nach Ostdeutschland gekommen. Ihre Eltern kannten die Gysis. Ihr Lebensgefühl in den fünfziger Jahren beschreibt sie so: «Immer läuft dieser Film ‹Nazi› mit, die Frage, was die Eltern der anderen damals gemacht haben, und dann stelle ich die Frage so gut wie nie. Dieses Mißtrauen, das hat sich mir eingeprägt, das bin ich nicht mehr losgeworden, dieses Unbehagen, besonders dann, wenn es so richtig laut und lustig zugeht. Dann fühle ich mich ausgeschlossen.»

Annette Leo, Jahrgang 1948, ist mit ihren Eltern 1952 in die DDR gekommen. Ihr Vater Gerhard Leo, ein bekannter Journalist, hat in der französischen Résistance gekämpft und ist im Sommer 1945 aus Frankreich zunächst nach Düsseldorf zurückgekehrt. Annette Leo erzählt, sie habe als Kind geglaubt, in der DDR lebten nur Widerstandskämpfer und Antifaschisten, Leute wie ihre Eltern und deren Freunde, die nach 1933 alle aus Deutschland emigrieren mussten. Sie sei ganz erstaunt gewesen, als sie eines Tages bei ihrer besten Freundin im Fotoalbum geblättert und deren Eltern in HJ-Uniform gesehen habe. «Wir haben uns nicht getraut zu fragen, was ihre Eltern im Krieg gemacht haben.» Als Annette Leo eines Nachmittags mit ihrer Freundin einen Film über Werner Seelenbinder sieht, einen von der DDR verehrten kommunistischen Arbeitersportler, kommt der Vater der Freundin ins Zimmer und überlegt einen Moment lang, ob er den Fernseher ausmacht. «Er mochte mich nicht», erinnert sich Annette Leo. «Aber er hatte auch ein bisschen Angst vor mir. Meine Eltern gehörten schließlich zu denen, die in der DDR jetzt das Sagen hatten. Plötzlich bemerkte der Vater meiner Freundin spitz, Seelenbinder, das sei doch der, der später gestorben ist. Da habe ich geantwortet: ‹Seelenbinder ist nicht gestorben, er ist von den Nazis geköpft worden.› Der Vater drehte sich um, ging raus und knallte die Tür hinter sich zu. Da begriff ich, der lebt auf einem ganz anderen Stern als ich.»

Bei Gregor Gysi entlädt sich das Misstrauen einmal sogar in einer regelrechten Prügelei. Das ist schon deswegen bemerkenswert, weil sich der junge Gregor, der von vielen als klein, rund und sehr weich beschrieben wird, sonst eigentlich nie prügelt. Ein Schulkamerad behauptet, die Russen hätten nach dem Krieg deutsche Frauen vergewaltigt. Obwohl die beiden acht-, neunjährigen Jungen nicht genau wissen, was eine Vergewaltigung ist, sie also nur ahnen, dass es etwas Schlimmes sein muss, sieht der Gysi-Sohn die sowjetischen Befreier seiner Eltern als russische Verbrecher verunglimpft. Das verletzt seine kindliche Ehre. Er schlägt zu.

Am Abendbrottisch zu Hause fragt er seinen Vater, ob es zutreffe, dass die sowjetischen Soldaten deutsche Frauen vergewaltigt hätten. Darauf erhält der kleine Gysi vom großen Gysi die erste Lektion in Sachen Dialektik. Im Prinzip stimme es nicht, was der Junge gesagt habe, erklärt Klaus Gysi. Im Einzelfall jedoch habe es Vergewaltigungen deutscher Frauen gegeben. Man müsse aber auch sehen, wie es dazu gekommen sei. Schließlich hätten deutsche Soldaten furchtbar in der Sowjetunion gehaust. Die Rotarmisten hätten schlimme Entbehrungen erfahren und natürlich auch Hass entwickelt.

Einfache Wahrheiten, das lernt Gregor Gysi, sind selten zu haben. Rückblickend sagt er über seinen Vater: «Er konnte dich in einer halben Stunde von etwas überzeugen. In dem Moment, in dem du es glaubtest, sah er dich an und sagte: ‹Man kann es übrigens auch noch ganz anders sehen.› Dann brachte er zu Fall, was er dir mühselig aufgebaut hatte in der Birne.» Das ist der Gysi-Stil. «Zu dieser Familie gehört zwingend, dass alle gern und viel reden», sagt Gregor Gysi.

Irene Runge berichtet ebenfalls davon, dass sie als Kind nie ihren Mund halten konnte. Das kannte sie von zu Hause nicht anders. Dort wurde ständig diskutiert. Das habe auch mit dem Judentum zu tun, erklärt sie. «Bloß nichts wegdrücken, alles aussprechen. Diese unentwegten Diskussionen um alles mit jedem, dieser endlose Dialog, das ist ein Teil der Kultur. In dieser Weise haben unsere Vorväter mit Gott und untereinander gesprochen, und das ist uns als Methode des Denkens geblieben.»

Bei Gysis kommt noch etwas hinzu: der besondere Humor, der Hang zur Ironie, auch die Fähigkeit zur Selbstironie. Klaus Gysi trägt seinen leicht wehmütigen, manchmal auch zynischen Humor wie einen Schutzschild vor sich her. Sein Humor entspricht auch der Verzweiflung, die er zwischen 1933 und 1945 empfunden haben muss. Und er hilft ihm jetzt, sich die Widrigkeiten des neuen Lebens in der DDR vom Leib zu halten und sich dem Disziplinierungsdruck der SED gelegentlich zu entziehen. Klaus Gysi hat den Witz, den der große Theatermann George Tabori als «überlebenswichtig» bezeichnet hat: «Inhalt eines jeden Witzes ist die Katastrophe», sagt Tabori. «Der Witz ist sozusagen ein Rettungsring, nicht Flucht vor der Realität, sondern Realität. Und es stimmt ja, wenn man die schlimmsten Dinge, ob es eine Probe oder eine Beziehung ist, als Überlebender erzählt, lacht man darüber. Diese Fähigkeit müsste man eigentlich haben, während das Schlimme passiert.» Klaus Gysi kann den Witz als subversives Potenzial nutzen. Als er im August 1940 mit dem Zug illegal von Freiburg nach Berlin zurückfuhr, hat er, der jüdische Kommunist, die mitreisenden Nazis mit Witzen unterhalten.

Klaus Gysi erzählt besonders gern jüdische Witze. Seine Lieblingswitze sind typisch für ihn selbst: Sitzen zwei Rabbis zusammen und überlegen, ob man, während man die Thora liest, rauchen darf. Fragt der eine Rabbi: «Darf man beim Lesen der Thora rauchen?»

«Um Gottes willen, nein!», antwortet der andere Rabbi.

Darauf der erste Rabbi wieder: «Darf man beim Rauchen die Thora lesen?»

Später schreibt Gregor Gysi: «Vater war sowohl Faxenmacher und Clown als auch ernsthafter Aufklärer, der Einsichten vermitteln wollte.»

Wie aber gewinnt der kleine Gregor Gysi, von seinen Freunden «Gogi» gerufen, Statur? Wie verschafft er sich den Respekt seiner Klassenkameraden, die fast alle größer sind als er? Wie die Zuneigung seiner Eltern? Natürlich mit seiner großen Klappe. Durch vorlautes Reden. Als Unterhalter und Witzeerzähler.

Schon als Sechsjähriger beginnt er als Synchronsprecher in Kinofilmen. Eines Tages erscheint eine Frau vom benachbarten DEFA-Synchronstudio in Berlin-Adlershof in der Schule in Johannisthal und sucht nach interessanten Kinderstimmen. Jeder Schüler soll einen bestimmten Satz nachsprechen. Die Wahl fällt auf – klar, Gregor Gysi. Fortan synchronisiert er die Rollen von Jungen in ausländischen Filmen. «Totò und Marcellino» (Italien; DDR-Erstaufführung 1960), «Der Eid der Heiducken» (Bulgarien; DDR-Erstaufführung 1958), «Die große blaue Straße» (Italien/Frankreich; DDR-Erstaufführung 1959) und viele andere Filme sind mit Gregor Gysis Stimme in die Geschichte des DEFA-Synchronstudios eingegangen. In «Die große blaue Straße» spricht er den Filmsohn von Yves Montand. Im Fernsehen darf er einmal in einer sowjetischen Komödie mitspielen. Gregor Gysi verdient sein erstes Geld – 20 Mark für den «Eid der Heiducken», 300 Mark für «Totò und Marcellino». Für den einen Kilometer vom Synchronstudio nach Hause leistet er sich schon mal großzügig ein Taxi. Das geht den Eltern zu weit, sie nehmen dem Sohn das Geld ab. Aber was ohnehin viel wichtiger ist: Seine Freunde und Klassenkameraden bewundern ihn. Noch vierzig Jahre später merkt man Gysi die Genugtuung über diesen Gewinn an Größe an. «Wenn auf der Leinwand im Abspann mein Name zu lesen war», schreibt er 1995, «wurde anerkennendes Gejohle laut, und ich wuchs in meinem Sessel vor Stolz um einige Zentimeter.»

Zu Hause spielen Gregor und seine Schwester Gabriele den Eltern eigene kleine Theaterstücke vor. Einmal spricht er im berühmten Deutschen Theater in Berlin zur Probe vor. Es geht um die Rolle des Sohnes von Wilhelm Tell. Gysi fällt durch. In der Schule bleiben seine schauspielerischen Fähigkeiten nicht verborgen. Sein Freund Axel Grote, in der Grundschule acht Jahre lang Klassenkamerad, hat Gysis Auftritte bis heute nicht vergessen. «Gregor konnte immer schon unheimlich gut quatschen», erzählt er. «Er war intelligent und hatte ein großes Unterhaltungstalent. Er war nicht etwa der Klassenclown – er war ein Entertainer. Als wir elf, zwölf Jahre alt waren, führte er zusammen mit Micha Dubin aus unserer Klasse selbst ausgedachte kleine Parodien auf. Dubin war groß und Gysi eher ein kleiner Dicker, das sah sehr lustig aus. Das Ansehen in unserer Klasse hat sich Gregor durch seine grandiosen Auftritte verschafft.»

Gregor Gysi erkennt sein Talent – und setzt es ein. Am 23. Juli 1960 schreibt er, orthographisch nicht ganz fehlerfrei, als 12-Jähriger aus dem Ferienlager Graal-Müritz an seine Mutter: *Unter den Gruppenratsvorsitzenden wurde der Lagervorsitzende gewählt. Das ist der oberste aller Kinder. Der geht zu den Besprechungen der Helfer und einzelnen Grupen. Er leitet den gesamten Fahnenappell und berät mit den Helfern zusammen den Tagesplan. Dieser Lagerratsvorsitzende ist – Gregor Gysi.*

Seine Mutter sagt: «Er war immer dann Chef, wenn sie einen Kopf brauchten.»

«Gregor war damals schon ein Anführertyp», meint André Rompe, ein Freund aus Kindheitstagen.

Für Klaus und Irene Gysi ist ausgemacht: Ihr Sohn Gregor wird später einmal Schauspieler und ihre Tochter Gabriele Anwältin.

1962 kommt Gregor Gysi auf die Heinrich-Hertz-Oberschule in Adlershof; 1965 wird sie eine Spezialschule für Mathematik, die einzige ihrer Art in Ostberlin. Gysis Leistungen steigen langsam an. Sein Abitur schließt er 1966 mit der Note «gut» ab. Seinen Lehrern in der Hertz-Schule ist er trotz der Allerweltsnoten in Erinnerung geblieben. «Gregor fiel alles leicht», erzählt Helmut Hauthal, Lehrer für Sport und Deutsch. «Er war hochintelligent.» Und Klaus Siegel, der Musiklehrer, sagt, dass Gysi immer hervorgestochen sei, obwohl er nicht zu den besten Schülern gehört habe. «Er war eben kein Streber. Er hatte eine schnelle Auffassungsgabe und konnte sich immer auf seine Intelligenz verlassen.» Eine Schulfreundin erinnert sich, dass Gregor Gysi in der Schule sogar schon das *Neue Deutschland* gelesen habe, «so zwischen den Zeilen». Und alle, Lehrer wie Mitschüler, versichern, dass das junge Mitglied des Gysi-Clans in der Schule keineswegs besondere Ansprüche gestellt habe. «Er hat mit seinem Vater nie angegeben», sagt Axel Grote.

Gregor Gysis Beliebtheit an der Heinrich-Hertz-EOS gründet sich auf eine ganz andere Tatsache: Er besitzt die erste Beatles-Platte der Schule. Erna Gysi hat sie ihrem Enkel aus Paris mitgebracht. Gregors Geburtstagspartys sind plötzlich gut besucht. Viele Freunde und Mitschüler borgen sich die Schallplatte aus, natürlich nicht ohne gewisse Gegenleistungen. Selbst der Musiklehrer leiht sich die Beatles-Platte und erklärt anschließend, so unmusikalisch seien diese jungen Männer gar nicht ... Das rege Tauschgeschäft fällt den wachsamen Genossen an der Schule auf. Gregor Gysi wird zum Direktor bestellt. Es gebe das Gerücht, so der Direktor, der Schüler Gysi würde der Schulband Tonbänder mit westlicher Musik zur Verfügung stellen, damit diese die Lieder einstudieren könnte. Da der Schüler

Gysi nicht auf den Mund gefallen ist, antwortet er wahrheitsgemäß, das Gerücht sei falsch, er besitze keine Tonbänder und schon gar kein Tonbandgerät. Er hatte der Schulband zum Proben schließlich nur eine Beatles-Platte geborgt.

Ein einschneidendes Erlebnis seiner Kindheit und Jugend wird für Gregor Gysi die Scheidung seiner Eltern im Jahr 1958. Irene Gysi trennt sich von ihrem Mann. Der kluge, redegewandte, witzige Charmeur, den sie Mitte der dreißiger Jahre in der Schlosskonditorei in der Friedrichstraße zu ihrem ersten Rendezvous getroffen hatte, wollte anderen Frauen nicht widerstehen. «Männer sind immer Sünder», hat Klaus Gysi später einmal gesagt. Auf Dauer konnte seine Frau seine außerehelichen Verhältnisse nicht ertragen. Klaus Gysi sucht sich eine neue Wohnung, Irene Gysi bleibt mit den Kindern im Haus in Johannisthal. Sie verliert über ihren Mann trotzdem kaum ein böses Wort. Jahrzehnte später erklärt sie in einem Interview, sie habe sich stets mit dem Gedanken getröstet, dass ihr Mann in seinen jungen, wilden Jahren sich schließlich nicht austoben konnte, weil er von den Nazis verfolgt worden sei. Das habe er dann eben nachgeholt.

Ihr ausgeprägtes Familiengefühl hält die Gysis trotz alledem zusammen. Einige von Klaus Gysis späteren Lebensgefährtinnen werden ganz selbstverständlich zu einem Gysi-Familienmitglied gemacht. Aber natürlich verändert die Trennung der Eltern das Leben der Kinder. «Unter der Scheidung habe ich ziemlich gelitten», sagt Gregor Gysi.

Er ist der Jüngste der Familie. Er fühlt sich noch stärker als bisher an seine Mutter gebunden. Und er entwickelt ein ganz besonderes Verhältnis zu seiner älteren Schwester Gabriele. Sein Vorbild war sie schon immer. Mit zehn oder elf Jahren ist sie mit einer Freundin zusammen einfach nach Westberlin gefahren und hat dort Flugblätter verteilt, was ihr bei den Eltern nichts als Ärger einbrachte. Aber ihr kleiner Bruder hat sie mit großen Augen angeguckt. Die besseren Zensuren bringt sie auch nach Hause. Und sie ist an ihrer Schule die Vorsitzende des Freundschaftsrates.

«Durch die Scheidung sind wir natürlich enger zusammenge-rückt und waren dann auch eine ziemliche Front», sagt Gregor Gysi. Ihre Mutter habe es schwer gehabt, sie gegeneinander auszuspie-len. Beim Vater sei es nicht anders gewesen: Wenn er sich mal ein-gemischt habe, seien Bruder und Schwester eigentlich immer einer Meinung gewesen. Bis heute sind die beiden nicht nur Geschwister, sondern auch Freunde.

Der Vater, den Gregor bewundert, taucht nur noch alle zwei, drei Wochen zu Hause auf. Das macht ihn für seinen Sohn noch außer-gewöhnlicher. Jedes Treffen ist jetzt ein besonderes Ereignis. Seine intellektuellen Anregungen holt sich der Sohn vor allem bei ihm, nicht bei der Mutter. Der Vater wird durch seine Abwesenheit fast übermächtig.

Klaus Gysi ist in den fünfziger Jahren ein Mann auf dem Weg nach oben, ein Funktionär in Diensten der DDR. Er hat den dandyhaften Look seiner Jugend abgelegt. Aber seine kluge, ironische, lässige Art hat er perfektioniert. Er begeistert viele Menschen, nicht nur seinen Sohn. Die Schriftstellerin Irene Böhme beschreibt in ihrem halbdo-kumentarischen Roman «Die Buchhändlerin» sehr eindrücklich den Genossen Klaus Gysi bei seiner Hauptbeschäftigung: dem formvoll-endeten Reden. Es ist irgendwann Anfang der fünfziger Jahre. Gysi ist aus Berlin angereist, um einem Kulturbund-Abend in einer mit-telgroßen ostdeutschen Stadt den nötigen Glanz zu verleihen – und ihn politisch in die richtigen Bahnen zu lenken. Es sind unruhige Zeiten, man muss damit rechnen, dass für die Vorstandswahlen spontan irgendwelche unsicheren Kantonisten aufgestellt werden. «Die Versammlung zieht sich hin: Rechenschaftsbericht, Diskussion, Revisionsbericht, Diskussion, Entlastung des alten Vorstandes, Ent-lastung der Revisionskommission, Wahl der Wahlkommission. Nach zwei Stunden soll es zur Aufstellung der Kandidaten für den neuen Vorstand kommen», schreibt Irene Böhme. «Der Mann aus Berlin meldet sich zu Wort. Er ist klein, trägt einen schwarzen Anzug mit Weste, eine rote Fliege, eine altmodische runde Goldrandbrille, sein schütteres, schwarzes Haar ist glatt zurückgekämmt. Beim Reden schiebt er den Daumen unter die Westenbrust, steckt eine Hand salopp in die Tasche, hebt Einverständnis heischend die Handflächen nach vorn, wendet sich elegant nach rechts, nach links, läßt sein Publikum nicht aus den Augen und plaudert ganz unangestrengt. Der Mann aus Berlin beginnt die Weltlage zu erklären.» Das dauert eine Weile, aber dann sollen endlich die Kandidaten aufgestellt werden. «Der Mann aus Berlin ist wieselflink wieder am Rednerpult und erläutert das Wechselverhältnis von Geist und Macht im Laufe der deutschen Geschichte. Die ersten Leute gehen … Der Mann aus Berlin spricht jetzt über den Einfluss der Klassik auf die sozialistische Kunst, seine Sätze werden immer brillanter, doch das Publikum rennt davon. Kurz vor Mitternacht schlägt die Saaltür … zu, während der Mann aus Berlin das segensreiche Wirken des russischen Kulturoffiziers Oberst Tulpanow würdigt. Lange nach Mitternacht wird dann die Kandidatenliste doch noch aufgestellt und blitzschnell mit Stimmenmehrheit gewählt …

Klaus Gysi, der Mann aus Berlin, steht im Kreis seiner Getreuen an der Theke des Schützenhauses und erklärt weiterhin die Welt: Für die angewandte Demokratie haben die Bürgerlichen nicht das nötige Sitzfleisch.

Er zieht die goldene Uhr seines Großvaters aus der Westentasche, lächelt verbindlich, verbeugt sich: Ich muss weiter, Genossen, morgen rollen wir Quedlinburg auf.»

Klaus Gysi war für eine politische Karriere in der sowjetischen Besatzungszone und später in der DDR wie geschaffen. Er hatte gegen die Nazis gekämpft, während des Krieges in Deutschland Widerstand geleistet und als verfolgter Kommunist das moralische Recht auf seiner Seite. Diese klaren und zugleich verführerischen Ausgangsbedingungen rief Klaus Gysi im November 1990 noch einmal in Erinnerung, als er im Fernsehen bei Günter Gaus auf dem Beichtstuhl der Nation saß: «Also 1945 war die Lage doch so, es kamen aus dem Exil – führend war dabei das sowjetische Exil – eine ganze Reihe von Genossen zurück, die sich nun in der Partei zusammenfanden und die mit folgender Einstellung kamen: Wir haben vorausgesagt, wer Hindenburg wählt, wählt Hitler. War richtig. Wir haben gesagt, wer Hitler wählt, wählt den Krieg. War auch richtig. Jetzt kommen wir nun nach dem Zusammenbruch des Faschismus am Ende des Krieges wieder hierher. Und wir sind aufseiten der Sieger. Also mit anderen Worten: Wir gehören zu den Siegern der Geschichte – Punkt eins. Punkt zwei: Wir müssen natürlich das Volk jetzt belehren.»

Als Lehrer für das scheinbar unwissende Volk war einer wie Gysi besonders gut geeignet. Er war gebildet, leicht zynisch, und als jüdischer Kommunist bürgerlicher Herkunft setzte er sein kulturelles Repertoire souverän ein. Solche Leute brauchte die Kommunistische Partei nach dem Krieg, vor allem, um politische Sympathien in bürgerlichen Kreisen zu gewinnen. Aber Leuten wie Gysi stand die Kommunistische Partei gleichzeitig reserviert gegenüber, mitunter sogar feindlich. Ihnen fehlten der proletarische Stallgeruch und die Sprache der Arbeiterklasse.

Klaus Gysi kompensierte dies, wie so viele jüdische Kommunisten, durch Anpassung und Selbstironie. So machte er in der DDR politische Karriere. Aber es war eine Karriere, die niemals steil nach oben verlief, die ihn nie in die allererste Reihe führte – Klaus Gysi sollte niemals Mitglied des Zentralkomitees oder des SED-Politbüros werden. Als Intellektueller wurde er gleichzeitig benutzt und gefürchtet. Als Westemigrant und Kommunist jüdischer Herkunft haben ihn seine eigenen Genossen verfolgt. Als Mann von Welt und Frauenheld wurde er von den Sittenwächtern der Partei kontrolliert.

Klaus Gysi war gewiss einer der ungewöhnlichsten Politiker, den die DDR je hervorgebracht hat. Er verkörperte fast perfekt den Typus des Medienpolitikers, noch bevor die westliche Mediengesellschaft überhaupt erfunden war. Stil war ihm oft ebenso wichtig wie Inhalt. Er wusste aus Erfahrung, dass die politische Linie, selbst in einer quasireligiösen Vereinigung wie seiner Partei, nichts Unabänderliches war. Deshalb nahm er seine eigenen Festlegungen selbst nie ganz ernst. Er besaß großes diplomatisches Geschick und verstand sich gekonnt auf die Kunst des Ausweichens. Und trotzdem war Klaus

Gysi im Zweifelsfall immer im Lager der Mächtigen, immer aufseiten der SED. Er konnte knallharte Reden halten, entschieden durchgreifen und gnadenlos opportunistisch sein. Der Sozialismus blieb bis zum bitteren Ende sein unbedingter Glaube, die Partei seine Kirche. Von anderen Parteifunktionären unterschied ihn vor allem eines: Er wusste wenigstens genau, warum er etwas verhinderte. Angesichts der Dummheit unter den vielen Ulbrichts und Honeckers galt so etwas in der DDR schon als Fortschritt. Ein Trost für die Betroffenen konnte das nicht sein.

Als Klaus Gysi sich im Sommer 1945 wieder in der KPD registrieren lässt, muss er wie alle anderen Mitglieder einen Fragebogen ausfüllen. Die Parteiführung möchte von den Genossen unter anderem wissen, welche Zeitungen sie lesen. Klaus Gysis Antwort: «Alle.»

Im April 1946, sofort mit der Vereinigung von KPD und SPD, tritt Gysi in die SED ein, Mitgliedsnummer 130312. Kurz darauf bekommt er wieder einen Fragebogen vorgelegt. «Welche Werke des wissenschaftlichen Kommunismus haben Sie gelesen?», wird da gefragt. «Die wesentlichsten», notiert er.

Der junge Kommunist Klaus Gysi ist selbstbewusst und tatendurstig. Über zwölf Jahre lang hat er auf diese Chance gewartet: Er möchte helfen, ein neues, antifaschistisches Deutschland aufzubauen. Er wohnt mit seiner Frau Irene mittlerweile in einer Wohnung in Berlin-Nikolassee, ganz in der Nähe der alten Lessing-Villa am Schlachtensee. So ist zu erklären, dass er, der mit der Sowjetunion verbundene Kommunist, im amerikanisch besetzten Sektor der Stadt 1945 als stellvertretender Bezirksbürgermeister von Zehlendorf eingesetzt wird, zuständig ausgerechnet für Ordnung und Sicherheit. Gleichzeitig ist er in Zehlendorf Mitglied der KPD-Kreisleitung.

Im Sommer 1945 lernt Klaus Gysi auch Johannes R. Becher kennen. Becher, ein Bürgersohn und Kommunist, hatte sich als erster westeuropäischer Dichter zur russischen Oktoberrevolution bekannt. 1925 war er wegen der Veröffentlichung eines Antikriegsromans des «literarischen Hochverrats» angeklagt. 1933 vertrieben ihn die Nationalsozialisten ins Exil. Becher ging zunächst nach Prag, anschließend nach Paris, später nach Moskau.

Anfang Juni 1945 kehrt Becher ins zerstörte Berlin zurück. In seiner Tasche trägt er Pläne mit sich, die er im Auftrag der KPD in Moskau angefertigt hat und die sich mit der Frage beschäftigen, ob man sich beim Wiederaufbau des Landes auf den «anständigen Deutschen» stützen kann oder nur derjenige anständig bleiben konnte, «der sich aktiv dem Hitlerverbrecher entgegenstellte». Seine Hauptthese: Der «Totalniederlage» müsse eine «Totalkritik» folgen, mit einem oberflächlichen Antifaschismus könne ein «nationales Befreiungs- und Aufbauwerk größten Stils» nicht gelingen. Deutschland jedoch liegt nach zwölf Jahren Faschismus geschlagen am Boden. Unter den Menschen herrschen Verdrängung der eigenen Schuld, Abwehr, Selbstmitleid. Den zurückgekehrten Kommunisten und Juden schlägt eine feindliche Stimmung entgegen.

Becher setzt für das geistige Aufbauwerk der Kommunisten auf die vom Faschismus missbrauchten Ideale des Nationalen, des «wahren» Deutschlands. Vor allem in der Kultur sieht er das Gegengift zur Nazi-Ideologie. Über die Beschäftigung mit kulturellen Fragen sollen diejenigen gewonnen werden, die für die Propagierung der Erneuerung dringend notwendig sind: die bürgerlichen Intellektuellen, Künstler und Wissenschaftler. Bereits am 4. Juli 1945 wird der «Kulturbund zur demokratischen Erneuerung Deutschlands» als erste Massenorganisation ins Leben gerufen. Becher wird sein erster Präsident, obwohl er selbst lieber einen Vertreter des bürgerlichen Lagers an der Spitze gesehen hätte.

Der 54-jährige Becher sammelt sofort einen Kreis junger, talentierter Genossen um sich. Zu ihnen gehört der 33 Jahre alte Klaus Gysi. Becher, der große Dichter und einflussreiche Kommunist, wird Gysis erster Übervater. Gysi schaut zu ihm auf und erfüllt dessen Aufträge. Er wird gleich in den ersten Präsidialrat des Kulturbundes gewählt. Außerdem lässt ihn Becher am 16. August 1945 einen Verlag gründen. Becher nennt ihn «Aufbau», es wird der Verlag des Kulturbundes. Die Deutschen sollen mit den Büchern bekannt gemacht werden, die ihnen bisher vorenthalten worden sind. Gysi wird mit 1250 Reichsmark Einlage einer der vier Gesellschafter des Verlages. Becher bleibt im Hintergrund, aber sein Name gilt bei den sowjetischen Besatzungsoffizieren als Garantie für die richtige politische Linie des Unternehmens.

Der Verlag gibt von Beginn an eine kulturpolitische Monatszeitschrift heraus, auch sie heißt *Aufbau*. Ihr erster Chefredakteur wird Klaus Gysi. Offenbar glaubt Becher, Gysis frühere Tätigkeit als freier Mitarbeiter des Hoppenstedt-Verlags prädestiniere ihn für diesen Job. Aber Gysi ist kein Mann vom Fach; er hat jedoch das politische Gespür, dass dieser Auftrag ihn weiterbringen könnte. Er stößt sich nicht daran, dass er sämtliche Druckfahnen der Zeitschrift anfangs von sowjetischen Offizieren prüfen und genehmigen lassen muss.

Der Kulturbund sucht neben seinem Büro in der Schlüterstraße in Charlottenburg ein repräsentatives Haus in der Jägerstraße im sowjetischen Sektor Berlins. Das Gebäude wird mit Baumaterial aus Hitlers zerstörter Reichskanzlei wieder hergerichtet. Dass der neue «Club der Kulturschaffenden» jetzt ausgerechnet in dem Haus des einstigen elitären «Herrenclubs» residiert, in dem die Größen des untergegangenen Reiches ein und aus gingen, empfinden die neuen Herren geradezu als symbolische Übernahme.

In dem neuen Klubhaus treffen sich bald namhafte deutsche Intellektuelle. Der Kulturbund erfährt als überparteiliche und überkonfessionelle Massenorganisation, als die er gedacht ist, am Anfang großen Zuspruch, wenn auch vorwiegend in Berlin und im Osten. Er wird vor allem zu einem Treffpunkt der zurückkehrenden Emigranten. In der Jägerstraße gibt es kostenloses Mittagessen, Informationen jeder Art und den Versuch der intellektuellen Verständigung. Becher will die gesamte deutsche Kultur für den geistigen Aufbruch in Stellung bringen. Er will ein breites Bündnis, dem das klassische deutsche Humanitätsideal als Gewähr für das eigentliche, bessere Wesen des deutschen Volkes dient. Becher bespricht sich mit vielen großen Schriftstellern, mit Thomas Mann, Hans Fallada, Erich Kästner, Gerhart Hauptmann, Heinrich Mann. Und nicht zufällig sitzen im Präsidialrat des Kulturbundes viele Künstler und Wissenschaftler aus der Westemigration wie Anna Seghers, Arnold Zweig, Stephan Hermlin, Victor Klemperer und Jürgen Kuczynski.

Doch bald wächst im Kulturbund die kommunistische Dominanz. Becher erregt mit seiner Strategie der geistigen Erneuerung Deutschlands den zunehmenden Widerspruch der sowjetischen Generäle. Sie monieren, dass sich Becher nur mit «Herr» und nicht mit «Genosse Becher» anreden lässt. Auch in der SED stößt Becher mit seiner Auffassung vom unverzichtbaren «Deutschsein» auf Kritik. Bei vielen in der Parteispitze sitzt der Pessimismus gegenüber den Deutschen tiefer als bei Becher, und sie formulieren ihren politischen Führungsanspruch rigoroser. Wilhelm Pieck beschimpft Becher als einen «politischen Ignoranten». Diese inneren Widersprüche werden durch den Kalten Krieg zusätzlich verschärft. Berlin zerfällt immer schneller in zwei Teile. Im November 1947 wird der Kulturbund von den Westalliierten in ihren Sektoren verboten. Die sowjetische Blockade Westberlins im Juni 1948 besiegelt die Spaltung der Stadt. Ein Jahr später wird die DDR gegründet. Die deutschen Intellektuellen müssen sich jetzt zwischen Ost und West entscheiden.

Klaus Gysi hat seine politische Entscheidung lange vorher getroffen, aber jetzt bekommt auch sein privates Umfeld die Folgen zu spüren. Becher fordert ihn auf, seinen Wohnsitz nach Ostberlin zu verlegen. Als aufstrebendem Kader wird Klaus Gysi eine Stadtvilla in Johannisthal zur Verfügung gestellt. Er nimmt Abschied von der Lessing-Familie und seiner vertrauten Gegend rund um den Schlachtensee, wo er sich während des Krieges fünf Jahre lang versteckt gehalten hatte.

So erhält Klaus Gysi endlich Gelegenheit, sein politisches Talent zu entfalten. Vom 1. Januar 1949 an fungiert er in der Zentralleitung des Kulturbundes als Bundessekretär für organisatorische Fragen. Der Berufung in diesen einflussreichen Posten ging allerdings eine erste Niederlage voraus. Gysi wurde im Dezember 1948 als Chefredakteur der Zeitschrift *Aufbau* abgelöst. Im Kulturjournalismus gänzlich unerfahren, aber politisch begabt, hatte er sich als der richtige Mann am falschen Ort erwiesen. Er wurde für den Abonnenten-schwund beim *Aufbau* verantwortlich gemacht und musste gehen.

Die neue Funktion entspricht eher seinem Naturell. Er reist, hält Reden und repräsentiert den antifaschistischen Teil Deutschlands. Gysi begleitet zusammen mit Becher den Emigranten Thomas Mann bei dessen Besuch am 1. August 1949 in Weimar. Er erlebt unterwegs, wie Thomas Mann in Plauen ratlos in einer HO-Gaststätte sitzt und nicht weiß, was er ins Gäste-Beschwerdebuch schreiben soll. Im Oktober 1949 wird Gysi überdies Mitglied der ersten DDR-Volkskammer.

Er versteht sich als eleganter Dolmetscher im Dienste seiner Partei- und Staatsführung. In einer internen Einschätzung des Kulturbundes wird Gysi als «guter und geschickter Redner» gelobt, «der sehr oft als Gesprächspartner bei Inteligenzgesprächen eingesetzt wird und bei den Angehörigen der Inteligenz eine gute Resonanz findet». (Die Schreibweise des Wortes «Intelligenz» durch diesen unbekannten Genossen unterstreicht hier nur die Notwendigkeit, dass neben den «Inteligenzgesprächen» ab und zu auch «Arbeiter-gespräche» ganz angebracht gewesen wären.) Es zeigt sich rasch, dass Klaus Gysis rhetorische Qualitäten in der Mischung aus sozialistischem Bekenntnis und ironischer Leichtigkeit nicht von allen geschätzt werden. Auf Lehrgängen für junge Schriftsteller hält Gysi Vorträge, 1949 in Radebeul, 1950 in Bad Saarow. «Wir wollen und wir müssen für unsere demokratischen Auftraggeber schreiben, für die Massenorganisationen, für die werktätigen Menschen», sagt er dort. «Nicht Ernst Jünger, Stefan George, James Joyce, nicht André Gide und Jean-Paul Sartre sind unsere Vorbilder, sondern große Realisten wie Balzac, Goethe, Tolstoi, Dostojewski, Dickens, Gorki!» Der junge Günter Kunert beklagt die «Trivialität immer gleicher Phrasen» und sieht in Klaus Gysi einen Mann, «der das Blaue vom Himmel herunterschwätzt, ohne sich an das vorgegebene Zeitlimit zu halten». Der junge Heiner Müller interessiert sich natürlich auch mehr für Sartre als für Gorki, aber der spätere Apokalyptiker behält Gysi in angenehmerer Erinnerung. «Klaus Gysi war immer der Wendigste», schreibt

Müller in seinen Memoiren «Krieg ohne Schlacht». «In Bad Saarow fragte ihn jemand nach seiner Meinung über Bechers Text der Nationalhymne. Das war auch eine gefährliche Frage, denn natürlich ist das ein Idiotentext, wie die meisten Nationalhymnen. Gysi sagte: ‹Was wollt ihr? Wenn Becher sie nicht geschrieben hätte, hätte Koplowitz sie geschrieben.› Jan Koplowitz war ein etwas unbedarfter böhmischer Halbproletarier, der Reportagen und schlechte Gedichte über den Produktionsausstoß schrieb. Das war schon sehr zynisch von Gysi, weil der Koplowitz zur offiziellen Literatur gehörte.»

So viel sozialistische Frechheit weckt natürlich den Argwohn vieler einfacher Genossen. Einer von ihnen macht bei der Zentralen Parteikontrollkommission Meldung. «Das Verhältnis des Genossen Gysi zum Genossen Becher ist so, daß der Genosse Becher dem Genossen Gysi offenbar volles Vertrauen schenkt, der Genosse Gysi aber seinerseits den Genossen Becher, wie mir aus verschiedenen Äußerungen hervorzugehen scheint, nicht besonders wichtig nimmt», schreibt ein ehemaliger Kulturbund-Mitarbeiter über seinen früheren Vorgesetzten. Das ist das Schicksal der Bürgerlichen in einer Arbeiterpartei: Sie müssen mit dem Kleingeist zurechtkommen. Ihre Lebensauffassungen und Statussymbole, die mit ihrer Herkunft zu tun haben, werden in der proletarischen Welt offen in Frage gestellt.

Im August 1951 lässt die Kulturabteilung des ZK der Parteikontrollkommission die Beschwerde einer ehemaligen Hausangestellten von Klaus Gysi zukommen. Die Frau beklagt sich, sie habe in Gysis Haus in der Waldstraße in Johannisthal zu wenig Geld verdient, außerdem seien ihr keine freien Tage gewährt worden. Dieses Verhalten des Genossen Gysi, schätzt das Zentralkomitee ein, «zeigt deutlich, welche Einstellung Obengenannter zur Arbeiterklasse, zur Partei und zur Arbeit überhaupt hat». Gysi wird aufgefordert, seiner früheren Haushaltshilfe Lohn nachzuzahlen und ein anständiges Zeugnis auszustellen.

Diese Denunziationen sind nicht etwa die Privatangelegenheit einiger besonders wachsamer Parteimitglieder – sie werden mehr und mehr zur politischen Leitlinie. In den drei Jahren zwischen 1949 bis 1951 schickt die SED ihre eigenen Genossen das erste Mal durchs Fegefeuer. Eines der Opfer heißt Klaus Gysi.

Die SED ist nach ersten, vorsichtigen Emanzipationsbestrebungen schnell auf Stalins Kurs eingeschwenkt. 1948 erklärt sie sich zur Avantgarde und definiert sich als «Partei neuen Typus» nach dem Vorbild der KPdSU. 1949 wird sie mit Gründung der DDR Staatspartei. Ihr Totalitätsanspruch reicht so weit, dass sie glaubt, mit der marxistischen Ideologie im Besitz der Wahrheit zu sein und die Gesetze der Geschichte zu kennen. Ein eigener deutscher Weg zum Sozialismus – vom ZK-Mitglied Anton Ackermann noch 1946 vorgeschlagen – wird jetzt abgelehnt. Innerhalb der SED hat die politisch geschulte Gruppe der Moskauer Politemigranten um Walter Ulbricht und Wilhelm Pieck endgültig das Kommando übernommen. Sie haben Stalins Terrorregime überlebt und dabei gelernt, wie man machtpolitisch laviert. Ulbricht hatte ja bereits unmittelbar nach seiner Rückkehr aus der Moskauer Emigration die Losung ausgegeben: Alles muss demokratisch aussehen, aber die Kommunisten müssen alles in der Hand behalten. Jetzt sind sogar Fraktionen und Gruppierungen in den eigenen Reihen verboten. Oberster Wächter über Einheit und Reinheit der Partei ist die 1948 gegründete Zentrale Parteikontrollkommission (ZPKK). Ihr erster, berüchtigter Vorsitzender heißt Hermann Matern.

Das Misstrauen richtet sich insbesondere gegen die Westemigranten, von denen viele nicht nur Kommunisten, sondern auch jüdischer Herkunft sind. Im Oktober 1949 beschließt das Sekretariat des ZK der SED, alle Genossen, die nach 1945 aus westlicher Emigration oder Kriegsgefangenschaft nach Deutschland zurückgekehrt sind, umfassend zu überprüfen. Das Ziel ist die «Säuberung» der Partei von «Agenten des Klassenfeindes». Anlass ist der stalinistische Schauprozess in Ungarn gegen den ehemaligen Innenminister Laslo Rajk.

Im Frühjahr 1950 beginnt die ZPKK die Überprüfung von Klaus Gysi. Er wird penibel über seine Vergangenheit vor 1945 befragt, insbesondere über seine Rückkehr aus Frankreich 1940 und die Jahre bis 1945 in Berlin. Die ZPKK stellt Gysi am 24. März 1950 zunächst einen Persilschein aus und empfiehlt, ihn weiter «im Auftrag der Partei zu beschäftigen». Die ZPKK selbst und die Kaderabteilung der SED ermitteln jedoch weiter. Im Oktober 1950 mahnt das Sekretariat des ZK der SED, «die Untersuchung über die Vergangenheit von Klaus Gysi so bald wie möglich zu beenden». Am 11. Januar 1951 fasst das SED-Zentralkomitee plötzlich und ohne Angabe von Gründen den Beschluss, Gysi aus seinem Amt im Kulturbund zu entfernen.

Gysi versucht derweil, die angeblichen Unklarheiten in seinem Lebenslauf auszuräumen. Er muss jedes Detail erklären. Warum er 1936 in Cambridge in England war und nicht, wie vorher angegeben, 1935. Wie er 1940 ohne Verhöre durch die Gestapo von Frankreich nach Deutschland reisen konnte. Warum er in ersten Befragungen nicht erwähnte, dass er als «Halbjude» im September 1940 noch einen Wehrpass erhalten hatte. Wer dieser Gottfried Lessing ist, der gerade in seinem Haus in Johannisthal wohnt. Walter Ulbricht bittet Wilhelm Zaisser, den Chef der Staatssicherheit, im Januar 1951 sogar persönlich um Hilfe. Ob die Stasi nicht Material über Gysi zur Verfügung stellen könne.

Gysi wird immer wieder befragt. Seine Ergänzungen im Lebenslauf erscheinen der ZPKK, wie sie in einer Aktennotiz am 3. April 1951 festhält, «etwas romanhaft». Freunde, Bekannte, Genossen müssen Auskunft geben, Gysi einschätzen und für ihn bürgen. Die Ärztin Helga Wittbrodt bestätigt die Geschichte mit den gefälschten Diphtherie-Attesten, plaudert gleichzeitig aber auch über das Verhältnis von Klaus Gysi zu seiner Mutter Erna. Die Beziehung sei gut, erzählt sie. Nach 1945 sei Erna Gysi zweimal in Berlin auf Besuch gewesen. Sie lebe in Paris, sei schon alt, hysterisch und sehr gesprächig.

Jetzt will die ZPKK von Gysi wissen, warum er nie von seiner Mutter gesprochen und den wahren Grund seiner Paris-Reise 1939 – einen privaten Besuch bei Erna Gysi – bislang nicht erwähnt habe. Klaus Gysi gibt an, ihm sei es peinlich gewesen, über diese Familienverhältnisse zu sprechen, «weil sie sehr unliebsam gewesen sind». Seine Mutter habe sich nach ihrer Emigration 1938 nicht mehr in der Partei engagiert. Heute lebe sie in Paris von der geringen Unterstützung ihres früheren Lebensgefährten, der sich jetzt in Amerika aufhalte. Erna Gysi sei der Partei «vollkommen entfremdet».

Die Lage für Klaus Gysi ist gefährlich. Jeder falsche Satz kann sein politisches Aus bedeuten, jeder falsche Name einen anderen Genossen in Bedrängnis bringen. Gysi verkneift sich jede ironische Bemerkung. An die Genossin Hertha Geffke – eine alte Widerstandskämpferin, neben Hermann Matern verantwortlich für die Parteisäuberungen – schreibt er am 5. April 1951 fast unterwürfig: «Ich bin nach genauem Durchdenken aller besprochenen Fragen der Überzeugung, daß sich alle Punkte genügend klären lassen, und bitte Dich, mich bei etwaigen weiteren Unklarheiten sofort zur Stellungnahme und Klärung aufzufordern.» Auch über die Familienverhältnisse seines Schwagers Gottfried Lessing äußert er sich. Gysi habe durch eine Rückfrage bei ihm festgestellt, dass Doris Lessing seit 1949 nicht mehr Mitglied der Partei sei. Die «Mischung von Politik und Ehescheidung» bei den Lessings komme ihm, «wie das Ganze, etwas merkwürdig vor». Und dem Vorsitzenden der ZPKK erklärt Gysi in einem handgeschriebenen Brief am 21. Juni 1951 («Werter Genosse Matern») noch einmal persönlich die scheinbaren Widersprüche seiner Einberufung zur Wehrmacht 1940.

Doch das alles hilft nichts. Die ZPKK beschließt am 29. Juni 1951: «Dem Genossen Klaus Gysi wird Funktionsbeschränkung auferlegt.» In der Begründung heißt es: «Die ZPKK konnte, trotz aller angestellten Untersuchungen, nicht alle Fragen restlos klären. Sie hält es deshalb für notwendig, den Genossen Klaus Gysi nicht in leitende Funktionen einzusetzen.»

Nach dieser Kaltstellung erscheint Hermann Matern, der Chef der ZPKK, bei Klaus Gysi. «Klaus, du weißt, wie die Situation ist», sagt Matern. «Wir haben diese Entscheidung nicht allein getroffen.» Die Direktive zur Überprüfung aller SED-Funktionäre hatte Ulbricht persönlich von Generaloberst Serow, Abteilungsleiter der Sowjetischen Militäradministration in Deutschland, übermittelt bekommen.

Am 23. Juli 1951 bestätigt das Sekretariat des ZK der SED die

«Funktionsbeschränkung». Klaus Gysi ist als Bundessekretär des Kulturbundes nicht mehr tragbar, er bleibt jedoch Abgeordneter der Volkskammer.

Auch seine Frau Irene Gysi wird kaltgestellt. 1945 hatte sie zunächst als Redakteurin der Illustrierten «Frau von heute» gearbeitet. Im gleichen Jahr trat sie in die KPD ein, ein paar Monate später dann in die SED. 1946 wurde sie zunächst Referentin und später Hauptabteilungsleiterin in der Deutschen Wirtschaftskommission. 1949 stieg sie zur Leiterin des Verlages Kultur und Fortschritt auf. Am 5. Januar 1951 wird sie durch einen Beschluss der ZPKK abgelöst, obwohl sie offiziell nur eine «Verwarnung» erhält. Die Begründung in ihrem Fall ist noch absurder als bei ihrem Mann. «Genossin Gysi hat im Verlag kein kollektives Arbeiten erreicht», heißt es. «Sie neigt zu kleinbürgerlichen Klatschereien und hat dadurch Gruppen im Betrieb geschaffen. Ihre mangelhafte politische Schulung qualifiziert sie nicht für die Funktion eines Verlagsleiters.»

Drei Jahre später wird die Verwarnung von der ZPKK selbst wieder gelöscht. Bereits 1951 darf Irene Gysi schon wieder die Leitung des Verlages Rütten & Loening übernehmen. 1956 wird sie jedoch wegen finanzieller Schwierigkeiten des Verlages fristlos abgesetzt. Ein halbes Jahr später holt sie Johannes R. Becher ins Kulturministerium, in dem sie 22 Jahre lang die Hauptabteilung Internationale Beziehungen leiten wird.

Dass Klaus Gysi nicht nur Westemigrant, sondern auch jüdischer Herkunft ist, spielt bei seinem Rauswurf vordergründig keine Rolle. Überhaupt werden Maßnahmen gegen Juden als solche bei dieser ersten «Säuberungswelle» 1950/51 noch nicht ergriffen. Die einzige Ausnahme bildet Alexander Abusch, Jude und hoher SED-Kulturfunktionär, neben Gysi Bundessekretär des Kulturbundes. Abusch wird während der inquisitorischen Befragungen eine «prozionistische Haltung» während seines mexikanischen Exils vorgeworfen. Am Ende entbindet man ihn trotz nie bewiesener Spionagevorwürfe im Zusammenhang mit der berühmten Noel-Field-Affäre von allen Funktionen.

Doch das sind alles nur Vorboten. Ein Jahr später geht die SED nach massivem Druck aus Moskau offen antisemitisch vor, sie zieht ihre «Lehren» aus dem antisemitischen Slánský-Prozess in Prag. (Der Jude Rudolf Slánský, ehemaliger Generalsekretär der tschechoslowakischen KP, war zusammen mit anderen Angeklagten in einem Schauprozess im November 1952 zum Tode verurteilt worden.) In der zweiten «Säuberungswelle» 1952/53 werden Kommunisten wegen ihrer jüdischer Herkunft von den eigenen Genossen verhaftet, aus der Partei ausgeschlossen oder beruflich degradiert. Die jüdischen Gemeinden gelten als fünfte Kolonne des Imperialismus. Stalin hofft, solche Schauprozesse wie zu Hause in Moskau, in Ungarn und der Tschechoslowakei auch in der DDR durchsetzen zu können. Dass es zu solchen Exzessen nicht kommt, wird wohl nur durch den Tod des großen Führers und weisen Lehrers aller Werktätigen verhindert. Stalin, die unanfechtbare Autorität, stirbt im März 1953.

Klaus Gysi muss erleben, wie der fast selbstmörderische Parteiauftrag, 1940 nach Deutschland zurückzukehren, ihm und seiner Frau jetzt zum Vorwurf gemacht wird. Er sieht, wie seine jüdischen Freunde und Kollegen verhaftet werden. Und er registriert, wie der Altkommunist Paul Merker erst aus dem Politbüro gefeuert, dann zum Feind erklärt und 1955 schließlich in einem Geheimprozess als angeblicher Agent des Weltjudentums zu acht Jahren Zuchthaus verurteilt wird. Gysi beschleicht in diesem Moment vielleicht sogar das Gefühl, noch glimpflich davongekommen zu sein.

Er zieht aus alldem die klare Konsequenz und schwört seiner Partei absolute Loyalität. Klaus Gysi hält zunächst still und zieht den Kopf ein.

Nach ein paar Monaten Arbeitslosigkeit erhält er eine neue Stelle. 1952 wird er Abteilungsleiter im Verlag Volk und Wissen. Er ist verantwortlich für die Entwicklung einer neuen marxistischen Literaturgeschichte. Nicht gerade ein Traumjob, aber ein Posten, auf dem er überwintern kann. Er wird gleich wieder in die zentrale Parteileitung des Verlages gewählt. Nach der Niederschlagung des Aufstandes am 17. Juni 1953, die er begrüßt, erklärt er sich bereit, Kommandeur einer Kampfgruppen-Hundertschaft zu werden. Am 11. Mai 1956 lässt er sich vom Ministerium für Staatssicherheit als Geheimer Informator anwerben. Er gibt sich den Decknamen «Kurt». «Hierdurch verpflichte ich mich, Sie über alle Vorgänge auf meinem Arbeitsgebiet zu unterrichten, die m. E. für Ihre staatliche Arbeit von Bedeutung sind», schreibt er in seiner Verpflichtungserklärung am 7. Juni 1956. Sein Führungsoffizier, Oberfeldwebel Peter Heinz Gütling, erhält ein paar Monate später für die Werbung und erfolgreiche Anleitung des GI «Kurt» eine Auszeichnung in Höhe von 150 Mark. Die Stasi zeigt sich Gysi gegenüber Weihnachten 1956 zum ersten Mal erkenntlich: Sie schenkt ihm eine lederne Aktentasche und eine elektrische Eisenbahn für seine Kinder. «Dieses Geschenk soll eine Aufmerksamkeit von uns sein und ihm sowie seinen Kindern Freude sein.»

Viele Westemigranten haben sich in diesen Jahren in den Dienst der Staatssicherheit gestellt. Der unbedingte Glaube an die, wie es so schön heißt, sozialistische Sache ließ Kommunisten in den Situationen, in denen ihre Verzweiflung und soziale Isolation am größten war, in denen sie von ihrer eigenen Partei verstoßen wurden, erst recht an der Richtigkeit der großen Idee festhalten. In den sowjetischen Gulags haben einige Genossen noch kurz vor ihrem Tod dem großen Führer Josef Stalin ewige Treue geschworen. Und in den aberwitzigsten Schauprozessen haben sich manche der Angeklagten selbst schuldig gesprochen und «reif für den Galgen» erklärt. Manchmal haben Genossen in Notsituationen ihren Idealismus aber auch nur deshalb so hochgehalten, um dahinter hinter ihre Angst, ihr Geltungsbedürfnis, ihre Machtgelüste oder ihr Karrierestreben verstecken zu können.

Klaus Gysi überschreitet 1957 eine weitere Grenze des politischen Anstands. Am 1. Februar nimmt er ein Angebot Ulbrichts und Bechers an, das nichts anderes als ein Parteiauftrag ist: Er wird Leiter des Aufbau-Verlages – der brisanteste Posten, den der DDR-Kulturbetrieb in jenem Jahr zu vergeben hat.

Drei Monate zuvor, am 6. Dezember 1956, war Gysis Vorgänger im Aufbau-Verlag, Walter Janka, verhaftet worden. An ihm und dem stellvertretenden Cheflektor des Verlages, dem Philosophen Wolfgang Harich, wollte Ulbricht gnadenlos ein Exempel statuieren. Seine ganze Energie verwendete der SED-Chef darauf, mit einem Schauprozess gegen Janka und Harich die gesamte literarische, künstlerische und wissenschaftliche Intelligenz zu disziplinieren, alle Kritiker in der Partei ein für alle Mal abzuschrecken – ohne Rücksicht auf ihre antifaschistische Vergangenheit oder bisherige Verdienste. Ulbricht befürchtete, die Diskussion über die Fehler und Verbrechen Stalins, die nach dem 20. Parteitag der KPdSU im Februar 1956 eingesetzt hatte, könnte zu einer Debatte über ihn und, schlimmer noch, über Grundfehler des Sozialismus werden. Er wollte den Intellektuellen in der DDR demonstrieren, wohin alle Sonderwege und Abweichungen von der Parteilinie führen: in den Stasi-Knast.

Janka und Harich, die rund um den Aufbau-Verlag Diskussionen über eine Reform des DDR-Sozialismus in Gang gesetzt und dabei auch über eine Ablösung Ulbrichts nachgedacht hatten, wurden kurzerhand zu Konterrevolutionären gestempelt. Man warf ihnen vor, einen «Putsch» wie 1956 in Ungarn vorbereitet zu haben. Das Ziel ihrer angeblich staatsfeindlichen Konzeption: Sturz der DDR-Regierung, Sturz des Politbüros, Abschaffung der Staatssicherheit. Was in Ungarn 1956 der Petöfi-Kreis war, sollte in der DDR der Aufbau-Verlag sein: das geistige Zentrum der Reaktion. Und der *Sonntag*, die kulturpolitische Wochenzeitschrift des Verlages, ihr Sprachrohr.

Gysi übernimmt bei dieser großen Reinigung Ulbrichts die Aufgabe des eisernen Besens. Er soll den angesehensten Verlag der DDR politisch und ideologisch säubern, bedingungslos. Gysi hat sich auf diese Aufgabe gut vorbereitet: Bereits im November 1956 war er als Zensor des *Sonntag* eingesetzt worden. Becher hatte ihm diesen Posten nach einer Absprache mit Ulbricht übertragen. Die Mitarbeiter empfanden Gysi als «Kommissar». Das ZK der SED sah in ihm den inoffiziellen Chefredakteur; die bisherigen Chefredakteure Gustav Just und Heinz Zöger blieben offiziell jedoch im Amt. Gysi selbst beschrieb seinen Auftrag in einem Lebenslauf für seine Kaderakte 1958 so: «Im November 1956 wurde mir vom ZK neben meiner Tätigkeit beim Volk und Wissen die politische Kontrolle des SONNTAG übertragen, dessen revisionistische Ziele immer offener zutage traten. Dort kontrollierte ich die Fahnen und führte zusammen mit den Genossen des ZK die Auseinandersetzung mit der konterrevolutionären Gruppe bis zu ihrer Entlarvung und Verhaftung.»

Gysi stoppte eine Reihe von Artikeln, unter anderem eine scharfe Abrechnung des Philosophen Ernst Bloch mit dem Schweigen der DDR-Kulturfunktionäre über das Verschwinden von Georg Lukács, dem großen marxistischen Denker, der während des Ungarn-Aufstandes 1956 Kulturminister der Reformregierung war. Gysi informierte bei mehreren konspirativen Treffen auch die Staatssicherheit über den Intellektuellen-Kreis um Wolfgang Harich, was zur Verhaftung Harichs am 29. November 1956 beitrug. Und Gysi unterstützte Ulbrichts scharfe Abrechnung mit der Reform-Intelligenz journalistisch. Im *Sonntag* schrieb er mehrere Artikel selbst, in denen er begründete, warum der «Revisionismus» unter Umständen gefährlicher sei als der Dogmatismus. Auf diese Weise machte sich Gysi bei den Aufräumarbeiten im Aufbau-Verlag unentbehrlich. So wurde ihm die Leitung des Verlages übertragen.

Kaum im Amt, überlässt er noch im Februar 1957 seinem Stasi-Führungsoffizier für zwei Tage seine Aktentasche, gefüllt mit Personalakten von zehn führenden Mitarbeitern des Aufbau-Verlages. Gysi ist jetzt Diener mehrerer Herren: Für Ulbricht und die Abteilung Kultur beim ZK der SED soll er den Aufbau-Verlag ideologisch und kaderpolitisch der Partei strikt unterordnen. Der Stasi soll er als GI «Kurt» wertvolle Informationen liefern. Und seinen alten Vertrauten Becher soll er aus der Schusslinie nehmen.

Für Becher ist Gysi auch ein Werkzeug. Der Kulturminister und Chef des Kulturbundes hatte den Aufschwung des Aufbau-Verlages unter Janka ein paar Monate zuvor noch gelobt. Auch die Verlagsdiskussionen über eine Demokratisierung des Sozialismus hatte er 1956 begrüßt. Jetzt sitzt ihm die Angst im Nacken, von seinem Übervater Ulbricht, den er abgöttisch verehrt, abgestraft zu werden. Mit Gysi, seinem alten Freund aus Kulturbund-Zeiten, hofft er, von seiner eigenen Verantwortung ablenken zu können. Doch sosehr sich Gysi auch müht, die «konterrevolutionäre Gruppe Janka/Harich» ins Zentrum zu rücken, Becher wird von Ulbricht gedemütigt. Als Becher sich seinem Parteichef anvertrauen will, empfängt dieser ihn nicht einmal. Ulbricht schickt dem Freund, der in Pankow im Nachbarhaus wohnt, einen Brief und fordert ihn freundlich auf, doch bitte Stellung zu nehmen. Becher, verzweifelt und gebrochen, gibt alles auf, was er hat: Ansehen, Selbstachtung, Dichterpersönlichkeit. Er wirft sich in den Staub, übt radikale Selbstkritik, bereut, die «gefährlichen Tendenzen» bei Janka und Harich nicht erkannt zu haben, und sagt sich von seinem Förderer Georg Lukács los. Als Harich im März 1957 sowie Janka, Just, Zöger und andere im Juli 1957 in Schauprozessen zu hohen Gefängnisstrafen verurteilt werden, sagt Becher kein einziges Widerwort. Sein letztes Buch, das 1958 erscheint, ist eine Walter-Ulbricht-Biographie, eine Hymne auf einen großen «deutschen Arbeitersohn».

Bechers einstiger Schüler Klaus Gysi hält den Belastungen stand. Er ist von seinem Charakter her nicht so labil. Becher mag ein großer Geist sein, aber für das politische Geschäft besitzt Gysi mehr Talent. Er ist beweglich. Das Büchermachen betrachtet er nicht als seine Leidenschaft, sondern als einen politischen Auftrag. Die Rolle des Krisenmanagers liegt ihm.

Wo andere, wie Becher oder auch die große Anna Seghers, aus Feigheit schweigen, plaudert Klaus Gysi munter drauflos. Im Prozess gegen Walter Janka sitzt er als verdeckter Berichterstatter der Staatssicherheit; offiziell eingeladen ist er vom ZK der SED. Am Abend jedes Prozesstages telefoniert Gysi mit seinem Führungsoffizier. Im «Treffbericht» mit GI «Kurt» vom 23. Juli 1957, nach dem ersten Prozesstag, notiert Oberfeldwebel Gütling: Über dem ganzen Prozess würde bisher eine zersetzende, morbide, ungesunde und entartete Atmosphäre herrschen … «Die abschließende Einschätzung über die Haltung der Intelligenz nach dem heutigen Prozesstag wäre folgende: Sie sind sehr stark erschüttert und verhalten sich noch abwartend gegenüber dem weiteren Verlauf des Prozesses.» Im «Treffbericht» vom 27. Juli 1957 heißt es über den Abschluss des Prozesses: «Bei der Urteilsverkündung kam noch einmal sehr deutlich bei drei anwesenden Intellektuellen die Sympathie für Janka zum Vorschein. Man hoffte wahrscheinlich stark auf Freispruch und war deshalb aufgrund der ausgesprochenen Urteile überrascht und erregt ... Der GI ist der Auffassung, dass man jetzt vonseiten der Partei sehr aktiv unter den Künstlern und Schriftstellern arbeiten müsse, um ihnen den Prozess klarzulegen.»

Dieser Aufgabe widmet sich Klaus Gysi in seinem eigenen Verlag mit Hingabe. Hat er sich unter den ideologisch schwankenden Genossen am Anfang noch «gottverlassen» gefühlt, so macht er sich nach dem Janka-Pozess daran, die Mehrheitsverhältnisse im Aufbau-Verlag den neuen Gegebenheiten anzupassen. Gysi kämpft auf den Parteiversammlungen unerbittlich darum, dass Genosse für Genosse den «Revisionismus» von Janka, Harich und den anderen verurteilt. Die Anträge zum Parteiausschluss der Inhaftierten werden einstimmig verabschiedet. Gysi holt einige neue Mitarbeiter in den Verlag, belässt viele aber, wenn sie sich anpassen, auf ihren Posten. Auch in der Verlagsorganisation und der Programmpolitik rechnet er mit seinem Vorgänger ab. Der Versuch Jankas, die Vorzensur abzuschaffen und die weitgehende ökonomische Selbstverwaltung durchzusetzen, wird als «Nachahmung jugoslawischer Zustände» denunziert. Die alten strukturellen Abhängigkeiten von Partei und Staat werden wiederhergestellt.

Gysis Verlagsprogramm wird zunächst konservativer und nationaler als das von Janka. Statt auf Hemingway, Hesse oder Sartre kommt es jetzt wieder mehr auf die literarischen Heroen des deutschen Arbeiterstaates an, Seghers, Becher und Gorki etwa. Alles andere läuft Gefahr, als «westlich» und «dekadent» abgestempelt zu werden.

Gysi leistet bei der Abstrafung der bürgerlichen Moderne ideologische Schützenhilfe. In einem Artikel im *Sonntag* unmittelbar vor der SED-Kulturkonferenz im Oktober 1957 stellt er einen Zusammenhang her zwischen dem politischen «Revisionismus» eines Janka und Harich sowie der Verbreitung «dekadenter» Literatur im Aufbau-Verlag: «Nach der Niederlage des offenen, politischen Revisionismus scheint im Augenblick die Neigung zum Dekadenten in bestimmten Kreisen so etwas wie eine ideologische Rückzugslinie des Revisionismus zu sein.» Und auf der Leipziger Buchmesse 1958 räumt Gysi zwar ein, dass in der DDR weiterhin zeitgenössische Weltliteratur verlegt werde, lässt dabei jedoch keinerlei Zweifel, was das bedeutet: «Es ist klar, dass bei uns nichts erscheint, was schlecht und gefährlich für die Menschheit ist. Da sind wir sehr rigoros. Wir schätzen die Literatur sehr hoch ein, aber nicht höher als eine Apotheke, in der man Gift auch nicht frei verkaufen kann.»

Inzwischen ist Gysi auch wieder ins Präsidium des Kulturbundes aufgenommen. Seine Rückkehr rechtfertigt er gleich mit einem fulminanten Auftritt. Auf der Sitzung des Präsidialrates am 13. September 1957, in der über die «Revisionisten» Janka und Harich gerichtet wird, hält Gysi einen einleitenden Bericht, den viele Teilnehmer als erbarmungslos empfinden. Er spricht von der «Bildung einer staatsfeindlichen Gruppe von Verbrechern», deren Ziel der Sturz der DDR-Regierung gewesen sei. Die Verwirklichung dieses Plans hätte nach Gysis Meinung nicht nur den Tod Tausender SED-Funktionäre nach ungarischem Muster, sondern auch den Beginn des dritten Weltkrieges bedeutet. «Gegenüber dieser Möglichkeit und diesem Spiel mit dem Tod von Millionen kann man davon sprechen, dass die Höhe der Strafe nicht gerecht gewesen wäre? Im Gegenteil, daran gemessen kann man diskutieren, ob diese Strafe zu milde ist. Es kann aber keine Diskussion darüber geben, ob die Strafen in irgendeiner Weise zu hoch seien.» Und dann schickt Gysi noch hinterher, dass das Gericht in jedem einzelnen Fall die Wahrheit an den Tag gebracht habe und der Prozess «ein echter demokratischer Prozess unserer demokratischen Justiz» gewesen sei.

Ulbricht hätte das nicht feinfühliger formulieren können.

Aber im Gegensatz zu Ulbricht hat Gysi ein unschlagbares Talent: Er versteht es, seinen harten ideologischen Kern im persönlichen

Gespräch durch Eloquenz, Witz und Ironie aufzuweichen. Manchmal erscheint seine Scharfmacherei sogar nur wie das Heraushängen der roten Fahne am 1. Mai – ein Bekenntnis, um anschließend umso geschmeidiger ans Tagwerk gehen zu können. Einer verbürgten Anekdote zufolge fuhr Johannes von Guenther, ein Autor und Übersetzer des Aufbau-Verlages, zum neuen Chef Klaus Gysi nach Berlin, um gegen die Verurteilung Walter Jankas zu protestieren. Der Baron aus München hatte sich während des Prozesses sogar als Jankas Entlastungszeuge angeboten. Guenther saß also in Gysis Vorzimmer und war so erregt, dass er nicht ruhig auf dem Stuhl sitzen bleiben konnte. Als Gysi die Tür öffnete, stürmte Guenther sofort in das Zimmer. Als die beiden nach zwei Stunden wieder herauskamen, traute die Sekretärin ihren Augen nicht: Guenther lachte, hatte den Arm um Gysis Schulter gelegt und redete ihn mit «du» an. Gysi wird ihm wohl erzählt haben, dass Ulbricht seinen harten Kurs nicht lange durchhalten könne, dann würde der Aufbau-Verlag auch wieder mehr moderne Autoren verlegen.

Nach der Phase der kompromisslosen Abrechnung nach innen kommt bei Gysi die Zeit der vorsichtigen Öffnung nach außen. Ab 1961 legt der Aufbau-Verlag wieder neue Programme auf, was auch daran liegt, dass sich die alten schlecht verkaufen. Von Autoren, die gestern noch als dekadent galten, erscheinen plötzlich wie selbstverständlich Nachauflagen und neue Ausgaben: Hemingway, Tucholsky, Kästner und Sartre zum Beispiel. Gysi lässt jetzt vielen Dingen ihren Lauf. Seine Lektoren können sehr selbständig agieren, während er als entscheidende Instanz nach außen auftritt. Er sitzt so fest im Sattel, dass er sich erlauben kann, seine Arbeit zu vernachlässigen. Als Gysi einem Lektor Pläne für eine neue Brecht-Ausgabe vorstellt, sagt dieser entgeistert: «Klaus, diese Ausgabe haben wir schon vor fünf Jahren verlegt.»

Gysi widmet sich lieber den schönen Dingen des Lebens. Am 8. Dezember 1964 notiert die Schriftstellerin Brigitte Reimann in ihrem Tagebuch über einen Besuch beim Aufbau-Chef: «Gysi machte mir wieder den Hof, viel zu auffällig; dabei ist er ein kluger Mann, ein paar Minuten lang verstanden wir uns ausgezeichnet, er wollte etwas über mein Buch wissen, ich stotterte so Zeugs zusammen, aus dem kein Mensch schlau geworden wäre, aber er, wie mit einem sechsten Sinn, fing die Andeutungen auf, ergänzte und spann von sich aus den Faden weiter, genau so, wie ich es gemeint hatte. Und eine Bemerkung, die mich berührte: Er habe seiner Tochter den Unterschied zwischen Christas und meinem Buch erklärt und ... gesagt: ‹Die Reimann weiß wenigstens, wie ein Mann riecht.›» Sie nennt Gysi einen «schlauen, kleinen Faun».

Klaus Gysi hat eine kultivierte, großzügige und oberflächliche Art. Er wird von nicht wenigen Mitarbeitern und Autoren mittlerweile geschätzt, trotz seiner Aufräumarbeiten nach Jankas Verhaftung. Gysi hat Ernst Bloch, Georg Lukács und Hans Mayer unfein aus dem Verlag gedrängt, aber auch darauf geachtet, dass Aufbau nicht sein Ansehen verliert. Als 1961 die Kulturabteilung beim ZK sich mit dem Gedanken trägt, Gysi zum Ersten Sekretär des DDR-Schriftstellerverbandes zu machen, protestiert der Aufbau-Verlag vorsichtig mit dem Hinweis, dies würde «nicht zu schließende Lücken reißen».

«Für mich war er einer der wenigen Kulturpolitiker, mit dem man sich auch über strittige kulturpolitische Fragen austauschen konnte», erzählt der bekannte Theater- und Literaturwissenschaftler Werner Mittenzwei. «Wenn man ihm sagte, dass man ein offiziell hoch gelobtes Buch für großen Blödsinn halte, konnte man bei ihm mit einem verständnisvollen spöttischen Lächeln oder mit einer klugen Antwort rechnen.» Mittenzwei erklärt auch, warum das so war: «Gysi sah sich vorrangig als Politiker. Obwohl er nicht weniger selbstbewusst war als Janka, verfolgte er keine eigene Linie. Vielmehr kam es ihm darauf an, diesen Verlag wieder in Übereinstimmung mit der Partei zu bringen. Dass er über die verschiedenen Dinge und erst recht über Bücher anders dachte, als die Partei vorgab, empfand er nicht als Zwiespalt, eher als selbstverständlich. Wenn etwas seiner eigenen Absicht zuwiderlief, führte ihn das nicht in die Krise, brachte ihn nicht in Bedrängnis. In der Politik hatte er gelernt, vieles hinzunehmen. Was jetzt verworfen wurde, konnte später wieder zur Geltung kommen, wenn man nur Geduld und einen langen Atem besaß.»

Gysi wird in den sechziger Jahren zu einem Aushängeschild der DDR-Kulturpolitik im westlichen Ausland. Als Vorsteher des Börsenvereins des Deutschen Buchhandels vertritt er weltgewandt die DDR auf den Buchmessen in Frankfurt/Main. Sein ungewohnt ironischer Ton kommt auch in Westdeutschland gut an. «Wir sind dem Kreml so nahe, dass wir keine Kreml-Astrologie nötig haben», sagt Gysi 1964 in Frankfurt. «Wir können uns hier Astronomie leisten.»

Gleichzeitig beurteilt die Staatssicherheit seine Haltung gegenüber der politischen und wirtschaftlichen Entwicklung der DDR seit Herbst 1961 als «pessimistisch» und «schwankend». Trotzdem arbeitet Gysi für die Staatssicherheit noch bis 1965, wobei die Treffberichte schon ab Mitte 1959 kürzer und die Abstände zwischen den Gesprächen größer werden. Der GI «Kurt» liefert Stimmungsberichte über den Aufbau-Verlag, schätzt die gesamte Kulturszene der DDR ein und charakterisiert vor allem berühmte Schriftsteller wie Stefan Heym («Er sieht alles im persönlichen Interesse und ist sich selbst sein bester Mann»), Stephan Hermlin («Er beklagt sich immer, dass er nicht genug Geld verdient») oder Arnold Zweig («Ist geschmeichelt dadurch, dass er den Lenin-Preis bekam»). Sein Führungsoffizier lobt ihn in einem Bericht vom 3. Juni 1960: «Aufgrund seiner Schlüsselposition unterhält der GI zu einer Reihe führender Schriftsteller unserer Republik Verbindung und ist auch teilweise sehr gut über ihre persönliche Lage informiert. In dieser Beziehung hat der GI in letzter Zeit wertvolle Hinweise gegeben, die auch zur Analysierung in Kreisen der Intelligenz und besonders der Kulturschaffenden von großer Bedeutung waren.» Das letzte protokollierte Treffen mit Gysi findet am 1. September 1964 statt. Dabei geht es schon um die von der Staatssicherheit befürchtete Dekonspiration ihres GI «Kurt». Das MfS beendet die Tätigkeit mit Gysi offiziell im Februar 1965. Zur Begründung heißt es: «Der GI hat sich im Zusammenhang mit seiner beruflichen Tätigkeit 1964 dekonspiriert, wodurch eine weitere inoffizielle Zusammenarbeit mit ihm nicht mehr möglich ist. Künftig wird weiterhin mit ihm die Notwendigkeit bestehen, offizielle Kontakte zu halten, was sich aus seiner beruflichen Tätigkeit ergibt.» 1970 wird Gysi die Erinnerungsmedaille des MfS verliehen.

Klaus Gysi hat seinen Aufstieg als Verleger genau in jener Zeit begonnen, in der sein Vorgänger Walter Janka bei strengem Frost, nur mit Drillichhose, dünner Jacke und Stofflatschen bekleidet, in den Sonderknast nach Bautzen abgeschoben wurde und dort bis Dezember 1960 seine Haftstrafe absitzen musste. Nach der Wende 1989 ist Klaus Gysi gefragt worden, ob er Jankas Nachfolge als Leiter des Aufbau-Verlages nicht hätte ablehnen müssen. Gysi hat darauf im Fernsehinterview bei Günter Gaus eine wortreiche Antwort gegeben: «Wenn ich's von heute aus sehe, ja. Da würde ich Ihnen zustimmen. Aber … man muss die konkrete Situation sehen. Der Prozess gegen Janka war schlimm. Ich war damals jahrelang vom Kulturbund entfernt in einer ganz anderen Ecke tätig, hatte nichts mit dem *Sonntag*, dem Aufbau-Verlag und nichts mit Becher zu tun in dieser Periode. Und wurde dann plötzlich gerufen und vor die Frage gestellt, ob ich das machen soll. Nun müssen Sie wissen, dass der Weggang oder die Verhaftung von Janka natürlich für den Aufbau-Verlag ein schwerer Schlag war. Er war ein sehr guter Verleger, hatte das gemacht, und jetzt suchte man jemanden als Nachfolger. Meine Nachfolge lag natürlich auf der Hand … Ich hab ja den Verlag aus der Taufe gehoben. Und eines meiner Motive war ganz einfach das, dass ich mir gesagt habe: Wenn du das jetzt übernimmst, dann gibt's erstens 'ne Chance, die Arbeit von Walter Janka fortzusetzen, und zweitens, überhaupt den Aufbau-Verlag in einem vernünftigen Rahmen weiterzuführen. Und der lag mir ja nun wirklich am Herzen. Er war eine große Säule unserer antifaschistischen Literatur, unserer klassischen Literatur, vieler neuer DDR-Autoren und so weiter. Das heißt, diese Überlegung – und das ist sicher 'ne spontane Reaktion – war, glaube ich, das Entscheidende. Vielleicht war etwas Opportunismus dabei. Vielleicht etwas Feigheit. Aber ich glaube, dass das bei mir damals nicht die große Rolle spielte. Die große Rolle spielte eigentlich die Auffassung, dass es schon besser ist, ich mach das. Ich hätte übrigens damals ohne Aufsehen ablehnen können.»

Hier spricht nicht derselbe Mann, der 1957 eine «staatsfeindliche Gruppe von Verbrechern» am Werk sah, die fast den dritten Weltkrieg ausgelöst hätte, wenn sie nicht von der «demokratischen Justiz» gestoppt worden wäre. Klaus Gysis Antwort ist ein Musterbeispiel für die ideologische Selbstverzauberung vieler DDR-Intellektueller. Immer haben sie Einsicht in die Notwendigkeiten gezeigt, mit dem einen, hehren Ziel: um Schlimmeres zu verhindern. Auf dass eines Tages das sozialistische Himmelreich auf Erden komme. Dabei sind diese «ängstlichen VIPs», wie der Schriftsteller Günter Kunert sie einmal nannte, zu dienstbaren Geistern der Macht geworden und haben dazu beigetragen, dass alles immer nur noch schlimmer wurde.

Sicher, offener Widerstand gegen Ulbricht hätte für einen wie Klaus Gysi 1956/57 vielleicht das Gefängnis bedeutet. Aber er hätte sich eine elegante Ausrede für das Angebot des Aufbau-Chefs einfallen lassen können, dazu war er intelligent und wendig genug. Gysis Freund Bruno Haid übrigens, damals stellvertretender Generalstaatsanwalt, protestierte bei Ulbricht dagegen, aus der Janka-Geschichte einen Strafprozess zu machen; er plädierte für ein Parteiverfahren. Haid wurde seines Postens enthoben und als Justitiar in den Werkzeugmaschinenbau nach Karl-Marx-Stadt strafversetzt. Strafversetzt, nicht verhaftet.

Walter Janka rekonstruierte in seinem 1994 erschienenen Buch «Die Unterwerfung» den Schauprozess gegen ihn als eine «Kriminalgeschichte aus der Nachkriegszeit». Für Klaus Gysi hat er verständlicherweise kein gutes Wort übrig. Er bezeichnet ihn als «erfolgreichen Politkarrieristen». Gysi habe «mafiaähnliche Methoden» für rechtens gehalten.

Klaus Gysis Anpassungsbereitschaft und sein Geschick als Krisenbewältiger im Aufbau-Verlag zahlen sich für ihn aus. Im Januar 1966 macht Ulbricht ihn zum Kulturminister. Die Partei ist wieder einmal in einer Notlage, die sie selbst verschuldet hat.

5. Kapitel

Die Erbschaft der übermächtigen Väter: Erste kalkulierte Rebellionen

«Im Sommer 1966, nach dem Abitur und meiner Facharbeiterprüfung als Rinderzüchter, steckte ich in einem seelischen Tief», schreibt Gregor Gysi im Rückblick.

Das Heldenkind weiß nicht, was aus ihm werden soll. Mit achtzehn spürt Gregor Gysi die Last, ebenfalls ein Held werden zu müssen. Und den Drang, genau diese vorgeschriebenen Bahnen zu verlassen. Aber das geht nicht so leicht. Was die Eltern im antifaschistischen Widerstandskampf erlebten, haben sie, bewusst oder unbewusst, ihren Söhnen und Töchtern in die Wiege gelegt. Die Kinder können diese Erbschaft nicht einfach ausschlagen.

Gregor Gysi schreibt sich in diesem Sommer 1966 an der Berliner Hochschule für Ökonomie ein, im Fach Ökonomische Datenverarbeitung. Der redegewandte und schauspielerisch talentierte junge Mann Ökonom? Das muss ihm selbst merkwürdig erscheinen. Dann doch lieber kommunistische Elite. Gysi bewirbt sich um ein Diplomatenstudium in der Sowjetunion. Das IMO in Moskau, das Institut für Internationale Beziehungen, ist der Traum vieler Funktionärskinder, die Karriere machen und die Grenzen der DDR hinter sich lassen wollen. Für Gregor Gysi hat dies noch einen besonderen Reiz: Die Diplomatenlaufbahn wäre auch die Fortschreibung eines Teils der Familiengeschichte. Sein Onkel Gottfried Lessing arbeitet im DDR-Außenministerium – zum Zeitpunkt von Gysis Bewerbung ist er Generalkonsul in Tansania.

Gregor Gysi wird, bei dem Vater kein Wunder, für das Diplomatenstudium angenommen. Was ihn in Moskau erwartet, scheint er nicht zu ahnen. In der Kaderabteilung des Außenministeriums erklärt ihm eine resolute Frau, dass die DDR-Studenten in der Sowjetunion – nach den Vietnamesen – die besten seien. Alle Vorlesungen würden selbstverständlich auf Russisch gehalten. Daneben müssten alle IMO-Studenten noch Englisch, Französisch und eine weitere Fremdsprache lernen. Außerdem herrsche strenge Parteidisziplin: Im ersten Jahr dürfe niemand nach Hause fahren. Als Gysi fragt, ob er den Motorroller mit nach Moskau nehmen dürfe, den sein Vater ihm zum Abitur versprochen habe, holt er sich eine Abfuhr. Und so ist seine Diplomatenlaufbahn schon wieder beendet.

Auch auf den Motorroller des Vaters wird er übrigens vergeblich warten.

Gregor Gysi war schon in der Schule nicht fleißig, und er besitzt nicht das Talent seiner Eltern für Fremdsprachen. Die Vorstellung, die Geschichte der internationalen Arbeiterbewegung oder gar Suaheli und Hindi auf Russisch lernen zu müssen, ist ihm ein Graus. Er verzichtet lieber auf die Eliteschule. Allerdings traut er sich nicht, der Frau in der Kaderabteilung die Absage persönlich mitzuteilen. Das überlässt er seinem Vater. Wenn schon ein Gysi eine Niederlage eingestehen muss, dann soll es wenigstens der Genosse Kulturminister tun. Das erspart peinliche Nachfragen.

So steht der 18-Jährige noch immer ohne Berufswunsch da. Seine Ausbildung als Rinderzüchter bringt ihn auch nicht weiter, sie sorgt bestenfalls für eine proletarische Note im bürgerlichen Lebenslauf und für ein paar Anekdoten aus der DDR-Landwirtschaft. Dass Gysi gelernter Rinderzüchter ist, hat er ohnehin nur der Volksbildungsministerin Margot Honecker zu verdanken. Sie kam irgendwann auf die Idee, dass jeder Oberschüler der DDR neben dem Abitur gleichzeitig einen Beruf erlernen sollte, die Intellektuellenkinder sollten ein tieferes Verständnis für die gesetzmäßigen Interessen der Arbeiterklasse entwickeln. So opferten die Oberschüler einen Tag der Woche dem Proletariat. Von den über zwanzig Ausbildungsberufen, die zur Auswahl standen, entschied sich Gysi, warum auch immer, für den des KfZ-Schlossers. Die Autoschlosserei, die er ausgewählt hatte, schickte ihn wieder nach Hause, weil er noch nicht 16 Jahre alt war. In der Zwischenzeit waren fast alle anderen Berufe vergeben. Auf die Frage seines Schuldirektors, ob er sich denn für Tiere interessiere, antwortete er ohne Argwohn mit Ja, schließlich gab es in seiner Kindheit einen Hund in der Familie. Das träfe sich gut, sagte der Direktor, sie hätten noch einen Platz bei den Rinderzüchtern frei.

So lernte Gregor Gysi, ganz im Sinne Margot Honeckers, die Bauern besser zu verstehen.

Wie er nach der Pleite mit dem Diplomatenstudium auf die Idee verfiel, Jura zu studieren, hat Gregor Gysi unzählige Male mit der immer gleichen Anekdote erklärt. Er sei frustriert und ratlos durch die Stadt gelaufen und habe die Mutter seiner Schulfreundin Barbara Wolff getroffen. Er habe ihr sein Dilemma geschildert, und sie habe geantwortet: «Studiere doch Jura. Mein Mann sagt immer, Jura ist auch ein Studium für Doofe. Man kann, muß aber nicht intelligent und fleißig sein.»

Ihr Mann – das war Friedrich Wolff, einer der bekanntesten Anwälte der DDR. Er hatte 1953 das Rechtsanwaltskollegium von Berlin gegründet und war seit 1954 dessen Vorsitzender. 1957 hatten sich die Wege von Friedrich Wolff und Gregor Gysis Vater gekreuzt. Im Schauprozess gegen Walter Janka, über den Klaus Gysi der Staatssicherheit berichtete, hatte Friedrich Wolff als Anwalt von Janka mutig einen Freispruch gefordert.

Gregor Gysi entgegnete Frau Wolff, er verspüre wenig Lust, Gesetze und Paragraphen auswendig zu lernen. «Das mußt du auch nicht», habe sie geantwortet, «du mußt nur wissen, wo es steht, um im richtigen Moment nachschlagen zu können.»

«Ihre Argumentation überzeugte mich», schreibt Gysi 30 Jahre später in seinen autobiographischen Notizen, «und so beschloß ich umgehend, mich der Jurisprudenz zuzuwenden.»

Um diese Entscheidung verständlich zu machen, liefert Gysi immer noch eine weitere Geschichte hinterher. Als er dreizehn, vierzehn Jahre alt gewesen sei, habe seine Schulklasse im Rahmen einer Jugendstunde eine Gerichtsverhandlung besucht. Dem Angeklagten sei vorgeworfen worden, einen alten Mann zusammengeschlagen und ausgeraubt sowie einige andere Diebstähle begangen zu haben.

Er, Gysi, habe Mitleid gehabt – nicht etwa mit den Opfern, sondern mit dem hilflos stotternden Mann, der mit Handschellen in den Gerichtssaal geführt wurde und dann allein auf der Anklagebank saß. Die Tatsache, dass dem Mann kein Verteidiger zur Verfügung stand, habe sein Gerechtigkeitsempfinden tief verletzt. Für ihn sei dies eine gewollte Entwürdigung des Angeklagten gewesen. «Ich verstand ihn nicht», schreibt Gysi, «konnte sein Denken, Fühlen und Tun nicht nachvollziehen, und das ärgerte mich ungemein.» Der Angeklagte wurde schließlich zu sechs Jahren Haft verurteilt.

Im September 1966 beginnt Gregor Gysi an der Humboldt-Universität in Berlin das Jura-Studium. Er schreibt sich am 14. September unter der Hochschulnummer 51238 in das Matrikelbuch ein – an derselben Universität, an der dreißig Jahre zuvor seine Eltern studiert hatten und von den Nazis aus «rassischen Gründen» relegiert worden waren.

Als Kind von Eltern, die in der DDR offiziell als «Verfolgte des Naziregimes» anerkannt waren, stand Gregor Gysi ein Studienplatz in jedem Fall zu. Er musste nicht darum kämpfen. Sosehr diese staatlich verordneten Privilegien den Heldenkindern zugute kamen – sie untermauerten vor allem ihren Status als bevorzugte Außenseiter. Die Kinder der antifaschistischen Widerstandskämpfer hatten nicht einfach nur einen Beruf zu ergreifen – ihre Karriere im Dienste des «ersten sozialistischen Staates auf deutschem Boden», dessen Führung sie später einmal von ihren Eltern übernehmen sollten, war für sie eine moralische Verpflichtung. Sie sollten ihr Leben genauso der Befreiung der Menschheit widmen, wie es ihre Mütter und Väter einst getan hatten.

Aber was konnten sie in einer sozialistischen, langweiligen, grauen DDR schon ausrichten, wenn die Eltern alles Heldentum scheinbar aufgebraucht hatten? Die Kommunistenkinder trugen schwer daran, dass vieles in ihrem Leben dem Vergleich mit den aufregenden Taten ihrer Eltern standhalten musste. «Es gab für mich kaum Probleme im Alltag, die sich nicht mit den ausgedrückten oder ausgesparten Ängsten ihrer Zeit, den Umständen ihrer Flucht, den Gräueln in den Lagern, dem Kampf, der Konspiration und allem anderen zu messen hatten», schreibt Anetta Kahane in ihrem autobiographischen Buch «Ich sehe was, was du nicht siehst». Sie ist die Tochter von Max Kahane, einem jüdischen Kommunisten, der im spanischen Bürgerkrieg gekämpft hat, anschließend – wie Klaus und Irene Gysi – in Frankreich interniert war und später in der DDR ein bekannter Journalist wurde: Auslandskorrespondent in Indien und Brasilien, Chefkommentator des *Neuen Deutschland*. Anetta Kahane kämpfte, wie so viele, mit den übermächtigen Eltern. «Wenn ich vor irgendetwas Angst hatte, wie zum Beispiel vor dem Zahnarzt, der seine Behandlung immer als sadistische, aber gerechte Bestrafung für Mangel an Fleiß beim Zähneputzen verstand, dann dachte ich an ihren Kampf. Ich stellte mir vor, die Gestapo würde mich foltern, damit ich ihnen das Versteck von Freunden verriet. Aber ich tat es nicht. Ich hielt durch – das eine und andere Mal, bis ich nicht mehr zum Zahnarzt ging, weil ich schließlich der Folter die Zahnschmerzen vorzog. Doch ich schämte mich für meinen Mangel an Mut, weil die Gestapo natürlich weniger freiwillig war als die Tortur beim Zahnarzt.»

Einen aufschlussreichen Blick von außen auf dieses geschlossene Milieu der DDR-Heldenkinder und ihrer Eltern wirft die Philosophin Rita Kuczynski in ihrem Buch «Mauerblume». Kuczynski hatte während ihrer Oberschulzeit und ihres Studiums viele Emigrantenkinder als Freunde. Trotzdem fühlte sie sich ausgeschlossen. Die Mutter ihrer Freundin Esther konnte sie nicht ausstehen, «weil sie eigentlich niemanden ausstehen konnte, dessen Eltern nicht im antifaschistischen Widerstand gewesen waren». Rita Kuczynski fehlte es an «familiärer Legitimation» – bis sie Jahre später Thomas Kuczynski heiratete, den Sohn des berühmten DDR-Wirtschaftswissenschaftlers Jürgen Kuczynski: antifaschistischer Widerstandskämpfer, England-Emigrant, Honecker-Vertrauter. «Ich war nicht mehr ich», so Rita Kuczynski, «ich war die Schwiegertochter und wußte damit nicht umzugehen. Was ich schrieb, schrieb ich als Schwiegertochter. Was ich sagte, bekam politisches Gewicht.» Sie war jetzt eine Angehörige des Kuczynski-Clans.

Plötzlich spürte sie, die doch in diesem Milieu gar nicht groß geworden war, wie sich der unterschwellige Druck, eine besondere Rolle spielen zu müssen, schon im Alltag auf sie übertrug. In einer Szene im Hause Kuczynski beschreibt sie dieses Gefühl sehr anschaulich. «Als die Neue wurde ich im Eßzimmer vorgeführt. Auf Familie war ich nicht vorbereitet. Vieles hier erinnerte mich an meine Großmutter, das Meißener Porzellan, das Besteck, die Webart der Stoffservietten, das gespickte Rinderfilet. Ich hatte vergessen, daß es Spicknadeln gab. Besteckablagen auf Damasttischdecke, das sah unwirklich aus und kam mir als Inszenierung entgegen. Dazu der Kronleuchter über dem Tisch und Möbel, 18. und 19. Jahrhundert. Das Ganze mitten in Ostberlin … Ich begriff nicht genau, wo ich da hineingeraten war, aber ich verstand, daß ich irgendwo hineingeraten war, wo ich eigentlich nichts zu suchen hatte. Da war diese eigenwillige Diskrepanz zwischen feinster Mousse-Schokolade, wie ich sie in ferner Zeit bei meiner Großmutter gegessen hatte, und Lob auf die letzte Rede von Honecker, die so vorzüglich war. An der Wand im Eßzimmer hing ein Original von Käthe Kollwitz. Ich bekam das Puzzle nicht zusammen. Beklemmung stieg in mir auf und eine unbändige Wut, in der auch Haß war. Das war also die bourgeoise Variante der DDR-Elite. Sie konnte Mousse-Schokolade, Liebermann und die Dummheit eines Erich Honecker in ein Gespräch bringen, ohne daß sie sich am Rinderfilet verschluckte.»

Jetzt, wo Rita Kuczynski dazugehörte, wurde sie von der Mutter ihrer Freundin Esther, mehr als 15 Jahre nach dem ersten Zusammentreffen, erneut gefragt. «Und du hattest nicht einmal einen Onkel, der im Widerstand gewesen war?» Nein, hatte sie nicht. Ihr war es nicht einmal in den Sinn gekommen, einen zu erfinden.

Gregor Gysi gehört auch zu einem politischen Clan, dem Gysi-Clan. Aber er ist – im Gegensatz zu Rita Kuczynski – mit allen Insignien seines Clans von Geburt an vertraut. Er hat alles, was ihn für eine so-

111

zialistische Bilderbuchkarriere prädestiniert: ein weltläufiges Elternhaus, besondere intellektuelle Fähigkeiten, die richtige politische Überzeugung, den Respekt der staatlichen Behörden. Aber trotzdem, oder gerade deswegen, macht ihm die Pflicht zum Heldentum zu schaffen.

Die schwierige Berufsfindung ist nur ein Beispiel. Es gibt auch erste, zaghafte Akte des kalkulierten Widerstandes. Wie viele seiner Altersgenossen ist Gregor Gysi in den sechziger Jahren geprägt vom Lebensgefühl, vor allem von der Musik dieser Zeit. Er hört die Beatmusik, die der Partei- und Staatschef Walter Ulbricht in seinem unnachahmlichen sächsischen Tonfall als «Monotonie des yeah, yeah, yeah» verhöhnt und die sein eigener Vater als zuständiger Minister in der DDR verbieten lässt. Gregor Gysi sind die «tanzpolitischen Maximen der SED» ziemlich egal. Und er verteidigt lange Haare und lange Bärte, die als Teil der westlichen «Sex- und Beatpropaganda» (Ulbricht) offiziell verpönt sind. Zwei Mädchen aus seiner Abiturklasse mokieren sich in einer Wandzeitung über den Kulturkampf gegen die jungen Leute in der DDR. Sie hängen Bilder von den langmähnigen Karl Marx und Friedrich Engels auf und schreiben dazu: «Das sind unsere Vorbilder – auch was ihre Frisuren betrifft!» Gregor Gysi und seine Schwester tragen in dieser Zeit die beliebten grünen Parkajacken und müssen sich selbst von ihrem sonst so toleranten Vater die Frage gefallen lassen, ob sie jetzt den Helden des Vietnamkriegs nacheifern wollten.

Selbst wenn es darum geht, die rechte sozialistische Gesinnung unter Beweis zu stellen, pocht der junge Gregor Gysi auf Eigenständigkeit. Für ihn steht außer Frage, dass er schon mit 18 Jahren Mitglied der Partei seiner Eltern werden wird. In seinen Augen gehört dem Sozialismus die Zukunft, er fühlt sich zu dieser Bewegung auch emotional hingezogen, die großen sozialistischen Hymnen wie die «Internationale» oder «Unsterbliche Opfer» gehen ihm mitten ins Herz. Aber als der stellvertretende Schuldirektor ihm kurz vor dem Abitur eröffnet, das Lehrerkollegium habe beschlossen, ihn für die SED zu werben, sagt er aus genau diesem Grund ab: weil andere ihn verplant haben. Der Hinweis, in seiner Familie sei das doch selbstverständlich, macht alles nur noch schlimmer. Er will ja gerade deswegen nicht in die Partei eintreten – weil sein Vater der bekannte Kulturminister ist.

«Eigentlich schade, daß du nicht in die Partei eintrittst», sagt sein Vater, als er von der Absage seines Sohnes erfährt.

«Reg dich nicht auf, ich trete schon ein», antwortet der Sohn. «Aber es muß mein eigener Entschluß sein.»

Im Juli 1966, während des Praktikums als Rinderzüchter im VEG Berlin-Blankenfelde, bittet Gregor Gysi darum, Kandidat der SED zu werden. So wie es das Statut der Partei verlangt, benennt er zwei Genossen, die in diesem «Probejahr» vor seiner eigentlichen Mitgliedschaft für seine politische Zuverlässigkeit bürgen. Es sind Hermann Burkhardt und Jürgen Gruner, Freunde und Kampfgefährten seines Vaters. Burkhardt, in der DDR ein bekannter Journalist, hat Klaus Gysi im September 1939 im Internierungslager «Colombes» bei Paris kennen gelernt und ist seitdem mit ihm befreundet. Gruner, ein erfahrener Verlagslektor, ist der persönliche Referent des Herrn Papa im Kulturministerium.

«Siehst du», sagt Gregor Gysi zu seinem Vater, «hier bei den Bauern freuen sie sich noch richtig, wenn man in die SED eintritt. Sie haben ein kleines Fest daraus gemacht.»

In den Kulturbund, die Vereinigung, in der der Vater seine Karriere begann, tritt der Sohn schon aus Trotz nicht ein.

In dieser Zeit bekommt das intakte sozialistische Weltbild des jungen Gregor Gysi erste, feine Risse. Sein Vater schenkt ihm ein Buch mit den Altersbriefen von Marx und Engels, in denen die beiden Heilsgelehrten süffisant kommentieren, dass einige Anhänger ihre Theorien allzu dogmatisch auslegten. Auch der Brief Lenins, in dem er 1922 die Ablösung Stalins als KPdSU-Chef forderte, weil dieser «zu grob» sei, bringt Gysi ins Grübeln: Haben Strukturen, in denen es auf den Charakter Einzelner ankommt, nicht grundsätzliche Fehler? Braucht man nicht formale Regeln, die einen Machtmissbrauch wie unter Stalin verhindern?

Das wird eine Entdeckung, die sein späteres Leben beeinflussen sollte.

So langsam schleichen sich die Zweifel und Irrtümer der eigenen Eltern in seine sozialistische Welt. Der Stalin'sche Terror in den dreißiger Jahren, die Kampagne gegen die Westemigranten in der SED, die antisemitische Säuberungswelle in der DDR, die Schauprozesse in den fünfziger Jahren – das sind Ereignisse, die Gregor Gysis Glauben noch nicht erschüttern, von denen er aber zum ersten Mal liest und hört. Manches dringt nur langsam in sein Bewusstsein vor. Anderes bleibt ihm ganz verborgen. (Von der Stasi-Mitarbeit seines Vaters etwa wird Gregor Gysi erst nach der Wende erfahren, als Klaus Gysi nach einem schweren Schlaganfall bereits gelähmt ist; sprechen können die beiden darüber nicht mehr miteinander. Klaus Gysi wird im März 1999 an den Folgen dieses Schlaganfalls sterben.)

Die Prominenz des Vaters prägt und belastet den Sohn ohnehin mehr als alles andere. Wann immer Gregor Gysi seinen Namen sagt, bekommt er eine niederschmetternde Antwort: «Ach, du bist doch der Sohn von Klaus Gysi.» Der übermächtige Vater scheint den Sohn zu erdrücken.

«Man braucht sehr viel Kraft, um als Persönlichkeit wahrgenommen zu werden», sagt Gregor Gysi 1991 in einem Interview rückblickend. Ein Vertrauter der Familie, der den Vater kannte und mit dem Sohn befreundet ist, drückt es weniger vorsichtig aus: «Gregor hat zeit seines Lebens um die Anerkennung seines Vaters gerungen. Er wollte ihm immer gerecht werden. Das zeigte sich sogar in seiner Körpersprache. Selbst darin hat Gregor seinen Vater imitiert.»

Als Sohn des Kulturministers hat er keine Wahl: Um seinen eigenen Weg zu finden, muss er seinen Vater bekämpfen. Doch gleichzeitig bewundert er ihn auch. Er zerstört nicht den Schutzraum, den er geerbt hat. Die Bekanntheit des Vaters nutzt er geschickt für sich aus. «Ich habe einiges in der Annahme gewagt», so Gregor Gysi, «man werde mir auch seinetwegen so schnell nichts tun.»

Als Gregor Gysi sein Jurastudium in Berlin beginnt, fällt er sofort auf. Er ist intelligent, witzig, kann außergewöhnlich gut reden – und stammt aus einer bekannten Familie. Darüber möchten einige Kommilitonen selbst vierzig Jahre später nur reden, wenn sie anonym bleiben dürfen. «Viele haben Abstand zu Gysi gehalten, sie waren ein bisschen misstrauisch», sagt einer von ihnen. «Wir wussten, er ist der Sohn des Kulturministers. Das war vielen von uns nicht geheuer.» Ein anderer Kommilitone fügt aber auch hinzu: «Gysi hat das nie ausgespielt, dass sein Vater Minister war.»

So groß dürfte die Sonderrolle, die Gysi einnahm, ohnehin nicht gewesen sein. Die Juristen galten bei allen anderen an der Humboldt-Universität als die Hundertprozentigen. Ihr Berufsbild entsprach in den sechziger Jahren noch vollständig der praktischen Anwendung der reinen Lehre: Sozialistisches Recht ist der zum Gesetz erhobene Wille der herrschenden Klasse. Alle Studenten wurden, nachdem sie eine ausführliche Eignungsprüfung über sich ergehen lassen mussten, vom Justizministerium an die Universität delegiert, manche kamen direkt aus den Reihen der Staatssicherheit, dem Zoll oder der Polizei. Die Juristen hatten so gut wie keine Probleme, bei der Gewinnung von SED-Mitgliedern den Plan zu erfüllen.

Es würde auf ganz selbstverständliche Weise dem Bild des sozialistischen Justizkaders entsprechen, wenn einer wie Gysi die Laufbahn eines Staatsanwaltes oder Richters eingeschlagen hätte. Aber er überrascht alle, selbst seinen Vater. Gregor Gysi will Anwalt werden.

Dies sei sein innigster Wunsch von Beginn des Studiums an gewesen, sagt er.

An die große Glocke hängen darf Gysi das nicht. In den sechziger Jahren ist es unvorstellbar, ein Jurastudium aufzunehmen und laut zu sagen, dass man Rechtsanwalt werden möchte. Die Rechtsanwaltschaft in der DDR ist bestenfalls eine geduldete Einrichtung. Sie gilt als Relikt der längst überwundenen bürgerlichen Rechtsordnung. Wozu sollte eine sozialistische Persönlichkeit einen Anwalt brauchen, noch dazu in einem Paradies namens DDR, in dem

Fehlverhalten und Verbrechen jeder Art kurz vor der vollständigen Ausrottung stehen? Ein Rechtsanwalt darf dem Staatsanwalt widersprechen! Das allein ist schon schlimm genug. Und dann verdient er damit auch noch unverschämt viel Geld, wo doch im Sozialismus alle gleich sein sollen.

Gysi handelt, was seinen Berufswunsch angeht, ausnahmsweise gegen seine Natur: Er hält den Mund. Und wird ein guter Student. Seine besonderen Talente und intellektuellen Fähigkeiten kommen an der Universität besser zur Geltung als in der Schule. «Gregor Gysi ist mir sofort aufgefallen», sagt Karl Mollnau, damals Professor für Staats- und Rechtstheorie. «Er hatte einen gewissen provokatorischen Schneid. Er war hochintelligent und stellte immer Fragen oder warf Probleme auf, die quer lagen.» Mollnau war sich lange unschlüssig, was Gysi dazu bewog. Aber er hat eine interessante Antwort gefunden: «Es war die besondere Mischung aus einer gewissen Naivität und dem Mut, offen zu diskutieren. Außerdem war er, wahrscheinlich wegen seines Elternhauses, besser informiert als viele andere.»

Gregor Gysi ist jünger als die meisten seiner Kommilitonen und besitzt weniger Lebenserfahrung. Viele haben, bevor sie zum Jurastudium gekommen sind, bereits in einem Betrieb oder einem Ministerium gearbeitet. Gysi macht diesen Rückstand durch seinen scharfen Verstand wett. Aber seine spielerische, ironische Art zu reden, gefällt vielen nicht. «Er hat dadurch den Eindruck erweckt, er nehme die Dinge nicht ernst», erinnert sich Fritz Tech, Ende der sechziger Jahre junger Dozent für Staatsrecht und mit dem Studenten Gysi befreundet. Diese freche Leichtigkeit habe dazu geführt, dass die Verantwortlichen der juristischen Fakultät ihm stets mit einem gewissen Misstrauen begegnet seien. «Dabei hat er die Dinge sehr ernst genommen», sagt Tech. «Gregor Gysi liebte eben nur das Spiel mit Worten und Gedanken, er mochte das Paradoxe. Ich habe in meinem Leben nie wieder jemand kennen gelernt, der so viel Freude am Vortragen von Argumenten hatte.» Auch Tech erklärt Gysis Intelligenz unter anderem mit einem gewissen Hang zur Naivität, der bei besonders Begabten ja nicht selten ist. «Gysi liebte beispielsweise die

Häschenwitze, die damals sehr populär, aber eben auch weitgehend sinnfrei waren. Häschen kommt ins Rathaus und fragt den Beamten: ‹Haddu Vollmacht?› Antwortet der Beamte: ‹Klar, habe ich Vollmacht.› Sagt das Häschen: ‹Muddu Windeln wechseln.› Darüber konnte Gysi sich köstlich amüsieren.»

Gysi will im Studium schnell vorankommen. Ob Wissenschaftlicher Kommunismus, Zivilrecht, Strafrecht oder Völkerrecht – in fast allen Fächern zeigt er sehr gute Leistungen. Er engagiert sich, wie es in der DDR so schön heißt, auch gesellschaftlich – wie man es von einem Beststudenten erwarten kann. Gysi ist FDJ-Sekretär seines Studienjahres. Als sich ihm 1969 die Möglichkeit bietet, anstatt der Diplomarbeit sofort eine Dissertation zu schreiben, greift Gysi schnell zu. Er beginnt nach dem sechsten Semester ein dreijähriges Forschungsstudium und gibt jetzt sogar eigene Seminare in Rechtstheorie.

In diesem Jahr lernt ihn auch Rosemarie Will kennen, die gerade ihr Studium begonnen hat. An eine ihrer ersten Begegnungen mit Gysi kann sich Will, die heute selbst Juraprofessorin an der Humboldt-Universität ist, noch genau erinnern. «Ich lief über die Empore im Audimax, um in die Cafeteria zu gehen. Im Vorraum der Empore hing ein großer Spiegel. Davor stand Gregor Gysi in Anzug und Weste und zupfte sich gerade zurecht. Er hatte keinerlei studentische Attitüde mehr», sagt Will. «Da stand ein junger Mann, der für mich erkennbar zum Establishment gehörte.»

Dieser intelligente, eitle Forschungsstudent, der mit seiner Jugend offenbar früh abgeschlossen hat und auf der Suche nach einer neuen Rolle ist, repräsentiert für die junge Studentin eine völlig andere Welt. Gysi ist in ihren Augen ein fertiger Jurist mit einem besonderen Faible für die Rechtstheorie. Will ist eher der philosophische Typ, sie begreift Jura zunächst nicht als dogmatische, sondern als sozialwissenschaftliche Disziplin. Ihr liegt dieser junge Seminarleiter nicht, der schnell um die Ecken denkt, vieles ironisch erklärt und sich nicht so sehr mit der Frage beschäftigt, was tatsächlich ist, sondern was sein könnte. «Er war schon als junger Mann unglaublich eloquent», sagt Will. «Sein Gerede ging jedoch vielen auch auf die Nerven. Besonders auffällig an ihm war dieses Rabulistische, das hintergründige Spiel mit den Regeln, diese Fähigkeit, Recht behalten zu können, unabhängig von der Richtigkeit der eigenen Position.»

Rosemarie Will, gerade erst vom Land nach Berlin gezogen, bestaunt und beneidet Leute wie Gysi aber noch aus einem anderen Grund. Er gehört, wie einige ihrer Kommilitonen auch, zur Clique der Emigrantenkinder. «Edelkommunisten», wie Will sie nennt. «Sie hatten von Hause aus ganz andere Voraussetzungen als ich selbst», sagt sie. «Sie waren weltläufig, in der Regel sprachbegabt und intellektuell viel besser ausgerüstet. Wenn wir politisch diskutierten, führte Gysi Namen und Ereignisse ins Feld, von denen ich noch nie etwas gehört hatte.» Rosemarie Will ist mit einigen dieser Heldenkinder befreundet, sie fühlt sich ihnen zugehörig – und bleibt doch irgendwie draußen.

Wer in diesen geschlossenen Zirkel eindringt, wird misstrauisch beäugt – meistens von denen, die selbst nicht dazugehören. Als Jutta Schwarz ihren Kommilitonen Gregor Gysi im Sommer 1968 heiratet und beide nach den Semesterferien an die Universität zurückkehren, tuscheln nicht nur die Mädchen in Gysis Studienjahr. «Die Überraschung war bei allen groß», sagt ein Kommilitone. «Die beiden und geheiratet?», hieß es. Jutta Schwarz, Mutter eines Sohnes, intelligent, sieben Jahre älter und fast einen Kopf größer als Gregor Gysi, muss mit dem Vorwurf leben, sie wolle nur den berühmten Familiennamen tragen.

Jutta und Gregor Gysi sind gerade auf ihrer Hochzeitsreise in Bulgarien, als am 21. August 1968 sowjetische Panzer durch Prag rollen. In ganz Osteuropa werden Flüge gestrichen und Bahnverbindungen umgeleitet. Die beiden kommen nur mit Mühe nach Berlin zurück. Als ein paar Tage später die Universität nach den Ferien ihren Betrieb wieder aufnimmt, spüren sie sofort, dass die Atmosphäre angespannt ist.

Die SED-Führung fürchtet, dass der «Prager Frühling», die Forderungen nach Meinungsfreiheit und Demokratie auch ihr Herrschaftsgebiet erfassen und sie hinwegspülen könnten. Die Ursachen und Symptome der Krise in der DDR sind die gleichen wie in der ČSSR. Ulbricht und seine Genossen haben eine panische Furcht vor kritischen Intellektuellen, Künstlern und Studenten. Sie gelten als besonders anfällig für das «westliche Gedankengut», klar, ihnen fehlt auch der natürliche «Klasseninstinkt» der werktätigen Massen. Die Parteispitze entschließt sich, besonders gegen die «Intelligenz» von Anfang an hart durchzugreifen. Das liegt auch an Ulbricht selbst. Der Einmarsch in Prag ist ja auch eine Warnung an den SED-Chef höchstpersönlich. Sein 1963 mit dem «Neuen Ökonomischen System» eingeleiteter, halbherziger Reformversuch in der DDR unterscheidet sich nicht sehr von den Vorstellungen der tschechischen Wirtschaftsreformer um Ota Šik. Ulbricht muss der Moskauer und Berliner Hardliner-Fraktion um Leonid Breschnew und Erich Honecker beweisen, dass er gerade in ideologischen Fragen unbeugsam ist.

Obwohl es in der DDR im Vergleich zu anderen osteuropäischen Staaten keine großen Protestaktionen gegen die Militäraktion des Warschauer Paktes gibt, wittert die SED-Führung die Konterrevolution nicht nur in Prag, sondern auch in Berlin. Die Humboldt-Universität gilt als einer dieser Unruheherde. Wenige Tage nach dem Einmarsch in Prag hat ein Unbekannter mit Farbe und Pinsel in großen, grünen Buchstaben an die Sandsteinfassade der Berliner Uni-Bibliothek den Namen des tschechoslowakischen Reformkommunisten geschrieben, der zum Symbol des Widerstandes gegen eine übermächtige Militärgewalt geworden ist: «Dubček». Viele Studenten finden den Sozialismus mit menschlichem Antlitz sympathisch. Die Universitätsleitung reagiert, die Staatssicherheit schlägt zu. Insgesamt sechzehn Studenten werden verhaftet, es gibt etliche Parteiverfahren, kritische Studenten und Wissenschaftler werden disziplinarisch zur Rechenschaft gezogen. Das Sekretariat der SED-Kreisleitung der Humboldt-Universität beschließt am 6. September 1968, die verstärkten Einlasskontrollen im Hauptgebäude bis Ende des Monats fortzusetzen. «Alle Besucher der Universität werden erfaßt», heißt es in dem Beschluss. «Den Grundorganisationen wurde eine Liste aller Studenten, die ab Januar 1968 die ČSSR besuchten, übergeben. Mit diesen Studenten ist bis zum 15. September zu sprechen und der Kreisleitung Bericht zu erstatten.» Die Studenten werden seminargruppenweise aufgefordert, den Einmarsch der Warschauer Truppen in Prag per Unterschrift zu begrüßen. Die allermeisten leisten diesen Offenbarungseid, sie trauen sich nicht, zu ihren Zweifeln oder ihrer Überzeugung zu stehen.

Die Kreisparteikontrollkommission hat alle Hände voll zu tun. In einer Analyse ihrer Arbeit für das zweite Halbjahr 1968 ist zu lesen, «daß einige Genossen den feindlichen Einflüssen des Gegners nicht standhielten». Sie hätten sich geweigert, die «Hilfsmaßnahmen der fünf sozialistischen Bruderländer» zu begrüßen. Auch an der juristischen Fakultät wird der Klassengegner vermutet. In ihrer Sitzung am 15. Oktober 1968 stellt die Parteikontrollkommission der Humboldt-Universität missbilligend fest, in der SED-Grundorganisation Rechtswissenschaft herrsche «ideologische Windstille».

Zurück in Berlin, erfährt Gregor Gysi, dass einige seiner Freunde und Bekannten verhaftet worden sind, darunter Söhne und Töchter von hochdekorierten Antifaschisten und altgedienten SED-Funktionären. Zu ihnen gehören Thomas Brasch, 23 Jahre alt, Sohn des stellvertretenden Kulturministers Horst Brasch; Erika Berthold, 18 Jahre alt, Tochter von Ulbrichts Chefhistoriker Lothar Berthold, Direktor des Instituts für Marxismus-Leninismus beim ZK der SED; Rosita Hunzinger, 18 Jahre alt, Tochter der Bildhauerin und jüdischen Emigrantin Ingeborg Hunzinger; Frank und Florian Havemann, 19 bzw. 16 Jahre alt, Söhne des Chemikers Robert Havemann, eines bekannten Nazi-Gegners, der in den sechziger Jahren zum bedeutendsten Systemkritiker in der DDR geworden ist.

An diesen Festnahmen kann Gysi, wie jeder im Land, erkennen, wie sehr Ulbricht und seine Führungsclique sich in die Ecke gedrängt fühlen. Sie wollen vor aller Welt demonstrieren, dass sie für den Sieg ihres Sozialismus sogar bereit sind, ihre eigenen Kinder zu opfern.

Ende Oktober 1968 vermeldet das SED-Zentralorgan *Neues Deutschland*, dass eine Gruppe von sieben jungen Leuten, die mit

Flugblättern und Parolen an Häuserwänden gegen den Einmarsch in Prag protestiert haben, zu Gefängnisstrafen verurteilt wurden: Thomas Brasch zu 2 Jahren und 3 Monaten, Erika Berthold zu 1 Jahr und 10 Monaten, Frank Havemann zu 1 Jahr und 6 Monaten, Florian Havemann zu einer Jugendstrafe. Die meisten Verurteilten müssen ihre Strafen nicht absitzen, bei einigen wird das Urteil bereits nach einigen Tagen auf Bewährung ausgesetzt, bei anderen nach ein paar Wochen – das steht allerdings nicht mehr im ND.

Es ist kein Zufall, dass gerade unter den Heldenkindern die sozialistischen Reformversuche in der ČSSR auf große Sympathie stoßen. Sie verteidigen damit doch gerade die sozialistischen Ideale, für die ihre Eltern unter Hitler ihr Leben riskiert und 1949 ihren eigenen, antifaschistischen deutschen Staat gegründet haben. Jetzt fällt den Kindern, die die DDR und die führende Rolle der SED darin bislang bedingungslos verteidigten, zum ersten Mal auf, was das für ein merkwürdiger Sozialismus ist, der Konflikte mit militärischen Mitteln austrägt. Sie träumen den «Kindertraum von einem Sozialismus ohne Panzer» (Heiner Müller). Wer jedoch generell Zweifel an diesem historischen Versuch hegt, auch an einem reformierten Sozialismus, wie er in der ČSSR gerade ausprobiert wird, hat in ihren Kreisen nichts zu melden. Was soll denn, bitte schön, die Alternative sein? Der amerikanische Imperialismus, der gerade in Vietnam Krieg führt und den selbst die Studenten im Westen zu ihrem Hauptfeind erklärt haben? Die Bundesrepublik Deutschland, die 1966 einen ehemaligen Nazi zum Kanzler gewählt hat? Deren herrschende Klasse die Studentenproteste mit dem Tod von Benno Ohnesorg beantwortet hat? Haben viele Studenten im Westen nicht gerade selbst eine antikapitalistische Haltung eingenommen und sogar Karl Marx und Rosa Luxemburg wieder entdeckt?

Florian Havemann bezeichnet die damalige Szene der Emigranten- und Heldenkinder als «Party-Opposition». Ein großer, lockerer Kreis von vielleicht 150 jungen Leuten habe sich regelmäßig zu Partys getroffen. «Das war eine Mischung aus Rock'n'Roll, Tanzen, Knutscherei und plötzlich aufflammenden politischen Diskussionen», sagt Havemann. Sehr oft sei dabei die Frage debattiert worden, ob diese kleinbürgerlich geordnete Wüste in der DDR noch der Sozialismus sei, den sie sich vorgestellt hätten. «Die überragende Figur dieser Party-Opposition war Thomas Brasch. Er war der Älteste von uns. Ich war der Jüngste», so Florian Havemann, «und der größte Provokateur von allen.»

Auf einer dieser Partys traf Florian Havemann auch Gregor Gysi. «Das war bei Sanda Weigl. Sie war die Freundin Thomas Braschs und die Nichte Helene Weigels. Mein Bruder Frank und ich haben mit Gysi die halbe Nacht über meinen Vater diskutiert», erzählt er. Robert Havemann war durch seine kritischen Vorlesungen an der Humboldt-Universität gerade zur Kultfigur für die jungen Leuten geworden. «Gysi konnte von der Kritik Robert Havemanns an der DDR vieles unterschreiben. Aber dass mein Vater seine Kritik im Westen veröffentlicht hat, das fand er, wie die allermeisten in der SED, nicht gut. Das dürfe ein Genosse nicht, sagte Gysi.»

Der Sohn von Klaus Gysi diskutiert mit den Söhnen von Robert Havemann über den gemeinsamen Traum ihrer Väter, während die anderen um sie herum wahrscheinlich tanzen – treffender kann ein Bild für die Selbstfesselung der antifaschistischen Promikinder kaum sein. Nicht einmal auf ihren Partys kommen sie von den Eltern los.

Nach der Verhaftung von Brasch und den Havemann-Brüdern wird Gysi langsam klar, dass das, was bisher einen unsichtbaren Schutz bot, ihn plötzlich angreifbar macht: seine besondere Herkunft. Die sozialistischen Reformversuche 1956 in Ungarn und jetzt in der Tschechoslowakei kamen mitten aus dem Establishment der Kommunistischen Parteien. Das lässt die SED doppelt vorsichtig werden. Im Zweifelsfall schlägt sie lieber hart zu. Es geht schließlich gegen die «Konterrevolution».

Plötzlich hat auch Gregor Gysi an der Uni keinen Schutzengel mehr. Der Jurastudent hält den Einmarsch des Warschauer Paktes in der ČSSR nicht nur unter moralischen Aspekten für äußerst zweifelhaft, sondern auch unter völkerrechtlichen. Er fühlt sich, wie viele SED-Mitglieder, von der eigenen Regierung um die sozialistischen

Ideale betrogen. Aber so zu denken und das, was man denkt, auch laut zu äußern – das ist in der DDR nie ein und dasselbe. Gysi steht in dem Zwiespalt, die sowjetischen Panzer in Prag aus Parteidisziplin prinzipiell verteidigen zu müssen. Dennoch, «meine Ansicht blieb nicht verborgen», schreibt er 1995, «und meine Bekannten machten mich verdächtig».

An der juristischen Fakultät wird das gleiche Theater veranstaltet wie an der ganzen Humboldt-Universität: Die Reihen werden geschlossen, «unsichere Kandidaten» herausgefiltert, man sucht politische Sündenböcke, will Exempel statuieren. Das ist in Gysis Studienjahr offenbar nicht so einfach. So verfällt die Fakultätsleitung auf die Idee, zehn Studenten auszusortieren, die den Russischunterricht geschwänzt haben. In einer ideologisch so aufgeheizten Atmosphäre kann dies in der DDR schon reichen, um wenigstens als halber Konterrevolutionär an den Pranger gestellt zu werden. Eine Parteiversammlung muss über die «Verdächtigen» richten.

Gysi schildert das, was dann folgt, in seinen Erinnerungen folgendermaßen: «Als erste Maßnahme, hieß es, werde auf Anordnung des Justizministeriums den zehn das Stipendium gekürzt. Danach sollten wir diskutieren. Die Stimmung im Saal war zum Zerreißen gespannt, keiner hatte das Bedürfnis, etwas zu sagen. Wir schwiegen aus Feigheit. Was denn der FDJ-Sekretär des Studienjahres dazu meine, hieß es auf einmal. Dadurch wurde ich genötigt, mich von meinem Platz zu erheben und entgegen meiner Absicht einen Kommentar abzugeben. Ich erklärte, daß die Genannten sicherlich die Studiendisziplin verletzt hätten, aber deshalb noch lange keine Konterrevolutionäre seien.

Meine Entgegnung war weder sonderlich mutig noch politisch grundsätzlich. Der Zwischenruf eines Kommilitonen erwies sich als wesentlich bissiger. Er habe das Gefühl, daß hier Köpfe rollen sollen, rief er dem Präsidium entgegen. Dort steckten sie erregt die eigenen Köpfe zusammen, und es begann etwas, das mich zu diesem Zeitpunkt noch völlig unvorbereitet traf. Das Zentrum der Auseinandersetzung wurde verlagert. Plötzlich waren nicht mehr die zehn, sondern wir beide die eigentlichen Sündenböcke. Endlich hatte die Leitung ihren Fall gefunden.»

Ab jetzt folgt die politische Auseinandersetzung eingeübten Ritualen. Gysi und sein Mitstudent werden in die Mangel genommen. Aussprachen, Parteiversammlungen, Kritik und Selbstkritik – selbst auf dieser kleinen Ebene das komplette Programm, das kommunistische Parteien sich in jahrzehntelangen, zum Teil aberwitzigen Kämpfen gegen sich selbst antrainiert haben. So geht das über Wochen und Monate hinweg. Mal schweigt Gysi, mal verteidigt er sich, bei der FDJ-Delegiertenkonferenz Ende 1968 stimmt er gegen den Rechenschaftsbericht, in dem er für sein Verhalten kritisiert wird. Natürlich wandeln sich im Laufe der Auseinandersetzung die Vorwürfe, das gehört zum Spiel. Die «konterrevolutionäre Gruppe» hat die staatliche Leitung schnell aus den Augen verloren. Gysi wirft man jetzt eine «liberalistische» Haltung vor. Gerade er als FDJ-Sekretär hätte die Verletzer der Studiendisziplin zurechtweisen müssen. Als er es auch noch wagt, im voll besetzten Audimax der Humboldt-Uni dem 1. Sekretär der FDJ-Kreisleitung zu widersprechen, weil der sich für seinen Kampf gegen ideologisch nicht gefestigte Studenten selbst lobt, verliert die Parteileitung die Geduld. Gysi erhält eine Parteistrafe: eine «Missbilligung». Einige Dozenten und Professoren begegnen ihm fortan mit Misstrauen. Gysi fühlt sich eine Zeit lang isoliert.

In solchen Situationen wird die Welt in der DDR plötzlich noch kleiner und enger, als sie es ohnehin ist. Natürlich wird der Genosse Kulturminister über die Vorgänge an der Uni informiert. Er besucht seinen Sohn in dessen Ein-Zimmer-Hinterhofwohnung; aus dem Haus in Johannisthal war Gregor Gysi mittlerweile ausgezogen. Der Vater macht sich natürlich Sorgen – um seinen Sohn und um sich selbst. Klaus Gysi hat gerade erst hautnah miterlebt, dass die Parteiführung keinerlei Rücksichten nimmt. Horst Brasch, Gysis Staatssekretär im Kulturministerium, ist wegen der Proteste seines Sohnes Thomas abgelöst und zum Studium an die Parteihochschule nach Moskau abkommandiert worden. Gregor Gysi hat sich nicht so weit aus dem Fenster gelehnt wie Thomas Brasch, aber eine Parteistrafe für den Sohn in dieser zugespitzten Situation ist für den Kulturminister keine Kleinigkeit.

Natürlich ist Klaus Gysi viel zu weltmännisch, um seinem Sohn die gleiche platte Selbstkritik abzuverlangen wie die Genossen an der Humboldt-Universität. Aber er möchte verhindern, dass sich Gregor möglicherweise die Zukunft verbaut, nur weil er dickköpfig ist und noch nicht weiß, wie ein eleganter Rückzug à la Klaus Gysi aussieht. Also denkt der Vater in der Wohnung seines Sohnes laut darüber nach, wie denn beide Seiten die Auseinandersetzung ohne Gesichtsverlust beilegen könnten. Vielleicht, indem sein Sohn einen Teil der Schuld auf sich nähme? Klaus Gysi hat sich mit seinem untrüglichen Gespür für den sich ständig drehenden Wind doch auch auf Ulbrichts Seite geschlagen und schimpft in seinen Reden als Kulturminister über die Prager «Konterrevolutionäre». Gregor Gysi sieht einen Rückzug jedoch nicht ein. Er ist sich keiner Schuld bewusst. Es kommt zum Streit mit dem Vater.

Zwanzig Jahre später haben Klaus und Gregor Gysi dem amerikanischen Journalisten Jonathan Kaufman diese Auseinandersetzung für dessen Buch «A Hole in the Heart of the World», eine Geschichte der Juden in Osteuropa, geschildert. «Wenn du dein Leben mit solchen Kompromissen vergeuden willst, bitte schön. Ich werde das nicht tun», habe der Sohn den Vater angebrüllt. Es wollte partout nicht in Gregor Gysis Kopf, warum sein Vater den Mut besaß, während des Faschismus sein Leben aufs Spiel zu setzen – aber jetzt zu feige war, seiner eigener Parteiführung zu widersprechen, obwohl er viel weniger zu befürchten hatte. «Deine Partei hat nicht einmal davor zurückgeschreckt, dich zu opfern. Aber du lässt dich von ihr einfach hin und her schubsen. Du glaubst an sie, weichst jeder Konfrontation aus und machst die ganze Zeit nur faule Kompromisse.»

«Du bist zwanzig Jahre alt», soll Klaus Gysi zurückgebrüllt haben. «Du solltest aufhören so naiv zu sein. Wenn du die Welt verändern willst, geht das nicht, indem du mit dem Kopf gegen die Wand rennst. Aber dafür bist du einfach zu jung und zu dumm. Du verstehst zu wenig vom Leben.»

Mit diesen Worten sei der Vater aus der Wohnung seines Sohnes gestürmt.

Gregor Gysi beginnt zu verstehen, dass das Verhältnis seines Vaters zur eigenen Partei religiöse Züge trägt. Die Partei heißt unter den Genossen auch nie SED, sondern immer nur «die Partei», als sei sie kein Zusammenschluss von Menschen zur Durchsetzung bestimmter Interessen, sondern ein höheres Wesen jenseits dieser Welt, eine Art kommunistischer Gott, an den man glaubt oder eben nicht, dem man aber auf jeden Fall ausgeliefert ist.

Für Kommunisten mit den Erfahrungen seines Vaters, so sieht es Gregor Gysi heute, war «die Angst davor, die Partei zu verlieren, viel schlimmer als die Vorstellung, ins Zuchthaus zu kommen unter Hitler».

Eine andere Lehre dieser turbulenten Monate im Jahre 1968 ist für Gregor Gysi nicht weniger bedeutsam: Alle Macht liegt in Moskau. Die Dinge können sich nicht allein in Prag oder Berlin ändern. Die neue Breschnew-Doktrin verwehrt jeden Versuch, einen sozialistischen Sonderweg einzuschlagen. In seiner Rede vom 3. Juli 1968 erklärt der KPdSU-Chef Leonid Breschnew, dass die Souveränität der einzelnen Staaten dem sozialistischen Weltsystem untergeordnet sei. Die DDR bekommt das besonders zu spüren.

Mit mehr als dreißig Jahren Abstand sagt Florian Havemann, aus dem «Prager Frühling» hätte man drei verschiedene Konsequenzen ziehen können. Erstens darauf zu setzen, dass es auch in Moskau zu einer Reform des Sozialismus kommt. Das sei die Hoffnung seines Vaters Robert Havemann gewesen. Zweitens zu versuchen, die SED von innen zu verändern. Diese Hoffnung habe sein Bruder Frank Havemann gehabt. Zwei Jahre nach seiner Verhaftung 1968 sei der Bruder – wie übrigens auch seine mit ihm verhaftete Freundin Erika Berthold – in die SED eingetreten. Und drittens habe es die Möglichkeit gegeben, in den Westen zu gehen. Für diesen Weg habe er sich 1971 entschieden. «Aber ich bin nicht stolz darauf», sagt Florian Havemann.

Havemann, heute über fünfzig Jahre alt, ist eine Art jugendlicher Rebell und Außenseiter geblieben. Er ist ein von der Öffentlichkeit kaum beachteter Künstler, malt, komponiert, schreibt Theaterstücke. Ausgerechnet von der SED-Nachfolgepartei PDS hat er sich 1999 als Verfassungsrichter in Potsdam aufstellen lassen und ist gewählt worden. «Wir waren die geborenen Verlierer», sagt er über die aufregende Zeit in seinem früheren Leben. «Opferbereit und heroisch, aber Verlierer. Möchtegernrevolutionäre. Lächerlich.» Die zweite Konsequenz von 1968, die SED von innen aufweichen zu wollen, habe er zwar für falsch gehalten. Aber er habe immerhin gesehen, dass viele, die sich dafür entschieden, dies nicht aus Opportunismus, sondern aus Überzeugung taten.

Eine vierte mögliche Konsequenz aus Prag 1968 hat Havemann übrigens nicht erwähnt: fern jeder Hoffnung auf Veränderung nicht nur der SED die Gefolgschaft zu verweigern, sondern auf jede Karriere, auf jedes Mitmachen im sozialistischen Versuchslabor DDR zu verzichten. Das haben einige ostdeutsche Achtundsechziger tatsächlich getan, sind Aussteiger oder Oppositionelle geworden. Ihre Stunde schlug erst 1989, und nicht ganz zufällig stellten sie sich dann mit zwanzig Jahre lang gehüteten Vorstellungen von Reformen im Sozialismus den Menschen in den Weg, als diese längst Helmut Kohl zujubelten.

Ist das im Herbst 1968 eine Option für Gregor Gysi: sich für seine Überzeugung einsperren zu lassen, in die Opposition oder in den Westen zu gehen? Natürlich nicht. Aber das hat vordergründig nichts mit Gysis Herkunft als Sohn von kommunistischen Widerstandskämpfern zu tun. Gerade privilegierte Heldenkinder, die meisten geboren zwischen 1945 und 1955, durchlaufen nicht selten klassische Antikarrieren.

Gregor Gysis Freund aus Kindheitstagen, Aljoscha Rompe, Sohn des ZK-Mitglieds Robert Rompe, bewegt sich seit Ende der sechziger Jahre nur noch am Rand der «offiziellen» DDR-Gesellschaft. Er kommt mit der oppositionellen Künstlerszene in Berührung und wird Sänger von «Feeling B», der bekanntesten Punkband der DDR.

Die Schriftstellerin Monika Maron, Stieftochter des DDR-Innenministers Karl Maron und studierte Theaterwissenschaftlerin, tritt 1978 aus der SED aus. Ihr erstes Aufsehen erregendes Buch «Flugasche» über die Umweltzerstörungen in Bitterfeld darf in der DDR nicht erscheinen. 1980 geht Maron in den Westen.

Die Schriftstellerin Katja Lange-Müller verweigert die klassische Karriere der Funktionärstochter. Ihre Mutter Ingeburg Lange ist seit 1964 Mitglied des ZK der SED und ab 1973 sogar Kandidatin des Politbüros. Lange-Müller lernt Schriftsetzerin, arbeitet als Hilfspflegerin auf einer psychiatrischen Station, lebt ein Jahr in der Mongolei und verlässt 1984 die DDR.

Auch Thomas Brasch, 1945 in England geboren, schlägt das historische Erbe seines Vaters aus. Horst Brasch, jüdischer Kommunist wie Klaus Gysi, emigriert 1939 nach Großbritannien, gründet 1941 in London die FDJ mit und kehrt 1946 nach Deutschland zurück. In der DDR legt er eine klassische politische Karriere hin, die ihn bis ins ZK der SED führt. Mit Erich Honecker verbindet ihn eine Freundschaft seit der Aufbruchzeit der FDJ nach dem Krieg.

In Braschs (wie in Gysis) Familiengeschichte sind mehrere Lebenswege angelegt. Thomas Brasch, schon in seiner Jugend künstlerisch begabt, erkennt dies schnell. Am 23. Oktober 1969 notiert der 24-Jährige in seinem Tagebuch: «Zwei Möglichkeiten für ein Leben liegen immer bereit und meist so dicht beieinander, dass unser Auge sie kaum voneinander zu scheiden vermag.»

Horst Brasch will die Anpassung seines Sohnes erzwingen. Sein eigenes Judentum verdrängt er, in seinem Deutschsein möchte er sich von keinem anderen übertreffen lassen. Horst Brasch steckt seinen Sohn Thomas, selbst für DDR-Verhältnisse ungewöhnlich, im Alter von 12 Jahren in eine Kadettenanstalt der NVA in Naumburg. Thomas Brasch wehrt sich gegen diesen Disziplinierungsversuch. Er schreibt im Herbst 1957 an seinen Vater und teilt ihm seinen Wunsch mit, die Schule zu wechseln und Schriftsteller werden zu wollen. «Du meinst, Dein Besuch der Kadettenschule würde Dir diesen Berufswunsch versperren», antwortet Horst Brasch in einem Brief. «Das ist nicht richtig. In der Kadettenschule erwirbst Du Dir nicht nur die notwendigen Grundkenntnisse, sondern, da Du im Kollektiv heranwächst, bist Du auch in der Lage, die Menschen besser kennenzulernen. Du hast außerdem die Gewähr, daß Du im Geiste des Marxismus-Leninismus erzogen wirst. Schriftsteller, die nicht fest auf dem Boden dieser Weltanschauung stehen, können heute schon bei uns kaum bestehen und werden es in der Zeit, in der Du dann schriftstellerisch wirken willst, schon gar nicht mehr.» Thomas Brasch muss sich vier lange Jahre der harten Ausbildung in dieser Militäranstalt, der einzigen ihrer Art in der DDR, unterziehen. Das hinterlässt Spuren, zerbricht ihn aber nicht. Die Verbindung zu seinem Vater jedoch verliert er.

Thomas Brasch wird ein ungebärdiger, zorniger, sensibler junger Mann. Er beginnt 1964 ein Journalistikstudium in Leipzig, wird aber ein Jahr später wegen «Verunglimpfung führender Persönlichkeiten der DDR» und «existenzialistischer Anschauungen» wieder gefeuert. Er schreibt Gedichte, Hörspiele, Theaterstücke. 1967 beginnt er ein Dramaturgie-Studium in Babelsberg. 1968 protestiert er gegen den militärischen Einmarsch in Prag. Er bekommt es mit der Angst zu tun, versteckt sich und sucht schließlich seinen Vater auf, weil er glaubt, der könne ihm helfen. Horst Brasch verweigert jede Unterstützung. Unter dem Vorwand, Zigaretten zu holen, ruft er von unterwegs bei der Polizei oder der Staatssicherheit an und liefert seinen eigenen Sohn ans Messer.

Thomas Brasch kommt wegen «staatsfeindlicher Hetze» ins Gefängnis, wird entlassen, muss sich als Schlosser in der Produktion bewähren, schreibt weiter, darf aber in der DDR nur einen schmalen Gedichtband veröffentlichen. Mehrere Stücke werden nach der Uraufführung wieder abgesetzt. 1976 geht er in den Westen, ohne die bundesdeutsche Staatsbürgerschaft anzunehmen. Brasch wird ein bedeutender Schriftsteller und Theaterautor, aber auch im Westen findet er, der staatenlose Anarchist und große Ich-Sager, nicht wirklich, was er sucht: einen Ort, dem er sich zugehörig fühlt, innen wie außen. Nicht zufällig heißt der Titel seines bekanntesten Buches «Vor den Vätern sterben die Söhne». Als er im Jahr 2001 tatsächlich stirbt, weil er seinen Körper ruiniert hat, sagt der Feuilletonist Fritz J. Raddatz am Grab, Thomas Brasch wäre einsam bis zum Schluss gewesen, und er habe das so gewollt. «Er verlor sich in dieser Welt.»

Gregor Gysi kommt sich in dieser Welt nie verloren vor. Er kennt die Regeln, er beherrscht sie, er kann sogar mit ihnen spielen. Als Student verunsichert Gysi im Herbst 1968 mit spitzen Bemerkungen die Autoritäten, aber er würde nie, wie Thomas Brasch, auf die Idee kommen, die Staatsmacht mit Protest zu provozieren. Dafür ist Gysi zu überlegt, zu berechnend, vielleicht auch zu angepasst. Dafür ist die Bindung an seine Eltern und deren Heldengeschichte zu eng. Und sein Vater hätte ihn wohl auch nie so zu disziplinieren versucht wie Horst Brasch seinen Sohn Thomas.

Gregor Gysi bleibt 1968, bei allem Streit, im Bannkreis seines Vaters. Beide wollen dasselbe – den Sozialismus, nur ein bisschen menschlicher und demokratischer als den realen in der DDR. Doch das ist für sie kein Grund zur Rebellion. Gregor Gysi entscheidet sich für die ostdeutsche Variante des Marsches durch die Institutionen – wobei die Vorstellung von Rudi Dutschke, dieser Marsch sei als Unruhestiftung, als Schwächung der Machtelite zu begreifen, in der DDR noch mehr an der Wirklichkeit scheitert als in der Bundesrepublik.

Fast dreißig Jahre nach seiner Parteistrafe – Gregor Gysi ist schon längst PDS-Fraktionschef im Deutschen Bundestag – findet er zum «Prager Frühling» noch einmal offene Worte. Gysi kritisiert am 30. Januar 1997 im Bundestag scharf die Unterstützung der SED für die Moskauer Einmarschpläne. «Wie man heute aus historischer Sicht weiß, sind zwar die Truppen der DDR nicht mit einmarschiert, aber die DDR hat in vielfacher Hinsicht bei diesem Einmarsch Hilfe gewährt, bei seiner Vorbereitung und Durchführung. Der Einmarsch ist nichts anderes als eine eklatante Verletzung des Selbstbestimmungsrechts des slowakischen und des tschechischen Volkes mit militärischer Gewalt gewesen.» Und dann sagt er: «Da ich hier in einer historischen Verantwortung stehe, will ich die Gelegenheit nutzen, mich im Namen meiner gesamten Partei bei dem tschechischen und dem slowakischen Volk dafür aufrichtig zu entschuldigen.»

Als Gregor Gysi 1970 die Humboldt-Universität verlässt, ist seine sozialistische Welt wieder in Ordnung. Die Parteistrafe ist mittlerweile gelöscht worden. Der Erste Sekretär der SED-Kreisleitung höchstpersönlich hatte den Bann gegen Gysi aufgehoben, als er seine ihm unterstellten Genossen fragte, ob sie denn aus Gregor Gysi mit aller Macht einen Klassenfeind machen wollten. Inwiefern Klaus Gysi seine Finger im Spiel hatte, ist nicht klar. Jedenfalls wurde Gregor Gysi als Zeichen der Versöhnung in die Zentrale Parteileitung der Sektion Rechtswissenschaft gewählt, und er nahm, so verlangten es die Spielregeln, diese Beförderung natürlich an. Das anschließend begonnene Forschungsstudium brach er im Mai 1970 aus Desinteresse wieder ab. In nur sechs Wochen schrieb er seine Diplomarbeit über die richterliche Rechtsfortbildung der bundesdeutschen Gerichte.

Gysis Diplomzeugnis zeigt, dass hier ein Beststudent in den sozialistischen Berufsalltag entlassen wird. Das Staatsexamen hat er mit «sehr gut» bestanden. Seine Diplomarbeit wurde ebenfalls mit «sehr gut» bewertet. Die einzelnen Fächer, von Geschichte der Arbeiterbewegung, über Politische Ökonomie bis hin zum Völkerrecht und zum Staatsrecht – alles mit der Note «sehr gut». Nur in den Fächern Zivilrecht/Familienrecht sowie Bodenrecht/LPG-Recht steht ein «gut». Seine Abschlussbeurteilung vom Sommer 1970 lässt hinter den üblichen Standardformulierungen Gysis Ausnahmetalent bestenfalls ahnen: «Gregor bemühte sich während des Studiums, konsequent die Politik von Partei und Regierung zu vertreten. Er verstand es, diese Politik auch gegenüber den anderen Seminarmitgliedern überzeugend darzulegen. Im Verlauf dieses Prozesses konnte er seinen Klassenstandpunkt weiter festigen. Im Seminar war Gregor ein angesehener und stets hilfsbereiter Kommilitone. Seine konsequent parteiliche Haltung ließ ihn zu einer geachteten Persönlichkeit des Kollektivs heranwachsen.»

Doch erst jetzt steht Gysi vor seiner eigentlichen Bewährungsprobe. Er will Anwalt werden, in seinen jungen Jahren und gleich im Anschluss an das Studium eigentlich unmöglich. Er hat sich vorgenommen, die offiziellen Stellen in ihrem Wahn, Karrieren und Persönlichkeiten allzeit planen zu können, auszutricksen. Das kann in der DDR nur gelingen, wenn man das nötige Geschick besitzt – und den richtigen Namen.

Das Justizministerium, das jeden Absolventen im Interesse des Staates lenkt, schlägt Gregor Gysi im Juni 1970 zwei Varianten für seinen Berufsweg vor. Das festgelegte Ziel für ihn lautet in jedem Fall: Richter. Um in der DDR Richter werden zu können, muss man aber das 25. Lebensjahr vollendet haben. Deshalb schlägt das Ministerium mehrere Übergangsvarianten für den erst 22-jährigen Gysi vor.

Gregor Gysi lehnt beide Vorschläge ab. Er gibt vor, lieber ein Anwaltspraktikum machen zu wollen, anschließend in einem Anwaltskollegium zu arbeiten und nach vier bis fünf Jahren in die Wissenschaft zurückzukehren. Zur Untermauerung dieses Scheinvorhabens beantragt er an der Humboldt-Universität, im Rahmen einer außerplanmäßigen Aspirantur zu promovieren.

Das Justizministerium hält eine Tätigkeit in einem Rechtsanwaltskollegium als Grundlage für Gysis wissenschaftliche Karriere nicht für ausreichend. Gysi zeigt sich kompromissbereit und stimmt einer Assistenz an einem Gericht zu. Gleichzeitig ringt er dem Justizministerium die Zusage ab, neben seiner Promotion die Praxis kennen zu lernen, und das am besten als Rechtsanwalt, da man in diesem Beruf einen größeren Überblick bekomme als in einer Staatsanwaltschaft oder einem Notariat. Später wolle er ja sowieso in der Wissenschaft arbeiten.

Am 15. August 1970 wird Gregor Gysi Richterassistent am Stadtbezirksgericht Berlin-Friedrichshain. Parallel dazu beantragt er die Aufnahme ins Rechtsanwaltskollegium von Groß-Berlin. Das geht jedoch nicht ohne offizielle Absegnung des Justizministeriums. Am 9. September antwortet die Kaderabteilung des Ministeriums dem Rechtsanwaltskollegium: «Vom Antrag des Absolventen Gregor Gysi hinsichtlich der Aufnahme in das Rechtsanwaltskollegium haben wir Kenntnis genommen. Unsererseits bestehen keine Bedenken dagegen, sofern dieser eine achtmonatige Assistentenzeit im Stadtbezirksgericht Friedrichshain absolviert hat.»

Damit ist für Gysi der Weg frei. Nach seiner Assistenz am Gericht wird er im Mai 1971 als Praktikant im Rechtsanwaltskollegium in Berlin angestellt. Am 1. November 1971 erhält er seine Zulassung. «Die übliche Praktikantenzeit von einem Jahr konnte verkürzt werden, weil Genosse Gysi über sehr gute fachliche Kenntnisse und praktische Erfahrungen aus seiner vorangegangenen Zeit als Richter-Assistent verfügte», heißt es in einer Beurteilung des Kollegiums. Gregor Gysi ist nicht einmal 24 Jahre alt – er wird der jüngste Rechtsanwalt der DDR. In fünf Jahren wird keiner mehr danach fragen, was denn nun eigentlich mit seiner versprochenen wissenschaftlichen Laufbahn ist. Er hat das Justizministerium an der Nase herumgeführt.

Als sie an der Universität von Gysis direktem Weg zum Anwalt erfahren, sind die meisten überrascht. Und wiederum auch nicht. Für die allermeisten Studenten liegt es außerhalb ihrer Vorstellungswelt, überhaupt Anwalt werden zu können, geschweige denn mit 23 Jahren. Auch für Rosemarie Will, die junge Studentin vom Land, die in Gysis Seminaren saß. «Da musste man schon den Papst zum Vater haben», sagt Will. «Und Gysi hatte den Papst zum Vater.»

Trotz dieses atemberaubenden Karrieresprungs – Gysi steht erst ganz am Anfang. Ernüchternde Auskunft darüber gibt sein Personalbogen aus dem Jahr 1971, notiert in der üblichen Lyrik sozialistischer Menschenführung. «Arbeitserfahrungen über 3 Jahre im Fachbereich: keine. Erfahrungen in Führungsfunktionen: keine. Auslandserfahrungen: keine. Prüfungen und Nachweise fachlicher Spezialausbildung: keine. Spezielle Kenntnisse: keine. Ungelöschte Disziplinarstrafen: keine. Staatliche Auszeichnungen: keine.» Wenigstens eine gesellschaftliche Auszeichnung steht zu Buche. 1969 ist Gysi Jungaktivist geworden. Er gehört aber überall dazu, wo man für Menschen seiner Herkunft dazugehören muss: FDJ (seit 1961),

FDGB (1963), DSF (1964), SED (1967). Er wohnt jetzt auch nicht mehr im Hinterhof, sondern in einer neuen Wohnung am Leninplatz. Und er fährt sein erstes Auto: einen Opel P 4, Baujahr 1936.

Dass Gysi der jüngste Anwalt der DDR werden konnte, liegt auch daran, dass er nicht zur Nationalen Volksarmee musste, dieser Schikaneanstalt für fast alle jungen Männer der DDR. Auch hier hangelte sich der Student mit dem bekannten Namen von Schlupfloch zu Schlupfloch und trickste mit legalen und halblegalen Mitteln. In der DDR galt das ungeschriebene Musterungsgesetz, dass man aus einer laufenden Ausbildung heraus nicht zum Wehrdienst eingezogen wurde. Das nutzte Gysi geschickt. Nach dem Abitur verwies er die Offiziere beim Wehrkreiskommando auf seine bereits erteilte Studienzulassung an der Hochschule für Ökonomie. Nach dem Jurastudium begann er sofort mit seiner Assistenz am Gericht. Beim dritten Versuch befand er sich gerade im Praktikum beim Rechtsanwaltskollegium, beim vierten Versuch in der außerplanmäßigen Aspirantur an der Humboldt-Universität. Als das Wehrkreiskommando für den vielversprechenden Jungkader eine Ausnahme machen wollte und ihm einen nur fünfwöchigen Offizierslehrgang statt drei Jahre Grundwehrdienst anbot, lehnte Gysi auch das ab. Als die NVA nicht lockerließ, suchte sich Gysi einen Arzt, der ihm bescheinigte, etwas am Herzen zu haben. Das traf seit Gysis schwerer Krankheit in der Kindheit zwar zu, aber die körperlichen Schäden waren offensichtlich nicht so gravierend, dass ein Wehrdienst gänzlich unmöglich gewesen wäre. Doch die Offiziere beim Wehrkreiskommando muss der ernste Ton des ärztlichen Gutachtens beeindruckt haben. «Keiner mochte das Risiko eingehen, daß mich ein diensteifriger Feldwebel überzogen antrieb», erinnert sich Gysi.

Er kam um den Armeedienst herum, mit einem Attest, das offensichtlich nicht falsch war, das aber bei einem 20-jährigen Autoschlosser vielleicht nicht zur Befreiung gereicht hätte. So blieb dem jungen Gregor Gysi eine der frustrierendsten Erfahrungen von kaputter DDR-Wirklichkeit erspart.

Als der Vorsitzende des Berliner Rechtsanwaltskollegiums, Gerhard Häusler, am 22. Juli 1971 das Justizministerium in einem Brief über die Neuzugänge des Jahrgangs 1971/72 unterrichtet, steht an erster Stelle der «Genosse Gysi». Mit ihm zusammen werden noch drei weitere Anwälte aufgenommen, allesamt Mitglieder der SED. Zwei davon waren vorher lange als Richter tätig. Gysi ist der Einzige, der ohne größere Erfahrung in der juristischen Praxis Anwalt werden darf. Zur Begründung schreibt Häusler: «Hier handelt es sich um einen jungen Absolventen der Universität, der eine hohe fachliche Qualifikation besitzt, Staatsexamen mit Auszeichnung, Beststudent. Entscheidend für seine Aufnahme war der hohe Qualifikationsgrad, der zur Verbesserung des Bildungsstandes im Kollegium sehr wertvoll ist, und die Tatsache, daß es sich um einen jungen Genossen handelte.»

Tatsächlich sind die überalterten Rechtsanwaltskollegien seit Anfang der siebziger Jahre bemüht, junge Anwälte in ihre Reihen aufzunehmen. Aber auch diese jungen Anwälte müssen vor allem politisch zuverlässig sein, ihre SED-Mitgliedschaft ist fast unabdingbare Voraussetzung. Gysi kann alles vorweisen, was notwendig ist – das allein jedoch macht aus einem 23-Jährigen noch lange keinen Anwalt. Nun darf man sich seine Protegierung nicht etwa so vorstellen, dass der Kulturminister Klaus Gysi mit dem Justizminister Kurt Wünsche telefoniert und um die Anwaltslizenz für seinen Sohn bittet, so schlicht funktioniert die DDR nicht.

Das System funktioniert über ein ausgeklügeltes Beziehungsgeflecht, in dem manchmal schon der gute Name reicht. Und der Name Gysi bürgt, bei allem Misstrauen, das den Nichtproletarier und Lebemann Klaus Gysi immer wieder umweht, für absolute Loyalität gegenüber diesem Staat. Außerdem sind die Gysis mit einem der bekanntesten Anwälte der DDR bekannt, mit Friedrich Wolff. Auf den Rat von dessen Frau hin hatte sich Gregor Gysi ja erst zum Jurastudium entschlossen. Ohne Friedrich Wolff läuft im Berliner Anwaltskollegium so gut wie nichts. Diese Bekanntschaft mit Wolff dürfte garantiert nicht von Nachteil sein, als der junge, zu Höherem berufene Genosse Gysi um Aufnahme in dieses erlauchte Gremium bittet.

Gregor Gysi wird zwar weiterhin von allen möglichen Leuten gefragt, ob er etwa der Sohn von Klaus Gysi sei. Aber jetzt, da er die Anwaltszulassung in der Tasche hat, ist er von seinem Vater nicht mehr abhängig.

Klaus Gysi befindet sich noch immer auf dem Gipfel seiner Karriere. Auch als Kulturminister stellt er sein ganzes Talent unter Beweis: Er verkauft weltgewandt die engstirnige Politik seiner Partei, er unterläuft den gröbsten Unfug mit ironischen Bemerkungen, aber wenn es politisch darauf ankommt, kann er so hart und rigoros sein wie die dogmatischsten Kulturfunktionäre. Während sein Sohn im Herbst 1968 angesichts der Niederschlagung des «Prager Frühlings» mit seinen Zweifeln ringt, exekutiert Klaus Gysi als Kulturminister skrupellos die von Ulbricht entfachte wilde Kampagne gegen die «kapitalistische Konterrevolution» in der ČSSR.

Am 28. August 1968 hält er im Weimarer Nationaltheater eine Rede, die zweifellos zu den Tiefpunkten seines politischen Lebens gehört. Der Anlass ist der Festakt zum 20. Jahrestag der Wiedereröffnung des Deutschen Nationaltheaters Weimar. Genau eine Woche nach dem Einmarsch der sowjetischen Panzer in Prag ist das Ziel klar: die Verteidigung des Militäreinsatzes und die ideologische Untermauerung der These von der Konterrevolution. «Welches Erbe ist uns gemäß?», fragt Klaus Gysi. «Faust oder Gregor Samsa? Faust, der in seinem Werk sich verewigende Mensch, der das geschichtliche Recht besitzt, zu sagen: ‹Es kann die Spur von meinen Erdentagen nicht in Äonen untergehen …›? Oder ist uns Kafkas Gregor Samsa gemäß, der eines Morgens aus unruhigen Träumen erwachte und sich in einem Bett zu einem ungeheuren Ungeziefer verwandelt wiederfand?»

Dass Gysi Franz Kafka zum Ahnherren des «Prager Frühlings» macht, ist kein Zufall. Die berühmte Kafka-Konferenz im Mai 1963 in Liblice markierte den Bruch der künstlerischen Intelligenz in der

Tschechoslowakei mit der dogmatischen Kulturpolitik ihrer Kommunistischen Partei. Ausgerechnet der bürgerliche Schriftsteller Franz Kafka lieferte den sozialistischen Intellektuellen den Beweis dafür, dass es den «neuen Menschen» nicht gibt, dass die Aufhebung der menschlichen Entfremdung eine Illusion ist. Für Leute wie Klaus Gysi bedeutet dies den Beginn des großen ideologischen Verrats. «Der Kampf um Kafka», sagt er in seiner Weimarer Rede, «diente nur dazu, Enttäuschungen zu etablieren, zu verbreiten, um mich der Terminologie jener Intellektuellen zu bedienen, deren Wirken sich damit nahtlos in die psychologische Kriegführung des Imperialismus einpasste: Enttäuschung im Sozialismus, Enttäuschung am Marxismus-Leninismus, Verlust des Lebensgefühls aufrechter Kämpfer. Damit wurde eine ideologische Ausgangsbasis für alle Theorien und Tendenzen des ‹dritten Weges› geschaffen, für das Nichterkennen der Kraft der Arbeiterklasse und ihrer führenden Rolle, für die Blindheit gegenüber dem weltgeschichtlichen Kampf unserer Zeit. Das war leider nicht nur geistige Notzucht, die hier mit dem Andenken eines unglücklichen und bedeutenden Schriftstellers getrieben wurde, das war die systematische geistige Vorbereitung jener Ereignisse, die unser Nachbarland in eine tiefe, von der Konterrevolution ausgenützte Krise stürzte.»

Hier zeigt sich der Bücherliebhaber und ehemalige Verleger Klaus Gysi von seiner borniertesten Seite. Mit dieser Rede steht er exemplarisch für das Elend fast aller kommunistischen Kulturpolitiker: Sie hatten noch immer ein instrumentelles Verhältnis zu Kunst und Kultur. Wenn die Kunst nicht ihrer «Sache» diente, wurde sie offiziell verdammt, unabhängig davon, ob man sie privat vielleicht liebte. Mit dieser Denkhaltung wurde jeder einzelne Genosse dazu gezwungen, seine individuellen Ansichten über ein bestimmtes Kunstwerk oder einen bestimmten Künstler bedingungslos zu verleugnen und Gehorsam gegenüber allem zu üben, was gerade der Parteilinie entsprach. Ein erschütterndes Beispiel für diesen Opportunismus lieferte Hanna Wolf, die spätere langjährige Chefin der SED-Parteihochschule «Karl Marx», bereits in der sowjetischen

Emigration Anfang der vierziger Jahre, als sie einem Teilnehmer der Antifa-Schule in Krasnogorsk anvertraute: «Sehen Sie, ich lese auch gern Rilke. Aber ich tue es abends in meinem Kämmerlein. Natürlich, diese Sprache ist wundervoll – aber wer ist Rainer Maria Rilke? Ein dekadenter idealistischer Dichter, eine Sumpfblüte des verfaulenden Kapitalismus.» Falls Rilke einmal wegen seiner konterrevolutionären Tätigkeit zum Tode verurteilt werden sollte, werde sie «sosehr ich Rilkes Verse liebe, sein Todesurteil, ohne mit der Wimper zu zucken, unterzeichnen».

Als Kulturminister ist Klaus Gysi der Mann Walter Ulbrichts. Der SED- und Staatschef war – wie Konrad Adenauer im Westen auch – kein Freund des Geistes und der Kunst. Ulbricht wollte am liebsten alles vorschreiben: wie sich die Menschen kleiden sollen, welche Musik sie zu hören und wie sie zu tanzen haben, wie lang die Haare sein dürfen und wie man im Sozialismus korrekt Urlaub macht. Legendär ist seine bahnbrechende Einmischung in die Gestaltung von Vasen. Als 1962 in einer Ausstellung für Industrie- und Formgestaltung einige Werke in Bauhaustradition standen, ließ es sich Ulbricht nicht nehmen, Belanglosigkeiten zu historischen Grundfragen aufzublasen. «Die Mehrheit der Werktätigen wird nicht in solchen langweiligen Räumen wohnen wollen», sagte er. «Sie wollen helle, freundliche Farben und geschmackvolle Vasen.»

Die Intellektuellen betrachtete Ulbricht, ganz in der Tradition Stalins, nur als «Ingenieure der Seele». Anfang der sechziger Jahre begann er, die Künstler für seinen wirtschaftlichen Reformprozess einzuspannen. Sie sollten seine große ökonomische Aufgabe mitgestalten. Er suchte ihre Nähe, traf sich mit ihnen und ließ einige von ihnen sogar ins ZK der SED wählen. Aber er verstand sie nicht. Er benutzte sie nur. Sobald sie von seiner Linie abwichen, versuchte er sie zu disziplinieren.

Ende 1965 gerieten Ulbrichts Wirtschaftsreformen ins Stocken. Die sowjetische Führung – Nikita Chruschtschow war im Oktober 1964 aller Ämter enthoben und durch Leonid Breschnew als Partei-

und Staatschef ersetzt worden – lehnte sie strikt ab. Auch im SED-Politbüro hatte sich eine Gruppe der Antireformer mit Erich Honecker an der Spitze gebildet. Ulbricht ließ es zu, dass das 11. ZK-Plenum im Dezember 1965, das seinen Reformen eigentlich eine neue Legitimation geben sollte, zu einer Abrechnung mit der gesamten neuen Kunst- und Kulturszene der DDR umfunktioniert wurde. Die Künstler bezogen die Prügel dafür, was die Hardliner an den Wirtschaftsreformen störte: alles, was nach «Westen» roch. Ulbricht, der die kulturelle Moderne ebenfalls als Bedrohung empfand, folgte der Stoßrichtung, die Honecker vorgegeben hatte. Er glaubte wohl, sein «Neues ökonomisches System» damit retten zu können.

Das 11. Plenum, ein perfekt inszeniertes Tribunal, war ein Schock für das ganze Land. Ein einziger Kahlschlag. Filme und Bücher wurden verboten, Künstler gemaßregelt und eingeschüchtert, der Kulturminister Hans Bentzien und sein für den Film verantwortlicher Stellvertreter abgelöst. «Es war ein 1968 en miniature», schreibt der Soziologe Wolfgang Engler in dem Buch «Kahlschlag» über das 11. Plenum, «zwar unblutig im Ablauf und auf einen gesellschaftlichen Sektor beschränkt, aber nichtsdestoweniger ein Meilenstein in der auf 1989 zulaufenden Krisengeschichte der DDR».

Nicht einmal vier Wochen nach diesem ZK-Plenum macht Ulbricht Klaus Gysi zum neuen Kulturminister. In der Beschlussvorlage für das SED-Politbüro vom 10. Januar 1966 heißt es zur Begründung: «Genosse Klaus Gysi ist ein erfahrener Kulturpolitiker, der bereits unmittelbar nach 1945 an der Seite Johannes R. Bechers den Kampf für eine humanistische und sozialistische Kulturentwicklung mitführte.» In seiner neuen Funktion ist Gysi Mitglied des Ministerrates der DDR, gehört aber nicht zum innersten Zirkel der Macht, dem Zentralkomitee der SED. Das Kulturministerium hat ohnehin keine herausragende Bedeutung. Die Zügel in der Kulturpolitik hält das Politbüromitglied Kurt Hager fest in seiner Hand.

Nach der brutalen Abrechnung auf dem 11. Plenum scheint der eloquente, taktisch versierte Klaus Gysi genau der richtige Mann zu sein, um den harten Kurs umzusetzen und dennoch mit den unberechenbaren Künstlern wieder ins Gespräch zu kommen. Geübt darin ist er ja. Den Aufbau-Verlag hat er, unerbittlich in der Sache, geschmeidig im Umgang, in ruhiges Fahrwasser gelenkt. Jetzt soll er Ulbricht den Rücken für dessen Wirtschaftsreformen freihalten und die Fronten nicht weiter verhärten. Er muss, wieder einmal, den Retter in der Not spielen.

Gysi gilt zu diesem Zeitpunkt sogar in der Bundesrepublik als jemand, der deswegen treu zur Partei steht, damit er eine Politik der Öffnung betreiben kann. In der *Zeit* erscheint am 28. Januar 1966 ein differenziertes Porträt des neuen Kulturministers. «Ein gemütlicher Passagier ist dieser Klaus Gysi ganz bestimmt nicht», schreibt der Literaturkritiker Marcel Reich-Ranicki. «Bei den Schriftstellern der DDR war er nie sonderlich beliebt: Viele misstrauen ihm, manche fürchten ihn, die meisten glauben, es sei auf jeden Fall ratsam, ihm, wenn nur möglich, aus dem Weg zu gehen.» Seine Ernennung zum Kulturminister deutet Reich-Ranicki dennoch als Zeichen wieder einsetzender Vernunft in der DDR-Führung. «In Wirklichkeit ist Gysi ein glänzender Redner und ein erfahrener Diskutant», schreibt er. «Er wäre auch ein ausgezeichneter Rechtsanwalt. Die Mischung, die er verkörpert, gibt es in der DDR selten: Er ist ein Funktionär geworden und ein Intellektueller geblieben. Er ist parteiergeben und doch intelligent, moskauhörig und zugleich beweglich. Er verbindet Härte mit der Fähigkeit, sich, wenn er es will, liebenswürdig zu geben – und unerbittliche Konsequenz mit Gewandtheit und Gelassenheit. Er ist ein Fanatiker, mit dem sich dennoch reden lässt.»

Als Ulbricht ihn ruft, lässt Gysi im Aufbau-Verlag buchstäblich alles stehen und liegen. Er räumt nicht einmal seinen Schreibtisch aus. Er hält es auch nicht für nötig, seine Aktentasche mitzunehmen. Er fährt sofort ins Kulturministerium und kehrt nicht mehr in seinen Verlag zurück. Seine unerledigten Aktenmappen, auf die er «schwebende Angelegenheiten» geschrieben hat, trägt seine Sekretärin einfach in den Keller des Verlages, wo sie bis zum Ende der DDR liegen bleiben sollten. Klaus Gysi ist kein Mensch, der sich allzu lange mit den gleichen Dingen beschäftigt. Er ist gern unterwegs. Er verfolgt keinen eigenen Weg, er geht dahin, wo seine Partei ihn hinschickt, das macht er seit 1945 so. Seine neue Station ist jetzt der schöne alte Bau am Molkenmarkt, wo schon Johannes R. Becher als Minister amtierte.

Hier setzt Gysi die auf dem 11. Plenum beschlossene Parteilinie auf seine elegant-konsequente Art um. Wenn er Filme, Theaterstücke oder Bücher verbietet, erklärt er den Künstlern, im Gegensatz zu anderen Funktionären, warum er das tut. Er kann sogar seine eigene offizielle Politik mit einem leichten ironischen Unterton verteidigen, das gibt ihm eine Nonchalance, die freilich an seiner Politik nicht das Geringste ändert. Als Heiner Müllers Stück «Die Umsiedlerin» nach dem Verbot in den sechziger Jahren 1976 in der Volksbühne Premiere hat, geht Gysi zu Müller und sagt lachend: «Siehst du, Heiner, ich habe dir immer gesagt, das war zu früh damals. Ein wunderbares Stück.» Gysi setzt sich auch für umstrittene Werke ein, aber er würde für keines seinen Job riskieren. Und wenn er einer Auseinandersetzung unbedingt aus dem Weg gehen will, meldet er sich auch schon mal grundlos krank. Seinen Mitarbeitern im Ministerium lässt er viel Freiraum. Sein Arbeitsstil ist eher unorthodox. Er arbeitet oft bis in die Nacht. Wenn er eine Idee hat, wird sie sofort umgesetzt. Wenn er keine Lust hat, kommt er einfach nicht. Er kann ein Projekt beerdigen und dem Betroffenen im gleichen Moment charmant zurufen: Komm, darauf trinken wir einen.

Gysi hat bereits viel erlebt. Er weiß, dass sich die Politik im Zickzack bewegt, morgen kann die Parteilinie schon wieder eine ganz andere sein. Besonders auf die jüngeren Künstler und Intellektuellen, die sich in den sechziger Jahren hervortun – Christa Wolf oder Volker Braun, Heiner Müller oder Günter Kunert – wirkt diese Haltung abstoßend. Sie begehren auf, wo Gysi zurückzieht. Das ist auch eine Frage des Alters und der biographischen Prägung. Die junge Reformgeneration, die auf dem 11. Plenum geschlagen wurde, ist um 1930 herum geboren. Sie will heute Veränderungen durchsetzen, nicht erst in zehn Jahren. Sie empfindet die politischen Maßregelungen als schlimm und brutal. Klaus Gysi ist zwanzig Jahre älter als die meisten von ihnen. Er hat schon Schlimmeres durchgemacht und ist überzeugt davon, dass so viel Dummheit und Ignoranz nicht von Dauer sein können. Hierin ist er einer Frau wie der Schriftstellerin Anna Seghers, im Jahre 1900 geboren, viel näher. Seghers hat noch auf dem 11. Plenum mit der jungen Christa Wolf gewettet, dass die schlimme Zeit in einem Jahr wieder vorbei sein würde.

Seine Wendigkeit wird Klaus Gysi von nicht wenigen Künstlern übel genommen. Für Stephan Hermlin ist er ein «Opportunist von der schlimmsten Sorte». Stefan Heym schreibt in seinen Memoiren «Nachruf» über Gysi: «Ein kleiner Jude mit klugen, dunklen Augen, geistreich, bei Frauen beliebt, ein Mann im Grunde, der an so gut wie nichts glaubt.» Günter Kunert ist davon überzeugt, dass Gysi «keinen Charakter» hatte. Als Chef des Aufbau-Verlages hat er den jungen Schriftsteller nicht verlegen wollen, aber über ihn bei der Staatssicherheit Bericht erstattet. «Klaus Gysi war keine Ausnahme unter den DDR-Funktionären», sagt Kunert. «Er war ganz konformistisch. Sonst wäre er nie Kulturminister geworden.» Es ist wieder einmal der große Anekdotenerzähler Heiner Müller, der der «intelligenten, witzigen Figur» Gysi etwas Heiteres abgewinnen kann. «Der hat immer alles mit der linken Hand erledigt», schreibt Müller in seinen Erinnerungen «Krieg ohne Schlacht». «Bevor er Kulturminister wurde, sie hatten keinen anderen, gab es ein Gespräch mit Stoph. Gysi sagte: ‹Ich gehe fremd, da kann man doch nicht Minister werden.› Stoph hat ihm ausdrücklich garantiert, daß er das weitermachen könnte. In der Zeit, als er Kulturminister war, hat er grundsätzlich kein DDR-Manuskript gelesen, nur Kriminalromane von Desch. Er hat sich zusammen mit dem jeweiligen Musical-Clown des Zentralkomitees die verbotenen Filme angesehen, zum Beispiel ‹Letzter Tango in Paris›. Natürlich haben sie dann festgestellt: Das kann man der Bevölkerung nicht zumuten.»

Mit zunehmender Dauer im Ministeramt ist Gysi sein Opportunismus anzumerken. Es wird für seine Zuhörer, und wahrscheinlich auch für ihn selbst, eine wachsende Zumutung, seine vielen hölzernen Parteireden zu erleben. Klaus Gysi gibt sich gern unorthodox.

Aber als Kulturminister macht er seine dogmatischste Phase durch, allerdings in einer auch sehr dogmatischen Zeit.

1971 fällt Walter Ulbricht einer mit Moskau abgestimmten Palastrevolution unter Führung von Erich Honecker zum Opfer. Honecker löst seinen einstigen Ziehvater im Mai 1971 als SED-Vorsitzender, im Oktober 1976 dann auch als DDR-Staatschef ab. Geistig ist dieser Machtwechsel bereits mit dem 11. Plenum 1965 vorweggenommen worden. Mit diesem harten Schlag gegen Kultur und Kunst hatte sich der Reformgegner Honecker seine Plattform geschaffen. Jetzt weitet er seinen Machtbereich ganz offiziell aus. Honecker will mehr sein als nur Ulbrichts Nachfolger. Er setzt auf einen neuen Pragmatismus. Der Kurswechsel verlangt jüngere Führungskräfte mit Managerqualitäten.

Bei diesem großen Kehraus wird auch Klaus Gysi geopfert. Am 15. Februar 1973 wird er als Kulturminister entlassen. Zuvor hatte er öffentlich Selbstkritik geübt und eingeräumt, die ideologische Führung in seinem Ministerium vernachlässigt zu haben. Die Ablösung verletzt Gysi tief. Er fühlt nicht gewürdigt, dass er in schwierigen Zeiten einen schwierigen Job erledigt hat.

Diese Niederlage hat er sich aber auch selbst zuzuschreiben. Klaus Gysi fühlte sich mittlerweile größer, als er wirklich war. Wenn seine Mitarbeiter dem Minister ein Podest hinter das Rednerpult stellten, damit er überhaupt zu erkennen war – Gysi war nur knapp über 1,60 Meter groß –, stieß er es verärgert weg. Gysi, eigentlich ein Meister der Balance, taktierte nach allen Seiten, sodass er manchmal schon glaubte, er könne selbst Leute wie Ulbricht oder Honecker benutzen. Dabei benutzten sie ihn. Als sie ihn nicht mehr brauchten, feuerten sie ihn.

Das sollte ihm noch öfter passieren in seiner Karriere. Denn wenn er wieder in ihr Spiel passte, holten sie die Figur Gysi zurück. Schon ein paar Wochen nach seiner Entlassung wird Klaus Gysi als DDR-Botschafter nach Italien geschickt.

Der jüngste Anwalt der DDR will auch der beste sein: Die Fälle Bahro und Havemann

Gregor Gysi ist ehrgeizig. Der 23-Jährige will mehr werden als nur jüngster Rechtsanwalt der DDR.

«Für Gregor wäre es die größte Beleidigung, wenn man ihm vorwerfen würde, nur durchschnittlich zu sein», sagt Peter-Michael Diestel, sein Freund und Anwaltskollege. «Er muss immer der Beste sein. Die Nummer eins.»

Nach kaum zwölf Monaten im Berliner Anwaltskollegium hat Gysi schon auf sich aufmerksam gemacht. Im Rechenschaftsbericht des Vorstandes für das Jahr 1972 werden einige Mitglieder lobend erwähnt, die sich im Laufe des Jahres «durch hervorragende Arbeit nicht nur auf fachlichem, sondern auch auf gesellschaftlichem Gebiet bei der Erfüllung der Gesamtaufgaben des Kollegiums Verdienste erworben haben». Unter ihnen, natürlich, auch Gregor Gysi. Er wird herausgehoben, weil er sich «im Wege der außerplanmäßigen Aspirantur weiter qualifiziert und als Mitglied der Betriebsgewerkschaftsleitung aktive Arbeit leistet».

Nun funktioniert die DDR wie eine Fabrik, die Lobeshymnen serienmäßig herstellt. Eine solche positive Erwähnung ist nicht unbedingt außergewöhnlich. Aktive Arbeit als Mitglied der Betriebsgewerkschaftsleitung – das kann im Zweifelsfall auch heißen, man sorgt einfach nur dafür, dass alle pünktlich ihren Beitrag bezahlen. Doch Gysi zeigt, dass er mehr sein will als nur ein Anwalt, der mit Scheidungsprozessen gutes Geld verdient. Er arbeitet neben dem Job an seinem Doktortitel. Und auch hier entscheidet er sich nicht für den bequemsten Weg. Ein bisschen Aufregung darf schon sein.

«Es überraschte mich nicht, dass Gregor Gysi seine Dissertation schreiben wollte», erzählt sein Doktorvater Karl Mollnau. «Ein Mann mit seinen Fähigkeiten musste das einfach tun. Aber es überraschte mich, dass er ausgerechnet zu mir kam. Ich habe ihm gesagt: Ich mache das gern mit Ihnen. Aber Sie müssen sich darüber im Klaren sein, dass mit mir als Doktorvater nicht alles glatt gehen wird.»

Karl Mollnau ist zu diesem Zeitpunkt, 1971, nicht irgendein Professor an der Sektion Rechtswissenschaft der Humboldt-Universität. Er ist einer der herausragenden Juristen dort. Aber er ist ein Geschlagener.

Mollnau gehört zu den Rechtswissenschaftlern, die in den sechziger Jahren versuchten, in ihrem Fachgebiet die Kybernetik einzuführen, was zwangsläufig die Ideologen alarmierte. Die von Mollnau eingereichte Habilitationsschrift «Von der Spezifik der sozialistischen Rechts» wurde im August 1968 wegen angeblichen «Revisionismus» abgelehnt. Eine gemeinsame Untersuchungskommission der juristischen Fakultät der Humboldt-Universität und des Justizministeriums beschäftigte sich wochenlang mit dem «Fall Mollnau». Der gestandene Wissenschaftler, in die Ecke getrieben, übte mehrfach Selbstkritik, selbst vor den Studenten des ersten Studienjahres. Die zum 1. September 1968 schon bewilligte Professur für Staats- und Rechtstheorie wurde Mollnau nicht aberkannt, die Fakultätsleitung löste ihn jedoch noch im September 1968 als Prodekan ab.

«Es war die schlimmste Zeit meines Lebens», sagt er, «auch für meine Familie.»

Die Konzeption, die Mollnau und sein Mentor, der Rechtsphilosoph Hermann Klenner, für ein Lehrbuch «Rechtstheorie im Sozialismus» entworfen hatten, führte nicht zufällig auch im Herbst 1968 zu einem ideologischen Grundsatzstreit. Mollnau und Klenner plädierten für ein Recht im Sozialismus, das nicht als Machtinstrument des Staates missbraucht wird, sondern als Regulator sozialer Beziehungen mit ihren Interessenunterschieden und Konflikten wirkt. Die SED-Machthaber fürchteten einen «Prager Frühling» in Berlin. Intern wurde die Abrechnung mit dem Lehrbuchkonzept seit dem Frühsommer 1968 vorbereitet. Doch erst nach der militärischen Intervention in der ČSSR schlug man zu. Walter Ulbricht höchstpersönlich geißelte die Thesen von Mollnau und Klenner als «zutiefst unmarxistisch und in ihrem Wesen revisionistisch». Der SED-Chef hämmerte allen noch einmal die sozialistische Rechtsideologie ein: Das Recht ist ein Hebel der Macht.

Das war das Signal: Hier ging es nicht mehr nur um ein Lehrbuchkonzept, die gesamte Staats- und Rechtswissenschaft sollte dem Willen der SED unterworfen werden. Jetzt wurde auch die juristische Fakultät der Humboldt-Uni zu einem wichtigen Frontabschnitt im ideologischen Kampf. Die Genossen Juristen streuten Asche auf ihr Haupt. «Der Klassengegner konnte in unserer Sektion einbrechen», schrieben sie am 10. Dezember 1968 in einem selbstkritischen Bericht an die SED-Kreisleitung. Es gebe in ihren Reihen «politisch-ideologische Sorglosigkeit, Blindheit gegenüber revisionistischen Positionen, theoretische Selbstgefälligkeit und damit verbunden schließlich Überheblichkeit gegenüber den Beschlüssen der Partei». Damit wurde natürlich sofort aufgeräumt.

Der Student Gregor Gysi hat dies aufmerksam verfolgt, vor allem die Abrechnung mit Mollnau. Dass sich «sein» Professor für Rechtstheorie sogar vor Studenten des ersten Studentenjahres rechtfertigen musste, empfand Gysi damals, so schreibt er 1995, als eine «entsetzliche Demütigung».

Als Gregor Gysi drei Jahre später Mollnau als seinen Doktorvater aussucht, ist dies eine bewusste Entscheidung für einen Gemaßregelten, der immer noch unter Beobachtung steht. Mollnau schlägt Gysi vor, ein Thema zu wählen, das besonderes Geschick verlangt. Der junge Anwalt soll untersuchen, wie sich im geltenden Recht der DDR gesellschaftliche Widersprüche abbilden und wie die Rechtsprechung darauf reagieren muss. In welchem Maße kann das Recht in der DDR von Richtern fortentwickelt werden? Der Zusammenhang mit dem umstrittenen Lehrbuch-Konzept von 1968 ist unschwer zu erkennen.

Gysi ist begeistert. Das Thema ist für ihn eine Herausforderung. Außerdem kennt jeder Anwalt solche Probleme aus der Praxis. Gleichzeitig weiß Gysi um die eng gesteckten ideologischen Grenzen. Eine heikle Fragestellung in einem Land, in dem der demokratische Zentralismus eine heilige Kuh ist und alles von oben nach unten geregelt wird. Natürlich ist in der DDR keine, wie es in der Fachsprache heißt, «richterliche Rechtsfortbildung» vorgesehen, also keine Weiterentwicklung des Rechts durch die Gerichte, von «unten». Die Gesetze werden «oben» gemacht, dort, wo die Volkskammer sitzt, die oberste Volksvertretung, die aber in Wirklichkeit nur absegnet, was die SED-Führung ihr vorgibt. «Das war einer der Gründe», sagt Mollnau heute, «weshalb bis in die achtziger Jahre hinein die richterliche Rechtsfortbildung und das Richterrecht in der Rechtsordnung abgelehnt wurden und nicht zum Gegenstand wissenschaftlicher Untersuchungen gemacht werden konnten. Dies war kurios, denn in der Rechtsrealität der DDR gab es natürlich diese Phänomene.»

Als Mollnau 1971 sich trotzdem vorwagt, geht dies nach seiner Meinung nur mit einer «kryptisch formulierten Themenstellung» und mit einem «Doktoranden, der intellektuelle List und Risikobereitschaft zu kleinen rechtspolitischen Gratwanderungen» mitbringt. Dafür ist Gysi in seinen Augen genau der Richtige. Mollnau und Gysi formulieren das Thema im Laufe der Jahre mehrfach um, am Ende heißt es unverfänglich «Zur Vervollkommnung des sozialistischen Rechtes im Rechtsverwirklichungsprozeß». Gregor Gysi reicht seine Doktorarbeit am 29. August 1975 ein.

Wenn man diese Arbeit heute liest, zumal als juristischer Laie, entdeckt man keine revolutionären Thesen. Gysis Dissertation steckt voller sozialistischer Superlative, wie sie zu jener Zeit üblich waren. Es ging bei ihm nicht um Veränderung, sondern stets um «Vervollkommnung des sozialistischen Rechts». Wie sollte es auch anders sein. Gysi wollte promovieren, bekannte sich zur DDR, und er verteidigte ihre Rechtsideologie. Die «sozialistische Gesetzlichkeit» erfordere, schrieb er, «dass nur dazu befugte Organe Rechtsnormen erlassen oder aufheben dürfen. Die sozialistischen Gerichte gehören nicht dazu. Jede Willkür, jeden Subjektivismus gilt es bei der Rechtsverwirklichung … auszuschließen.» Im Klartext: Ein Richter konnte in der DDR kein Recht fortbilden, es wären «Willkür» und «Subjektivismus» gewesen. Dass es dieses Richterrecht in der BRD gab, erklärte Gysi von seinem Klassenstandpunkt aus so: «Die Monopolbourgeoisie ist darauf angewiesen, um ihre Interessen verschleierter, unmittelbarer, schneller und zuverlässiger durchsetzen zu können.» Solche Sätze muss man ernst nehmen, weil sie der damaligen Überzeugung Gysis entsprechen. Aber sie sind auch die Standardverzierung noch jeder Dissertation gewesen, die in der DDR nicht im Papierkorb landen wollte. Spielraum für kritische Fragestellungen im Detail war nur zu gewinnen, wenn man sich dem strengen Reglement im Grundsätzlichen unterwarf. Ein Literaturverzeichnis ohne die großen drei der kommunistischen Ideologie, ohne Marx, Engels und Lenin? Eine Dissertation über die nicht erwünschte richterliche Rechtsfortbildung in der DDR, ohne das Richterrecht in der BRD zu verdammen? Undenkbar.

Gysi wusste ja, worauf er hinauswollte: auf eine kleine Gratwanderung. So empfahl er der Arbeiterklasse in den kapitalistischen Ländern, wenn es denn schon ein Richterrecht gibt, verstärkten Einfluss auf das Justizwesen zu gewinnen – ein Vorschlag, der stark nach dem offiziell verpönten sozialdemokratischen Reformismus roch. Gysi entdeckte auch in der DDR «Widersprüche im Prozess der Rechtsverwirklichung». Die Ursache dafür sah er zum einen darin, dass «gesellschaftliche Verhältnisse durch ihre Entwicklung den sie juristisch fixierenden Normen nicht mehr entsprechen oder neue gesellschaftliche Verhältnisse rechtlich noch nicht erfasst sind». Zum anderen konstatierte er «formal-logische Widersprüche und Rechtslücken», die durch Mängel im Rechtssetzungsprozess nicht auszuschließen seien.

Gysi hat dafür mehrere sehr lebensnahe Beispiele gefunden und an einer Stelle sogar frech sich selbst ins Feld geführt. Seit 1974 war er nämlich von seiner Frau Jutta geschieden; deren erster Sohn Daniel blieb bei Jutta Gysi, das Erziehungsrecht für ihren gemeinsamen Sohn George, 1970 geboren, erhielt Gregor Gysi. Er war jetzt allein erziehender Vater. Auf die Nachteile dieser Rolle wies er auf Seite 96 seiner Dissertation mit kritischem Unterton hin. «In § 8 der Verordnung über die durchgängige 5-Tage-Arbeitswoche ist geregelt, dass ‹vollbeschäftigte werktätige Frauen› unter anderem dann einen bezahlten Haushaltstag erhalten, wenn ‹Kinder bis zu 18 Jahren zum eigenen Haushalt gehören› ... Anders liegt der Fall, wenn ein Mann allein stehend ... Verantwortung für in seinem Haushalt lebende Kinder ausübt. Im Unterschied zur Frau in derselben Situation hat er keinen Anspruch auf einen bezahlten Hausarbeitstag. Dies widerspricht dem Art. 20 Abs. 2 Satz 1 der Verfassung der DDR. Dort heißt es: ‹Mann und Frau sind gleichberechtigt und haben die gleiche Rechtsstellung in allen Bereichen des gesellschaftlichen, staatlichen und persönlichen Lebens.› Zwischen beiden genannten Bestimmungen liegt ein formal-logischer Widerspruch.»

Aber selbst bei der Lösung dieses «privaten» Problems – wie natürlich auch aller anderen angeführten Widersprüche – setzte der angehende Doctor juris auf die Weisheit seiner Parteiführung. Gysi plädierte in seiner Arbeit für eine «zentrale Leitung der Rechtsverwirklichung», also das «bewährte» Prinzip des demokratischen Zentralismus: «Die Kompliziertheit des Gesamtprozesses macht eine einheitliche Leitung erforderlich, die sich in der Macht der Arbeiterklasse verkörpert, ihren Ausdruck in der Souveränität der Volksvertretungen und dem Prinzip der Einheit von Beschlussfassung und Durchführung findet.» Entscheidende Grundlage hierfür seien die «Beschlüsse und Orientierungen der Partei der Arbeiterklasse».

Nach dieser Verbeugung vor der kommunistischen Ideologie konnte er seine eigentliche These ins Spiel bringen. Gysi schlug vor, den Gerichten in der DDR ein juristisch fixiertes Vorschlagsrecht gegenüber den jeweiligen Rechtsetzungsorganen einzuräumen. Das war nicht viel, aber mehr als die gängige Praxis allemal. Und so ganz nebenbei hatte Gysi damit auch seine eigene These von der «Willkür» des Richterrechts untergraben.

Mollnau hält die Arbeit heute noch, bei aller alten Begrifflichkeit, in einigen Teilen für bemerkenswert. Sie habe Pioniercharakter gehabt. Sie habe geholfen, ein Tabu aufzubrechen und den Sinn für eine Rechtsfortbildung von unten nicht bestritten. «Das ist gar nicht anders machbar gewesen als mit taktischen Zugeständnissen», sagt er. In den achtziger Jahren habe man über diese Fragestellung dann schon relativ problemlos schreiben können.

Mollnau, Jahrgang 1933, ist keiner, der auf die DDR gnädig zurückblickt. Nach der Wende arbeitete er wie besessen an einer nachholenden Analyse des sozialistischen Rechts. Er bezeichnet sich selbst als einen «abgewickelten und desillusionierten, nicht aber demotivierten Rechtswissenschaftler».

Gysi verteidigt seine Dissertation am 13. Januar 1976, drei Tage vor seinem 28. Geburtstag. Nach kleinen Scharmützeln in der Promotionskommission über die Frage des demokratischen Zentralismus wird die Arbeit schließlich doch mit «summa cum laude» bewertet. «Gregor Gysi war einer der besten Promovenden, die ich je hatte», sagt Mollnau.

Die Promotion feiert der frisch gebackene Herr Doktor im Café «Stockinger» in der Schönhauser Allee im kleinen Kreis. Mit dabei, neben seiner Familie, unter anderem Friedrich Wolff, der prominente Anwalt und väterliche Ratgeber. Gregor Gysi zeigt sich dankbar. Seinem Doktorvater Karl Mollnau schenkt er die «Reine Rechtslehre» von Hans Kelsen, ein Buch, das es nur im Westen gibt, sowie die zwanzigbändige Werkausgabe Bertolt Brechts aus dem Suhrkamp Verlag. «Allein das Kelsen-Buch hat um die 200 Mark gekostet», sagt Mollnau, dem man sein damaliges Erstaunen heute noch anmerken kann. «200 Mark West!»

Die Dissertation ist für Gregor Gysi ein wichtiger Schritt. Er hat das geschafft, was seinem Vater und seiner Mutter an der gleichen Universität von den Nazis verwehrt worden war.

Gysis erster Fall als Anwalt ist eine Vaterschaftsfeststellung. Die verliert er auch gleich – sein Mandant hat sich als leiblicher Vater erwiesen.

Seine erste Strafsache ist die Pflichtverteidigung eines Jugendlichen, der gestohlen hat. Auch hier ist für ihn nicht viel zu holen.

Aber schon bald eilt Gysi der Ruf voraus, nicht nur ein junger und eifriger, sondern auch ein sehr guter und cleverer Anwalt zu sein. Manche Staatsanwälte und Richter fürchten ihn sogar ein wenig. Er besitzt eine bestechend scharfe Logik. Er stellt klare und präzise Fragen. Er ist stets akribisch vorbereitet, er studiert die Akten genau. Und er erkennt blitzschnell jede Schwachstelle seines Gegners.

Ursula Jung, in den siebziger Jahren eine junge Staatsanwältin, stand Gysi in mehreren Prozessen gegenüber. «Er war schon damals einer der besten Anwälte», sagt sie. «Bei ihm musste man erstklassig im Stoff stehen, sonst konnte er einen ganz schön auseinander nehmen. Und ich habe selten jemanden erlebt, der Zeugen geschickter befragte als er. Gysi war einfühlsam. Ihn haben alle verstanden, er sprach nicht dieses juristische Kauderwelsch.»

Die Menschen, die Gysi vertritt, stehen oft am Rande der Gesellschaft. «Genau für diese Sondersituation musst du Verständnis haben», hat er im April 2000 in einem Interview gesagt. «Wenn du es nicht hast, weil du eigentlich immer so denkst, wie gerade die Mehrheit denkt und fühlt, kannst du dich dieser Dinge gar nicht wirklich annehmen.»

Gysi verfügt über dieses Verständnis. Als Anwalt in der DDR ist er auf seine Weise wieder ein privilegierter Außenseiter – genauso wie als Kind der Gysi-Familie, mit der er nicht zur Mehrheit der Gesellschaft, sondern zur herrschenden Minderheit gehörte. Gysi kennt das Gefühl unterschwelliger Fremdheit. Vielleicht rührt gerade daher seine Affinität zu den Schwachen und Ausgegrenzten, die auf ihre Art ja auch etwas Besonderes darstellen. «Wenn man Außenseiter ist, wird einem klarer, warum andere leben, wie sie leben», sagt er. «Das war für mich der Grund, Anwalt zu werden, zumindest in der DDR.»

Aus demselben Grund wollte Gysi nie Staatsanwalt oder Richter werden. Er besitzt nicht die dafür entsprechende Mentalität und charakterliche Struktur. «Wenn ich überhaupt was kann, ist es verteidigen. Ich kann weder anklagen noch verurteilen», erklärte er 1991. «Ich hätte immer Hemmungen, jemanden zu verurteilen, weil ich nicht so recht weiß, woher ich die Überzeugtheit nähme, einen anderen zu verurteilen, in dessen Situation ich nicht gesteckt habe, und nicht weiß, wie ich mich verhalten hätte, wenn ich in seiner Situation gewesen wäre. Für mich hat der Beruf des Richters – also des Strafrichters vor allem – in bestimmter Hinsicht immer etwas Anmaßendes.»

So gesehen ist Gregor Gysi, hier kann man das Klischee ausnahmsweise bemühen, ein geborener Anwalt.

Vor allem ist es auch noch ein Beruf, der seinem Ego schmeichelt. Er steht, wie sein Vater, gern im Rampenlicht. Als Anwalt hat er die Bühne, die er als Jungschauspieler nie erklommen hat. «Verteidigung besteht zu achtzig Prozent aus Schauspielkunst», hat Otto Schily, ein berühmter Anwaltskollege jenseits der Mauer, einmal gesagt. Gysi besitzt dieses Talent. Er hat Ausdruck, Einfühlungskraft und das Gefühl fürs richtige Timing. Er weiß, wie man sich als zentrale Figur inszeniert.

Aber Gysi kann in der DDR nicht immer so, wie er will. Anwälte sind in diesem Land eigentlich Fremdkörper. Hatten nicht Marx und Engels vorausgesagt, dass auf dem Weg zum Kommunismus der Staat und mit ihm die Einrichtungen der Justiz absterben würden? Pech für die DDR nur, dass der Staat nicht daran dachte abzusterben. Also musste in den fünfziger Jahren eine eigene «sozialistische Gesetzlichkeit» aufgebaut werden. Das war ein System, das davon ausging, dass der Staat der beste aller Anwälte für die Menschen ist. Noch in den fünfziger und sechziger Jahren wurden Rechtsanwälte massiv angefeindet. Oder man lachte sie einfach aus. Richter, Justitiare und Staatsanwälte, die nicht spurten, wurden in Anwaltskanzleien abgeschoben. «In Wirklichkeit haben die Anwälte die alte bürgerliche Position noch nicht verlassen», heißt es in einer Einschätzung des DDR-Justizministeriums für das ZK der SED aus dem Jahr 1961. «Sie gehen davon aus, daß die Rechtsordnung jedem Bürger eine ‹Persönlichkeitssphäre› garantiert und ihn mit einer Reihe subjektiver Rechte ausstattet, und es Aufgabe des Rechtsanwaltes ist, die Rechte des Einzelnen gegenüber der Gesellschaft und dem Staat in Schutz zu nehmen …»

Also ging die SED-Spitze daran, den Idealtypus eines «sozialistischen Rechtsanwalts» zu erschaffen, den die berüchtigte «rote Hilde», die Justizministerin Hilde Benjamin, schon 1958 gefordert hatte. So begann der Versuch, auch die Rechtsanwaltschaft in der DDR umfassend zu ideologisieren. Die Anwälte wurden nach sowjetischem Vorbild kollektiviert und in so genannten Kollegien zusammengefasst, viele Einzelanwälte zwang man zur Aufgabe oder trieb sie in den Westen, neue Anwälte wurden nur selten und unter strengen Kaderkriterien zugelassen. Mitte der siebziger Jahre gab es in der DDR nur noch ganze 546 Rechtsanwälte! 490 davon waren Mitglieder in Kollegien. Der Anteil der SED-Mitglieder lag mittlerweile bei über fünfzig Prozent. 1953, als noch 840 Anwälte registriert waren, waren nicht einmal zwanzig Prozent von ihnen Parteigenossen.

Die Rechtsanwaltskollegien funktionierten wie Männerklubs. Man kannte sich untereinander und war auf Exklusivität bedacht. Die Tatsache, dass Rechtsanwälte in der DDR zu den Großverdienern gehörten, disziplinierte sie zusätzlich. Wer wollte schon freiwillig darauf verzichten, mehr Geld zu bekommen als Richter und Staatsanwälte, sogar mehr als Staats- und Parteifunktionäre? Manche Anwälte verdienten im Monat bis zu 5000 Mark. Selbst Minister gingen in der DDR mit weniger nach Hause, etwa mit 3500 Mark, Chefärzte mit vielleicht 2500 Mark. Nur ein paar Künstler haben in der DDR noch mehr verdient als Anwälte.

Die Gleichschaltung stieß jedoch zuweilen an ihre Grenzen. Die Anwälte erkämpften sich in den siebziger und achtziger Jahren einige Freiräume. Die neuen Regelungen für die Anwaltskollegien wurden 1980 nicht nur als Verordnung, sondern als Gesetz verabschiedet – gegen den Willen des Justizministeriums und nach Protest der Rechtsanwälte beim ZK der SED. Die Chancen, als Anwalt etwas zu erreichen, auch in Strafsachen, stiegen. Freisprüche waren nicht mehr völlig außergewöhnlich. Die Gerichte wichen immer häufiger von Anträgen der Staatsanwaltschaft ab. Und eines konnte nicht einmal Honecker aus der Welt schaffen: die Tatsache, dass die allseits gebildeten, sozialistischen Persönlichkeiten auch nur ganz irdische Wesen waren. Selbst in der DDR wurde geklaut und gesoffen, Steuern wurden hinterzogen und Kinder umgebracht.

Gregor Gysi ist SED-Mitglied und hat per Gesetz den Auftrag, «Propagandist des sozialistischen Rechts» zu sein. Aber wie soll er das anstellen, wenn er Ehebrecher, Diebe und Kindermörder verteidigt? Gysi lernt auf diese Weise doch gerade die dunklen Seiten der DDR-Gesellschaft kennen, die Oberflächlichkeiten und Ungerechtigkeiten der Justiz, die staatliche Willkür.

Als Anwalt ist er gezwungenermaßen ein Grenzgänger. Aber der Grat, auf dem er wandert, ist schmal.

Götz Berger stürzt von diesem schmalen Grat 1976 ab. Er ist der höchstdekorierte Rechtsanwalt der DDR: Mitglied der Kommunistischen Partei seit 1927, von den Nazis 1933 aus der Anwaltschaft ausgeschlossen, Spanienkämpfer, Moskau-Emigrant, nach dem Krieg Oberrichter am Berliner Stadtgericht, bis er nach den Enthüllungen des 20. Parteitages mit dem Stalinismus brach und sich 1958 als Anwalt niederließ. 1968 legte er sich mit seiner Parteiführung an und verteidigte im Zusammenhang mit dem «Prager Frühling» die Söhne Robert Havemanns. Trotzdem erhielt Berger 1975 den Vaterländischen Verdienstorden in Silber.

Jetzt, ein Jahr später, ist er der Anwalt von Wolf Biermann und Robert Havemann, zwei der bestgehassten Männer in der DDR.

Am 23. November 1976 schreibt Berger einen persönlichen und vertraulichen Brief an seine Genossen im ZK der SED. Er macht im Auftrag von Biermanns Ehefrau rechtliche und politische Bedenken gegen die Ausbürgerung des Liedermachers geltend, fügt aber ausdrücklich hinzu, dass er sich mit den «beanstandeten Äußerungen» von Biermann «in keiner Weise» solidarisiere oder gar identifiziere.

Genau eine Woche später setzt Berger zusammen mit Robert Havemann die Berufung gegen dessen Gerichtsurteil vom 26. November auf. Havemann war zu einer Aufenthaltsbeschränkung in seinem Haus in Grünheide verurteilt worden – eine komplette Isolation des Regimegegners von der Außenwelt. Berger gab die Berufungserklärung am Nachmittag des 30. November persönlich beim zuständigen Kreisgericht Fürstenwalde ab.

Knapp 24 Stunden danach wird der Anwalt mit Berufsverbot bestraft. Er ist mit sofortiger Wirkung aus dem Anwaltskollegium ausgeschlossen. Die SED-Spitze hat dies ohne formellen ZK-Beschluss einfach verfügt – der zuständige Justizminister Hans-Joachim Heusinger hat den Beschluss vollstreckt. Diese Form des Ausschlusses aus der Rechtsanwaltschaft ist einmalig, nicht nur, weil sie politisch motiviert ist. Der Minister übergeht auch die Befugnisse des Rechtsanwaltskollegiums: Nur eine Mitgliederversammlung kann einen Rauswurf beschließen. Heusinger händigt Berger weder eine schriftliche Begründung der «Abberufung» aus, noch informiert er ihn über die Rechtsgrundlage seiner Maßnahme.

Die Anwälte des Berliner Kollegiums, unter ihnen Gregor Gysi, sind vor vollendete Tatsachen gestellt. Einige von ihnen empören sich darüber im kleinen Kreis. Aber sie spielen das abgekartete Spiel trotzdem mit. Am Abend des 2. Dezember wird eine Parteiversammlung der Genossen des Kollegiums einberufen. Berger bleibt konsequent. Er meldet sich in der Diskussion selbst zu Wort und verteidigt seine Position. Die versammelte Runde fällt laut Protokoll zwei Beschlüsse: Sie unterstützt «einmütig» die Entscheidung des Justizministers und beauftragt die Parteileitung, gegen Berger ein Parteiverfahren vorzubereiten. Beim ersten Beschluss gibt es eine Stimmenthaltung, beim zweiten eine Gegenstimme. In beiden Fällen ist es Frau Münchhausen, eine 68-jährige alte Genossin, die Berger seit Jahrzehnten kennt.

Einen Tag später, am 3. Dezember, treffen sich die Anwälte des Kollegiums zu einer außerordentlichen Mitgliederversammlung. Laut Sitzungsprotokoll nehmen 40 von 59 Kollegiumsmitgliedern sowie ein Einzelanwalt teil. Nach der Begründung von Bergers «Abberufung» durch Staatssekretär Herbert Kern melden sich acht Anwälte zu Wort, Gysi ist nicht darunter; sie verteidigen Bergers Ausschluss. In einer Entschließung, die einstimmig angenommen wird, erklären die Anwälte des Kollegiums ihre «einmütige Zustimmung» zur Entscheidung des Justizministers. «Wir distanzieren uns von dem Verhalten des ehemaligen Mitglieds unseres Kollegiums Dr. Berger, das im Widerspruch steht zur Berufung des Rechtsanwalts, in Wahrung der Rechte der Bürger zur Festigung der sozialistischen Gesetzlichkeit mitzuwirken», heißt es in der Entschließung. «Sein Verhalten entspricht nicht den politischen, moralischen, ethischen und juristischen Ansprüchen an die Tätigkeit eines Rechtsanwalts in der DDR.» Wobei, so wird zynisch hinzugefügt, «das Alter von Dr. Berger und die damit verbundenen Auswirkungen auf die Qualität seiner anwaltlichen Tätigkeit zu berücksichtigen sind».

Gregor Gysi ist, wie allen anderen Anwälten des Berliner Kollegiums, nach der Wende vorgeworfen worden, für Berger nicht Partei ergriffen oder die gegen ihn erhobenen Vorwürfe zumindest abgeschwächt zu haben. Sie hätten keine Zivilcourage gezeigt und sich den Verhältnissen völlig unterworfen. Dieser Vorwurf trifft zu – aber er ist nicht die ganze Wahrheit.

Gysi hat die Geschichte von Bergers Berufsverbot in seinem Buch «Das war's. Noch lange nicht!» anders erzählt. «Unter sehr fadenscheinigen Vorwänden … entzog ihm der Justizminister die Zulassung. Dazu war er formal befugt, doch üblicherweise mußte einer solchen Entscheidung ein Disziplinarverfahren im Rechtsanwaltskollegium vorausgegangen sein. Darüber setzte man sich bewußt hinweg, da man sich der Entscheidung des Kollegiums nicht sicher schien. Auch die Parteiversammlung fand erst nach Bergers Entlassung statt. Das ursprünglich angestrebte Resultat lautete Ausschluß aus der SED. Berger hatte jedoch einen Brief an seinen Kampfgefährten Honecker geschrieben, dessen Antwort unbedingt abgewartet werden sollte … Honecker zeigte sich gnädig und plädierte für Bergers Verbleib in der Partei, der er inzwischen seit mehr als vier Jahrzehnten angehörte. Unter diesen Umständen kam die nächstniedrige Parteistrafe in Betracht, und das war die strenge Rüge. Etwa ein Dutzend Genossen im Kollegium, darunter auch ich, stimmten dagegen.»

Gysis Version ist nicht ganz falsch – aber sie unterschlägt das Wesentliche: die Tatsache, dass weder er noch ein anderer Anwalt in den entscheidenden Sitzungen Bergers Ausschluss aus dem Kollegium und dem Parteiverfahren widersprochen haben.

Gysi und einige andere, vor allem jüngere Anwälte waren dagegen, Berger aus der SED auszuschließen. Wie kämen sie dazu, einem alten, verdienten Genossen die Parteimitgliedschaft wegzunehmen, haben sie argumentiert. Gysi hat deswegen sogar Ärger mit seinem Vater bekommen, der ihn wieder einmal zurechtwies, in solchen entscheidenden Fragen könne sich ein Genosse keine persönlichen Abweichungen leisten, dazu sei die Partei zu wichtig. Dieser Widerspruch von Gregor Gysi und anderen SED-Mitgliedern war durchaus mutig – aber er kam zu spät und ging am Kern des Problems vorbei. Berger hatte Berufsverbot erhalten. Ein Protest gegen die Höhe der Parteistrafe änderte daran gar nichts. Trotzdem dürfte Gysis Verhalten ihm nicht gerade den Ruf eingebracht haben, unbedingt ein linientreuer Genosse zu sein.

Natürlich hätte eine offene Parteinahme für Götz Berger für die Betroffenen Konsequenzen gehabt. Für Gysi war, trotz seines Namens, das Risiko in dieser zugespitzten Situation genauso groß wie für jeden anderen. Seine Karriere wäre vermutlich beendet gewesen, bevor sie richtig begonnen hatte. Und diese Karriere wollte er nicht aufs Spiel setzen.

Berger hatte die Stimmung im Berliner Anwaltskollegium im Dezember 1976 schon richtig in Erinnerung. «Keiner hatte den Mut, prinzipiell gegen diese Entscheidung aufzutreten, alle hatten Angst um ihre eigene Position», sagte Berger in einem Interview Anfang der neunziger Jahre. «Ich meine, mein Ausschluß war eine Aktion a) gegen Havemann b) gegen mich und c) gegen die Anwaltschaft insgesamt. Ihnen wurde gesagt, wenn ihr aus der Rolle fallt, seht, was euch passieren kann. Ich hatte ja noch einen gewissen Rückhalt durch meine Vergangenheit, weil ich in Spanien war, und legitimiert als Antifaschist. Das waren die anderen nicht alle. Dadurch waren die anderen viel bedrohter oder fühlten sich zumindest viel bedrohter.»

Götz Berger wurde am 15. November 1989 rehabilitiert – groteskerweise durch denselben Justizminister, der ihm am 1. Dezember 1976 die Anwaltszulassung entzogen hatte. In seiner windelweichen Begründung schrieb Heusinger, dass Bergers Eintreten für Havemann und Biermann «aus heutiger Sicht» (!) keine Verletzung der Berufspflichten darstelle und nicht die Abberufung als Rechtsanwalt rechtfertige. «Deshalb war die getroffene Entscheidung rückwirkend aufzuheben.»

Der junge Anwalt Gregor Gysi hat wieder einmal die alte kommunistische Lektion gelehrt bekommen: Die Partei hat immer Recht. Aber wenn du denkst, sie hat nicht Recht, dann tue so, als ob sie doch Recht hat, und halte dich besser zurück. Es ist eine bittere Lektion. Er findet sich nur schwer mit ihr ab. Aber er nimmt sie ernst. Die Grenze zum offenen Widerspruch zu überschreiten – das wagt er nicht.

Doch manchmal nutzt er seinen Spielraum. Als Berger im April 1989 das erste Mal an das DDR-Justizministerium sowie das Berliner Rechtsanwaltskollegium schreibt, setzt sich Gysi für dessen Rehabilitierung ein. Auch wenn Berger erst im November 1989 Erfolg damit hat, sagt er: «Gregor Gysi als Vorsitzender der Rechtsanwaltskammer hat mir dabei sehr geholfen.»

Am 25. August 1977 veröffentlicht das *Neue Deutschland* auf Seite 2 zwei kleine Meldungen, zusammengefasst unter der Überschrift: «Weiterer Spion des Geheimdienstes der BRD verhaftet». In der ersten Meldung ist zu lesen: «Berlin (ADN). Von den Sicherheitsorganen der DDR wurde ein weiterer Spion des Bundesnachrichtendienstes festgenommen. Gegen ihn wurde ein Ermittlungsverfahren eingeleitet.» Gleich darunter die zweite Meldung: «Berlin (ADN). Am 23. August 1977 wurde von den Sicherheitsorganen der DDR Rudolf Bahro wegen des Verdachts nachrichtendienstlicher Tätigkeit festgenommen. Ein Ermittlungsverfahren wurde eingeleitet.»

DDR-Propaganda in Reinkultur: Ein Gegner ist wie der andere, Spione sind sie in jedem Fall.

Die DDR-Bürger können nur aus dem Westfernsehen erfahren, wer der «Spion» Rudolf Bahro ist und was er verbrochen hat: Er sitzt in Haft, weil er Kommunist ist. Ein aufrichtiger, treuer Kommunist, der rigoros für eine wirklich sozialistische Gesellschaft kämpft. Ein studierter Philosoph, der Marx, Engels und Luxemburg noch beim

Wort nimmt. Ein empfindsamer Mann, den Stalins Tod 1956 und die anschließenden Enthüllungen so sehr erschütterten, dass er weinte und daraus allmählich seine Konsequenzen zog.

Von 1965 an arbeitete Bahro als stellvertretender Chefredakteur der FDJ-Studentenzeitung *Forum*, wurde dort schon ein Jahr später wegen kritischer Beiträge gefeuert und ging anschließend als wissenschaftlicher Mitarbeiter ins VEB Gummikombinat Berlin – um die sozialistische Praxis kennen zu lernen. Nach der Militärintervention in der ČSSR brach Bahro mit dem real existierenden Sozialismus. 1968 war für ihn «das wichtigste aller Jahre». Er beschloss damals, ein Buch zu schreiben, das die Machthaber herausfordern würde. Es sollte eine «Antwort liefern, gegen die sie ideell so ohnmächtig sein sollten, wie wir es waren gegen ihre Panzer». Bahro schrieb, neben seiner Arbeit im Gummiwerk, wie ein Einsiedler mehrere Jahre an seinem Buch «Die Alternative»; es sollte später im Westen als eines der wichtigsten theoretischen Werke über den Charakter der sozialistischen Gesellschaft gefeiert werden. Als Bahro sah, dass er es in der DDR nicht würde veröffentlichen können, schmuggelte er das Manuskript in die Bundesrepublik, wo es am 22. August 1977 in Auszügen im *Spiegel* erschien. Einen Tag später wurde Bahro von der Stasi in seiner Wohnung in Weißensee festgenommen.

Jetzt ist Rudolf Bahro der prominenteste Gefangene der DDR. Er sitzt in der Haftanstalt I in Berlin-Hohenschönhausen in Untersuchungshaft. Nichts aus der Außenwelt dringt in seine Zelle. Im August wird er täglich sechs bis sieben Stunden verhört, bis Mai 1978 werden es insgesamt 97 Vernehmungen sein.

Bahro braucht einen guten Anwalt. Seine Exfrau Gundula Bahro kümmert sich darum. Sie fragt beim berühmten Friedrich Karl Kaul nach, der ablehnt. Er verteidige keine «Staatsfeinde», sagt er. Auch einer der anderen großen DDR-Anwälte steht nicht zur Verfügung. Wolfgang Vogel, der ausgezeichnete Kontakte zur SED-Spitze hat, bearbeitet nur Ausreisefälle. In ihrer Verzweiflung sucht sie Anfang September 1977 Rat bei ihrer Bekannten Emine Sevgi Özdamar, einer türkischen Schauspielerin, und deren Freundin Gabriele Gysi. Nach dem Gespräch sagt Gabriele Gysi zu Gundula Bahro: «Ich werde mit meinem Bruder Gregor reden, er ist Anwalt. Wir werden uns von keinem Ereignis schlagen und traumatisieren lassen. In zehn Jahren wird hier vielleicht eine Straße nach Bahro benannt.»

Am 29. September sucht Gundula Bahro Gysi in dessen Kanzlei auf. Gysi erklärt sich bereit, das Mandat zu übernehmen. Schon einen Tag später schreibt er einen Brief an den Generalstaatsanwalt mit der Bitte, zu Bahro Kontakt aufnehmen zu dürfen. Gysi kennt Bahro nicht persönlich, von dessen Verhaftung hat er nur aus den Nachrichten erfahren. In der ARD hat er das Interview gesehen, das Bahro vier Tage vor der Festnahme in seiner Wohnung gegeben hatte.

Rudolf Bahro ist mit dem Anwalt einverstanden und unterschreibt eine entsprechende Vollmacht. Gysi sucht sich mit seinem neuen Mandanten die denkbar größten Gegner aus, die die DDR zu bieten hat. Über Bahros Verhaftung haben Erich Honecker und Erich Mielke persönlich entschieden, in einem ihrer üblichen Vieraugengespräche nach den Politbüro-Sitzungen. Die DDR-Machthaber sehen sich und ihr System in Frage gestellt – diesmal jedoch nicht vom Westen, sondern in ihrem eigenen Herrschaftsbereich, von einem Marxisten, der seit 1954 Mitglied ihrer Partei ist. Deswegen lassen sie Bahro auch schon am Tag nach seiner Verhaftung im Eilverfahren aus der SED ausschließen.

Und sie versuchen alles, um aus dem Dissidenten einen Kriminellen zu machen. Verhaftet worden war Bahro noch wegen «staatsfeindlicher Verbindungen». Sein radikales Werk «Die Alternative» sollte ihm offiziell nicht zum Vorwurf gemacht werden, schließlich gibt es in der DDR auf dem Papier ja Meinungsfreiheit. Doch die Anklage beruft sich nicht auf einen der vielen politischen Paragraphen, weder auf «Hochverrat» noch auf «staatsfeindliche Gruppenbildung» – sie lautet auf «Nachrichtenübermittlung» und «Geheimnisverrat». Als der Leiter der Stasi-Untersuchungsabteilung später versucht, in die Anklageschrift zusätzlich den Vorwurf staatsfeindlicher Hetze einzubauen, lehnt Stasi-Chef Mielke dies persönlich ab. Die Staatssicherheit muss das abenteuerliche juristische Konstrukt von

«Nachrichtenübermittlung» und «Geheimnisverrat» erfinden, weil sie ihre eigenen, ursprünglich erhobenen Vorwürfe selbst nicht für belastbar hält. Erst jetzt geht es auch um die «Alternative» und um Bahros in der DDR abgelehnte Dissertation, die er ebenfalls in den Westen geschmuggelt hatte.

Dass Gysi Bahro verteidigt, ist nicht selbstverständlich. «Viele von uns haben ihn bedauert, dass er diesen Fall an der Backe hatte», sagt einer von Gysis damaligen Kollegen. Nur ein kleiner Teil der Anwälte in der DDR macht politische Strafsachen, und selbst von den wenigen sind einige nicht bereit, Oppositionelle zu verteidigen. Die meisten Anwälte sind froh, wenn sie keine politischen Verfahren übernehmen müssen. Die Spielräume eines Rechtsanwalts sind in solchen Fällen von Anfang an eng begrenzt. Er darf bis zum Abschluss des Ermittlungsverfahrens mit seinem inhaftierten Mandanten nicht über die Anklagepunkte reden, es sind nur Fragen zur Person gestattet, und das meist auch nur im Beisein eines Ermittlungsbeamten. Die Anklageschrift darf der Anwalt erst nach ihrer Fertigstellung einsehen. Er ist Teil einer Dramaturgie, auf die er selbst so gut wie keinen Einfluss hat. Die Grundzüge des Urteils und die Höhe der Strafe sind oft mit den Staatsorganen abgesprochen. Den Rechtsanwälten bringen solche politischen Prozesse also nicht viel mehr ein als Ärger mit den staatlichen Stellen und das Gefühl eigener Ohnmacht.

Bei Gysi ist die Lage ein wenig anders. Sein Berufsethos kennt keine Ausnahmen, er meint es ernst, wenn er sagt, jeder Angeklagte habe das Recht auf juristischen Beistand. Außerdem hat er bereits in den ersten Anwaltsjahren festgestellt, dass gerade auf dem komplizierten Feld des Strafrechts seine Fähigkeiten besonders zum Tragen kommen, auch wenn die Mehrzahl seiner Fälle im Familien-, Zivil- oder Arbeitsrecht angesiedelt ist. Das Strafrecht entspricht jedoch mehr Gysis Charakter, hier fühlt er sich wohler. Sein psychologisches Gespür für Menschen ist dabei mehr gefragt als beispielsweise im Zivilrecht. Und die Bühne für ihn ist im Strafrecht größer. Er kann seine gedankliche Schnelligkeit ausspielen, die Fähigkeit, binnen weniger Augenblicke gleich mehrere logische Purzelbäume zu schlagen. Gregor Gysi mag entscheidungsschwach sein. Aber er ist, wie sein Vater, ein exzellenter Beherrscher des Moments.

Gysi kennt die Regeln von Strafprozessen, auch von politischen Verfahren. Er ist ein Anwalt, der diese Regeln achtet, einer, der nicht sofort das ganze Gebäude umstürzt, nur weil ihm irgendwas darin nicht passt. Das Machtgefüge der DDR steht für ihn nicht in Frage. Aber so rigide das Reglement gerade in politischen Prozessen auch ist – es lässt im Einzelnen kleine politische und juristische Spielräume. Gysi versteht sie zu nutzen, weil er die Regeln, denen alles unterliegt, perfekt beherrscht.

An Bahro mag Gysi noch etwas anderes reizen: die Aussichtslosigkeit des Falles. Bahro ist nicht irgendein Angeklagter, sondern einer der größten «Staatsfeinde», dessen Verurteilung von vornherein feststeht. Das verspricht einen spektakulären Auftritt – bei aller Gefahr für den Genossen Gregor Gysi. Bahro ist sein erster großer politischer Fall. Und es sollte gleich sein schwierigster überhaupt werden.

Das erste Gespräch zwischen Bahro und Gysi findet am 9. November 1977 im Stasi-Gefängnis statt, fast 90 Tage nach Bahros Verhaftung. Die Umstände sind beiden wohl bewusst: Sie dürfen nicht über die Anschuldigungen reden und werden abgehört. Die umstrittene «Alternative» ist zu diesem Zeitpunkt noch nicht Gegenstand der Ermittlung. Also dürfen sie darüber reden.

Gysi erfüllt zunächst seine anwaltliche Pflicht. Er belehrt seinen Mandanten, welche Vergünstigungen ihm bei unkooperativem Verhalten entzogen werden dürfen und dass es für ihn als Angeklagten besser wäre, durch ein positives Aussageverhalten aktiv am Verfahren mitzuwirken. Bahro macht seinem Anwalt klar, dass er sich wohl nicht in der Lage sähe, diesem Ratschlag in aller Konsequenz nachzukommen. Das widerspräche seiner Überzeugung. Bahro will von Gysi vielmehr wissen, ob er sein Buch gelesen habe. Gysi weicht aus und antwortet, falls das Buch für das Verfahren jemals relevant werden sollte, werde er sicher in die Lage versetzt werden, es einzusehen.

Selbst wenn Gysi die «Alternative» zu diesem Zeitpunkt schon gelesen hätte, wäre ein Eingeständnis im Beisein des Stasi-Vernehmers gefährlich gewesen. Wie hätte er erklären sollen, woher er das in der DDR verbotene Buch hat?

Die Einzelheiten ihrer ersten Begegnung haben Bahro und Gysi Guntolf Herzberg erzählt, dem Koautor der 2002 erschienenen Biographie «Rudolf Bahro. Glaube an das Veränderbare». Der Philosoph Herzberg besaß das Vertrauen der beiden. Herzberg hatte Bahro 1976 unter konspirativen Umständen kennen gelernt und bis zu dessen Verhaftung im August 1977 eng mit ihm zusammengearbeitet. 1985 reiste Herzberg selbst in den Westen aus und ließ sich dabei von Gysi anwaltlich beraten. Auch die folgenden Beschreibungen der Treffen zwischen Bahro und Gysi stützen sich neben den Abhörprotokollen der Stasi auf Herzbergs Befragungen der beiden Akteure.

Nach dem ersten Gespräch setzt Gysi beim Generalstaatsanwalt durch, dass Bahro regelmäßig das *Neue Deutschland* und Bücher aus der Haftbibliothek lesen darf. Er meldet außerdem eine Besuchs- und Schreiberlaubnis für Bahros Familie an, die allerdings erst Wochen später genehmigt wird.

Das zweite Treffen zwischen Bahro und Gysi am 13. Dezember bestätigt den Eindruck des ersten Gesprächs, dass der Häftling seinen Anwalt zunächst nicht so richtig sympathisch findet. Gysi informiert Bahro darüber, was er alles unternommen hat, woraufhin ihn sein Mandant zurechtweist. Er befürchte, Gysis Motive für die Verteidigung würden nicht ausreichen, er müsse die politischen Hintergründe mehr in Betracht ziehen. Bahro verlangt von seinem Anwalt, ihn als Kommunisten zu betrachten und sich mit seinen politischen Auffassungen zu beschäftigen, andernfalls würde er ihn nicht erfolgreich verteidigen können.

Das Verhältnis zwischen den beiden bessert sich in den nächsten Wochen und Monaten. Bahro hat offenbar das Gefühl, dass Gysi ihn gut vertritt und sogar politisch versteht, auch wenn der Anwalt sich mit den Auffassungen seines Mandanten nicht identifiziert. Bahro lässt seine Vorurteile gegenüber Gysi beiseite, was ihn Überwindung kostet, weil er ein Mensch ist, der sich anderen gegenüber nicht leichten Herzens öffnet. Und auch für Gysi ist die Situation alles andere als einfach. Bahro ist zwar ein marxistischer Oppositioneller, für den er ein gewisses Verständnis aufbringt – aber eben doch ein Oppositioneller. Bahro stellt den Führungsanspruch der SED und damit das ganze System in Frage. Und er setzt sich über den Moralkodex selbst kritischer SED-Mitglieder hinweg: Er redet mit den Westmedien, dem «Klassenfeind». Die Radikalität von Bahros Denken und Handeln muss Gysi zu weit gehen, auch wenn ihm der selbstlose, mutige Denker menschlich sympathisch ist. Für solche Bewusstseinsspaltungen hat Bahro wiederum ein besonderes Empfinden – er ist selbst ein Kind dieses SED-Milieus und weiß, wie sehr idealistische Überzeugungen der eigenen Fähigkeit zur Kritik im Weg stehen können. Bahro duzt Gysi manchmal sogar, sozusagen von Genosse zu Genosse, woraufhin Gysi demonstrativ zum «Sie» zurückkehrt. Er hat einen anwaltlichen und keinen politischen Auftrag.

Gysi schreibt 1995 rückblickend über diese Begegnungen: «Bahro mochte ich und mag ich … Als ich das Buch las, war mir klar, daß die DDR-Obrigkeit mit ihrer ganzen Härte gegen Bahro vorgehen würde. Anders als bei Schriftstellern und Künstlern, die sie mit Privilegien und punktuellen Zugeständnissen oder durch Rauswurf paralysierten, tickte hier eine Bombe. Der Philosoph und Ökonom Bahro hatte – nach meinem Empfinden – die Gesellschaft des real existierenden Sozialismus ziemlich präzise analysiert und aus marxistischer Sicht scharf kritisiert. Manche seiner Schlußfolgerungen schienen mir etwas abstrakt … Doch unterm Strich hatte hier ein überzeugter Sozialist einen logischen Ausweg aus der allgegenwärtigen Misere aufgezeigt. Und damit legte er die Axt an die Wurzeln der Honecker-DDR.» Offen muss bleiben, ob Gysi schon damals so konsequent dachte.

Zwischen Bahro und Gysi gibt es während der Untersuchungshaft insgesamt zehn Gespräche, so genannte Sprecher – fünf unter Aufsicht eines Stasi-Vernehmers, nach Abschluss des Ermittlungsverfahrens fünf ohne Aufsicht, was natürlich nicht bedeutet, dass bei diesen Vieraugengesprächen die Staatssicherheit nicht mithört. Die beiden reden über Bahros Haftbedingungen und seine familiären Angelegenheiten. Wenn sie Informationen austauschen, von denen wirklich niemand erfahren soll, überreichen sie sich Zettel mit schriftlichen Notizen. Auf diese Weise berichtet Gysi Bahro von der ADN-Meldung über dessen Verhaftung sowie von der Solidaritätswelle im Westen.

Die meisten Informationen, die Gysi von Bahro erhält, sind nicht zur Vertraulichkeit bestimmt. Bahro geht davon aus, dass sein Anwalt seine Forderungen und Wünsche weiterleitet und sie durchzusetzen versucht. Während der U-Haft hat Gysi Kontakt mit einem Vernehmer der Untersuchungsabteilung der Stasi – diese Abteilung ist in der DDR eine von vier offiziellen Ermittlungsbehörden – sowie mit Vertretern der Staatsanwaltschaft.

Insbesondere wegen dieser Kontakte ist Gysi nach der Wende vorgeworfen worden, er habe seinen Mandanten verraten. DDR-Bürgerrechtler sowie der Immunitätsausschuss des Bundestages waren nach Lektüre der Stasi-Akten davon überzeugt, dass Gysi im Interesse bzw. Auftrag der Staatssicherheit gegen Bahro gearbeitet hat. Gysi weist diese Vorwürfe bis heute zurück. Bahro selbst hat seinen Anwalt zu Lebzeiten immer in Schutz genommen. Was die Stasi-Unterlagen aussagen, welchen Wert sie haben, welchen Teil der Wahrheit sie erzählen, inwiefern sie überhaupt zur Wahrheit gehören – darüber soll das nächste Kapitel Auskunft geben. Der unmittelbare Prozessverlauf gibt wenig Anlass, an Gysis Einsatz für Bahro zu zweifeln.

Am 26. Juni 1978 beginnt der Prozess gegen Rudolf Bahro. Die Staatssicherheit hat an alles gedacht. Sie hat die Verhandlung seit Wochen akribisch vorbereitet. Die Anklageschrift existiert in mindestens fünf Varianten. Der Staatsanwalt ist ausgesucht. Die Höhe der Freiheitsstrafe ist festgelegt. Sogar die Meldung der staatlichen Nachrichtenagentur ADN, die nach dem Prozess veröffentlicht werden soll, ist bereits geschrieben. Natürlich ist auch festgelegt, wer im Gerichtssaal zu sitzen hat und wen man unbedingt daran hindern muss, beim Prozess in Erscheinung zu treten. Für bestimmte Personen sind Einreiseverweigerungen in die DDR-Hauptstadt angeordnet. Selbst die zu erwartenden «feindlichen Reaktionen» zum

Prozess und entsprechende «operative Abwehrmaßnahmen» der Staatssicherheit sind vorausgedacht. Und zum vermuteten Verhalten des Angeklagten hat sein Vernehmer, MfS-Unterleutnant Joachim Groth, zwei Vermerke angefertigt. Es ist alles angerichtet für einen hochpolitischen Geheimprozess. Und mittendrin der Angeklagte Rudolf Bahro mit seinem Anwalt Gregor Gysi, Letzterer Mitglied der Partei, die diese Justizfarce veranstaltet.

Die nichtöffentliche Hauptverhandlung findet im Berliner Stadtgericht in der Littenstraße statt. Termin und Ort sind selbstverständlich geheim gehalten. Der Verhandlungssaal ist 24 Stunden vorher von der Stasi kontrolliert und seitdem bewacht worden. Im ganzen Gerichtsgebäude befinden sich Einsatzkräfte der Polizei. Die in der Strafprozessordnung vorgeschriebene «Öffentlichkeit» – wie üblich unauffällig gekleidete Genossen der Staatssicherheit sowie ein ADN-Mitarbeiter, der noch nicht einmal einen Stift braucht – nimmt im Gerichtssaal Platz. Vorsitzender Richter ist Dr. Heinrich Hugot, der gleiche Direktor des Stadtgerichts von Berlin, der am 30. Juli 1970 Gregor Gysis Berufungsschreiben als Richterassistent unterzeichnet hatte.

Wenige Minuten nach Eröffnung der Verhandlung muss die «Öffentlichkeit» schon wieder den Saal verlassen. Der Staatsanwalt verliest seine Anklage. Danach folgen die Vernehmung Bahros und das Verlesen von Gutachten. Am zweiten Tag werden mehrere Zeugen vernommen, Gysi stellt ein paar Fragen. Die Beweisaufnahme ist damit bereits abgeschlossen. Am dritten Tag hält der Staatsanwalt sein Plädoyer. Er wiederholt noch einmal die konstruierten Anschuldigungen: dass Bahro mit seinem Buch und seiner Dissertation «Nachrichten» produziert habe, die er mit der Veröffentlichung im Westen direkt an feindliche Einrichtungen im Westen «übermittelte». Das sei das eigentliche Ziel des Angeklagten gewesen: «dem Klassenfeind die Munition zu liefern, die dieser für seine feindliche, gegen die DDR gerichtete Tätigkeit brauchte». Nach dieser Lesart ist jeder Zeitungstext über Bahros «Alternative», vom *Spiegel* bis zur *Hannoverschen Allgemeinen*, ein Beweisstück im Sinne der Anklage.

Der Staatsanwalt beschreibt abermals ausführlich den «Geheimnisverrat». Der Anhang von Bahros Dissertation an der Technischen Hochschule in Merseburg – über 40 anonymisierte Interviews mit Wissenschaftlern und Hochschulabsolventen über ihre Schwierigkeiten in sozialistischen Industriebetrieben – waren nach deren Einreichung plötzlich zur vertraulichen Verschlusssache, also zum Geheimnis, erklärt worden. Bahro hatte diese Interviews aber vorher an einige Freunde und Kollegen zum Lesen verteilt. Sein «Geheimnisverrat» bestand darin, nicht die Namen aller Empfänger preisgegeben zu haben. Darauf macht ihn der Staatsanwalt aufmerksam. Für Bahros «umfangreiche Verbrechen» fordert er neun Jahre Haft.

Anschließend folgt das Plädoyer des Verteidigers. Zunächst stellt Gysi klar, dass er als Mitglied der SED die politischen Ziele des Angeklagten ablehne. Aber seine Verteidigung gelte der Tat, nicht dem Täter. Er beruft sich also auf einen Rechtsgrundsatz, der auch in der DDR nicht mehr bestritten wird, um auf dieser Grundlage seine Stärke auszuspielen: Er legt die Schwächen und Widersprüchlichkeiten der Anklage schonungslos offen. Äußerungen Bahros, die nicht aus der «Alternative» oder der Dissertation stammen, aber trotzdem gegen den Angeklagten verwendet werden, erklärt Gysi für irrelevant. Auch alle westlichen Veröffentlichungen über Bahro, die seitenweise zitiert worden sind, dürfen nach Gysis Auffassung juristisch nicht interessieren, da es hier um eine Individualschuld gehe. Den Vorwurf der Nachrichtenübermittlung nimmt Gysi ebenfalls auseinander. Für die Dissertation scheidet dieser Tatbestand nach Gysis Auffassung ganz aus, weil Bahro sie in der DDR verteidigen wollte. Für die «Alternative» treffe der Vorwurf zum großen Teil ebenso wenig zu, weil die meisten Kapitel des Buches geschrieben waren, bevor Bahro sich zur Veröffentlichung im Westen entschloss. Auch den «Geheimnisverrat» widerlegt Gysi. Punkt für Punkt entkräftet er die Anklage. Am Ende seiner eindrucksvollen, klugen Rede plädiert Gysi für eine «wesentlich geringere als die vom Staatsanwalt beantragte Freiheitsstrafe».

In dem darauf folgenden Schlusswort sagt Bahro, sein Anwalt

habe eine «umfassende juristische Verteidigung» geboten. Er selbst legt noch einmal ausführlich seine politische Position dar. «Ich muss darüber auch insofern natürlich sprechen, als sich in diesem Punkte mein Rechtsanwalt, wie ich begreife, von meiner Position distanziert hat.» Am Ende seiner Ausführungen sagt Bahro etwas, das auf Gysi nicht ohne Eindruck geblieben sein dürfte: «Ich bin seit meiner Jugend Kommunist und Marxist. Ich musste so handeln, wie ich gehandelt habe, um der Sache, wie ich sie verstand und verstehe, treu zu bleiben.»

Am vierten und letzten Verhandlungstag, dem 30. Juni, wird das Urteil verkündet: Acht Jahre Haft für den Angeklagten. Ein Jahr weniger, als der Staatsanwalt gefordert hat. In der 30-seitigen Begründung werden alle bekannten Anklagekonstrukte noch einmal wiederholt. Berücksichtigung findet lediglich Gysis Argument, dass, wenn überhaupt, das «Sammeln von Nachrichten» erst ab 1976 berücksichtigt werden dürfte.

Gregor Gysi hat später immer wieder behauptet, er habe auf Freispruch für Bahro plädiert. Dies geht aus den Akten nicht hervor. Gysi meint wohl, jeder geschulte Jurist hätte als logische Folge seiner Argumentation – immerhin hatte er ja den Vorwurf der «Nachrichtenübermittlung» bestritten – das Plädoyer als eine Forderung nach Freispruch verstehen müssen. In seinem Buch «Das war's. Noch lange nicht!» schreibt Gysi interessanterweise nicht, dass er einen Freispruch «gefordert» habe, sondern: «Als Anwalt begründete ich, weshalb die Straftatbestände nach meiner Auffassung nicht erfüllt seien. Die Konsequenz wäre Freispruch gewesen.»

In jedem Fall war Gysis Verteidigungsstrategie unerschrocken – wenn dies auch den Ausgang des Prozesses fast nicht beeinflusst hat. Gysis Unterfangen war genauso aussichtslos wie das seines väterlichen Freundes Friedrich Wolff 1957, als dieser im Schauprozess gegen Walter Janka Freispruch gefordert hatte. Trotzdem fand Janka in seinem Buch «Schwierigkeiten mit der Wahrheit» lobende Worte für Wolff: «Zur Ehre der Anwälte sei gesagt, daß sie alle Möglichkeiten genutzt haben, die vor DDR-Gerichten denkbar sind. Das ist nicht viel. Aber es ist schon mutig, bis an die Grenzen zu gehen. Die abkommandierten Schreier im Zuschauerraum hatten Jankas Anwalt mit Buhrufen in seinem Plädoyer unterbrochen. Dennoch ließ er sich nicht einschüchtern. Er blieb bei der Forderung auf Freispruch. Das war Haltung. Man muß sie hoch einschätzen.»

Auch wenn die siebziger nicht mehr die fünfziger Jahre waren – Gysis besondere Leistung bei seiner politischen Feuerprobe erkennt der Bahro-Biograph Guntolf Herzberg an. Er schreibt: «Bahro konnte sich zu dieser Zeit in der DDR keinen besseren Verteidiger wünschen.»

Erfrischenden Nachhilfeunterricht in Sachen Rechtsstaat erhält Gysi Anfang Juli 1978 durch seinen Parteichef. «Können Sie mir etwas zur Verurteilung von Herrn Bahro sagen?», wird Erich Honecker im Interview mit der *Saarbrücker Zeitung* gefragt. Seine Antwort: «Zu dieser Frage gibt es eine ADN-Mitteilung. Ich habe dem nichts hinzuzufügen. Ich bin weder Richter noch Staatsanwalt. Vor dem Gesetz sind alle gleich.»

Gysi kann darüber nicht lachen. Er und sein Mandant gehen in Berufung. Juristischer Sachverhalt, Schuldspruch, Strafe, Auslagen – alles an dem Urteil gegen Bahro wird von Gysi in seiner Begründung zur Berufung am 13. Juli 1978 durchdacht kritisiert. Aber es hilft wieder nichts. Das Oberste Gericht der DDR verwirft die Berufung nach wenigen Tagen. Es ist der politische Auftrag, an Bahro ein Exempel zu statuieren.

Am 11. August 1978 wird Bahro in den berüchtigten Knast Bautzen II verlegt, im Volksmund «Das gelbe Elend» genannt. Eine Stasi-Haftanstalt für prominente politische Gefangene. Wolfgang Harich saß hier, ebenso Walter Janka, Erich Loest und einige andere.

Alle zwei Monate darf Bahro für eine Stunde Besuch empfangen. Zu den wenigen, die ihn sehen dürfen, gehört sein Anwalt. Gysi setzt zunächst durch, dass er Bahro ohne Aufseher treffen kann. So bei ihrem ersten «Sprecher» im Strafvollzug am 2. Dezember 1978. Aber nachdem Bahro zum zweiten Mal einen Kassiber aus dem Gefängnis hinausgeschmuggelt hat – der Brief erscheint am 12. Februar 1979 im

Spiegel unter dem Titel «Ich will die DDR verlassen» –, ist es mit den Vieraugengesprächen wieder vorbei. Sogar Gysi selbst gerät in den Verdacht, den Kassiber aus dem Gefängnis transportiert zu haben. Alle weiteren Gespräche zwischen dem Anwalt und seinem Mandanten finden jetzt im Beisein eines Offiziers des Strafvollzugs statt.

Gysis Aufgabe als Bahros Anwalt während der Bautzen-Zeit gestaltet sich einfacher als während der Untersuchungshaft in Berlin – und zugleich schwerer. Einfacher, weil die SED-Führung mittlerweile selbst ein Interesse an der Lösung des Falles Bahro hat; der laute Protest im Westen passt ihr nicht in den Kram. Schwerer, weil Gysi dabei eine Vermittlerrolle übernehmen muss, für die er kaum Spielraum hat. Er muss sich mit der Staatsmacht einlassen, mit ihr verhandeln, Kompromisse finden. Seine Hauptaufgabe besteht darin, mit allen Mitteln dafür zu sorgen, dass Bahro vorzeitig aus dem Gefängnis entlassen wird. Die Strafprozessordnung der DDR sieht bei Strafen von über sechs Jahren erst nach der Hälfte der Zeit ein Aussetzen der Reststrafe zur Bewährung vor. Für Bahro bedeutet dies mindestens vier Jahre Knast. Damit wollen sich weder der Betroffene noch sein Anwalt abfinden. Bis eine Lösung erreicht ist, muss Gysi sich auch um die Verbesserungen der Haftbedingungen für Bahro kümmern.

Für diesen Zeitraum in Bautzen trifft Gregor Gysi zum zweiten Mal der Vorwurf, seinen Mandanten Rudolf Bahro verraten zu haben. Er soll der Stasi angeblich nicht nur personenbezogene Informationen über Bahro geliefert, sondern diesen quasi auch überredet haben, die DDR zu verlassen. Diesen Vorwürfen soll ebenfalls im nächsten Kapitel nachgegangen werden.

Am 26. Juli 1979 stellt Bahro förmlich einen Ausreiseantrag. Er glaubt nicht mehr an eine vorzeitige Haftentlassung. Ein paar Wochen später jedoch, anlässlich des 30. Jahrestages der DDR am 7. Oktober 1979, beschließt der Staatsrat eine Amnestie. Es spricht viel dafür, dass diese Amnestie im engeren Sinne nur zur Lösung zweier prominenter Fälle verabschiedet worden ist: um Rudolf Bahro und den bekannten Wehrdienstverweigerer Nico Hübner loszuwerden. Es ist die beschränkteste Amnestie, die es in der DDR je gegeben hat.

Am 11. Oktober 1979 wird Bahro in Bautzen entlassen. Er fährt mit dem Zug nach Berlin und trifft sich sofort mit Gysi. Bahro muss in den nächsten Tagen eine Reihe von Formalitäten für die Ausreise mit seiner Familie erledigen. Gysi unterstützt ihn dabei.

Der 17. Oktober ist der Tag des Abschieds von der DDR. Gysi fährt kurz vor sieben Uhr am Morgen mit seinem Trabant bei den Bahros vor. Er hilft ihnen beim Koffertragen. Dann werden alle in Dienstwagen der Stasi verteilt und zum Bahnhof nach Marienborn chauffiert. Dort darf Gysi nicht aussteigen. Bahro und seine Familie gehen in Begleitung einiger Stasi-Leute auf den Bahnsteig. Sie steigen in den Zug und fahren Richtung Westen.

Beim ersten regulären Halt in Braunschweig stürmen etliche Journalisten in den Zug. Sie wollen Bahro interviewen. Ein Mitarbeiter des Springer-Verlages, offenbar sentimental gestimmt, will den neuen Helden im Westen begrüßen und ihm einen Blumenstrauß überreichen. Bahro reagiert abweisend: «Von *Bild* nehme ich keine Blumen.»

Von all diesen Vorgängen um Rudolf Bahro erfahren die DDR-Bürger nichts – es sei denn, sie haben Zugang zu Westmedien. Im Juli 1978 gelingt es Robert Havemann wieder einmal, einen Text in die Bundesrepublik zu schmuggeln. Es ist seine Erklärung zum Bahro-Urteil. «Ich glaube, daß die Öffentlichkeit ein Recht hat, mehr über den Prozeß gegen Rudolf Bahro und die ihm nachgewiesenen Delikte zu erfahren», schreibt Havemann im *Spiegel*. «Außerdem muß man fragen, warum die Öffentlichkeit von dem Prozeß gegen Bahro erst etwas erfährt, nachdem der Prozeß bereits abgelaufen ist … Wurde Berufung eingelegt und von wem? Bekannte sich Bahro im Sinne der Anklage schuldig? Wer war sein Verteidiger, und auf welches Urteil plädierte er?»

Was die Öffentlichkeit in der DDR nicht weiß, erfährt auch Havemann erst mit einiger zeitlicher Verzögerung: Bahro hatte sich nicht schuldig bekannt, sein Anwalt war Gregor Gysi, und der hatte seinen Mandanten vor Gericht mit Haltung verteidigt.

Das sollte ein Grund dafür werden, dass auch Havemann diesen Gregor Gysi ein Jahr später zu seinem Anwalt bestimmt. Allerdings zunächst aus ganz anderen Gründen als Bahro.

Robert Havemann ist ebenso wie Bahro ein radikaler Kritiker des real existierenden Sozialismus. Auch er stellt den Führungsanspruch der SED in Frage. Auch er nutzt die Westmedien, um eine kritische Öffentlichkeit in seinem Land herzustellen. Auch er ist ein bedeutender marxistischer Denker, er will das Gesellschaftssystem, das die DDR repräsentiert, nicht abschaffen, sondern demokratisch reformieren. Auch er bleibt als Oppositioneller ein Kommunist, der im Vergleich zur BRD die DDR für den besseren deutschen Staat hält.

Aber Havemann ist ein anderes Kaliber als Bahro. Er steht mit seiner Biographie, genau wie seine Widersacher in der SED-Spitze, für den antifaschistischen Gründungsmythos dieser Republik. Er hat gegen die Nazis gekämpft. Er saß mit Erich Honecker zusammen im Zuchthaus Brandenburg-Görden und entging nur knapp einem Todesurteil des NS-Volksgerichtshofs. Er stand der KPD seit den dreißiger Jahren nahe und trat 1950 in die SED ein. Er war 1945 an der Gründung des Kulturbundes beteiligt und kannte seitdem auch Klaus Gysi. Die beiden saßen gemeinsam in der Kulturbund-Fraktion der Volkskammer. Und wohl nicht zufällig verpflichtete sich Havemann zum gleichen Zeitpunkt wie Klaus Gysi – 1956, im Jahr der Ungarn-Krise – als «Geheimer Informator» der Staatssicherheit.

Havemann hat sich aus echter Überzeugung für diesen sozialistischen Versuch in der jungen DDR engagiert. Er sei in dieser Zeit ein leidenschaftlicher Stalinist gewesen, bekannte Havemann später einmal, genauso leidenschaftlich wie er danach ein Antistalinist gewesen sei.

Gerade das machte ihn für die Ulbrichts, Honeckers und Mielkes so gefährlich. Havemann hatte mittlerweile einen anderen Weg als sie eingeschlagen, aber er war immer noch einer von ihnen, ein verdienstvoller Widerstandskämpfer. Er wusste immer schon vorher, was sie gerade spielten. Deshalb schasste ihn die SED-Führung, sie verbot seine Bücher, sie isolierte ihn. Sie bekämpfte ihn gnadenloser als jeden Feind im Westen. Sie erklärte ihn zum Staatsfeind Nummer 1. Stasi-Chef Mielke machte aus ihm den größten «Operativen Vorgang» in der Geschichte des Ministeriums für Staatssicherheit. Am Ende der DDR füllte er über 300 Aktenbände.

1964, unmittelbar nach seiner legendären Vorlesungsreihe «Dialektik ohne Dogma», die er vor überfüllten Sälen in der Humboldt-Universität gehalten hatte, wurde Havemann aus der SED ausgeschlossen. Der renommierte Chemiker, der die Gängelung der Wissenschaften durch die SED und die politischen Verhältnisse einer prinzipiellen marxistischen Kritik unterzog, verlor an der Hochschule seine Stellung. Auf dem berüchtigten 11. ZK-Plenum 1965 wurde seine endgültige Kaltstellung besiegelt. Die SED-Spitze konstruierte aus ihm, dem Schriftsteller Stefan Heym und dem jungen Liedermacher Wolf Biermann eine «konterrevolutionäre Gruppe». Ein Jahr später flog Havemann aus der Akademie der Wissenschaften und erhielt faktisch Berufsverbot.

Er wurde ständig überwacht. Für eine Verurteilung mit anschließender Haftstrafe liefen konkrete Planungen, doch angesichts des angeschlagenen Gesundheitszustandes von Havemann änderte die Staats- und Parteiführung ihre Strategie. Am 26. November 1976, zehn Tage nach der Ausbürgerung seines Freundes Wolf Biermann, wurde Havemann vom formal zuständigen Kreisgericht in Fürstenwalde zu einer «Aufenthaltsbeschränkung» verurteilt. Er lebte in seinem Haus in Grünheide mit seiner Familie jetzt quasi in der Verbannung.

Honecker und seine Genossen glaubten, ihren schärfsten Kritiker zu einem Unberührbaren machen zu können. Sie irrten sich, wie so oft. Havemann erschien plötzlich als weiser Einsiedler auf der Bildfläche. Die Fernsehbilder des von der Staatssicherheit vollständig abgeriegelten Grundstücks gingen um die ganze Welt. Und jetzt gelang es Havemann trotz aller Verbote sogar, in den Blättern des Klassenfeindes gegen die Verurteilung seines Gesinnungsgenossen Rudolf Bahro zu protestieren.

Nachdem alle Isolierung und «Zersetzungsmaßnahmen» nicht helfen, heckt die SED-Spitze einen neuen, perfiden Plan aus. Robert Havemann wird – ebenso wie Stefan Heym – im April 1979 mehrerer Devisen- und Zollvergehen beschuldigt. Seine Wohnung wird auf den Kopf gestellt. Die Staatsanwältin beschlagnahmt fast die gesamte Bibliothek, Manuskripte, persönliche Briefe. Havemann soll angeblich Verträge mit westdeutschen Verlagen abgeschlossen haben, ohne die dafür notwendige Genehmigung der DDR-Staatsbank einzuholen. Doch natürlich geht es vordergründig nicht um Devisen und eingeschleuste Bücher. Havemann soll seiner Arbeitsmittel beraubt werden. Zugleich hofft die politische Elite der DDR auf den Neidreflex ihrer Bürger, nach dem Motto: Ein Kommunist mit Westgeldkonto – was soll das für eine moralische Instanz sein!

Nach außen wird die Anschuldigung als Ermittlungsverfahren des Zollfahndungsdienstes legitimiert. Die am 15. Mai 1979 bestätigte «Konzeption zum Abschluß des Strafverfahrens gegen Robert Havemann» stammt jedoch aus dem Ministerium für Staatssicherheit. Darin wird den Justizorganen jedes Detail vorgegeben: Höhe des Strafbefehls, Reaktion bei einem Einspruch Havemanns, Datum der möglichen Hauptverhandlung, Ablehnung einer Berufung gegen das Urteil. Honecker persönlich zeichnet diese Konzeption ab – und verändert sie handschriftlich in zwei Punkten: Er streicht die vorgeschlagene Ersatzeinziehung von 38 000 Mark für ein unerreichbares DM-Konto im Westen, und er verhindert die Aberkennung der Ehrenpension, die Havemann als antifaschistischem Widerstandskämpfer zusteht.

Im Unterschied zu Heym, der seine Strafe zahlt, legt Havemann gegen den Strafbefehl Widerspruch ein. Es kommt vor dem Kreisgericht Fürstenwalde zu einer Hauptverhandlung. Sie ist für den 14. Juni 1979 angesetzt. Havemann beantragt die vorläufige Aussetzung des Termins – einerseits aus Gesundheitsgründen, andererseits, weil er sich keinen Anwalt nehmen könne, der in der DDR praktiziert. «Ich kann keinen Anwalt, der mein Vertrauen genießt, der Gefahr aussetzen, ebenso behandelt zu werden wie Dr. Berger», schreibt Havemann mit Hinweis auf seinen 1976 kaltgestellten Verteidiger. «Ich kann aber keinen Anwalt der Gefahr aussetzen, nicht so behandelt zu werden wie Dr. Berger, weil dann daran zu zweifeln wäre, ob ich ihm mein Vertrauen schenken kann.» Das Gericht weist den Antrag zurück.

Natürlich weiß Havemann, dass das Urteil gegen ihn bereits feststeht. Stasi-Chef Mielke höchstpersönlich hat den «Vorschlag zur Durchführung der gerichtlichen Hauptverhandlung gegen Robert Havemann vor dem Kreisgericht Fürstenwalde» am 4. Juni genehmigt. Trotzdem bemüht sich Havemann um einen prominenten und kompetenten Anwalt. So leicht will er es seinem alten Weggefährten Erich Honecker nicht machen. Hat nicht sogar Lenin in den Prozessen gegen die Sozialrevolutionäre ausländische Anwälte zugelassen? Über seinen Freund, den Schriftsteller Jürgen Fuchs, wendet sich Havemann an die Genossen der Italienischen und der Spanischen Kommunistischen Partei, damit sie ihm bei der Suche nach einem guten Anwalt behilflich sind. Sie finden einen Spanier: Enrique Gimbernat, Professor und Dekan an der juristischen Fakultät in Madrid.

Am 14. Juni erscheint Havemann in Begleitung seiner Ehefrau Katja, seines Arztes und seines spanischen Anwalts beim Kreisgericht Fürstenwalde. Wie nicht anders zu erwarten und wie vom MfS vorher festgelegt, wird Gimbernat nicht zur Verhandlung zugelassen. Er halte sich illegal in Fürstenwalde auf, wird ihm von einem Volkspolizisten vorgehalten, er müsse das Gerichtsgebäude verlassen und nach Berlin zurückreisen.

In der Verhandlung stellt Havemann sofort den Antrag, Gimbernat als seinen Anwalt zuzulassen. Das wird selbstverständlich abgelehnt. Der Vorsitzende Richter weist Havemann darauf hin, dass er einen in der DDR zugelassenen Rechtsanwalt nehmen könne. Havemann fordert, die Verhandlung sofort zu beenden. Es entspinnt sich ein heftiger Wortwechsel mit dem Richter. Mitten in der Beweisaufnahme sagt Havemann dann plötzlich: «Ich habe nur zu erklären, dass die gesamte Anklage zu Unrecht ist … Und im Übrigen, Sie haben mich gefragt, ob ich bereit wäre, einen Rechtsanwalt der

DDR zuzulassen. Ich bin dazu in bedingtem Maße bereit, und zwar schlage ich dafür Herrn Gysi vor. Dann müsste aber Herr Gysi vorher die Gelegenheit haben, die Anklageschrift, das gesamte Material, die Beweismittel kennen zu lernen. Und aus diesem Grund, weil ich bereit bin, bedingt, Dr. Gysi als zweiten oder dritten Rechtsanwalt, oder auch als ersten, die Reihenfolge ist egal, gleichzeitig zuzulassen, also anzuerkennen, der hier in der DDR zugelassen ist. So bitte ich aus diesem Grund erneut, das Verfahren auszusetzen.»

«Sie beantragen also Herrn Dr. Gysi», sagt der Richter.

«Das hängt davon ab, ob Herr Gysi damit einverstanden ist und wie meine Rücksprache mit Herrn Gysi verlaufen wird. Ich kann nicht über Herrn Gysi verfügen, ohne seine Meinung gehört zu haben.» Der Richter vertagt die Sitzung auf den 20. Juni.

Havemann hatte inzwischen von Gysi als Bahros Anwalt gehört und fand, er habe sich in dem Prozess achtbar geschlagen. Aber zunächst ist dieser Gysi, den er persönlich nicht kennt, nur eine Variable in seinem ausgeklügelten taktischen Spiel. Havemann hat sechs Tage Zeit gewonnen. Vielleicht kann er seinen spanischen Anwalt ja noch durchsetzen. Er glaubt, die Machthaber mit seinem Gysi-Coup erst einmal verunsichert zu haben.

Am 17. Juni trifft sich Havemann in Anwesenheit seines Arztes mit seinem Freund Götz Berger. Berger hält es für sehr unwahrscheinlich, dass Gimbernat als Anwalt zugelassen wird. Havemanns Arzt, IM «Chef», meldet der Stasi, Berger habe von Gysi als Anwalt abgeraten. Gysi sei fähig, aber allzu SED-treu.

Havemann hält an seinem spanischen Anwalt fest. Einen Tag vor der Fortsetzung der Hauptverhandlung wird ihm deswegen Gregor Gysi als Pflichtverteidiger beigeordnet. Das Kreisgericht Fürstenwalde hatte vorher bei Gysi angerufen und gefragt, ob Havemann ihn beauftragt habe. Er verneinte überrascht, weil er die ganze Vorgeschichte nicht kannte. Ihm wurde mitgeteilt, dass er jetzt Havemanns Pflichtverteidiger sei, da dieser ihn als einzigen DDR-Anwalt benannt habe.

Gysi besucht seinen Mandanten noch am gleichen Tag, am

Der Gysi-Clan hat Aufstellung genommen, und trotz verzwickter Familienverhältnisse herrscht gute Laune. Hintere Reihe von links: Birgid Gysi (Klaus Gysis damalige Ehefrau), Irene Gysi (Klaus Gysis erste Ehefrau), Monika Koepp (Gregor Gysis damalige Lebensgefährtin). Vordere Reihe von links: Klaus Gysi neben Tochter Gabriele und Sohn Gregor sowie Enkelsohn George Gysi. Die Aufnahme stammt aus dem Jahr 1990

Der Vater: Klaus Gysi im
Jahre 1951

Die weltberühmte Tante: Die
Schriftstellerin Doris Lessing im
Alter von 37 Jahren

Die Mutter: Irene Gysi in
den fünfziger Jahren

Ein Werbeplakat für den
Handschuhladen der Poto-
lowskys in der Berliner Frie-
drichstadtpassage. Bei dem
Model könnte es sich um
Gregor Gysis Großmutter Erna
Gysi, geborene Potolowsky,
handeln. Das Plakat wurde
von dem bekannten Plakat-
macher Emil Orlik entworfen

Auf dem Gipfel seiner Karriere: Klaus Gysi als DDR-Kulturminister 1970 im Gespräch mit der Schriftstellerin Anna Seghers

Gregor Gysis erster großer Fall und gleich eine ernste politische Bewährungsprobe: Der Anwalt und sein Mandant Rudolf Bahro am 30. Juni 1978, am Tag der Urteilsverkündung. Bahro wurde zu acht Jahren Haft verurteilt

Für DDR-Verhältnisse ist diese Geste eine politische Demonstration: Eine Freundin umarmt Robert Havemann, den bekanntesten Oppositionellen des Landes, und überreicht ihm Blumen. Rechts daneben steht Katja Havemann, die Ehefrau. Havemann verlässt an diesem 14. Juni 1979 das Kreisgericht in Fürstenwalde, vor dem wegen eines angeblichen Devisenverfahrens gegen ihn ermittelt wird. Vor Gericht hat er gerade überraschend beantragt, Gregor Gysi als seinen Anwalt zuzulassen.

Auf den Spuren einer verloren geglaubten Kultur: Gregor Gysi 1985 in der Jüdischen Gemeinde Berlin. Links neben ihm Irene Runge, die Mitbegründerin der Gruppe «Wir für uns»

«Dieses Jüdischsein lässt einen niemals los»: Klaus Gysi (l.) weiht als Staatssekretär für Kirchenfragen 1985 einen Gedenkstein auf dem Friedhof der Adass Gemeinde Jisroel in Berlin-Weißensee ein

Sollte eigentlich Rechtsanwältin werden, hat sich aber für die Schauspielerei entschieden: Gabriele Gysi, Gregors Schwester, im Jahre 1999

So erschöpft sieht einer aus, der gerade die SED gerettet hat: Gregor Gysi auf dem Sonderparteitag im Dezember 1989, kurz nach seiner Wahl zum neuen Parteivorsitzenden

Der rote Sozialist und der schwarze Kirchenmann: Die Freunde Gregor Gysi (PDS-Vorsitzender) und Lothar de Maizière (CDU-Vorsitzender, DDR-Ministerpräsident) während einer Volkskammertagung im Juli 1990

Hier spürte er zum ersten Mal die Faszination, die von einem Massenpublikum ausgeht: Gregor Gysi spricht bei der Großdemonstration auf dem Berliner Alexanderplatz am 4. November 1989 vor 500 000 Menschen

Auf die Frage, was ihr im Leben am besten gelungen sei, antwortete Irene Gysi:
«Meine Kinder.» Hier lässt sie 1991 ihren Sohn Gregor hochleben

Lange stand Gregor Gysi im Schatten seines Vaters. Als er in die Politik wechselte und berühmt wurde, änderte sich das schlagartig. Jetzt wurde Klaus Gysi gefragt: «Ach, und Sie sind der Vater von Gregor?» Dieses Foto aus dem Jahre 1991 spiegelt das neue Kräfteverhältnis wider

1990 suchten die PDS-Anhänger einen Retter. Gysi stand bereit. Er war die ideale Führungsfigur. Hier gibt der Messias auf einer Wahlkampfveranstaltung in Berlin Autogramme

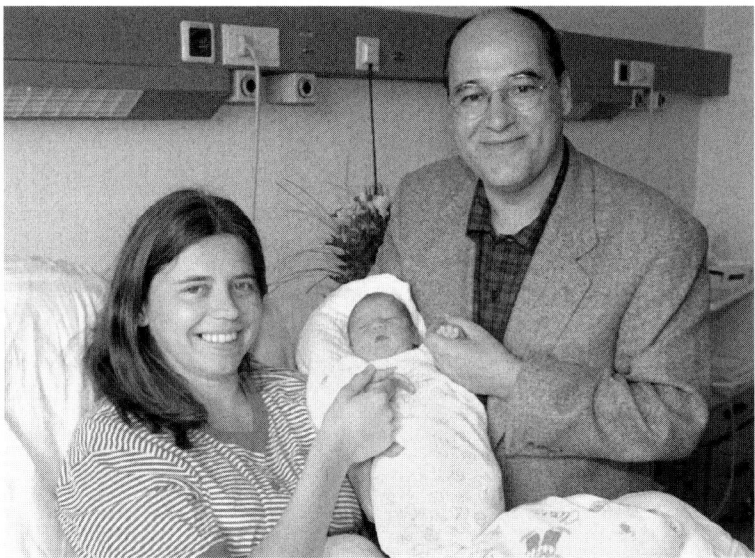

Ein politischer Pop-Star, der sein Privatleben vor der Öffentlichkeit abschirmt – und doch weiß, was er den Medien schuldig ist: Gregor Gysi mit Ehefrau Andrea und Tochter Anna kurz nach der Entbindung am 3. Mai 1996

Und wenn der PDS 1990 im Wahlkampf gar nichts mehr half, dann fiel Gregor Gysi einfach mit dem Fallschirm vom Himmel. Vorher agitierte er natürlich noch die Massen

Der Handschlag, den Gysi wollte: Der PDS-Parteivorsitzende zum Antrittsbesuch bei KPdSU-Generalsekretär Michail Gorbatschow im Februar 1990 in Moskau

Der Handschlag, den Milošević wollte: PDS-Fraktionschef Gregor Gysi im April 1999 auf Friedensmission beim jugoslawischen Präsidenten

Mein Amt, mein Deal, mein Auftritt: Der Berliner Wirtschaftssenator Gregor Gysi bei der Taufe eines amerikanischen
Geschäftsflugzeuges Anfang Juli 2002 in Berlin-Tempelhof

Eine seiner besten Reden, die er je gehalten hat, aber sie kam um
Jahre zu spät: Gregor Gysi klärt beim Parteitag in Münster im April
2000 noch einmal die Fronten in der PDS. Zuvor hatte er jedoch eine
seiner schwersten Niederlagen erlitten und seinen Rückzug vom
Fraktionsvorsitz angekündigt

Ein Populist kommt selten allein: Oskar Lafontaine (Ex-SPD-Vorsitzender) präsentiert im März 2001 in Berlin das neue Buch von Gregor Gysi (Ex-PDS-Vorsitzender). Damals hatten die beiden noch viel freie Zeit

Auch wenn es nicht so aussieht: PDS-Chef Lothar Bisky ist begeistert, dass sein Freund Gregor Gysi an diesem 3. Juni 2005 gerade seinen Rücktritt vom Rücktritt verkündet und die PDS in den Bundestag zurückführen will

19. Juni. Er fährt auf dessen Grundstück in Grünheide, das von Polizei und Staatssicherheit umstellt ist, obwohl Honecker den Hausarrest am 8. Mai unter Auflagen offiziell aufgehoben hatte. Es ist ihr erstes Zusammentreffen überhaupt.

Gysi kennt den Dissidenten nicht persönlich, aber die beiden Havemann-Söhne Frank und Florian, die 1968 verhaftet worden waren, sind ihm wohl bekannt. Gysi lässt sich von Robert Havemann die Prozessunterlagen, die in dessen Besitz sind, zeigen. Er gibt ein paar juristische Ratschläge. Er teilt seinem Mandanten mit, dass er ihn als Pflichtverteidiger auch ablehnen könne. Gysi will Havemann nach dessen politischen Gesichtspunkten selbst entscheiden lassen. Als dieser sagt, er verzichte auf den Pflichtverteidiger, scheint für Gysi der Fall erledigt. Er fährt nach Fürstenwalde und teilt dem Gericht die Ablehnung mit.

Robert Havemanns damalige Ehefrau Katja, Koautorin der 2003 erschienenen Biographie «Robert Havemann oder Wie sich die DDR erledigte» schildert dieses erste Zusammentreffen des Anwalts mit seinem Mandanten in ihrem Buch so: «Der eloquente und offenbar auch fähige junge Anwalt macht einen freundlichen und sympathischen Eindruck auf Havemanns. Gysi scheint entschlossen, Havemanns Vertrauen zu gewinnen, obwohl weithin bekannt ist, dass Havemann genau solchen DDR-Anwälten misstraut, die ihrer Kompetenz wegen sein Vertrauen verdienen sollten. Als Gysi gegangen ist, sagt Robert Havemann zu seiner Frau, dass er den Anwalt in allen Angelegenheiten zum Einsatz bringen könne, die nicht direkt Strafsachen seien … Er rät dazu, mit Gysi nichts zu besprechen, was den engsten Freundeskreis nicht verlassen soll.»

Havemann erscheint am 20. Juni ohne Anwalt im Gerichtssaal. Gimbernat war bei seinem erneuten Versuch, in die DDR einzureisen, an der Grenze zurückgewiesen worden. Die Verhandlung läuft also weiter nach Stasi-Regie. Der Richter befragt Havemann, lässt Gutachten verlesen und schließt die «Beweisaufnahme» zügig ab. Havemann erhält Gelegenheit zu einem letzten Wort. Er nennt das Verfahren in diesem mit Stasi-Leuten besetzten Gerichtssaal eine

«Scheinjustiz mit dem Ziel, die Meinungsfreiheit zu unterdrücken». Er macht auf einen Formfehler im Strafbefehl aufmerksam: Ein Paragraph, der für dessen Wirksamkeit zwingend notwendig wäre, fehle. Darauf hatte ihn Gysi hingewiesen. Anschließend stellt Havemann den Antrag auf Neuverhandlung.

Das Gericht zieht sich zur Beratung zurück. Im Beratungssaal beginnt der Vorsitzende Richter sofort, der Protokollführerin das vierseitige Urteil flüssig in die Schreibmaschine zu diktieren. Er liest dabei von mehreren Zetteln ab.

Der bekannteste Oppositionelle der DDR wird zu einer Geldstrafe von 10 000 Mark verurteilt.

Als Havemann mit seiner Frau aus dem Gerichtsgebäude kommt, werden sie von Journalisten umringt. «Das ist ein Unrechtsurteil, ganz klar», sagt Havemann. Die Bilder werden am Abend von allen Fernsehsendern im Westen gezeigt.

Genau eine Woche später beauftragt Havemann Gregor Gysi, Berufung gegen das Urteil einzulegen. Gysi fährt wieder nach Grünheide, diesmal als Wahlverteidiger, und formuliert die Berufungsschrift. Havemann ist zufrieden. Gysi reicht den 18-seitigen Schriftsatz am 1. Juli 1979 beim Bezirksgericht Frankfurt (Oder) ein. Er greift das Urteil «in vollem Umfang» an. Das Kreisgericht habe beim Erlass des Strafbefehls nicht beachtet, dass die Sache für ein solches Verfahren ungeeignet war. Gysi rügt strafprozessuale Mängel und Verstöße. Das Gericht habe es versäumt, den Angeklagten über seine Rechte zu belehren. Gysi beanstandet den Erlass des Strafbefehls, weil dieser ein Geständnis vorausgesetzt hätte. Außerdem sei in der Hauptverhandlung der Sachverhalt nur unvollständig aufgeklärt worden.

Gysi nimmt das Urteil von vorne bis hinten auseinander. Er beantragt den vollständigen Freispruch für seinen Mandanten.

Selbst Havemanns Exanwalt Götz Berger ist von Gysis Berufungsschrift offenbar begeistert. Über ein abgehörtes Telefongespräch zwischen Gysi und Berger notiert die Staatssicherheit, HA XX/OG, in einem «Informationsbericht vom 14. 8. 1979»: «Ob Berger es (die Berufungsschrift/J. K.) gelesen hat, fragt Gysi. Berger bejaht. Er muß

ganz ehrlich sagen, daß ‹das› ganz großartig ist. Gysi hat das rausgeholt, was rauszuholen war. Wenn er nicht schon seinen Doktortitel hätte, würde er ihn jetzt dafür vorgeschlagen.»
Das Bezirksgericht Frankfurt/Oder verwirft die Berufung am 18. Juli als «offensichtlich unbegründet». Das ist nicht anders zu erwarten gewesen. Dieses Urteil war bereits drei Monate zuvor in der von Honecker unterschriebenen Stasi-Konzeption formuliert worden.

Trotz seiner Verurteilung erteilt Havemann Gysi weitere Aufträge, ganz so, wie er es bereits nach dem ersten Treffen mit ihm seiner Frau gegenüber angekündigt hatte. Er muss mit Gysi als seinem Verteidiger offenbar zufrieden sein. Dabei ist die Tatsache, dass Gysi einen bekannten Namen trägt und Mitglied der SED ist, kein Hinderungsgrund, ganz im Gegenteil. Genau so jemanden sucht Havemann ja – einen Anwalt, der ihn juristisch erstklassig berät, den er aber vor allem auch bei seinen Auseinandersetzungen mit der Partei- und Staatsführung einsetzen kann, den er vorschickt, um Spielräume auszuloten, der im SED-Apparat vermittelt, dort, wo Havemann keine direkten Kontakte mehr besitzt. Denn bei aller Distanz – ganz will der verdiente Antifaschist den Kontakt zu den DDR-Machthabern nicht verlieren, den SED-Generalsekretär spricht er in Briefen manchmal noch mit «Lieber Kamerad und Genosse Erich Honecker» an. Gysi ist gerade wegen seiner Herkunft und seiner Fähigkeiten für diese Rolle prädestiniert, wer wüsste das besser als der schlaue Fuchs Havemann. Der Dissident versucht seinen Anwalt für sich und seine Interessen zu nutzen.

Dabei vergisst er nie, dass Gysi politisch auf der anderen Seite steht. Aber dieser ist schließlich der Sohn seines alten Kampfgefährten Klaus Gysi. Die Gegner von heute sind die befreundeten Genossen von gestern – diese Erfahrung hat Havemann seiner jungen Frau Katja, die fast 40 Jahre jünger ist als er, voraus.

Die Aufgaben für seinen Anwalt sind vielfältig. Als Havemann kurz vor der Ausreise von Rudolf Bahro sich mit dem anderen prominenten Dissidenten treffen will, wird er von Sicherheitsleuten daran gehindert. Gysi legt gegen diese neuerliche unwürdige Behandlung seines Mandanten Beschwerde beim Generalstaatsanwalt der DDR ein.

Havemann kündigt im Sommer 1980 das Erscheinen eines neuen Buches im Westen an. Mit der Hilfe seines Anwalts versucht er, ein weiteres Devisenverfahren zu verhindern.

Im Streit mit seiner geschiedenen Ehefrau über ein Holzhaus auf seinem Grundstück in Grünheide beauftragt er Gysi 1980 mit der Wahrnehmung seiner Interessen.

Havemann erhält im April 1980 die Gelegenheit, an einer offiziellen Veranstaltung zum Gedenken an die Befreiung des Zuchthauses Brandenburg teilzunehmen. Auch Honecker hat sich angekündigt. Havemann möchte sich nicht instrumentalisieren lassen, gleichzeitig jedoch mit seinem Erscheinen in Anwesenheit des SED-Generalsekretärs einen kleinen Sieg in aller Öffentlichkeit feiern. Das Regime wiederum fürchtet Provokationen. Also lässt Havemann über Gysi die Umstände seiner Teilnahme klären.

Fast jeder von Gysis Schritten in diesen Fällen findet sich in Dutzenden von Stasi-Unterlagen wieder. Teilweise enthalten sie in der Ich-Form abgefasste Berichte über Vieraugengespräche zwischen Anwalt und Mandant. Aus diesem Grund sind DDR-Bürgerrechtler und der Immunitätsausschuss des Bundestages auch im Fall Havemann davon überzeugt, dass Gysi personenbezogene Informationen über seinen Mandanten weitergegeben und im Auftrag der Staatssicherheit gearbeitet hat. Gysi bestreitet dies. Auch diesen Vorwürfen wird im nächsten Kapitel nachzugehen sein.

Gysis persönliches Verhältnis zu Havemann war ein anderes als das zu Bahro. Den ernsten, aufrichtigen Einzelgänger Bahro mochte er offensichtlich, den souveränen und witzigen Kämpfer Havemann respektierte und schätzte er. Das mag auch eine Altersfrage gewesen sein: Havemann war Jahrgang 1910, Bahro Jahrgang 1935, Gysi ist 1948 geboren. «Wenn Gregor Gysi heute über Robert Havemann redet, klingt er fast so, als gehöre er zur Familie dazu», sagt Florian Havemann. «Gysi war von ihm persönlich fasziniert, er bewunderte ihn. Für ihn war Robert Havemann wie eine Vaterfigur.»

An Havemann beeindruckte Gysi vermutlich gerade die Abweichung von der Norm; das übliche Verhalten in Kreisen der Antifaschisten, die Anpassung und den Opportunismus, hatte der junge Gysi in den vergangenen Jahren ja zur Genüge kennen gelernt. Hier war endlich mal ein Kommunist, der den Sozialismus demokratisieren wollte, der aber seine Kritik vor der Partei nicht widerrief, nur um seine Karriere zu sichern. Das war genau der Mut, den Gregor Gysi an seinem eigenen Vater schätzte, als dieser gegen Hitler kämpfte, und den er später in der DDR bei ihm manchmal so schmerzhaft vermisste. Havemann stand für das uneingeschränkt Gute dieser Vätergeneration.

«Ich unterhielt mich gern mit Havemann. Er war eine starke Persönlichkeit, hochintelligent, ironisch und humorvoll», schreibt Gysi 1995. «Ihn hatten die Nazis, die ihn 1943 zum Tode verurteilten, nicht kleingekriegt, und auch die Politbürokratie – seine Wortschöpfung – biß sich an ihm die Zähne aus. Seine Überzeugung, daß er dennoch im besseren deutschen Staat lebe, war unerschütterlich. Deshalb hat er auch um seine Mitgliedschaft in der SED gekämpft. Wissen Sie, erklärte er mir einmal, Honecker ist falsch in der Partei, nicht ich.»

Gysi hat von Havemann auch gelernt. Zum Beispiel, wie man mit Witz und Gelassenheit an sein Ziel kommen kann. «Havemann stand über allem und allen», schreibt Gysi weiter. «Er hatte die Fähigkeit, innerlich unberührt zu bleiben. Er beherrschte das Einmaleins des Oppositionellen: Alles, was einem widerfährt, muss mit einem lauten, öffentlichen Aufschrei quittiert werden. Man muss sich empören und aufregen. Aber man darf sich nicht wirklich selbst erregen, sonst verliert man die nötige Souveränität!»

Es klingt wie eine Gebrauchsanweisung für den Gregor Gysi, der sich später einmal in die Politik verirren sollte.

7. Kapitel

Zwischen Staatsmacht und Opposition: Der Stasi-Verdacht

Als im Januar 1992 in der Öffentlichkeit die ersten Vorwürfe laut wurden, er habe als Anwalt von DDR-Oppositionellen mit der Staatssicherheit zusammengearbeitet und seine Mandanten verraten, verlor Gregor Gysi den Boden unter den Füßen. «Ich komme mir wie einer vor, der mit 98 Mördern im Gefängnis sitzt», sagte er, «und all die anderen sind wirklich Mörder. Nur ich nicht. Aber keiner glaubt mir.» Gysi wirkte fahrig und nervös, sein ohnehin hoher Zigarettenkonsum stieg noch mehr an. Von der Schlagfertigkeit und dem Witz des PDS-Hoffnungsträgers war nicht mehr viel zu sehen. «Das Schlimmste ist ja, dass alle denken, diesen Vorwurf, einer von der Stasi zu sein, kann ich gar nicht zugeben. Weil alle wissen, dass ich dann fertig wäre, moralisch und psychisch zerstört», meinte er. «Es wäre eine Katastrophe, wenn ich meine Unschuld nicht völlig beweisen könnte.»

Heute, fast fünfzehn Jahre später, ist Gysi in dieser Frage kaum weiter als damals. Viele sehen in ihm noch immer jemand, der zu Recht mit 98 Mördern im Gefängnis sitzt. Seine Unschuld halten sie nicht für erwiesen. Sie glauben ihm nicht. Gysi hat mittlerweile gelernt, mit dieser Katastrophe zu leben. Er verschickt Unterlassungserklärungen, er fordert Gegendarstellungen, er prozessiert, er schießt aus allen Rohren – jeder, der behauptet, Gysi sei ein Stasi-Spitzel, steht mit einem Bein vor Gericht. Da versteht Gysi schon lange keinen Spaß mehr, nicht eine einzige Sekunde lang.

Gysi ist aus so gut wie jeder dieser juristischen Auseinandersetzungen als Sieger hervorgegangen. Niemand darf mehr ungestraft äußern, der Anwalt habe in der DDR als Inoffizieller Mitarbeiter (IM) für die Staatssicherheit gearbeitet. Im Juni 2004 hat Gysi vor dem Hamburger Oberlandesgericht sich sogar gegen die Behauptung, er habe «wie ein IM» gearbeitet, erfolgreich gewehrt. Marianne Birthler, die Chefin der Stasi-Unterlagenbehörde, hatte diesen Vorwurf im Berliner Wahlkampf 2001 erhoben. Sie stützte ihre Behauptung auf die Einschätzung, der Anwalt habe sich mit der Staatssicherheit konspirativ getroffen sowie Aufträge von ihr entgegengenommen und ausgeführt. Ein Teil der Medien hatte diese Äußerung genüsslich verbreitet. Gysi erwirkte gegen diese «Unterstellungen» einstweilige Verfügungen, womit sich mehrere Verlage, unter ihnen Ullstein und Springer, jedoch nicht abfanden. Es kam zu einem Hauptsacheverfahren mit Beweisaufnahme. Das Landgericht in Hamburg untersagte die Weiterverbreitung des Birthler-Satzes unter Strafandrohung. Auch das wollten sich die Verlage nicht gefallen lassen und gingen in Berufung. Gysi gewann erneut. Das Hamburger Oberlandesgericht stellte fest, Gregor Gysi sei «zu keinem Zeitpunkt als IM der Staatssicherheit registriert und erfaßt» gewesen. Darüber hinaus gebe es auch keine Beweise dafür, dass sich Gysi konspirativ mit der Staatssicherheit getroffen sowie vom MfS Aufträge erhalten und ausgeführt habe. Die Entscheidung des Oberlandesgerichtes ist rechtskräftig.

All diese juristischen Siege verbessern Gysis Lage jedoch nicht wirklich. Hat er nun für die Stasi gearbeitet oder nicht? Das bleibt für fast jeden, der an Gysi denkt, die Frage aller Fragen.

Ist das ungerecht, weil es über zehn Jahre komplizierter Anwaltstätigkeit in der DDR im Spannungsfeld zwischen Staatsmacht und Opposition auf eine einzige Frage reduziert? Zeigt es nicht, dass der Stasi und ihrem perfiden Überwachungssystem bis heute Macht über Menschen gegeben wird? Ist es ein neuerlicher Beweis dafür, dass sich eine ganze Gesellschaft nach 1989 auf einen nicht mehr zu erschütternden Moralkodex geeinigt hat: Politische Kontakte mit der SED-Spitze oder eine Mitgliedschaft in der Sozialistischen Einheitspartei sind demzufolge gerade noch akzeptabel, offizielle Gespräche mit der DDR-Staatssicherheit gelten schon als verwerflich, wirklich des Teufels jedoch sind inoffizielle Kontakte zur Stasi?

Das mag alles sein. Und doch gibt es für die Frage aller Fragen einen gewichtigen Grund: Gregor Gysi hat bis heute keine wirklich überzeugende Antwort gegeben.

Nun kann er mit Recht darauf verweisen, die Frage schon mindestens tausendmal beantwortet zu haben: Nein, er habe nicht mit der Stasi zusammengearbeitet, nein, er sei kein IM gewesen. Gysi hat versucht, jeden einzelnen Vorwurf zu entkräften. Und kaum ein anderer Fall ist so umfangreich dokumentiert wie dieser: Mehrere Gutachten zu Gysis angeblicher Stasi-Tätigkeit, etliche Gutachten über diese Gutachten, Tausende ausgewerteter Stasi-Aktenblätter, unzählige Gerichtsurteile, eine Entscheidung des Bundesverfassungsgerichts, insgesamt sieben Stasi-Durchleuchtungen Gysis, drei Überprüfungen des Abgeordneten Gysi durch drei verschiedene Parlamente, ein meterdicker Bericht des Immunitätsausschusses des Bundestages, eine ausführliche Stellungnahme Gysis zu diesem Bericht, Thesen über Thesen zu jeder der fast 100 Einzelfragen dieses Komplexes, Indizien für alles Mögliche.

Eines jedoch fehlt bis heute unbestreitbar: ein Beweis dafür, dass Gregor Gysi Inoffizieller Mitarbeiter war und dass er im Interesse bzw. Auftrag der Staatssicherheit einen seiner Mandanten verraten hat.

Dafür existieren über 300 Stasi-Dokumente, in denen ein IM «Gregor» oder ein IM «Notar» über Aktivitäten von Gysis Mandanten informiert. Es liegen Berichte über Vieraugengespräche zwischen Gysi und einigen seiner Mandanten vor, die teilweise in der Ich-Form gehalten sind. Es sind Akten dokumentiert mit Abschriften von vertraulichen Unterlagen, die nur im Besitz des Rechtsanwalts Gysi und seiner Mandanten waren. Es gibt Quittungen für «operative Auslagen» und «Präsente», überreicht an einen IM «Notar», und das auffällig oft in der zweiten Januarhälfte; Gysi hat am 16. Januar Geburtstag.

Aber es ist bis heute keine Verpflichtungserklärung von Gregor Gysi entdeckt worden, auch keine Schweigeverpflichtung gegenüber dem Ministerium für Staatssicherheit. Es existiert bislang kein Protokoll über eine mündliche Verpflichtung. Es sind keine handschriftlichen Berichte von Gysi bekannt, auch keine, die von ihm unterzeichnet sind, weder mit seinem Klar- noch irgendeinem der Decknamen. In den aufgefundenen Stasi-Akten ist Gysi zu keinem Zeitpunkt als

Inoffizieller Mitarbeiter vom Ministerium für Staatssicherheit erfasst und registriert worden. Es gibt bis heute keine IM-Akte. Es liegt keine einzige von ihm unterzeichnete Quittung vor, auf der er den Erhalt von Geld oder Geschenken bestätigt hat.

Die Öffentlichkeit scheint diese fehlende Klarheit nicht akzeptieren zu wollen. Sie verlangt nach Eindeutigkeit, um sich ein Urteil bilden zu können. Aber wie ist Eindeutigkeit zu erlangen in einem so schwierigen, hochkomplexen Fall wie dem Gregor Gysis? Wer kann schon von sich behaupten, auch nur einen Bruchteil des veröffentlichten Materials gelesen zu haben? Und wer hat es verstanden?

Auch dieses Buch wird die Frage aller Fragen in Bezug auf Gysi nicht eindeutig beantworten können. Allein eine ausführliche Darstellung und Erörterung der einzelnen Stasi-Vorwürfe würde jeden Rahmen sprengen. Aber Aufklärung soll an dieser Stelle geleistet werden: indem wichtige Fakten der Untersuchung von Gysis Anwaltstätigkeit und ihre Interpretation ausgebreitet werden. Und dadurch, dass anhand prominenter Fallbeispiele, vor allem aus den Verfahren gegen Rudolf Bahro und Robert Havemann, den wichtigsten in Gysis Anwaltskarriere, der Stasi-Verdacht erneut durchleuchtet wird. Im Mittelpunkt soll dabei immer die Frage stehen, ob Gysi seinen Mandanten geschadet oder sie sogar verraten hat. Das muss der wichtigste Maßstab einer Beurteilung bleiben – und nicht die bloße Tatsache, dass es Informationen über Gysis Anwaltstätigkeit in den Stasi-Akten gibt.

Dem Leser kann dabei eines nicht erspart bleiben: die Anstrengung, sich in ein kompliziertes, verästeltes, manchmal verworrenes und nur schwer verständliches Kapitel der DDR-Geschichte hineinzudenken.

Die folgenden fünf Fallbeispiele zeigen exemplarisch, welche Vorwürfe Gysi von seinen Kritikern immer wieder gemacht werden – und mit welchen Antworten Gysi seinerseits zu erklären versucht, worin seine Rolle als Anwalt in politischen Strafverfahren in der DDR bestand.

Erstes Fallbeispiel: Der Immunitätsausschuss des Bundestages unterstellt Gysi eine «ablehnende Haltung» gegenüber Rudolf Bahro – als Beleg dient ein Stasi-Vermerk über Bahros erstes Treffen mit seinem Anwalt am 9. November 1977 in der Untersuchungshaft in Berlin-Hohenschönhausen. Dieser erste «Sprecher» wurde bereits im vorigen Kapitel ausführlich beschrieben. Unterleutnant Groth von der Stasi-Untersuchungsabteilung saß bei diesem Treffen als beaufsichtigender Vernehmer dabei. Gysi soll vorher und nachher mit ihm als dem Vertreter der offiziell ermittelnden Behörde gesprochen haben. Groth hält in seinem Vermerk dazu fest: «Im Anschluß an den Sprecher betonte der Rechtsanwalt gegenüber dem Unterzeichner, daß er die Verteidigung Bahros nur ungern übernommen habe … Er persönlich, so führte er weiter aus, halte Leute wie Bahro für unverbesserliche Feinde des Sozialismus, die man besser rechtzeitig versuchen solle, in die BRD abzuschieben, da eine ideologische Umerziehung unmöglich sei. In diesem Zusammenhang bot er sich an, Bahro gegebenenfalls, so ‹staatlicherseits› ein Interesse daran bestünde, den Gedanken einer Übersiedlung in die BRD nahezulegen, um ‹unnötigen Ärger nach der Haftentlassung in die DDR› zu ersparen. Des Weiteren gab er der Hoffnung Ausdruck, daß eine gerichtliche Hauptverhandlung, falls eine solche stattfindet, nur ‹in ganz kleinem Rahmen› durchgeführt wird und nicht aus ‹falschem Demokratieverständnis› ein größerer Prozeß stattfindet.»

Kann man Gysi daraus wirklich einen Strick drehen? Hat der Stasi-Vernehmer die Worte des Anwalts vollständig wiedergegeben? Was an Gysis Äußerungen könnte taktisch gewesen sein, um Bahro möglicherweise eine lange U-Haft zu ersparen? War das nicht Teil des komplizierten Rollenspiels eines DDR-Anwalts, zumal SED-Mitglieds, der «Staatsfeinde» verteidigt hat: Er wusste, dass die Stasi wusste, dass er wusste, sie prüfe ihn immer auch auf seine Zuverlässigkeit? Sollte er sich vor dem Stasi-Vernehmer offen auf die Seite Bahros schlagen? Selbst wenn man Gysi an dieser Stelle nicht so viel Taktik unterstellt – hat er mit seinem mutigen Plädoyer im Prozess

Bahro nicht würdig verteidigt, unabhängig von einer ihm unterstellten «ablehnenden Haltung»?

Gysi entgegnet auf den Vorwurf: «Abgesehen davon, daß der Vernehmer das Gespräch einseitig und zum Teil falsch wiedergibt, wird offensichtlich in Verkennung der Realitäten der DDR nicht einmal erwogen, daß ich mit bestimmten Äußerungen gänzlich andere Ziele verfolgt haben kann, zum Beispiel vom Vernehmer zu erfahren, was in Bezug auf Rudolf Bahro geplant war.»

Zweites Fallbeispiel: Ein anderes, Gysi belastendes Dokument ist ein Vermerk der Hauptverwaltung Aufklärung (HVA), dem Auslandsnachrichtendienst der DDR, Abteilung III vom 16. Februar 1978. Es handelt sich um eine als «vertraulich» bezeichnete Mitteilung von Klaus Gysi, dem Vater Gregor Gysis und damaligen DDR-Botschafter in Italien. «Gen. G. gab zu verstehen», heißt es darin, «daß sein Sohn G., Gregor, zu unserem Organ direkten Kontakt aufnehmen möchte. Er hat die Verteidigung von R. Bahro übernommen und möchte die Verteidigung in Abstimmung mit der Position der Staatsanwaltschaft durchführen. Leider sei bisher keine entsprechende ‹Hintergrundverständigung› möglich gewesen.» Am 24. Februar 1978 folgt ein Schreiben der HVA an den Leiter der HA XX, Generalmajor Kienberg: «Die in unserem Vermerk vom 16.2.1978 enthaltenen Angaben basieren auf einer persönlichen Mitteilung des Gen. Klaus Gysi, die er uns auf operativem Weg zukommen ließ.»

Der Wunsch Klaus Gysis in Bezug auf seinen Sohn mutet in der Tat etwas seltsam an. Aber solange die Motive und die Folgen dieses Ansinnens im Dunkeln liegen, kann man den Inhalt des Stasi-Dokuments Gregor Gysi guten Gewissens nicht zur Last legen. Denn unterm Strich bleibt auch hier festzuhalten: Der Bahro-Anwalt hat die Verteidigung nun wahrlich nicht «in Abstimmung mit der Position der Staatsanwaltschaft» durchgeführt, ganz im Gegenteil. Im Prozess hat Gregor Gysi die Anklage der Staatsanwaltschaft mutig und intelligent zurückgewiesen.

Gregor Gysi versuchte in einer Anhörung vor dem Immunitätsausschuss eine Erklärung zur vertraulichen Mitteilung durch seinen Vater. Er gehe davon aus, sagte er, dass sein Vater als offizieller Vertreter der DDR einen Wunsch zum Schutze seiner eigenen Person an die HVA des MfS übermittelt habe. Unter den gesellschaftlichen Bedingungen der DDR sei es ein nicht selbstverständlicher Widerspruch gewesen, dass sein Vater eine hochrangige Funktion eingenommen habe, während er selbst einen der bekanntesten Oppositionellen der DDR verteidigt habe. Diese Deutung Gregor Gysis muss nicht richtig sein, aber sie klingt durchaus plausibel.

Drittes Fallbeispiel: Bereits seit 1992 heftig umstritten ist die Rolle, die Gysi als Bahros Anwalt während der Bautzen-Zeit gespielt hat – in den Monaten nach der Verurteilung des «Staatsfeindes» zu acht Jahren Haft bis zu seiner Ausreise in den Westen, also zwischen August 1978 und Oktober 1979. Gysi stand vor der schwierigen Aufgabe, die mehrmals verschärften Haftbedingungen Bahros zu erleichtern und gleichzeitig mit allen Mitteln dafür zu sorgen, dass sein Mandant vorzeitig aus dem Gefängnis entlassen wird. Gysi behauptet, die dazu notwendigen Gespräche immer mit Vertretern der dafür zuständigen Abteilung Staat und Recht beim ZK der SED oder der Staatsanwaltschaft geführt zu haben. Fast alle Forderungen Bahros hinsichtlich seiner Haftbedingungen und seines Verbleibs in der DDR bzw. der Ausreise in den Westen fanden jedoch umgehend den Weg zur Staatssicherheit und in deren Akten. Durch Gysi direkt, wie Bürgerrechtler, die Stasi-Unterlagenbehörde und der Immunitätsausschuss behaupten? Oder durch andere Quellen, wie Gysi erklärt?

Als Beispiel sei die Begegnung Bahros mit seinem Anwalt am 2. Dezember 1978 im Gefängnis in Bautzen angeführt. Es war der erste «Sprecher» mit Gysi nach der Verurteilung. Der bekannte Dissident wusste längst, dass er kein gewöhnlicher Häftling ist. Er war fest entschlossen, Forderungen zu stellen und sie entweder über in den Westen geschmuggelte Kassiber oder durch Hungerstreiks durchzusetzen. Bahro verlangte mehr Bücher, eine Schreibmaschine für wissenschaftliche Arbeiten, ausländische Zeitungen, *Humanité* und *Unità*, ein Radio, außerdem wollte er seine im Gefängnis verfassten Texte später mitnehmen dürfen. Gysi zeigte trotz der angespannten Lage Humor. «Das kommt dann langsam an Interhotel heran», entgegnete er seinem Mandanten. «Also nicht viel Hoffnung.»

Weil beide davon ausgingen, dass sie abgehört werden, gab Bahro dem Anwalt zwei kurze Botschaften in schriftlicher Form. In der ersten Notiz teilte Bahro mit, dass er die ihn herabwürdigende ADN-Mitteilung über seine Verurteilung durch einen Kassiber richtig gestellt habe und diese Nachricht bereits im Westen angekommen sein könnte. Die zweite Notiz betraf ein Unterhaltsproblem für seine Kinder. Bahro deutete Gysi gegenüber außerdem an, wie er sich bei einer Entlassung in die DDR verhalten würde. Er wolle nicht die Rolle Havemanns übernehmen, werde sich aber auch an keine Auflagen halten. Wenn er hingegen in die BRD ausreisen könne, werde er sich nur mit aktuellen Fragen beschäftigen.

Alle Forderungen Bahros wurden von Gysi korrekt weitergeleitet – die Frage ist nur, an wen. Major Lohr von der Hauptabteilung XX/OG hat am 7. Dezember 1978 einen Bericht «über ein geführtes Gespräch mit Rechtsanwalt Gysi» geschrieben. Das Gespräch soll angeblich am 6. Dezember in Gysis Wohnung stattgefunden haben. Laut Bericht gibt der Anwalt seinen «Sprecher» mit Bahro vom 2. Dezember genau wieder, einschließlich der beiden handschriftlichen Notizen seines Mandanten. «Die Unterhaltung mit Bahro erfolgte unter vier Augen und wirkte sich seiner Meinung nach positiv aus», heißt es darin. «Bahro gab sich in der Unterhaltung gelöster als sonst, erzählte mehr, besonders unter dem Gesichtspunkt der von ihm beabsichtigten Verhaltensweisen und Zielstellung.»

Als Anlage zum Bericht gibt es eine Tonbandabschrift, ebenfalls vom 7. Dezember. Darin informiert ein «IM-Vorl. ‹Gregor›» teilweise in der Ich-Form über das Gespräch zwischen Gysi und Bahro am 2. Dezember: «Aus Furcht, daß das Gespräch abgehört werden könnte, notierte er auf meinem Zettel, daß er bereits eine Meldung nach drüben lanciert habe, die eine Berichtigung der ADN-Nachricht über seine Verurteilung darstellen würde.» Die Tonbandabschrift trägt den Vermerk «entgegengenommen: Major Lohr am 6. 12. 1978».

Gysi bestreitet, am 6. Dezember 1978 ein Gespräch mit dem MfS-Offizier Lohr geführt zu haben, schon gar nicht in seiner Wohnung. Lohr habe er lediglich im Jahre 1980 als «Staatsanwalt Lohse» kennen gelernt. Der angebliche Staatsanwalt habe sich einige Male einen Termin bei ihm verschafft, und zwar unter dem Vorwand, ihn für eine Untersuchung über den Schaden bzw. den Nutzen von Verfahren gegen Oppositionelle zu gewinnen. Danach habe sich «Staatsanwalt Lohse» nicht mehr bei ihm gemeldet. Erst nach der Wende habe er erfahren, dass der «Staatsanwalt» in Wirklichkeit der MfS-Offizier Lohr gewesen sei.

Über sein Gespräch mit Bahro am 2. Dezember 1978 habe er am 6. Dezember einen Mitarbeiter der Abteilung Staat und Recht beim ZK der SED informiert. Diesem Mitarbeiter habe er auch persönliche Gesprächseindrücke geschildert. Den Bericht der HA XX/OG erklärt sich Gysi damit, dass die ZK-Abteilung das MfS unterrichtet habe. Als entlastendes Argument führt Gysi an, dass die beiden handschriftlichen Notizen Bahros in dem Stasi-Bericht nicht korrekt wiedergegeben seien. Bahro habe ihm die beiden Mitteilungen in seine Handakte hineingeschrieben. Wenn er sie also weitergegeben hätte, hätte er sie exakt zitieren können. Gysi meint, Lohr müsse für seinen Bericht vom 7. Dezember einen Informanten gehabt haben, der sich die Notizen Bahros zwar kurz habe ansehen können, sie aber nicht wörtlich abschreiben konnte.

Gysi gab vor dem Immunitätsausschuss außerdem an, dass Bahro zum Zeitpunkt des Gesprächs am 2. Dezember noch nicht gewusst habe, dass der Kassiber mit der korrigierten ADN-Meldung den *Spiegel* bereits erreicht hatte. Das habe Bahro erst durch ihn erfahren. Und noch eine weitere Tatsache spricht Gysis Meinung nach dagegen, dass er aus Sicht des MfS ein zuverlässiger Informant gewesen sei: Die Staatssicherheit habe eine Zeit lang auch ihn verdächtigt, den Kassiber Bahros aus der Haftanstalt geschmuggelt zu haben.

Wer sich die Ergebnisse von Gysis anwaltlicher Tätigkeit für Rudolf Bahro vorurteilsfrei vor Augen führt, der kann eigentlich keinen begründeten Zweifel haben: Gysi hat die Interessen seines Mandanten vertreten – und nicht etwa die der Staatssicherheit. Diese Einschätzung schließt allerdings nicht zwingend aus, dass Gysi möglicherweise doch mit dem Stasi-Major Lohr geredet hat. (Einen Beweis dafür gibt es jedoch auch nicht.)

Der Bahro-Biograph Guntolf Herzberg würdigt in seinem Buch «Rudolf Bahro. Glaube an das Veränderbare» die Leistung des Anwalts Gysi – und findet dennoch zwei geschickte Formulierungen, die dessen eigene Aussagen unterlaufen. Herzberg schreibt über das Treffen Gysis mit Bahro am 10. März 1979 in der Haftanstalt Bautzen. Er erwähnt in dem Zusammenhang das in den Stasi-Akten vorliegende Wortprotokoll eines angeblichen Gesprächs zwischen Gysi und Major Lohr, in dem das Treffen mit Bahro präzise wiedergegeben ist. «Für mich gibt es keinen Zweifel», schreibt Herzberg, «dass dieses Gespräch mit Major Lohr völlig im Interesse Bahros war – und dass nur Gysis Gesamtkonzept, die Gespräche mit Lohr abzustreiten, ihn hindert, sich seine eigene Leistung für Bahro anzurechnen.» In einer Fußnote der Biographie weist Herzberg außerdem auf die Kontroverse über Gysis mögliche Stasi-Kontakte im Zusammenhang mit Bahros Haft in Bautzen hin. «Richtig ist, dass es in den Akten keine von ihm geschriebenen oder unterschriebenen Dokumente gibt», so Herzberg. «Auch sind zahlreiche Gespräche in den Akten dokumentiert, die nach Gysis Angaben nicht in seiner Wohnung und nicht zum angegebenen Datum stattgefunden haben sollen. Bevor ich mich auf umfangreiche textkritische Auseinandersetzungen einlasse, werde ich für diese Biographie annehmen, dass sie so stattgefunden haben können.»

Bemerkenswert daran ist, dass Herzberg hier im Grunde behauptet, Gysi habe eben doch mit dem MfS-Offizier Lohr gesprochen – für diese Aussage erntete der Autor aber keinen Widerspruch des Anwalts. Gysi hat Herzberg nicht verklagt, sondern dessen Bahro-Biographie vielmehr gelobt.

Für Rudolf Bahro waren solche Feinheiten eher nebensächlich. Dem glänzenden Analytiker der DDR-Machtstrukturen war von jeher klar, dass SED und Staatssicherheit zusammengehören. Er hat bis zu seinem Tod im Dezember 1997 Gysi stets gegen den Vorwurf verteidigt, ihn an die Stasi verraten zu haben. Nicht zufällig wandte sich Bahro auch nach seiner Ausreise in die Bundesrepublik mehrfach an seinen Anwalt und bat ihn um Hilfe. Und im Juni 1990, als das Oberste Gericht der DDR in einer Kassationsverhandlung das Skandal-Urteil von 1978 aufhob, hatte der ehemalige Bautzen-Häftling wieder den Anwalt an seiner Seite, dem er vertraute: Gregor Gysi.

Als Bahro die Stasi-Unterlagen zu seinem Fall gelesen hatte, sagte er am 17. Juni 1992 in einem Interview mit der *Wochenpost*, Gysi habe seine Sache als Anwalt «sogar noch besser gemacht ..., als ich dachte. Er hat sich für mich sehr intelligent und nützlich im Labyrinth der Macht bewegt. Ihm Verrat vorzuwerfen ist einfach Unsinn. Nach der Lektüre hätte ich ebensogut verstanden, wenn Gysi wirklich mit jenem Stasi-Offizier in seiner Wohnung verhandelt hätte. Und andererseits, wenn schon Mandantenverrat, dann hätten Gysis Gespräche mit der Parteiführung sehr viel schwerer gewogen, weil mein Fall am Politbüro angebunden war.»

Als Gysi die Jahre danach weiter beschuldigt wurde, auch und immer wieder vom *Spiegel*, seinen Mandanten hintergangen zu haben, meldete sich Bahro am 5. Juni 1995 erneut mit einer Verteidigung zu Wort. «Insbesondere sind die Vermutungen, Gysi habe mir Schaden zugefügt, konkret auf der ganzen Linie unzutreffend», schrieb er in einem Brief an die Redaktion des *Spiegel*. Und dann gab Bahro noch einen kleinen Einführungskurs in Sachen DDR-Realität. «Die Schlüsselfrage, die aus der westlichen Erfahrung mit der Anwaltsrolle stets verkannt wird, steckt in dem angewandten Vertrauens- bzw. Mißtrauensbegriff. Im ‹Realsozialismus› hatte der Anwalt – und genau auf dieser Grundlage konnte er hilfreich sein – nie nur die Vertretungsfunktion für den Mandanten, die Mandantin, sondern zugleich eine Vermittlungsfunktion zu staatlichen Organen. In meinem Fall natürlich auch zur Partei. Das hatte ich realistisch einkalkuliert, schon als ich Gysi zum Anwalt nahm, nicht zufällig ein Parteimitglied und den Sohn von Klaus Gysi. Was ich ihm sagte, war in der Regel gerade dazu bestimmt, weitergegeben zu werden – an wen, d. h. an welche Organe der Machtstruktur, war seine Sache. Ob das an das Zentralkomitee war oder gegenüber dem MfS, machte aus meiner Sicht ohnehin keinen wesentlichen Unterschied. In diesem Sinne habe ich ihm vertraut und denke bis heute, gerade angesichts der konkreten Informationen aus gutem Grund. Entscheidend waren für mich zwei Gesichtspunkte: erstens, daß er vor Gericht für mich uneingeschränkt Freispruch verlangt hatte, und zweitens, daß er nach der Verhandlung sein Bestes tat, mir die Haftzeit zu verkürzen, übrigens auch die Haftbedingungen zu erleichtern.» In seinem Schlusssatz macht Bahro alle Kritiker Gysis auf eine einfache Wahrheit aufmerksam: «Meiner Meinung nach kann es für den Vorwurf des Mandantenverrates einfach nicht ohne Bedeutung sein, wenn der angeblich Verratene die Sache ganz anders sieht.»

Was hätte der politisch hellsichtige Robert Havemann, der die Macht- und Herrschaftsstrukturen der DDR vielleicht noch besser kannte als Rudolf Bahro, im Angesicht der Stasi-Akten über seinen Anwalt Gregor Gysi gesagt? Falls er festgestellt hätte, Gysi habe mit der Staatssicherheit geredet – hätte er sich darüber moralisch empört, er, der als Geheimer Informator, Deckname «Leitz», selbst sieben Jahre lang für die Stasi gearbeitet hat?

Robert Havemann konnte darauf keine Antwort mehr geben; er starb bereits 1982. Gysis Unterstützer, unter anderem seine Genossen von der PDS, haben jedoch immer wieder kolportiert, Havemann sei mit seinem Anwalt sehr zufrieden gewesen, Havemanns Kinder seien im Besitz mehrerer Briefe, in denen sich ihr Vater positiv über Gysi äußern würde. Das ist offenbar eine kleine Übertreibung. Sibylle Havemann, die Tochter, weiß von lediglich einem solchen Brief. Diesen hat Robert Havemann am 9. Oktober 1980 von Grünheide aus an seine Tochter Sibylle geschrieben. «Mein Anwalt ist Dr. Gregor Gysi, der Sohn von Klaus Gysi», heißt es in dem Brief. «Er ging mal mit Frank zusammen in Adlershof auf die Schule. Er ist ein cleverer Bursche, war der Verteidiger von Bahro.»

Also was nun? War Gysi im Fall Robert Havemann ein cleverer Bursche oder Inoffizieller Mitarbeiter der Stasi? Oder beides?

Viertes Fallbeispiel: Für den 26. April 1980 war eine Veranstaltung anlässlich des 35. Jahrestages der Befreiung des Zuchthauses Brandenburg geplant. Havemann hatte in diesem Zuchthaus in einer Todeszelle gesessen, sein späterer Widersacher Erich Honecker war dort von 1937 bis 1945 ebenfalls inhaftiert. Es hat den Antifaschisten Havemann lange beschäftigt, dass er seit 1965 zu den alle fünf Jahre stattfindenden Treffen nicht mehr eingeladen worden war. Umso erfreuter war er, als er die Möglichkeit erhielt, 1980 an der Veranstaltung endlich mal wieder teilzunehmen. In diesen Fragen ließ Honecker das antifaschistische Band zwischen alten Kampfgefährten nie ganz zerreißen, selbst bei dem «Staatsfeind Nummer 1» nicht. Wie schon beschrieben, hatte der SED- und Staatschef den Stasi-Plan, Havemann die Ehrenpension als antifaschistischer Widerstandskämpfer abzuerkennen, 1979 persönlich vereitelt. Die Einladung an Havemann sollte der internationalen Öffentlichkeit jetzt demonstrieren, dass der bekannteste Dissident der DDR sich frei bewegen konnte, sogar auf einer Veranstaltung, an der der SED-Generalsekretär und Staatsratsvorsitzende teilnahm.

Trotzdem war das Treffen in Brandenburg für beide Seiten ein Vabanquespiel. Havemann wollte sich nicht instrumentalisieren lassen, die Parteispitze hatte Angst vor Provokationen. Gregor Gysi: «Als das Angebot kam, daß Robert Havemann als Ehrengast an der Kundgebung … teilnehmen könnte, stand vor Robert Havemann sehr wohl die Frage, ob er sich darauf einlassen sollte. Immerhin legitimierte er damit das Regime auch in gewisser Hinsicht. Für ihn war aber wichtiger, daß damit das Regime nochmal öffentlich seine Rolle in der Nazizeit bestätigte und würdigte. Das konnte für die Auseinandersetzung im Rahmen weiterer Konflikte zwischen Robert Havemann und dem Staat von großer Bedeutung sein. Ferner wollte

Robert Havemann signalisieren, daß er immer zu Gesprächen bereit sei.» Der Mittler, um die konkreten Umstände seiner Teilnahme zu klären, sollte Havemanns Anwalt sein. Ein direkter Kontakt zur SED-Führung war undenkbar. Wer aber benutzte auf der anderen Seite den Rechtsanwalt Gysi seinerseits als Vermittler? Die Parteispitze oder die Stasi?

Aus einer streng geheimen «Information» des MfS vom 26. April 1980 geht hervor, dass Gysi am 18. April Havemann aufgesucht hat, um ihm eine «interne Mitteilung» über die «Möglichkeit einer Teilnahme» zu überbringen. In einem von der Stasi erstellten «Plan zur Verhinderung von Provokationen Robert Havemanns» im Zusammenhang mit der geplanten Veranstaltung, datiert vom 24. April 1980, ist vorgesehen, dass ein GMS «Gregor» am selben Tag Havemann in Grünheide aufsucht und ihm genaue Instruktionen gibt, wie er sich zu verhalten habe.

Gysi bestreitet beide Besuche nicht, aber er behauptet, lediglich Instruktionen vom ZK der SED bekommen zu haben. Alle seine Gespräche über Havemanns Teilnahme an der Gedenkveranstaltung habe er mit einem Vertreter der Abteilung Staat und Recht beim ZK geführt. Der Immunitätsausschuss des Bundestages sieht das anders. Nicht das ZK, sondern nur das MfS sei für die operative Absicherung der Veranstaltung zuständig gewesen, deshalb hätten Gespräche mit der SED keinen Sinn gemacht. Der Ausschuss hält es außerdem für ausgeschlossen, dass ein Gespräch Gysis mit einem ZK-Mitarbeiter am Abend des 24. April bereits am 26. April in einer streng geheimen Stasi-Information verarbeitet worden sein kann.

Gysi wirft dem Ausschuss vor, er besitze nur geringe Kenntnisse über die DDR. «Ich gehe davon aus, daß im Zusammenhang mit diesem Ereignis unverzügliche und ständige Informationspflicht bestand, wahrscheinlich sowohl gegenüber dem Generalsekretär des ZK der SED als auch gegenüber dem Minister für Staatssicherheit.» Das alles beweise nur das Zusammenwirken von SED und MfS. Außerdem macht Gysi auf einen simplen Fakt aufmerksam: Er sei zu keinem Zeitpunkt als GMS (Gesellschaftlicher Mitarbeiter Sicherheit) beim MfS registriert gewesen. Außerdem sei es komisch, dass der Ausschuss ihm in einem anderen Zusammenhang vorhalte, am 10. März 1980 IM gewesen zu sein, einen Monat später aber soll er schon wieder zum GMS «degradiert» worden sein.

Fünftes Fallbeispiel: Robert Havemann hat im Jahr 1980 wiederum Gregor Gysi mit der Wahrnehmung seiner Interessen beauftragt. Auf seinem Grundstück in Grünheide, das er 1954 gekauft hatte, befand sich ein Holzhaus, dessen Eigentumsverhältnisse zwischen Havemann und seiner geschiedenen Ehefrau Karin streitig waren. Havemanns Exfrau hatte ihm 1978 in einem Brief den Mietvertrag für das Holzhaus gekündigt. Sie wollte das Haus taxieren lassen, um es dann zu verkaufen. Einen Verkauf an Robert Havemann lehnte sie ab.

Aus einem «Vorschlag» der HA XX vom 14. Januar 1980 geht hervor, dass die Stasi ein Interesse daran hatte, «durch einen geeigneten IM dieses Objekt von Karin Havemann zu einem Preis von ca. 20 Tausend Mark … käuflich zu erwerben». Die Stasi wollte verhindern, dass Havemann in dem Holzhaus weiterhin seine politischen Freunde unterbringen konnte. In dem Stasi-Vorschlag vom 14. Januar heißt es außerdem: «Da zu erwarten ist, daß Havemann Rechtsanwalt Dr. Gysi zur Wahrnehmung seiner Interessen beauftragen wird, besteht zugleich die Möglichkeit, über diesen auf Havemann in der vom MfS gewünschten Form einzuwirken.»

Der Immunitätsausschuss sieht allein schon in diesem Hinweis einen Beweis dafür, «daß das MfS davon ausging, über Dr. Gysi verfügen zu können». Gysi hält das für kompletten Unfug. Er sei es gewesen, der Havemann den Verdacht mitgeteilt habe, dass als potenzieller Käufer des Holzhauses nur die Staatssicherheit in Frage komme. Havemann habe vielmehr ein finanzielles Interesse seiner Exfrau vermutet. Er, Gysi, habe schließlich bei der Abteilung Staat und Recht beim ZK der SED interveniert. Ihm sei es darum gegangen, der Partei klar zu machen, dass sie nicht so weit gehen dürfte, die Staatssicherheit auf das Grundstück von Havemann zu lassen, das würde das ohnehin angeschlagene Ansehen der DDR weiter beschädigen. Dieser Kontakt, so Gysi, habe dem Wunsch Robert Havemanns entsprochen.

Gysi weist außerdem darauf hin, dass er als Anwalt erfolgreich dagegen angegangen sei, dass das MfS jemals einen Fuß in das Holzhaus habe setzen können. Ein jahrelanger Rechtsstreit hätte mit dem Ergebnis geendet, dass nie eine fremde Person das Holzhaus nutzen durfte. Als Entlastung führt Gysi schließlich ein Stasi-Dokument der HA XX vom 18. März 1980 ins Feld, in dem deutlich zwischen ihm als Anwalt und einem anderen IM unterschieden wird.

Für letzteres Dokument hat der Immunitätsausschuss eine Erklärung parat: Es sei der HA XX darum gegangen, gegenüber der eigenen Leitung oder anderen Hauptabteilungen intern zum Schutz eigener IM zu konspirieren und zu verschleiern. Der Ausschuss verweist zudem auf eine ganze Reihe von Unterlagen, Treffberichten und Tonbandabschriften, in denen mal ein «IM-Vorlauf ‹Gregor›» (28. August 1980), mal ein «GMS Notar» (11. April 1981) und dann wieder ein «IM ‹Notar›» (7. Januar 1982) über Gespräche Gysis mit Havemann informiert und sich sogar bereit zeigt, Instruktionen der Stasi auszuführen. Für den Immunitätsausschuss steht fest, dass Gysi jeweils hinter diesen Quellen steckt und «inoffiziell das MfS über die Ansichten Robert Havemanns unterrichtet hat».

Gysi vermutet, dass für diese Berichte verschiedene andere Quellen benutzt worden seien. Schließlich wären im Umkreis von Havemann bis zu 200 IM eingesetzt gewesen. Auch Abhörmaßnahmen in Havemanns Haus hält er für denkbar. Schließlich verweist er zum wiederholten Mal auf die Widersprüche in der Bezeichnung der Quellen: erst IM-Vorlauf, dann GMS «Notar», dann wieder IM «Notar», und das alles in dem Zeitraum, in dem er lediglich als IM-Vorlauf «Gregor» registriert gewesen sei.

Sowohl bei den Vorgängen rund um die Gedenkveranstaltung mit Honecker als auch bei der Sache mit dem Holzhaus gibt es im «Fall Havemann» Indizien dafür, dass Gysi mit Offizieren der Staatssicherheit geredet hat – aber eben keine unwiderlegbaren Beweise. Ob diese Gespräche, wenn sie denn stattgefunden haben sollten, im Interesse der Stasi oder nicht vielmehr im Interesse von Gysis Mandanten gewesen wären, stünde noch einmal auf einem ganz anderen Blatt.

Robert Havemanns Witwe, Katja Havemann, die sich nach dem Tod ihres Mannes selbst mehrfach an dessen Rechtsanwalt gewandt hat, ist von Gysi maßlos enttäuscht. Sie hält seine Zusammenarbeit mit der Stasi und seinen Verrat an Robert Havemann für erwiesen. Sie ist immer noch befremdet darüber, dass Gysi am 10. April 1982, dem Tag nach Havemanns Tod, zu ihr gekommen ist und angeboten hat, die Beerdigungsrede für ihren Mann zu halten. Sie hat sich durch alle 300 Aktenbände gekämpft, die die Stasi über Robert Havemann in dem Operativvorgang «Leitz» angelegt hat. Sie spricht über Gysi nur noch mit größtmöglicher Verachtung. Auf die Frage, ob sie für dieses Buch ihre damalige Haltung zu Gysi und ihre heutigen Vorwürfe nicht noch einmal erläutern möchte, antwortete sie freundlich, aber unmissverständlich: Sie wolle keine Minute ihres Lebens mehr dem «Superstar» Gysi widmen.

Die Abneigung ist unübersehbar gegenseitig. Gysi geht ihr gegenüber auf größtmögliche Distanz, er spricht sie niemals mit ihrem Rufnamen «Katja», sondern nur mit ihrem eigentlichen Vornamen «Annedore» an. Den persönlichen Zwist der beiden muss man kennen, denn er trägt zum Verständnis der Frage bei, warum Katja Havemann und Gregor Gysi so fundamental verschiedener Ansicht darüber sind, wie Robert Havemann die Arbeit seines Anwalts zu Lebzeiten eingeschätzt hat.

«Annedore Havemann war in sogenannten politischen Fällen nie meine Mandantin ... Sie greift mich heute schwer an und verschweigt, welche Ergebnisse meine Arbeit für ihren Mann hatte», schreibt Gysi am 4. November 1994 in einem Beitrag für die *taz*, in dem er sich gegen die Stasi-Vorwürfe zur Wehr setzt. «Ich habe nichts dagegen, daß Annedore Havemann heute den Ehrentitel ‹Bürgerrechtlerin› trägt, auch wenn ich nicht weiß, wodurch sie ihn erworben hat, wenngleich sie solidarisch an der Seite ihres Mannes die Schikanen gegen ihn mitgetragen hat.»

Gysi ist davon überzeugt, dass Robert Havemann die Kampagne gegen ihn nie unterstützt hätte, weil er die Vermittlungstätigkeit seines Anwalts gewollt und die Ergebnisse nicht gering geschätzt habe. Gysi hält Katja Havemann, ein Mädchen vom Lande, offensichtlich für einige Nummern zu klein, um das ganze politische Erbe dieses großen Dissidenten wegzutragen. Den «Hass», mit dem «Annedore Havemann» ihn «verfolgen» würde, erklärt er mit einer Begebenheit aus den achtziger Jahren. «Es stimmt, daß sie nach dem Tode ihres Mannes einmal einen Beitrag in der Zeitschrift ‹Stern› veröffentlichen ließ. Und es stimmt auch, daß ich ihr ausrichten mußte, daß sie mit einem Ermittlungsverfahren rechnen könne, wenn sich dies wiederholen würde, da sie nicht den gleichen Schutz genoß, den ihr verstorbener Mann trotz alledem in der DDR hatte. Und tatsächlich hat sie seit dieser Zeit nie wieder etwas öffentlich getan, was die Partei- und Staatsführung der DDR ausreichend provoziert hätte. Sicherlich bin ich in ihren Augen dafür verantwortlich, daß dadurch ihre Rolle aus heutiger Sicht eher eine bescheidene blieb. Aber ich hätte sie in Wirklichkeit gar nicht daran hindern können, irgendwelche Aktionen zu unternehmen, die von der Partei- und Staatsführung der DDR als Provokationen angesehen worden wären. Und es war doch nun einmal meine Pflicht, entsprechende Warnungen zu übermitteln. Umgekehrt wäre ein Vorwurf von ihr berechtigt, wenn ich ihr diese Warnungen vorenthalten hätte. Warum nimmt sie ihr Verhalten mir und nicht sich übel?» Robert Havemann, das klingt bei Gysi mit, hätte sich an eine solche Weisung eines Staatsanwalts oder ZK-Mitarbeiters nie gehalten.

Katja Havemann schießt eine Woche später in der *taz* zurück. «Sogar mit Robert Havemann steht Dr. Gysi in geheimnisvoller Verbindung», schreibt sie süffisant. «Dieser suggeriert ihm die Überzeugung, er stünde auf seiner Seite. Das ist ja geradezu phantastisch, vom wissenschaftlichen Marxismus-Leninismus zum Sekten-Guru mit telepathischen Fähigkeiten.»

Im Gegensatz zur Robert Havemanns Witwe stellen sich die vier Kinder Robert Havemanns – manche von ihnen sind im gleichen Alter wie Katja Havemann – vor den Anwalt ihres Vaters. «Unser Vater hat Dr. Gregor Gysi sicher nicht für einen politisch Gleichgesinnten gehalten», schreiben Sibylle, Florian, Ulrich und Frank Havemann in einer Erklärung vom 7. November 1992. «Gysi war nicht sein politischer Freund; das Vertrauensverhältnis zwischen Mandant und Anwalt war unter den gegebenen politischen und rechtlichen Verhältnissen ein spezifisches: Unser Vater hat seinem Anwalt Gysi sicher nur das anvertraut, was er selbst für geeignet hielt, was in seine Strategie gegenüber dem Staatsapparat paßte – wobei man sich immer klar machen muß, daß unser Vater die Stasi im Haus hatte, mittels ihrer Abhörgeräte, und das auch wußte; davon in allem, was er tat und nicht tat, ausging. Er hat den Rechtsanwalt Gysi für sich zu nutzen versucht. Wie wir glauben, mit Erfolg. Wir wissen, daß unser Vater nicht von der Tätigkeit Gysis enttäuscht war; daß er sich auch nicht von ihm getäuscht gefühlt hat. Bis zu seinem Tode hat er die Dienste des Rechtsanwaltes Dr. Gregor Gysi in Anspruch genommen.»

Die vier Havemann-Kinder hätten zu der Zeit, um die es hier gehe, also zwischen 1979 und 1982, gar nicht in Grünheide gelebt, hält Katja Havemann dagegen. Sie selbst kannte Robert Havemann seit 1970, seit 1974 war sie mit ihm verheiratet.

«Man kann meinen Vater nicht verstehen, wenn man immer nur auf seine letzten Lebensjahre schaut», sagt Florian Havemann. Er sei im Hause seines Vaters mit der Gewissheit groß geworden, dass die Familie sowieso von der Stasi abgehört werde. Sein Vater hätte immer gelassen, aber nie mit Empörung darauf reagiert. Florian Havemann hat ohnehin etwas dagegen, dass das Erbe seines Vaters politisch instrumentalisiert wird. «Der wirkliche Robert Havemann ist unter einem Wust von Klischees vergraben.»

Die Erklärung der vier Kinder, die im Übrigen auf Wunsch von Gysi zustande gekommen ist, ist nicht so eindeutig, wie sie auf den ersten Blick scheint. Sie nimmt den Anwalt vor dem Vorwurf des Mandantenverrates in Schutz. Nicht weniger, aber auch nicht mehr. Als der PDS-Vorsitzende Lothar Bisky diese Erklärung Mitte der neunziger Jahre öffentlich machte – sie war ursprünglich nur für den

Immunitätsausschuss des Bundestages gedacht – und sie als Stasi-Freispruch für Gysi wertete, meldete sich Florian Havemann im *Neuen Deutschland* im Namen der Kinder mit einer Klarstellung zu Wort. In der Erklärung stünde kein Wort davon, dass Gysi kein IM der Staatssicherheit gewesen sei. Dies entzöge sich ihrer Beurteilung.

Die vermeintliche Stasi-Geschichte Gysis ist nicht nur durch die Bewertung seiner anwaltlichen Tätigkeit, sei es für Bahro, Havemann oder andere DDR-Oppositionelle, zu verstehen. Um zu einem Urteil gelangen zu können, muss man sich auch durch die Akten kämpfen, in denen die Staatssicherheit Gysi über viele Jahre hinweg registriert hat. Ein Lesevergnügen ist dieses Kapitel bürokratischer, perfider Geheimdienstarbeit nicht – aber es gehört zur notwendigen historischen Auseinandersetzung zwingend dazu. Kritisch vor Augen halten sollte man sich dabei, dass diesen Stasi-Akten in jedem Fall längst mehr Glauben geschenkt wird als jenen Stasi-Offizieren, die sie damals angelegt haben.

Gregor Gysi war von 1975 bis 1989 von der DDR-Staatssicherheit erfasst. Das ist eine unbestreitbare Tatsache. Sie besagt jedoch nicht mehr und nicht weniger, als dass der junge, ehrgeizige Rechtsanwalt für das MfS in vielerlei Hinsicht interessant war.

Dieses Interesse setzte möglicherweise sogar schon früher als 1975 ein. Gysis Freund Fritz Tech, der junge Dozent an der Humboldt-Universität, der den Jurastudenten Gysi unterrichtet hat, erinnert sich genau an eine Begebenheit, die sich irgendwann Ende der sechziger oder Anfang der siebziger Jahre zugetragen haben soll. Gysi sei wohl noch Forschungsstudent gewesen, sein Ausbildungsverhältnis habe sich jedoch bereits dem Ende genähert. Eines Tages sei Gysi zu ihm gekommen, so Tech, und habe erzählt, er sei in die Normannenstraße, in die Kaderabteilung des Ministeriums für Staatssicherheit, bestellt. «Ich habe Bammel, dorthin zu gehen»», sagte Gysi zu mir. «Wir beide haben dann verabredet, uns nach dem Gespräch im Operncafé Unter den Linden zu treffen. Als er aus der Normannenstraße zurück war, erzählte er, sie hätten ihm das Angebot gemacht, als Jurist für das MfS zu arbeiten.» Gysi berichtete seinem Freund, er habe sich gewunden. Als Sohn des Kulturministers und überzeugtes SED-Mitglied erschien es ihm möglicherweise nicht ratsam, geradeheraus zu sagen, dass dieses Angebot für ihn nicht in Frage kommt. «Als er sich in der Normannenstraße so geziert habe, erzählte mir Gysi weiter, seien sie in der Kaderabteilung des MfS plötzlich deutlich geworden: Bei ihnen arbeite man lebenslang oder gar nicht, hätten sie gesagt. Da habe Gysi wohl geantwortet, lebenslang, das komme für ihn nicht in Frage.» Auf diese Weise, erinnert sich Tech, sei Gysi dem Angebot elegant aus dem Weg gegangen. «Da hat er sich clever verhalten.»

Ein paar Jahre später hat die Staatssicherheit Gysi dann offenbar ohne sein Wissen «eingesetzt». Von 1975 bis 1977 war Gysi bei der HVA, dem Auslandsnachrichtendienst, in der Abteilung XI registriert. Er wurde, so heißt es in einem Sachstandsbericht der HVA/Abteilung XI vom 17. Februar 1978, «im Zusammenhang mit der Überprüfung eines Vorgangs aus dem Operationsgebiet für die Legende eines juristischen Beraters inoffiziell zur Zusammenarbeit gewonnen ... Seine operative Einbeziehung wurde 1977 mit Beendigung des Vorgangs aus dem Operationsgebiet eingestellt».

Gysi war im Rahmen einer so genannten Operativen Personenkontrolle (OPK) erfasst. Eine solche OPK hatte normalerweise das Ziel, eine Person zu überwachen bzw. auszuspionieren. In der Auslandsaufklärung hatte sie einen anderen Charakter als in anderen Abteilungen des MfS. Die OPK diente dort zur Aufklärung über eine Person, nicht unbedingt zu ihrer Kontrolle. Gysis HVA-Akte soll unter der Nummer A/OPK 2185 archiviert worden sein. Sie konnte von der Gauck-Behörde jedoch nicht aufgefunden werden; die Unterlagen der HVA sind nahezu vollständig vernichtet worden. In dem erwähnten Sachstandsbericht der HVA vom Frühjahr 1978 heißt es: «Gen. Münzner (ein Referatsleiter der HVA/J. K.) brachte gleichzeitig zum Ausdruck, daß sie an einer inoffiziellen Zusammenarbeit mit Gysi nicht interessiert seien, da er ihnen dafür ungeeignet erscheint.»

Trotz dieser dünnen Aktenlage, die die Position des Anwalts stützt, ist der Immunitätsausschuss des Bundestages «davon überzeugt, daß Dr. Gysi in den Jahren 1975 bis 1977 inoffiziell mit der HVA/XI des MfS zusammengearbeitet hat». Gysi hält dagegen, dass es keine einzige Unterlage gebe, die eine Tätigkeit seiner Person für die HVA widerspiegele. Der Ausschuss könne auch nicht erklären, warum er dann nicht als IM registriert sei, wo es doch auch bei der HVA die üblichen IM-Registrierungen gegeben habe. Außerdem stütze sich der Ausschuss lediglich auf eine einzige Aussage eines MfS-Offiziers. Das könne als Nachweis niemals reichen. Außerdem habe der MfS-Offizier gar nicht behauptet, er, Gysi, sei zur «inoffiziellen Zusammenarbeit» gewonnen worden. Dessen Aussage laute vielmehr, er sei «inoffiziell zur Zusammenarbeit gewonnen» worden. «Das Wort ‹inoffiziell› bezieht sich hier darauf, daß ich von der Zusammenarbeit nichts wußte, weil mich offensichtlich eine Firma der DDR mit rechtlicher Interessenvertretung in der BRD beauftragte, ohne daß mir bekanntgegeben wurde, daß hinter dieser Firma die HVA stand», schreibt Gysi in seiner Stellungnahme zum Bericht des Immunitätsausschusses. Seine Version klingt plausibel, sie muss aber nicht richtig sein.

Die nächste Erfassung Gysis datiert aus dem Jahr 1977. Der Anwalt wurde in dem so genannten Sicherungsvorgang der Stasi-Bezirksverwaltung Berlin erfasst. Ein solcher Sicherungsvorgang, das bestätigt die Gauck-Behörde, wurde für jedes Mitglied des Rechtsanwaltskollegiums Berlin angelegt, das weder vom MfS beobachtet wurde noch mit ihm zusammenarbeitete. Dies sollte verhindern, dass eine andere Diensteinheit auf eine dieser Personen Zugriff erhält, ohne die zuständige Diensteinheit davon zu informieren. Gysis Erfassung in diesem Sicherungsvorgang wurde am 22. September 1980 gelöscht.

Von Oktober 1980 bis September 1986 lief zu Gregor Gysi ein so genannter IM-Vorlauf. Ein solcher Vorlauf diente dazu, die Eignung und Bereitschaft eines «Kandidaten» zur inoffiziellen Zusammenarbeit mit der Stasi zu überprüfen. Am 18. September 1980 gab der MfS-Offizier Wolfgang Reuter die Zustimmung zu einem Antrag seines Untergebenen Günter Lohr, einen IM-Vorlauf zu Gregor Gysi unter dem vorläufigen Decknamen «Gregor» anzulegen. Für den Fall einer Verpflichtung Gysis als Inoffizieller Mitarbeiter (IM) war für ihn der Deckname «Notar» vorgesehen. Reuter und Lohr gehörten zur Stasi-Hauptabteilung XX. Sie war zuständig für die Gebiete Staatsapparat, Kultur, Kirche und den so genannten politischen Untergrund. Ihre Operativgruppe (OG) wurde ursprünglich geschaffen, um Rudolf Bahro und Robert Havemann bearbeiten und kontrollieren zu können. 1981 wurde sie zur Abteilung XX/9 umgebildet und war ausschließlich zur Bekämpfung des «politischen Untergrundes» zuständig.

Der IM-Vorlauf «Gregor» wurde am 28. Oktober 1980 unter der Registriernummer XV/5647/80 zu den Akten genommen. Eine Bestätigung bzw. Umregistrierung zu einem «regulären» IM-Vorgang erfolgte zu keiner Zeit. Das vollständig erhaltene IM-Buch weist an der entsprechenden Stelle, an der eine IM-Anwerbung hätte notiert werden müssen, keinen Eintrag auf. Die IM-Vorlauf-Akte, das bestätigt die Gauck-Behörde, «enthält in dem Zustand, wie sie vom MfS archiviert worden ist, keine Unterlagen, die auf eine inoffizielle Zusammenarbeit mit Dr. Gysi zurückgehen». Es gebe aber aus dem gleichen Zeitraum zahlreiche andere Unterlagen, die «auf eine Zusammenarbeit Dr. Gysis mit dem MfS hinweisen». Bemerkenswert daran jedoch ist, dass in diesen Akten die Bezeichnung «Gregor» fast ausschließlich vor dem 18. September 1980 verwendet wird, also vor dem Tag, an dem der IM-Vorlauf «Gregor» erst angelegt worden ist. In der Zeit danach ist von «Notar» die Rede. Die Quellenbezeichnung «Gregor» wurde also vom MfS zu einem Zeitpunkt verwandt, zu dem sie Gysi offiziell nicht zugeordnet war.

Der IM-Vorlauf «Gregor» wurde von der HA XX/9 sechs Jahre lang geführt und am 17. September 1986 ordnungsgemäß archiviert. Im Abschlussbericht des MfS-Offiziers Lohr vom 13. August 1986 heißt es dazu: «Obwohl der Kandidat in der ersten Zeit der mit ihm geführten Gespräche über die oben angeführten Personen (gemeint sind Bahro und Havemann/J. K.) Informationen über Verhaltensweisen und geplante Aktivitäten übergab, war festzustellen, daß er an seiner Schweigepflicht als Rechtsanwalt festhält. Von dieser Haltung war auch die Zusammenarbeit geprägt. Es muß eingeschätzt werden, daß Hinweise zu Personen und Sachverhalten allgemeingültigen Charakter trugen, die, wie sich nach Überprüfung herausstellte, größtenteils auch offiziell erlangt werden konnten ... Aufgrund der beruflichen Stellung des Kandidaten ist auch künftig eine ersprießliche und konkrete Zusammenarbeit seitens des Kandidaten nicht zu erwarten.» Zur Begründung der Archivierung, also der Beendigung des IM-Vorlaufs, heißt es: «Die Möglichkeiten des Kandidaten zu einer inoffiziellen Zusammenarbeit sind aufgrund der beruflichen Tätigkeit begrenzt. Er ist daher zur Aufklärung und Bekämpfung politischer Untergrundtätigkeit nicht geeignet.» Die Staatssicherheit erklärt Gysi an dieser Stelle offiziell für IM-untauglich.

Die ehemaligen MfS-Offiziere Reuter und Lohr haben in einem Prozess Gysis gegen den *Spiegel* am 30. Januar 1998 vor dem Hamburger Landgericht unter Eid erklärt, dass Gregor Gysi niemals als IM für das MfS tätig gewesen sei. Sie hätten die entsprechenden Informationen von fast überall her gesammelt, von anderen IMs in Gysis Umfeld, durch Abhören seiner Mandanten, durch Kontrolle seiner Post. Gysi hätte sich nie mit ihnen getroffen, nie Informationen geliefert oder gar Geschenke bekommen.

Die ungewöhnlich lange Dauer des IM-Vorlaufs – die Richtlinien des MfS sahen dafür normalerweise nur einige Monate vor – erklärte der zuständige Stasi-Offizier Lohr damit, dass er die Hoffnung gehabt hätte, Gysi irgendwann doch noch als IM werben zu dürfen. Außerdem hätte er sich durch die lange Registrierung des IM-Vorlaufs die Zuständigkeit seiner Abteilung gesichert. Keine andere Diensteinheit hätte in dieser Zeit ohne die Genehmigung der HA XX Zugriff auf Gysi nehmen dürfen. So lange hätte er den beabsichtigten IM-Decknamen «Notar» für verschiedene Quellen im Zusammenhang mit Gysis Anwaltstätigkeit genutzt.

Warum ist Gregor Gysi eigentlich nie offiziell als IM verpflichtet worden? Wolfgang Reuter von der HA XX/9 begründete das in einem

Interview mit dem *Neuen Deutschland* am 27. Juni 1998 so: «Zur Ablehnung des Werbungsvorschlags trug damals bei, daß Gysi mit Leuten gesprochen hat, die möglicherweise von westlichen Geheimdiensten auf ihn angesetzt waren. Das wird er nicht geahnt haben. Er hat mit westdeutschen Journalisten gesprochen, mit Mitarbeitern der BRD-Vertretung. Darüber hatten die HVA und die Spionageabwehr umfangreiche Informationen. Über all diese Kontakte hat er nicht informiert, weder im ZK noch im Anwaltskollegium. Als Genosse hätte er das nach den Vorschriften melden müssen. Außerdem war Gregor Gysi für meine Begriffe für eine bewußte geheimdienstliche Tätigkeit unbrauchbar. Deshalb habe ich seine Anwerbung als IM abgelehnt. Der Mann ist in diesen Dingen zu naiv. Der kontrolliert seine Gesprächspartner nicht.»

Natürlich kann das stimmen – muss aber auch nicht. Die Aussagen von ehemaligen Stasi-Offizieren können nur bedingt als der Wahrheit letzter Schluss angesehen werden, selbst wenn sie unter Eid getroffen wurden.

Aus Sicht des MfS-Offiziers Lohr und seines Vorgesetzten Reuter erfolgte die Archivierung des IM-Vorlaufs zu einem Zeitpunkt, da genügend Material gegen Gregor Gysi vorlag, um eine Operative Personenkontrolle (OPK) einzuleiten. In dieser OPK wurde Gysi am 18. September 1986, also am Tag nach der Archivierung des IM-Vorlaufs «Gregor», von der HA XX/9 erfasst. Gysi geriet jetzt also selbst ins Überwachungssystem der Stasi.

Diese Operative Personenkontrolle hatte den Decknamen «Sputnik», die Registriernummer lautete XV 4628/86. In dem von Lohr unterzeichneten Eröffnungsbericht dieser OPK heißt es: «Die angeführte positive Einschätzung steht im Widerspruch zu den inoffiziellen und offiziellen Aufklärungsergebnissen. Die OPK wird deshalb mit folgender Zielsetzung bearbeitet: 1. Umfassende Aufklärung der Person und seines Umgangskreises im beruflichen und Freizeitbereich ... 2. Klärung des Charakters der Beziehungen zu seinem Klienten ... 3. Aufklärung der Verbindungen zu Personen aus dem NSW (Nichtsozialistischen Wirtschaftsgebiet/J.K.), besonders zu den in der DDR akkreditierten Korrespondenten und Mitarbeitern der Ständigen Vertretung der BRD in der DDR.»

Die OPK-Akte «Sputnik» ist bis heute nicht aufgefunden. Es gibt für die Zeit ab 1986 jedoch zahlreiche Nachweise darüber, dass Gysis Telefon im Büro abgehört sowie seine dienstliche und private Post kontrolliert wurde. Außerdem liegen IM-Berichte über ihn vor. Zu den Motiven dieser «operativen Bearbeitung» Gysis noch einmal die beiden Stasi-Offiziere: Reuter behauptete in dem bereits erwähnten ND-Interview, Gysi habe seine Mandanten so erfolgreich verteidigt, «dass mir Mitarbeiter verschiedener MfS-Bereiche oft gesagt haben: Der Mann ist doch Parteimitglied, aber er handelt als Rechtsanwalt gegen die Interessen der Partei, weil er unsere Gegner vertritt». Lohr im selben Interview dazu: «Wir sind damals im MfS gefragt worden, warum wir Gysi nicht zur Strecke bringen. Aus solchen Überlegungen ist später die Operative Personenkontrolle (OPK) entstanden.»

Auf der anderen Seite gibt es ab 1986 auch Stasi-Akten, in denen eine Quelle «Notar» inoffiziell berichtet hat. Außerdem existieren Tonbandabschriften, die den Quellenvermerk IM «Sputnik» enthalten. Auch Belege über so genannte Operativgeldabrechnungen für «Sputnik» liegen vor, einige dazugehörige Datumsangaben (20. 1. 1987, 28. 1. 1988, 17. 1. 1989) weisen eine unmittelbare zeitliche Nähe zu Gysis Geburtstag am 16. Januar auf. Kann Gysi also gleichzeitig überwacht worden sein und als IM gearbeitet haben? Wenn das so gewesen ist – warum hat die Stasi dann für beide Maßnahmen ein und denselben Decknamen («Sputnik») verwendet?

Die beiden Stasi-Offiziere Reuter und Lohr haben ausgesagt, sie hätten die OPK-Akte Ende 1989 durch den Reißwolf gejagt. Die Unterlagen dieser Personenkontrolle seien aus ihrer damaligen Sicht für Gysi belastend gewesen. «Wir glaubten ja, er würde der neue SED-Generalsekretär und damit unser oberster Vorgesetzter. Heute würde ihn das entlasten. Umso bedauerlicher ist das Ganze.»

Operative Personenkontrolle bei der HVA 1975 bis 1977, Sicherungsvorgang bei der Stasi-Bezirksverwaltung Berlin 1977 bis 1980, IM-

Vorlauf «Gregor» bei der HA XX 1980 bis 1986, Operative Personen-kontrolle «Sputnik» 1986 bis 1989 – gerade aus dieser lückenlosen Registrierung bei der Staatssicherheit ergibt sich für Gregor Gysi, dass er niemals als IM registriert war und nicht inoffiziell mit dem MfS zusammengearbeitet hat. Auch aus den personenbezogenen Unterlagen gebe es keinen einzigen Nachweis dafür.

Für die Gauck-Behörde und den Immunitätsausschuss des Bundestages ergibt sich gerade aus dieser lückenlosen Registrierung und aus den dazu aufgefundenen Unterlagen, dass Gregor Gysi, obwohl zu keinem Zeitpunkt als IM erfasst, von 1978 bis 1989 inoffiziell mit der Stasi zusammengearbeitet und personenbezogene Informationen über seine Mandanten weitergegeben hat. «Trotz seiner unterschiedlichen Erfassung in einem Sicherungsvorgang, IM-Vorlauf oder in einer OPK ist der Charakter des Verhältnisses Dr. Gysis zum MfS grundsätzlich gleich geblieben. Im konkreten Fall sind diese unterschiedlichen Erfassungen lediglich die Voraussetzung für eine konspirative Zusammenarbeit gewesen», heißt es im «Ergänzenden Bericht» der Gauck-Behörde. Zur Erklärung dieser «Spezialvariante für Gysi» (Gauck) wird ausgeführt: «Die Erfahrungen bei der Aktenauswertung zeigen, daß in einzelnen Fällen die Erfassungsart allein, wie sie Karteikarten oder andere Dokumente, etwa als IM-Vorlauf, IM, OPK oder OV ausweisen, jedoch nicht immer das wirkliche Verhältnis zwischen der Person und dem MfS widerspiegelt.» Dem letzten Satz hat die Gauck-Behörde eine Fußnote angefügt: «Beispiele sind dem BStU bekannt.»

Gysi wirft der Gauck-Behörde vor, bislang kein einziges Beispiel für solche angeblich besonders raffinierten IM-Tarnungen genannt zu haben – außer ihm, Gysi, selbst. Habe Gauck nicht immer wieder erklärt, die Stasi-Unterlagen, insbesondere das Handwerkszeug des MfS, spiegelten im Prinzip die Wahrheit wider? Solle er etwa, so fragt der PDS-Politiker, eine einzigartige Ausnahme in der 40-jährigen DDR-Geschichte sein? Hat die Staatssicherheit in seinem Fall alle internen Richtlinien für IM-Registrierungen über den Haufen geworfen, nur um ihn, Gysi, vor der Stasi selbst zu tarnen? «Denn wenn es dem MfS möglich gewesen sein soll, im Rahmen eines Sicherungsvorgangs bzw. eines IM-Vorlaufs inoffiziell mit mir zusammenzuarbeiten, was war dann der Grund, den IM-Vorlauf mit der Begründung zu archivieren, daß ich als IM ungeeignet sei, und eine Operative Personenkontrolle gegen mich zu eröffnen?», fragt Gysi weiter. «Wieso konnte die vermeintliche inoffizielle Zusammenarbeit nicht im Rahmen des IM-Vorlaufs fortgesetzt werden? Und warum wurde daraus kein IM-Vorgang? Es ist doch nicht denkbar, daß das MfS aus einer Laune heraus die Art der Erfassung ändert, eine umfangreiche Begründung für die Einleitung einer Operativen Personenkontrolle gegen mich fertigt, obwohl es nur die Zusammenarbeit fortsetzen will, wie sie bis dahin gelaufen sein soll.»

Und in seiner Stellungnahme zum Bericht des Immunitätsausschusses kommt Gysi zu dem Schluss: «Der immer wieder aufkommende Verdacht, daß ich mit dem MfS inoffiziell zusammengearbeitet haben könnte, resultiert allein aus der Tatsache, daß in den Akten Dritter sich Informationen über meine anwaltliche Tätigkeit befinden. Der Ausschuß geht den einfachen Weg zu behaupten, daß diese Informationen von mir an das MfS geliefert worden sein müßten, und stützt darauf seine Feststellung. Wenn aber meine Registrierungen und die personenbezogenen Unterlagen zu mir einer solchen Feststellung widersprechen, ist diese weder gerechtfertigt noch nachgewiesen.»

Die Auseinandersetzung um Gysis mutmaßliche Stasi-Verstrickung ist auch und vor allem ein Kampf um Glaubwürdigkeit – die des Anwalts und die seiner früheren Mandanten, die der Stasi-Unterlagenbehörde und die von Gysis politischen Kontrahenten. Nach fast fünfzehn Jahren erbitterten Streits kann keiner der Kontrahenten mehr für sich in Anspruch nehmen, völlig interessenlos zu agieren. Für das schaurig erregte Publikum hingegen ist die Stasi-Geschichte längst zu einer reinen Glaubensfrage geworden. War er's oder war er's nicht? Für Zwischentöne und differenzierte Interpretationen ist längst kein Platz mehr. Die Person Gregor Gysi scheint die Extreme der Phantasie anzuregen: Er kann entweder nur cleverer Anwalt oder Verräter sein.

Als hätte Gysi frühzeitig geahnt, was ihn später erwarten sollte, ging er bereits 1990 in die Offensive. In jenem Jahr zog die PDS überraschend in den Deutschen Bundestag ein, und der damalige Parteivorsitzende Gregor Gysi beantragte selbst die Stasi-Überprüfung seiner Person. Das war nicht das erste Mal. Einer ersten, «negativen» Kontrolle hatte er sich bereits in der DDR-Volkskammer 1990 unterzogen. Im Herbst 1991 folgte nun eine zweite Überprüfung. Die Gauck-Behörde teilte im November 1991 mit, bei Gysi hätten sich «keine Hinweise auf eine Zusammenarbeit mit dem ehemaligen Staatssicherheitsdienst» ergeben.

Im Januar 1992, als die ersten Stasi-Vorwürfe öffentlich wurden, erhielt Gysi, wiederum auf eigenen Antrag, Einsicht in seine Unterlagen bei der Gauck-Behörde. Er stellte das Material der Öffentlichkeit zur Verfügung. Danach leitete der Ausschuss für Wahlprüfung, Immunität und Geschäftsordnung des Deutschen Bundestages – er ist für die Stasi-Überprüfung von Abgeordneten formal zuständig – auf Gysis Wunsch hin eine nochmalige Überprüfung ein. Der Ausschuss kam zu dem Ergebnis, dass «eine inoffizielle Tätigkeit Dr. Gysis für das MfS nicht erwiesen» sei. In seinem Abschlussbericht vom April 1994 trug der Ausschuss aber entgegen seinem Auftrag nicht nur Fakten zusammen, sondern machte Andeutungen und gab Wertungen ab, die eine Verstrickung Gysis mit der Stasi nahe legten. Dagegen wehrte sich Gysi vor dem Bundesverfassungsgericht. Der Bericht durfte nicht veröffentlicht werden.

Im Oktober 1994 schaffte es die PDS wieder in den Bundestag. Bereits am 17. Oktober 1994, einen Tag nach der Bundestagswahl, schickte die Gauck-Behörde neue Unterlagen an den Immunitätsausschuss, der sich zu diesem Zeitpunkt noch gar nicht konstituiert hatte. Auf Antrag des PDS-Vorsitzenden Lothar Bisky leitete Gauck noch im gleichen Monat eine neuerliche Untersuchung Gysis ein, diesmal die sechste. Ergebnis, wie die anderen Male zuvor: negativ.

Im Januar 1995 dann legten Mitarbeiter von Joachim Gauck

den Entwurf eines speziellen Gutachtens vor. Darin sind die Stasi-Unterlagen in Bezug auf Gysi in ihrer ganzen Widersprüchlichkeit zusammengefasst. «Die Tatsache, daß die für dieses Gebiet verantwortlichen MfS-Offiziere Dr. Gysi als IM bzw. auch als GMS (Gesellschaftlicher Mitarbeiter für Sicherheit/J. K.) bezeichnen, ohne ihn als solchen erfaßt zu haben, zieht sich wie ein roter Faden durch das gesamte bisher aufgefundene Aktenmaterial», steht da an einer Stelle. An anderer Stelle heißt es: «Die Tatsache allein, daß ein MfS-Offizier eine Person in Dokumenten als IM bezeichnet, macht noch keinen IM aus ihr.» Dieser interne Entwurf wurde von der Leitung der Behörde verworfen. Er schien ihr in der Frage, ob eine inoffizielle Stasi-Tätigkeit Gysis nachzuweisen sei, wohl zu offen formuliert. Die Mitarbeiter mussten das Gutachten fünfmal umschreiben. So jedenfalls schilderte es einer von ihnen, der sich darüber maßlos empörte. Dieser Gauck-Mitarbeiter überreichte der PDS einige Unterlagen seiner Behörde als Beweis.

Im Februar 1995 beschloss der Immunitätsausschuss des Bundestages eine erneute Überprüfung des PDS-Gruppenvorsitzenden, diesmal gegen den Willen von Gysi. Drei Monate später, am 26. Mai 1995, legte die Gauck-Behörde eine «Gutachterliche Stellungnahme» vor. Sie ist ausgeklügelt formuliert. In ihr wird die wörtliche Behauptung, Gysi sei IM gewesen, vermieden. An einer Stelle heißt es sogar, dass er «nicht förmlich als inoffizieller Mitarbeiter (IM) erfasst war», wobei die Verwendung des Wortes «förmlich» suggeriert, Gysi könne eben doch IM gewesen sein, quasi «nicht förmlich». In ihrem zentralen Vorwurf ist die Stasi-Unterlagenbehörde jedoch eindeutig, wenn auch mit verbaler Absicherung: «Die aufgefundenen Unterlagen legen den Schluß nahe», steht im Gutachten, «daß Dr. Gysi als anwaltlicher Vertreter von oppositionellen Bürger(n) die Interessen des MfS mit durchsetzen half und mandantenbezogene Informationen an das MfS weitergab.»

Gysi machte Joachim Gauck, dem Leiter der Behörde, daraufhin schwere Vorwürfe. Auf einer Pressekonferenz am 31. Mai 1995 behauptete er, dem Gutachten seien mehrere Entwürfe vorausgegangen, die mehrfach so verändert wurden, bis ein Text entstand, der ihn nun eindeutig belasten soll. Entlastende Passagen seien auf Anweisung herausgenommen worden. Gauck wehrte sich gegen diese Vorhaltungen. «Wir haben in einem langen Prozeß der Erarbeitung unserer gutachterlichen Stellungnahme natürlich redundantes Material entfernt», sagte er. Und: «Bei unserer ersten Auskunft an den Bundestag konnten wir die komplette Aktenlage nicht berücksichtigen, weil wir seinerzeit einen Teil der Information aus den Opferakten nicht heranziehen konnten. Daher stellte sich die Aktenlage für die Behörde am Anfang dieses Jahres ganz anders dar. Die Gesamtschau aller vorhandenen Materialien hat uns erlaubt, einen Schritt weiterzugehen.» In einem Interview mit der *taz* am 12. Juni 1995 erläuterte Gauck auch zum ersten Mal die Einschätzung seiner Behörde, Gysi habe mit der Stasi inoffiziell zusammengearbeitet, ohne als IM registriert worden zu sein: «Das MfS hat die Zusammenarbeit mit Gysi offensichtlich nicht wie die mit einem gewöhnlichen IM gestaltet … Es war ein Arbeitskontakt, der nicht nur die besonderen Möglichkeiten, sondern auch die besonderen Qualitäten dieses Mannes berücksichtigt hat. Die Staatssicherheit hatte gegenüber Gregor Gysi eine intelligente Strategie entwickelt … Unser Gutachten macht gerade deutlich, daß es aufseiten des MfS eine Spezialvariante im Umgang mit Gysi gegeben hat.»

Als Gysi sich gegen diese Vorwürfe öffentlich wehrte, beschloss der Immunitätsausschuss entgegen seiner bisherigen Praxis, das Gauck-Gutachten öffentlich zu machen. Gysi beantragte daraufhin beim Berliner Verwaltungsgericht eine einstweilige Anordnung gegen die Stasi-Unterlagenbehörde. Gauck konterte, sein Gutachten enthalte Wertungen und Schlussfolgerungen, diese könnten «richtig oder falsch, plausibel oder nicht nachvollziehbar begründet» sein – aber Tatsachenbehauptungen stellten sie nicht dar, und deshalb dürften sie auch nicht verboten werden. Das Gericht wies Gysis Antrag zurück. Begründung: Der Bundesbeauftragte für die Stasi-Unterlagen erhebe «nämlich erkennbar für seine Äußerungen keinen Wahrheitsanspruch».

Am 1. Februar 1996 schickte die Gauck-Behörde dem Immunitätsausschuss des Bundestages neu aufgefundene Unterlagen, die mit Gysi in Zusammenhang stehen. Im Auftrag des Ausschusses lieferte Gauck dann am 13. März 1997 einen «Ergänzenden Bericht» zu diesem neuen Gysi-Material hinterher. Die Erkenntnisse des Gutachtens wurden darin «bestätigt, ergänzt und konkretisiert».

Auf der Grundlage all dieser Unterlagen verabschiedete der Immunitätsausschuss am 8. Mai 1998 seinen endgültigen Bericht. Dieser Beschluss sollte ursprünglich bereits Mitte 1997 fallen, aber vor allem die CDU/CSU-Fraktion verzögerte das Verfahren mit Blick auf anstehende Wahlkämpfe. Der Abschlussbericht über Gysi, jetzt fünf Monate vor den Bundestagswahlen fertig gestellt, ist mit scheinbar unerschütterlicher Überzeugung formuliert. Der zentrale Vorwurf im Schlusskapitel lautet: «Zur Überzeugung des 1. Ausschusses steht fest: Dr. Gregor Gysi hat in der Zeit seiner inoffiziellen Tätigkeit Anweisungen seiner Führungsoffiziere über die Beeinflussung seiner Mandanten ausgeführt und über die Erfüllung seiner Arbeitsaufträge berichtet. Er hat sich hierauf nicht beschränkt, sondern auch eigene Vorschläge an das MfS herangetragen. Dr. Gysi hat seine herausgehobene berufliche Stellung als einer der wenigen Rechtsanwälte in der DDR genutzt, um als Anwalt auch international bekannter Oppositioneller die politische Ordnung der DDR vor seinen Mandanten zu schützen. Um dieses Ziel zu erreichen, hat er sich in die Strategien des MfS einbinden lassen, selbst an der operativen Bearbeitung von Oppositionellen teilgenommen und wichtige Informationen an das MfS weitergegeben. Auf diese Erkenntnisse war der Staatssicherheitsdienst zur Vorbereitung seiner Zersetzungsstrategien dringend angewiesen. Das Ziel dieser Tätigkeit unter Einbindung von Dr. Gysi war die möglichst wirksame Unterdrückung der demokratischen Opposition in der DDR.»

15 Ausschussmitglieder von CDU/CSU, SPD und Grünen stimmten dem Bericht zu. Nur zwei Parlamentarier verweigerten sich dieser quasi richterlichen großen Koalition: Ulla Jelpke (PDS) und Jörg van Essen (FDP). Sie legten jeweils eigene Berichtsentwürfe vor, in denen

sie eine IM-Tätigkeit Gysis für nicht belegt hielten. Insbesondere der Entwurf des FDP-Abgeordneten van Essen, eines Oberstaatsanwalts a. D., war in seiner Sachkenntnis und seiner Fairness eindrucksvoll. Es gebe «wesentliche Indizien» für eine Zusammenarbeit Gysis mit der Stasi, schrieb er. Eine solche Zusammenarbeit lasse sich «jedoch nicht zweifelsfrei nachweisen», und schon gar nicht ein Mandantenverrat. Im Grunde sagte van Esse, er könne die Wahrheit zum jetzigen Zeitpunkt nicht wissen – und entschied sich im Zweifel für den «Angeklagten».

Der «Beschuldigte» antwortete am 29. Mai 1998 in einer ausführlichen Stellungnahme auf den Bericht des Immunitätsausschusses. Gysi wies alle Stasi-Vorwürfe zurück. Er warf dem Ausschuss vor, nicht einen einzigen Beweis, sondern nur Unterstellungen, Mutmaßungen und mediengerechte Wertungen geliefert zu haben. Ihn entlastende Unterlagen wie zum Beispiel die Schreiben mehrerer seiner früheren Mandanten seien nicht berücksichtigt worden. «Insgesamt ist es dem Ausschuß nicht gelungen, die Vorwürfe zu belegen, die er gegen mich erhebt», schrieb Gysi. «Wenn es das MfS nicht geschafft hat, mich zu einem IM zu machen, dann wird es nachträglich auch dem Ausschuß nicht gelingen. Einmal angenommen: dieselbe Biographie, dieselben Unterlagen des Bundesbeauftragten, dieselben Schreiben der Mandanten, dieselben gerichtlichen und staatsanwaltlichen Entscheidungen aus Hamburg und Berlin und nur ein Unterschied, ich wäre nicht Politiker der PDS, sondern zum Beispiel der CDU oder der SPD. Das dann durchgeführte Verfahren, der Feststellungsbeschluß, der dann ergangen wäre; nur das, und nicht mehr, hätte ich für mich verlangt.»

Mit den letzten Worten seiner Entgegnung hatte Gysi auf einen tatsächlich problematischen Umstand dieser Überprüfung aufmerksam gemacht: Hier war ein Gremium des Bundestages politisch missbraucht worden. «Es ist ohnehin schon fragwürdig, wenn Politiker via Ausschuß in einem Pseudoprozeß mit Prangerwirkung über ihre politischen Gegner urteilen dürfen», schrieb die *Süddeutsche Zeitung* in einem Kommentar am 21. Juli 1998. Indiskutabel werde die Angelegenheit aber, wenn sich Parlamentarier weder an die eigenen Vorgaben noch an die des höchsten Gerichts hielten. Der Immunitätsausschuss habe sich nicht, wie von Karlsruhe vorgeschrieben, auf «sichere Überzeugungen» gestützt, er habe sich auch keine Mutmaßungen verboten. «Vielmehr», so die SZ weiter, «zogen die Abgeordneten in bester Wahlkampfmanier über ihren Kollegen her, stellten den Ex-DDR-Anwalt in den einer Bundestags-Drucksache unwürdigen Schlußsätzen fast auf eine Stufe mit Erich Mielke.»

Der Immunitätsausschuss hatte sich im Fall Gysis gleich mehrerer der üblichen Tricks des politischen Geschäfts bedient, von der Hinhaltetaktik bis hin zum Setzen nicht einzuhaltender Fristen für die Lektüre umfangreicher Unterlagen, von der fraktionsübergreifenden Kungelei bis hin zur offenen Einflussnahme auf den Verfasser von Gutachten. Einmal hatte Dr. Bertold Reinartz, der Sprecher der CDU-Bundestagsabgeordneten im Immunitätsausschuss, sogar die Gauck-Behörde aufgesucht und dem für das Gysi-Gutachten verantwortlichen Mitarbeiter detaillierte Hinweise für die «gutachterliche Stellungnahme» gegeben. Außerdem hatte Reinartz gebeten zu erwägen, ob die Gauck-Behörde parallel zu ihrem Gutachten nicht eine Strafanzeige gegen Gysi wegen Mandantenverrats stellen könnte.

Die Straftat, die der CDU-Sprecher des Immunitätsausschusses Gysi offenbar gern untergejubelt hätte, sollte also eine dem Innenminister unterstellte Behörde selbst «organisieren». Das war perfide, aber konsequent gedacht. Denn es gab bis dahin keine einzige Anzeige eines Mandanten von Gysi wegen Verrats; eine solche Anzeige gibt es übrigens bis heute nicht.

Wegen des Abschlussberichts des Immunitätsausschusses zog Gysi erneut vors Bundesverfassungsgericht. Er sah sich durch die «unbewiesenen Behauptungen» in seinen Abgeordnetenrechten verletzt und reichte deshalb eine Organklage ein. Die Karlsruher Richter fühlten sich für Schuld oder Unschuld des PDS-Politikers nicht zuständig. Sie waren ihrer eigenen Einschätzung nach nur für das vom Bundestag beschlossene und praktizierte Überprüfungsverfahren verantwortlich – und wiesen Gysis Klage am 20. Juli 1998 ab. Der

Abschlussbericht des Immunitätsausschusses verletzte den PDS-Abgeordneten nicht in seinen Rechten.

Über diese Frage kam es im Zweiten Senat des Bundesverfassungsgerichts allerdings zu einem offenen Streit. Vier Richter, unter ihnen die Gerichtspräsidentin Jutta Limbach, teilten Gysis Rechtsaufassung. Die Abstimmung ergab also ein Patt: vier zu vier Richter. Bei Stimmengleichheit kann aber nach dem Gesetz ein Verfassungsverstoß nicht festgestellt werden. Die Pro-Gysi-Fraktion im Verfassungsgericht legte ein Sondervotum vor und las darin dem Immunitätsausschuss die Leviten. Insbesondere die Schlusspassage des Gysi-Berichtes griffen die vier Richter mit ungewöhnlich scharfen Worten an. Sie enthalte «keine Feststellungen, sondern Mutmaßungen». Gysi könne «deren Unwahrheit nicht aufzeigen». Damit habe der Ausschuss nicht nur seinen Untersuchungsauftrag überschritten. «Im Gesamtzusammenhang des Berichts können die dort gemachten Aussagen nur als Vorwurf einer groben Verletzung anwaltlicher Berufspflichten verstanden werden. Dabei werden sie in ihrer Einseitigkeit der besonderen Situation anwaltlicher Vertretung von Regimegegnern in einer Diktatur nicht gerecht», schrieben die vier Richter. «Die Schlußpassage ist daher geeignet, den Verdacht zu nähren, das Überprüfungsverfahren werde als ein Mittel der politischen Auseinandersetzung gebraucht, um den betroffenen Abgeordneten zu diskreditieren.»

Im wichtigsten Punkt waren sich sogar alle acht Richter einig: in der Einschätzung von Gysis Anwaltätigkeit und ihrer besonderen Gratwanderung. «Die – rechtsstaatswidrigen – Bedingungen einer anwaltlichen Tätigkeit in der DDR waren bei politischen Strafverfahren nicht selten mit Risiken für Anwalt und Mandant verbunden, wenn der Anwalt bei der Wahrnehmung seines Mandats jede Zusammenarbeit mit dem MfS oder ähnlichen Stellen verweigerte», schrieben sie in ihrer Urteilsbegründung. «Wenn ein Anwalt in solchen Fällen nach einer Abwägung mit den Belangen des Mandanten, seinen Berufspflichten und seinem berechtigten Interesse an der Fortführung seiner – auch mandantengeschützten – Anwaltstätigkeit mit dem MfS zusammenarbeitete, um dessen Vertrauen zu gewinnen und so die Belange des Mandanten gegenüber zuständigen Stellen verfolgen zu können, so schützte er letztlich seinen Mandanten vor dem Staat der DDR.» Das war so ganz das Gegenteil dessen, was der Immunitätsausschuss in der Schlusspassage seines Berichts behauptete.

Gysi hatte mit seiner Organklage im vollen Umfang verloren. Seine Niederlage hatte trotzdem etwas Tröstliches. Die *Zeit* titelte am 23. Juli 1998: «Ein halber Freispruch».

Diejenigen, die Gysi einer inoffiziellen Zusammenarbeit mit der Staatssicherheit beschuldigen, können zwei Widersprüche einfach nicht überzeugend ausräumen. Warum soll die Stasi Gysi offiziell nie als IM registriert, ihn aber gleichzeitig mit ständig abwechselnden Decknamen als Quasi-IM doch eingebunden haben? Und worin besteht der konkrete Verrat Gysis, wenn er für seine Mandanten – bleiben wir bei den Fällen Bahro und Havemann – im Wesentlichen das erreicht hat, was sie sich von ihm erhofft haben?

Bei der ersten Frage ist der Hinweis von Joachim Gauck auf eine besonders «intelligente Strategie», sozusagen eine «Spezialvariante» der Stasi im Umgang mit Gysi, nicht ganz abwegig, aber auch nicht wirklich belastbar. Die permanente Konspiration der Stasi gegen sich selbst, die sich aus dieser Überlegung ergibt, wirkt reichlich abenteuerlich, vor allem, wenn man dem DDR-Geheimdienst gleichzeitig unterstellt, dass er im Prinzip, was sein Handwerk betrifft, «korrekt» und nach klaren Kriterien gearbeitet hat. Warum schließt die Stasi den IM-Vorlauf «Gregor» mit dem Hinweis, Gysi sei als IM für die «Bekämpfung politischer Untergrundtätigkeit nicht geeignet», und eröffnet anschließend eine Operative Personenkontrolle gegen ihn, wenn sie doch eigentlich nur die Zusammenarbeit mit ihrem vermeintlichen Top-IM fortsetzen will? Darauf würde man gern eine überzeugende Antwort hören.

Wenn man die Akten allein nach Hinweisen auf eine mögliche Stasi-Tätigkeit Gysis durchsieht, dann kommt seine Tätigkeit als

Anwalt von Bahro und Havemann zu kurz. Gysi hat beide Oppositionellen vor Gericht konsequent verteidigt. Und er hat unter komplizierten politischen Bedingungen seinen Mandanten vielfach geholfen: Bahro wurde in Bautzen die Haft erleichtert, und er konnte, als er keinen anderen Ausweg mehr sah, schnell in die Bundesrepublik ausreisen. Gegen Havemann wurde in der Zeit, als Gysi sein Anwalt war, kein Ordnungsstrafverfahren und kein Strafverfahren mehr durchgeführt. Seine Bücher wurden nicht beschlagnahmt, er konnte im Westen veröffentlichen. Bis auf einen Tag gab es keinen Hausarrest. Das Holzhaus gelangte nicht in den Besitz der Stasi, und an der Gedenkveranstaltung in Brandenburg konnte Havemann unter Bedingungen, die er selbst als akzeptabel ansah, teilnehmen.

Diese «Erleichterungen» sowohl für Bahro als auch für Havemann waren eines sozialistischen Staates immer noch unwürdig, und sie stellten für die Betroffenen alles andere als das Paradies auf Erden dar – aber für dieses Paradies zu sorgen lag weder in Gysis Macht, noch haben seine Mandanten das von ihm erwartet. Der Anwalt Gregor Gysi hat seine Aufgabe für Havemann einmal so beschrieben: «In seinem Schachspiel war ich eine Figur. Durch mich ließ er Nachrichten befördern, er speiste mich für meine Gespräche in der Abteilung Staat und Recht im ZK, die ich in seinem Auftrag zu führen hatte. Ich war Vermittler, und dafür war er mir dankbar. Doch zugleich saß ich zwischen den Stühlen.» Gysi konnte unter Bedingungen, die rechtsstaatswidrig waren, nur mit den Waffen kämpfen, die ihm zur Verfügung standen. Er musste mit der Staatsmacht dealen. Er musste politische Vermittlerfunktionen übernehmen, die nicht in seinem eigentlichen juristischen Auftrag lagen. Er tat das nicht zuletzt deswegen, weil seine Mandanten das so wünschten.

Dabei hat Gysi die Grenze zur offenen Konfrontation mit der Macht nie überschritten. Er hatte die Maßregelung seines Vorgängers Götz Berger immer vor Augen. Gysi war in seinem Plädoyer vor dem Bundesverfassungsgericht am 30. Juni 1998 so ehrlich zuzugeben, dass das Berufsverbot für den Havemann- und Biermann-Anwalt Berger ein Signal auch für ihn gewesen sei, «bestimmte politische

Grenzen bei der Vertretung solcher Mandanten nicht zu überschreiten, wenn man seine Zulassung nicht verlieren wollte. Und ich räume durchaus ein, daß ich meine Zulassung nicht verlieren wollte.»

Man kann Gysi dieses Mitspielen vorwerfen. Der aufrechte Dissident Jürgen Fuchs tat das in einer scharfen Abrechnung am 12. Juni 1995 im *Spiegel*, als er sagte, ihm gehe dieses ständige Getue dieses linken Advokaten auf die Nerven, als habe es in Erich Honeckers Reich tatsächlich Rechtsanwälte im freien, demokratischen Sinne gegeben. «Anwälte, die im SED-Staat Oppositionelle verteidigten, mußten mit den Häschern gemeinsame Sache machen.» Angesichts der Verfolgungen und Zersetzungsmaßnahmen, denen Fuchs in der DDR ausgesetzt war, kann man sein Urteil über Gysi verstehen. Aber mal davon abgesehen, dass es undifferenziert ist – was wäre die Alternative für einen Anwalt wie Gysi unter den Bedingungen der DDR-Diktatur gewesen? Zu Bahro in den Knast zu gehen, ihm zu sagen, er komme in vier Jahren wieder, um beim Gericht eine Strafaussetzung auf Bewährung zu beantragen? Was hätte sein Mandant davon gehabt – außer die weiße Weste seines Anwalts zu bestaunen?

Oder hätte Gysi Grenzen überschreiten und sein Mandat niederlegen sollen? Wäre das im Interesse von Bahro und Havemann und all seiner anderen Mandanten gewesen? Spätestens mit der Kaltstellung von Götz Berger war dessen Methode, seine Mandanten politisch zu verteidigen, obsolet. Berger hatte 1968, als er die Havemann-Söhne nach deren Verhaftung vertrat, vor Gericht noch Lenin zitiert. Gysi wäre so etwas nie in den Sinn gekommen. Er versprach der Anwalt zu sein, der einen neuen Weg geht. Er wollte die Spielräume, so klein sie auch immer waren, nutzen.

Möglicherweise hat er seine Fähigkeiten in diesem Machtspiel überschätzt. Vielleicht ist Gysi – überzeugt davon, nicht nur ein ausgezeichneter Anwalt, sondern auch ein cleverer Verhandler zu sein – von der Stasi und der SED-Spitze mehr instrumentalisiert worden, als er damals überblickte. Seine eigene Verhandlungsstrategie, Gespräche mit der Stasi kategorisch abzustreiten, hindert ihn jedoch daran, mehr preiszugeben als nur Bruchstücke seines Wissens.

«Gysi hat bei seiner Verteidigung immer einkalkuliert, dass der, der mit der Stasi dealen musste, in der Öffentlichkeit als der Böse gilt», sagt einer von seinen engsten Beratern, der mit ihm in den neunziger Jahren in der PDS-Fraktionsführung zusammenarbeitete. «Vielleicht hätte gerade Gysi dieses Bild zerstören können. So sah es bei ihm immer ein bisschen so aus, als habe er die eigene Reinheit als Anwalt über das Wohl seiner Mandanten gestellt.»

Gregor Gysi hat nicht die «politische Ordnung der DDR vor seinen Mandanten» geschützt. Dieser Vorwurf des Bundestags-Immunitätsausschusses ist absurd. Erinnert sei an die Begründung des Bundesverfassungsgerichts zu ihrem Urteil: Wenn ein Anwalt nach einer Abwägung mit den Belangen seines Mandanten, seinen Berufspflichten und seinem berechtigten Interesse an der Fortführung seiner Anwaltstätigkeit mit dem MfS zusammenarbeitete, um dessen Vertrauen zu gewinnen und so die Interessen des Mandanten verfolgen zu können, «so schützte er letztlich seinen Mandanten vor dem Staat der DDR». Das trifft auf Gysi zu. Ob er in Ausübung dieser Pflicht tatsächlich mit der Stasi geredet hat, muss angesichts der widersprüchlichen Aktenlage offen bleiben.

Der Umgang mit dem Zweifel ist der vielleicht wichtigste Indikator für den Zustand eines Rechtsstaats. Dieser Grundsatz sollte ausgerechnet nicht bei einem Anwalt außer Kraft gesetzt werden, der sich, wenn auch in den Grenzen seiner sozialistischen Überzeugung, für ein Stück Rechtsstaat in der DDR eingesetzt hat.

Also gilt: im Zweifel für den «Angeklagten» Gysi.

8. Kapitel

Auf dem Weg nach oben wachsen die Zweifel: Die achtziger Jahre

Anfang der achtziger Jahre übernehmen Gregor Gysi und Lothar de Maizière die Verteidigung in einem Aufsehen erregenden Mordfall. Ihr Mandant wird beschuldigt, einen Homosexuellen umgebracht zu haben. Nach langen Verhören gesteht der Mann zunächst sogar das Verbrechen, später widerruft er jedoch sein Geständnis. Die beiden Anwälte gehen dem Fall akribisch nach. Nachdem ihnen Akteneinsicht gewährt wurde, demontieren sie die vorliegenden Ermittlungen Punkt für Punkt. In einer ungewöhnlich umfangreichen Schutzschrift von 110 Seiten beweisen sie nicht nur, dass Staatsanwaltschaft und Kriminalpolizei Beweismittel unterdrückt haben, sondern auch, dass ihr Mandant unschuldig ist. Das Stadtgericht Berlin lehnt die Eröffnung des Hauptverfahrens gegen den Mann ab, hebt den Haftbefehl auf und billigt dem unschuldig Inhaftierten eine Entschädigung zu. Nach zwei Jahren Untersuchungshaft ist er wieder frei.

Die Staatsanwaltschaft tobt. Schlimm genug, dass es in diesem Land überhaupt Anwälte gibt, aber jetzt boxen sie auch noch Verbrecher raus! Ein paar Wochen später werden Gysi und de Maizière für ihre Hartnäckigkeit plötzlich gefeiert: Ein Mann ist festgenommen worden, dem man nicht nur diesen Mord an dem Homosexuellen, sondern auch noch andere Morde nachweisen konnte; in zwei Fällen saßen sogar Unschuldige dafür im Gefängnis. Das Berliner Rechtsanwaltskollegium ist stolz: Zwei seiner Kollegen haben dem immer noch nicht besonders angesehenen Berufsstand alle Ehre gemacht. In der Mitgliederversammlung des Kollegiums am 22. Juni 1983 werden Gysi und de Maizière für ihre hervorragende Leistung ausdrücklich gelobt. Die beiden hätten bewiesen, «wie sich eine gute und beharrliche Arbeit auszahlen kann».

So ergeht es Gysi in dieser Zeit häufig: Die Anerkennung als guter Anwalt kann ihm kaum jemand versagen. Aber viele begegnen ihm auch mit Misstrauen. Der Genosse Gysi mag ein überzeugtes SED-Mitglied sein, aber in den Augen des SED-Zentralkomitees, des Justizministeriums und auch einiger Gerichte funktioniert er nicht so, wie sie das dort gern hätten. Dies hat nicht nur mit seiner Verteidigerrolle in den spektakulären Fällen Bahro und Havemann zu tun. Schon im April 1977 ist Gysi negativ aufgefallen. In einem politischen Strafverfahren waren damals nur Angehörige des MfS in den Saal gelassen worden. Freunde des Angeklagten hatten dagegen lautstark protestiert. In einem Prozessbericht hielt die Hauptabteilung IX/2 der Staatssicherheit fest, dass «der anwesende Bekanntenkreis offensichtlich durch einen Ausruf seines Verteidigers Rechtsanwalt Dr. Gysi («Öffentlichkeit herstellen!») ermuntert worden war, nachdrücklicher Einlaß zu fordern».

Dieser bürgerliche, intellektuelle Gysi-Spross ist einfach nicht berechenbar.

Trotzdem macht der junge Anwalt in den achtziger Jahren eine atemberaubende Karriere. Während es mit der DDR langsam, aber unaufhaltsam bergab geht, führt Gysis Weg steil nach oben.

Im Kaderprogramm des DDR-Justizministeriums für die Jahre 1981 bis 1986 ist er als Reservekader bereits für höhere Aufgaben vorgesehen. Auch die Staatssicherheit verfolgt den Berufsweg des Anwalts sehr genau. In einer Einschätzung der Stasi-Hauptverwaltung XX/9 vom 18. Februar 1982 ist von großen Erwartungen zu lesen: «Bei einer entsprechenden weiteren positiven Entwicklung sollte er als Nomenklaturkader der Bezirksleitung der SED Berlin den jetzigen Vorsitzenden des Rechtsanwaltskollegiums in einigen Jahren ablösen.» 1984 wird Gysi zum Parteisekretär des Berliner Kollegiums gewählt. Vier Jahre später ist er am Ziel seiner Wünsche: Er wird Vorsitzender des Rechtsanwaltskollegiums von Berlin und in dieser Funktion gleichzeitig Chef der Anwaltskammern aller 15 Bezirke in der DDR.

Zehn Jahre zuvor war Gysi noch eine kleine Nummer. Als 1976

dem SED-Generalsekretär Erich Honecker eine Liste von Anwälten und Notaren vorgelegt wurde, an die sich Mitglieder der Parteiführung zur Regelung persönlicher Angelegenheiten wenden könnten, hat noch niemand an Gregor Gysi gedacht. Auf der Liste standen politisch zuverlässige Top-Anwälte wie Friedrich Wolff, Jürgen Gentz, Friedrich Karl Kaul oder Wolfgang Vogel. Aber schon 1988 ist Gysi in die erste Reihe aufgerückt. Vogel gilt immer noch als Staranwalt für die heiklen Ausreisefälle. Gysi jedoch ist mittlerweile nicht nur zum Chef aller Kollegiumsanwälte in der DDR aufgestiegen, sondern auch zum Staranwalt für heikle politische Verfahren.

Was wie ein glatter Marsch durch die Institutionen der DDR-Justiz aussieht, ist für Gysi in Wirklichkeit ein Weg mit vielen Stolpersteinen. Im Berliner Anwaltskollegium gehört er zu einer Gruppe von vier, fünf jungen Kollegen, die sich zum Teil bereits seit dem Studium kennen und in einigen Fragen Auffassungen vertreten, die von der Linie der SED-Parteileitung oder des Vorstandes abweichen. Sie werden die «Viererbande» genannt. Einige von ihnen sind, ebenso wie Gysi, Kinder von antifaschistischen Emigranten.

Vor allem mit dem seit 1970 amtierenden Vorsitzenden des Berliner Kollegiums, Gerhard Häusler, kommen die jungen Anwälte nicht klar. Er ist ihnen politisch zu dogmatisch. Ein Beamtentyp, korrekt, unnahbar, leidenschaftslos. Als Häusler 1982 plant, Gysi als Parteisekretär in den Vorstand des Kollegiums einzubinden, lehnt dieser ab. Häusler wirft Gysi daraufhin vor, er habe die einheitliche Linie der Partei verlassen und wolle sich aus karrieristischen Motiven gegen angebliche Widersacher durchsetzen. Die Stasi-Hauptverwaltung XX/9 notiert in dem bereits erwähnten Bericht vom 18. Februar 1982: «Die Parteileitung ist der Auffassung, dass der Genosse Gysi jetzt weder Parteisekretär noch Mitglied der Parteileitung, noch später Vorsitzender des Rechtsanwaltskollegiums von Berlin werden kann.»

Zwei Jahre später erklärt Häusler, auch auf Druck der «Viererbande», seinen Rücktritt. Er tritt nicht zur Wiederwahl an. Jetzt sieht Gysi seine Chance gekommen. Er möchte Kollegiumsvorsitzender werden und wird durch die Unterstützung einiger Anwälte für den Posten tatsächlich nominiert. Im ZK und in der SED-Bezirksleitung setzen sie alle Hebel in Bewegung, um dies zu verhindern. Der 36-jährige Gysi ist ihnen zu «unreif». In ihren Augen ist er politisch nicht zuverlässig genug, und seine witzige, ironische Art verwechseln sie mit mangelnder Ernsthaftigkeit.

Da geht es Gregor Gysi nicht anders als seinem Vater. Er wird für sein selbstbewusstes, unkonventionelles Auftreten genauso bei der Stasi verpetzt wie Klaus Gysi Anfang der fünfziger Jahre. «Nach meiner Meinung fühlt sich Gregor Gysi als Staranwalt von Berlin», meldet ein Inoffizieller Mitarbeiter, der mit Gysi offenbar befreundet ist, am 3. September 1987 an die MfS-Kreisdienststelle Beeskow. «Der G. ist Strafverteidiger und gewinnt nach seinen Aussagen die meisten Prozesse. Dazu möchte ich auch sagen, dass er in diesen Sachen kaum ein Risiko eingeht und auch immer vorher einschätzt, ob er den Prozess gewinnt oder verliert. Bei einem evtl. Verlust lehnt er die Sache des Verteidigers ab.» Der IM lässt seinen Führungsoffizier außerdem wissen, dass Gysi sich vor eineinhalb Jahren mit dem Gedanken getragen habe, in die Bundesrepublik überzusiedeln – eine Überlegung, die Gysi nach der Wende empört von sich weisen wird.

«Gregor Gysi war nicht so angepasst und linientreu wie wir», sagt Ursula Jung. Sie hatte in den achtziger Jahren viel mit ihm zu tun. Jung war in der Abteilung Staat und Recht beim ZK der SED für die Anwaltschaft zuständig. «Gysi besaß einen größeren Weitblick. Er redete offen über alle Probleme. Vor allem hatte er eine Art, sich selbst nie ganz ernst zu nehmen. Meine Chefs konnten Gysi intellektuell nicht das Wasser reichen. Sie hielten ihn einfach für unberechenbar.» Ihre Chefs – das waren Klaus Sorgenicht, Leiter der Abteilung Staat und Recht im ZK, sowie Siegfried Heger, Sektorenleiter Justiz in Sorgenichts Abteilung. Beide waren 25 Jahre älter als Gysi, starrköpfig und übervorsichtig. Sie galten als SED-Mitglieder, die sich für die Parteilinie hätten totschlagen lassen. Ein junger Anwalt mit großer Klappe und wachem Verstand passte nicht in ihre kleine, geordnete

Welt. Man kann sich gut vorstellen, wie die Genossen Sorgenicht und Heger, die die Anwälte von höchster Stelle aus politisch kontrollieren sollten, einem wie Gysi aus dem Weg gegangen sind – in einer Mischung aus Herablassung und Unsicherheit.

Als Gregor Gysi 1984 merkt, dass der Widerstand gegen seine Kandidatur wächst, tritt er gar nicht erst zur Wahl an. Neuer Kollegiumsvorsitzender wird noch einmal ein kampferprobter Genosse: Friedrich Wolff. Er hatte die Berliner Anwaltskammer bereits von 1954 bis 1970 geleitet. Wolff kündigt an, nur vier Jahre amtieren zu wollen. Er möchte den Weg für Gysi freimachen. Gysi erklärt seine Bereitschaft, sich als Parteisekretär des Kollegiums zu bewähren. Er weiß genau, warum er den Posten, den er zwei Jahre zuvor noch abgelehnt hat, jetzt übernimmt.

1988 kann Gysi nicht mehr verhindert werden – obwohl niemand Vorsitzender eines Anwaltskollegiums werden darf, der nicht vom Justizministerium abgesegnet ist, schließlich handelt es sich um einen Nomenklaturposten.

Aber in Moskau hat in der Zwischenzeit ein gewisser Michail Gorbatschow die Perestroika ausgerufen. Das Berliner Kollegium ist selbstbewusst geworden und lässt sich nicht mehr reinreden. Es wählt Gysi zum neuen Vorsitzenden. Ganz geschlagen geben wollen sich die alten Herren im ZK noch nicht. Sie unternehmen einen letzten Versuch, Gysis Kompetenzen zu beschneiden. Nach einem ungeschriebenen Gesetz wird der Vorsitzende des Berliner Anwaltskollegiums stets auch Chef des Rates aller 15 Kollegien in der DDR. In Gysis Fall soll das plötzlich anders sein. ZK und Justizministerium haben sich Dieter Ramstetter, den Vorsitzenden des Leipziger Kollegiums, als Kandidaten ausgeguckt. Friedrich Wolff zieht jedoch noch einmal die Strippen. Plötzlich darf Gysi doch Vorsitzender des Rates der Rechtsanwaltskollegien werden.

Einen wie Gysi wirft der Gegendruck nicht um, im Gegenteil. Dass das Engagement für den Sozialismus und die eigene Partei mit Zurücksetzungen, manchmal auch mit Strafen verbunden ist, dass man deswegen aber sein Engagement noch lange nicht aufgeben muss – das hat er bei seinem Vater immer wieder aufs Neue lernen können. Gregor Gysi braucht den Widerstand und das Publikum. Er ist mit Leib und Seele Anwalt. Er liebt die offene Auseinandersetzung. Er will immer zeigen, dass er der Beste ist – selbst wenn er in Prozessen gegen seinen Freund Lothar de Maizière antritt.

Einmal haben sie in Berlin-Weißensee ein verrücktes Ehepaar in einem Scheidungsfall vertreten, Gysi den Mann, de Maizière die Frau. Es ging um Unterhaltszahlungen. Vor Gericht haben sich die beiden Anwälte regelrecht beharkt. Sie sind zickig geworden, zickiger noch als ihre Mandanten. Als der Prozess zu Ende war, haben sie kein Wort miteinander gewechselt. Plötzlich kam Gysi zu de Maizière ans Auto und sagte: «Du wirst doch wohl nicht unsere Freundschaft zerstören, wegen dieses Scheißfalles da.»

Ulrike Poppe und ihr Mann Gerd veranstalten in den siebziger und achtziger Jahren in ihrer kleinen Hinterhofwohnung in der Berliner Rykestraße oft Lesungen. Manchmal drängeln sich bis zu 100 Menschen auf den paar Quadratmetern. Sie sitzen im Wohnzimmer, im Flur, in der Küche, oft einfach nur irgendwo auf dem Fußboden. Sie hören Schriftstellern oder Lyrikern zu, die aus unveröffentlichten, in der DDR verbotenen Manuskripten lesen. Manchmal kommt auch einfach jemand vorbei und singt Lieder von Biermann oder Bettina Wegner. Diese Veranstaltungen sind typisch für die DDR-Opposition in dieser Zeit: eine Mischung aus privater Party, halböffentlichem Happening und politischem Protest.

Eines Tages kommt ein Volkspolizist bei den Poppes vorbei und teilt ihnen mit, dass die für die nächste Woche in ihrer Wohnung geplante Lesung mit dem Lyriker Uwe Kolbe ausfallen müsse. Die Lesung sei eine öffentliche Veranstaltung, diese sei genehmigungspflichtig, eine Genehmigung werde jedoch nicht erteilt. Ende der Ansage. Als Poppes antworten, dass es sich um eine private Feier handele, entgegnet der Genosse von der Volkspolizei, was das für eine Veranstaltung sei, wüsste er wohl besser. Dann kündigt er noch an, dass bei Zuwiderhandlung gegen das Verbot nicht nur Poppes, sondern alle Teilnehmer der Lesung zur Verantwortung gezogen werden würden.

Doch zu diesem Zeitpunkt hat Uwe Kolbe bereits abgesagt. Der junge Dichter aus der Untergrundszene vom Prenzlauer Berg darf überraschend ins Ausland reisen. Gerd und Ulrike Poppe hängen sich ans Telefon und teilen den Leuten, die sie erreichen können, die Absage mit. Aber zu den Wohnungslesungen kommt ohnehin jeder, der kommen möchte, da gibt es keine formalen Einladungen. Also stehen an dem vereinbarten Abend fast fünfzig Leute in dem Hinterhof in der Rykestraße und werden von der Polizei darauf hingewiesen, dass es sich um eine verbotene Veranstaltung handele, und jeder, der die Wohnung der Poppes betrete, mache sich strafbar. Nur dass in der Wohnung gar nichts stattfindet.

Ulrike und Gerd Poppe beobachten den Auflauf auf dem Hof von ihrem Fenster aus. Sie sehen, wie sich ihre Gäste mit den Polizisten erregte Debatten liefern. Plötzlich kommt die Schriftstellerin Elke Erb auf die Idee, wenn sich hier schon einmal so viele Leute versammelt hätten, könne man doch einfach in eine andere Wohnung ziehen und dort etwas vorlesen. Und so zieht der ganze Tross ein paar Straßen weiter. Ulrike Poppe geht mit, ihr Mann bleibt mit ihren beiden Kindern zu Hause.

Ein paar Tage später erhalten Poppes die angedrohte Ordnungsstrafe zugestellt. Die Strafe ist relativ hoch, ein paar hundert Mark, Ulrike Poppe allein verdient in ihrem Ganztagsjob nur 600 Mark monatlich. Aber es geht nicht um das Geld allein. Es geht ums Recht – und ums Prinzip. Poppes nehmen sich einen Anwalt: Gregor Gysi.

Gysi schreibt eine Beschwerde: Erstens hätten Ulrike und Gerd Poppe die Auflage erfüllt, sie hätten den Leuten, die sie telefonisch erreichen konnten, abgesagt. Zweitens hätte in der Wohnung gar keine Lesung stattgefunden. Die Ordnungsstrafe werde also zu Unrecht erhoben. Das Polizeipräsidium schreibt zurück: Nach eingehender Prüfung der Angelegenheit habe man befunden, dass die Ordnungsstrafe zu Recht bestehe. Schluss, aus, Feierabend. So funktioniert das Recht in der DDR.

Poppes sind sauer. Sie weigern sich zu zahlen. Gerd Poppes Gehalt wird gepfändet. Seine Frau ist empört. Ihr Anwalt bleibt gelassen. «Frau Poppe», sagt Gregor Gysi, «hier geht es doch nicht um Recht, hier geht es nur um Macht.»

«Solche klaren Worte von einem Anwalt zu hören, und dann noch von einem Mitglied der SED», sagt Ulrike Poppe zwanzig Jahre später, «das überraschte mich. Diese Offenheit hat mich für Gysi eingenommen.»

Gregor Gysi ist zu dieser Zeit in Oppositionskreisen, vor allem in Berlin, weithin bekannt. Er hat einen guten Ruf. Viele haben davon gehört, dass er Bahro und Havemann klug verteidigt hat. «Gysi war selbstbewusst, sehr geschickt und hatte großen Ehrgeiz», sagt Ulrike Poppe. «Natürlich wusste ich, dass der Ausgang von politischen Prozessen nicht von einem guten oder schlechten Plädoyer deines Anwalts abhängt. Natürlich konnte ich von Gysi nicht erwarten, dass er politisch auf meiner Seite steht, deshalb habe ich ihn auch nie ins Vertrauen gezogen. Aber als Anwalt verstand er es ziemlich gut, die wenigen Möglichkeiten, die die Strafprozessordnung hergab, für seine Mandanten zu nutzen. Ich hatte sogar den Eindruck, dass er ganz gern Oppositionelle verteidigt. Er vermittelte das Gefühl, dass er eine gewisse Sympathie für unseren Widerspruchsgeist hegt.»

Als Ulrike Poppe im Spätherbst 1983 wegen ihrer Arbeit in der Gruppe «Frauen für den Frieden» zusammen mit Bärbel Bohley verhaftet wird, nimmt sie wieder Gregor Gysi als Anwalt. Eine entsprechende Vollmacht für ihn hatten sie und ihr Mann für den Fall ihrer Verhaftung schon vorher geschrieben. Auch auf die Untersuchungshaft ist Ulrike Poppe, so gut das eben geht, vorbereitet. Sie kennt sich in der Strafprozessordnung mittlerweile ganz ordentlich aus. Ihr Anwalt besucht sie in der Untersuchungshaft, bespricht mit ihr das Konzept für ihre Aussage, leitet Nachrichten an ihren Mann weiter und rät ihr, eine Haftbeschwerde einzulegen, weil sie zu Hause kleine Kinder hat; die Beschwerde wird natürlich abgelehnt. Mehr kann Gysi in ihrem Fall nicht tun. Ein paar Wochen nach der Verhaftung wird das Ermittlungsverfahren plötzlich eingestellt. Angesichts des massiven Protests konnte sich Honecker Frauen, die für den Frieden kämpfen und deswegen in einem DDR-Gefängnis sitzen, nicht länger leisten. Poppe und Bohley kommen frei.

Die Oppositionsbewegung in der DDR hatte sich in den letzten Jahren gründlich gewandelt. Im Zuge der sich im Westen immer stärker entwickelnden Friedens- und Ökologiebewegung entstanden auch in der DDR viele informelle Gruppen. Sie verstanden sich zunächst gar nicht als Opposition. Oppositionelle wurden in der DDR immer mit Staatsfeinden gleichgesetzt. So sahen sich die neuen Gruppen nicht, sie verstanden sich mehr als Kritiker der bestehenden Verhältnisse. Erst in der zweiten Hälfte der achtziger Jahre setzte sich in der Alternativbewegung die Bezeichnung «Opposition» durch.

Diese Gruppen waren vor allem im Umfeld der Evangelischen Kirche angesiedelt. Sie diskutierten in kleinen Zirkeln über Fragen der demokratischen Mitbestimmung, über Abrüstung, Erziehung, Umweltschutz und Bildung. Die großen, theoretischen Gesellschaftsentwürfe eines Rudolf Bahro waren nicht mehr gefragt. Die alternativen Gruppen wollten einfach etwas tun, und zwar das, was ihnen notwendig erschien – nicht das, was der Staat ihnen vorschreiben wollte. Auf diese Weise entzog sich die Basisbewegung einfach dem totalitären Anspruch der SED. Obwohl sich die meisten von ihnen als die besseren Sozialisten verstanden, wurden sie von der Partei- und Staatsführung als Systemfeinde eingestuft. Die Stasi erledigte den schmutzigen Rest: Sie bearbeitete diese Gruppen operativ.

Wer in dieser Zeit mit der Staatsmacht in Konflikt geriet, nahm sich besser einen Rechtsanwalt. Viele kamen für die politischen Fälle ohnehin nicht in Frage, vielleicht vier, fünf Verteidiger. Wolfgang Vogel, Gregor Gysi, Wolfgang Schnur, später auch Lothar de Maizière. Wer nicht in den Westen wollte, also auf Vogel, den Honecker-Intimus und Spezialisten für humanitäre Fälle, verzichten konnte, für den stellte sich oft eine einfache Alternative: Gysi oder Schnur. Eine wirklich freie Wahl konnte man das nicht nennen.

Wolfgang Schnur war Vertrauensanwalt der evangelischen Kirche. Seit 1978 genoss er in Rostock das seltene Privileg, als Einzelanwalt in einer eigenen Kanzlei zu arbeiten. Dieser Höhenflug, der Schnur nach der Wende als Vorsitzender des «Demokratischen Aufbruchs» sogar bis an die Seite Helmut Kohls führte, endete Anfang 1990 jäh: Der Anwalt vieler DDR-Oppositioneller wurde als einer der fleißigsten Stasi-Informanten enttarnt. Als IM «Torsten» und «Dr. Ralf Schirmer» hatte er seit 1965 Mandanten sowie kirchliche Gruppen bespitzelt und über sie – oft mehrmals pro Woche – geheime Berichte geliefert. 1993 wurde Schnur wegen Mandantenverrats die Anwaltszulassung entzogen.

In den achtziger Jahren hatten die wenigsten in der Opposition einen entsprechenden Verdacht. Einige setzten ihre Hoffnungen trotzdem nicht in Schnur. «Ich hatte immer im Hinterkopf: Wenn es mal schief geht und ich verhaftet werde – Gysi nehmen, auf keinen Fall Schnur, auch nicht de Maizière», erzählt Werner Schulz, damals in Berlin im «Pankower Friedenskreis» aktiv. «Schnur habe ich nie vertraut, wie er seine frommen Tageslosungen aus Bibelsprüchen herleitete. Bei Gysi hatte ich den Eindruck, er ist erstens pfiffig und hat zweitens den Zugang zur SED-Führung, wo die politischen Prozesse letztlich entschieden werden.»

Ulrike Poppe dachte ähnlich: «De Maizière stand uns politisch vielleicht näher als Gysi, aber als Mitglied der CDU genoss er auch nicht unbedingt unser Vertrauen. Schnur schien mir kein geschickter Anwalt zu sein. Gysi war einfach der Cleverste.»

Gregor Gysi verteidigt Diebe, Räuber, Erpresser, Vergewaltiger, Steuerhinterzieher, unglückliche Ehemänner und Ehefrauen, entlassene Angestellte, Totschläger, Mörder. Er bearbeitet Fälle im Zivilrecht, Arbeitsrecht und Familienrecht. Der allein erziehende Vater gilt als Geheimtipp für Männer, die nach der Scheidung ihr Kind nicht ihrer Exfrau überlassen wollen. Er ist so erfolgreich, dass sich manchmal sogar Schlangen vor seiner Kanzlei gebildet haben sollen. Aber sein Ruf gründet sich fast ausschließlich darauf, Anwalt der DDR-Opposition zu sein.

Schon bald gilt er sogar als Spezialist für bestimmte Fälle. Jutta

Braband, seit 1975 in Kontakt zu oppositionellen Gruppen, 1979 aus der SED ausgetreten, sagt: «In den achtziger Jahren hieß es in unseren Kreisen: Wer ausreisen will, nimmt Vogel. Wer im Osten bleiben will, nimmt Gysi. Wer Schnur hatte, fand sich manchmal unversehens im Westen wieder.»

Jutta Braband ist 1979 zusammen mit Thomas Klein und Stefan Fechner verhaftet worden. Die drei hatten nach dem Ausschluss kritischer Autoren aus dem DDR-Schriftstellerverband Protestbriefe an Honecker initiiert. Formal verurteilt worden sind Thomas Klein und Jutta Braband nach Paragraph 219 des DDR-Strafgesetzbuches: wegen «ungesetzlicher Verbindungsaufnahme», unter anderem zum «Sozialistischen Osteuropakomitee» in Hamburg. Ihr Anwalt: Gregor Gysi. Ihre Strafe: fünfzehn bzw. neun Monate Haft.

«Die Leute, die mit Gysi vor uns zu tun hatten, haben uns bestätigt, dass er ein zuverlässiger Anwalt ist und konsequent die Interessen seiner Mandanten vertritt. Mehr hat uns auch nicht interessiert», sagt Thomas Klein. Als Gysi ihn das erste Mal in der U-Haft im Beisein des Stasi-Vernehmers besucht, dürfen der Anwalt und sein Mandant nicht über den Gegenstand der Anklage reden. Gysi ahnt, dass Klein ihm trotzdem mitteilen will, wie er zu den Vorwürfen steht und wie er sich im Prozess verhalten möchte. Angeklagt sind Klein und seine Freundin Jutta Braband nicht nur der «ungesetzlichen Verbindungsaufnahme», sondern auch wegen «landesverräterischer Agententätigkeit». Von der Beweislage und der Höhe der Strafe hängt ab, ob sie als letzten Ausweg nicht doch einen freiwilligen Ausreiseantrag wählen. Gysi unternimmt einen Kunstgriff und bittet seinen Mandanten, über seine politische Entwicklung zu reden. Das ist erlaubt. Auf diesem Wege und über Kleins Freunde draußen erfährt Gysi alles, was er wissen muss. «Für so etwas hatte er einen unglaublichen Instinkt», sagt Klein.

Gysi fordert für seine beiden Mandanten Freispruch. Sie werden natürlich trotzdem verurteilt.

«Am Anfang war ich ja sauer auf Gysi», erzählt Jutta Braband. «Als er mich im Knast besucht hat, war er einfach zu schnell für mich.

Wenn ich über etwas nachdenke, brauche ich ein bisschen Zeit. Meine richtigen Antworten auf Gysis Fragen sind mir erst eingefallen, als er schon längst draußen war. Aber während der Verhandlung hat er alles wieder gutgemacht. Mich hat es unglaublich beeindruckt, dass er nicht irgendwelche mildernden Umstände ins Feld geführt hat, sondern ganz frech unseren Freispruch forderte. Gysi hatte keine Angst. Er kam aus dem gleichen Nest wie die, die uns verurteilten. Deswegen nahm er sich so viel heraus. Er konnte sich gut zwischen diesen Fronten bewegen.»

Auch Klein, ein junger, aufmüpfiger Marxist, war zufrieden mit seinem Anwalt – obwohl er ins Gefängnis musste. Er sei ja schließlich nicht unschuldig verurteilt worden, meint Klein, sondern für etwas, was er getan habe und von dem er vorher wusste, dass es strafbar ist. «Gysi hat sich im Prozess hundertprozentig so verhalten, wie ich es mir gewünscht habe. Meine Erwartungen an einen Anwalt in solchen politischen Verfahren waren ohnehin nicht hoch. Aber das wenige, was Gysi vorbringen konnte, hat er blendend formuliert. Außerdem gefiel mir sein Sarkasmus. Wenn ich ihn später jemals wieder gebraucht hätte, wäre er der Anwalt meines Vertrauens gewesen.»

Gysi hat sich im Laufe der Jahre für viele Oppositionelle scheinbar unentbehrlich gemacht, zumindest in zugespitzten Konfliktsituationen. Der Anwalt profitiert dabei von einer immer absurder werdenden Situation: Je entschiedener und irrationaler die Partei- und Staatsführung die Opposition im eigenen Lande bekämpft, desto stärker wird die Alternativbewegung. Das wiederum erhöht den Bedarf an Gysis spezifischen Fähigkeiten als Krisenmanager, er wird eine immer zentralere Figur, wobei sein Einfluss als Rechtsanwalt auf die Lösung dieser verschärften politischen Konfrontation gleichzeitig schwindet. Mal ganz davon abgesehen, dass Gysi als Mitglied dieser Staatspartei SED dem Sozialismus, in dessen Namen doch diese erbitterten Auseinandersetzungen ausgetragen werden, die Treue hält.

Ein Musterbeispiel für dieses nicht auflösbare Dilemma sind die Ereignisse rund um die Prestigedemonstration, die die SED im Januar jeden Jahres zu Ehren ihrer angeblichen Helden «Karl» und «Rosa» veranstaltet und die 1988 in einem Debakel endet, nur weil ein paar Oppositionsgruppen die Kommunistin Rosa Luxemburg einfach beim Wort nehmen. «Freiheit ist immer die Freiheit des Andersdenkenden» haben einige Bürgerrechtler auf ihre Plakate geschrieben, andere demonstrieren für das Recht auf Ausreise.

Die gut informierte Staatssicherheit schlägt schon früh an diesem 17. Januar 1988 zu. Die ersten Oppositionellen, unter ihnen der bekannte Liedermacher Stephan Krawczyk und die Theologin Vera Wollenberger, werden bereits auf dem Weg zur Demonstration festgenommen. Über 150 Verhaftungen folgen noch an diesem Tag. Am 25. Januar kommt es dann zu einer neuen Verhaftungswelle. Es trifft namhafte Szene-Größen wie die Theaterregisseurin Freya Klier, den Kirchenmitarbeiter Ralf Hirsch, die Malerin Bärbel Bohley, ihren Lebensgefährten, den Theaterdekorateur Werner Fischer, sowie das Ehepaar Templin, einige davon führende Mitglieder der bekannten «Initiative für Frieden und Menschenrechte». Das ist der bisher härteste Schlag gegen die alternative Friedensbewegung in der DDR. Die SED-Führung und ihre Staatssicherheit glauben – zum wievielten Mal eigentlich? –, mit diesem drastischen Exempel den sich überall im Land ausbreitenden Geist der Rebellion auslöschen zu können.

Am 27. und 28. Januar kommt es zu ersten Geheimprozessen. Vera Wollenberger und andere werden zu sechs Monaten Haft verurteilt. Klier, Krawczyk, Bohley, Fischer, die Templins – gegen sie wird wegen des Vorwurfs der landesverräterischen Beziehungen ermittelt. In der Oppositionsszene ist längst eine große Protest- und Solidaritätswelle angelaufen. Die SED-Spitze befindet sich in einem irrwitzigen Abwehrkampf an gleich mehreren Fronten: gegen den Reformkurs aus Moskau, gegen die wachsende Kritik in ihren eigenen Reihen, gegen die drastisch schlechter werdende Wirtschaftslage, gegen die Friedens- und Umweltbewegung. Jetzt verliert sie vollends den Überblick, und so unterbreitet sie im aktuellen Konflikt ihren schärfsten Widersachern das Angebot, von Strafen abzusehen, wenn diese bereit sind, vorübergehend oder ganz in den Westen zu gehen.

Für ein paar Tage läuft in den Stasi-Gefängnissen ein undurchsichtiger Verhandlungsmarathon. Wie kocht man die Gefangenen, die doch eigentlich in die DDR entlassen werden wollen, weich? Wie spielt man sie am besten gegeneinander aus, wo doch jeder Angst hat, vielleicht der Einzige zu sein, der nachgibt? Wie verschweigt man den Protest draußen? Eine komplizierte, groteske Situation, die nach einem Drahtseiltänzer wie Gysi geradezu verlangt. Aber der Anwalt spielt diesmal nur eine Nebenrolle.

Die meisten Oppositionellen im Knast setzen auf Wolfgang Schnur als Anwalt, einige auf Lothar de Maizière. Gysi ist zunächst nur der Anwalt von Knud Wollenberger, dem Ehemann Vera Wollenbergers. Knud Wollenberger – IM «Donald», wie später bekannt wird – möchte nicht, dass seine Frau samt den gemeinsamen Kindern ausreist. Er versteckt die Kinder und will von Gysi wissen, wie er die Ausreise seiner Frau verhindern kann.

Plötzlich bekommt Gysi Besuch von Katja Havemann. Sie bittet ihn, zusätzlich zu Wolfgang Schnur die Verteidigung von Bärbel Bohley zu übernehmen. Gysi besucht Bohley am 5. Februar in der Untersuchungshaftanstalt der Stasi. Zu diesem Zeitpunkt liegt ihr bereits das Angebot vor, dass es kein Strafverfahren geben wird, wenn sie wenigstens für sechs Monate die DDR verlässt. Bohley fragt Schnur und Gysi, ob sie sich darauf verlassen könne, dass sie nach einem halben Jahr zurückkehren dürfe.

Schnur sagt ja, eine entsprechende Zusicherung sei ihm gegeben worden.

Gysi kontert, er würde dies auch versichern, wenn ihm eine solche Zusicherung gemacht worden wäre. Er kenne ein solches Versprechen aber nicht. Er würde sich das lieber schriftlich geben lassen.

Gysi verabschiedet sich von Bohley mit der Bitte, nichts zu unterschreiben und die Haftanstalt nicht zu verlassen, bevor er zurück sei. Bohley sagt ihm das zu. Gysi fährt zum Generalstaatsanwalt, um sich Bohleys Rückkehrrecht in die DDR schriftlich geben zu lassen. Die Zusage bekommt er dort nicht. Als er am Abend dieses 5. Februar in den Stasi-Knast zurückfährt, wird ihm klar, warum. Bärbel Bohley hat inzwischen alle Dokumente unterzeichnet und befindet sich auf dem Weg in den Westen.

Das perfide Spiel der Stasi im Untersuchungsgefängnis ist aufgegangen. Fast alle der prominenten Bürgerrechtler haben sich mit einem Halbjahres-, Einjahres- oder Zweijahresvisum abschieben lassen, einige in die Bundesrepublik, andere nach Großbritannien. Die Solidaritätswelle in der Friedensbewegung bricht abrupt zusammen. Unter vielen Oppositionellen machen sich Wut und Enttäuschung über ihre vermeintlichen Helden breit, die nicht durchgehalten haben.

Dieser «Sieg» der SED-Spitze über die Opposition führt vielen im Land die Ohnmacht ihrer Führung vor Augen. Gysi kann noch weniger als sonst ausrichten. Der erfahrene Anwalt schaut, wie viele andere, einigermaßen fassungslos auf dieses bizarre Schauspiel.

«Das war ein bemerkenswerter Vorgang», sagt Gregor Gysi 1991 in einem Interview. «Der Staat schien nicht in der Lage, solche Verhaltensweisen zu tolerieren, aber er war auch nicht mehr in der Lage, sie strafrechtlich zu verfolgen ... Das heißt, die Absurdität war hier so deutlich, daß ich damals zu Kollegen gesagt habe, ‹sie› sind fast am Ende. Ein solcher Zustand ist nicht mehr haltbar.»

Hatte einer, der die DDR so durchschaute, nicht die moralische Pflicht zum radikalen Widerspruch? Hätte es für einen wie Gysi 1988 einen Weg in die Opposition gegeben?

Eine solche Frage verkennt, wie eng verbunden für Gregor Gysi die SED und ihre sozialistische Idee nach wie vor mit dem historischen Erbe seiner Eltern und dem seiner Großmutter Erna waren. Selbst im Privaten löste er sich nicht von seinem Milieu. Seine neue Lebensgefährtin Monika Koepp war die Tochter von Lothar Bolz, dem ehemaligen DDR-Außenminister und NDPD-Vorsitzenden. Bolz gehörte zur antifaschistischen Elite, er war in der sowjetischen Emigration und früher mal KPD-Mitglied.

Die Frage unterschätzt aber auch, dass die SED-Reformer der achtziger Jahre, zu denen Gysi zweifellos gehörte, und die Bürger-

rechtler der Friedens- und Umweltbewegung in völlig unterschiedlichen Welten lebten. Sosehr sie in manchem Punkt ihrer Kritik an
der DDR-Gesellschaft übereinstimmten – sie blieben doch getrennte
intellektuelle Gemeinschaften, in sich geschlossene Zirkel mit eigenen Codes.

In dieser Hinsicht ist Gysi ein typischer Vertreter der von Gorbatschow inspirierten Reformgeneration in der SED. Die Revolution
in Moskau war für ihn nicht das Signal zum Umsturz in Berlin, sondern nur die Erneuerung der alten kommunistischen Hoffnung, dass
Reformen schon irgendwann kommen und die Lage bessern werden.
Die «Fürstenaufklärung», an die sein Vater noch glaubte, hatte sich in
seinen Augen längst ad absurdum geführt. Leute vom Schlage eines
Honecker oder Mielke nahm Gregor Gysi nicht mehr ernst, nicht einmal, um sich ihnen anzudienen. Aber offen gegen sie zu rebellieren,
das hat er sich nicht getraut. Er hat über sie gelächelt – und sich im Berliner Anwaltskollegium seine eigene kleine Machtposition gesichert.

Die SED-Reformer sahen sich als die besseren Genossen. Sie hielten an der Überzeugung fest, dass Reformen in der DDR nur von oben
möglich seien. Und Perestroika und Glasnost in der Sowjetunion waren ihnen der Beweis dafür, dass solche Reformen von oben ohne
die Staatssicherheit nicht erfolgreich sein können. War Gorbatschow
etwa nicht ein Mann des KGB? Die Stasi in der DDR erschien ihnen
als Teil der zu reformierenden Gesellschaft, nicht als das absolut
Böse. Die Politikwissenschaftler Rainer Land und Ralf Possekel haben diese elitäre und gleichzeitig ängstliche Haltung der SED-Reformer treffend als «konspirativen Avantgardismus» bezeichnet.

Dieses Politik- und Machtverständnis trennte die SED-Reformer
von den Bürgerrechtlern, nicht unbedingt unterschiedliche Gesell-
schaftsvorstellungen. Die Opposition in der DDR war schließlich viel
weniger systemfeindlich als in Polen oder Ungarn. Für die jüngeren
SED-Leute waren ihre Altersgenossen aus der Alternativszene ehren-
wert, aber inkompetent. Wo sie selbst nicht an die Macht gelangten,
weil sie bis zum Ende der DDR immer nur dachten, aber nie handel-
ten, da strebten die Bürgerrechtler die Macht gar nicht erst an.

Für die Vertreter der autonomen Friedens- und Umweltbewegung wiederum waren die SED-Reformer angepasst und machtfixiert. Keine Dissidenten, sondern irgendwie immer noch SED, die alte Garde der Partei mit jungen Gesichtern. Die Bürgerrechtler verweigerten sich dem Macht- und Wahrheitsanspruch der SED. Darin sahen sie die wirksamste Form der Einmischung. Bei den meisten von ihnen war das Feindbild SED, anders als bei Bahro und Havemann, durch keine früheren Loyalitäten gebrochen. Sie wollten Weltverbesserer sein oder Märtyrer – aber auf keinen Fall Machtpolitiker.

In diesen scheinbar nicht zu überbrückenden Gegensätzen liegt auch der tiefere Grund für den Streit über die Rolle des Anwalts Gregor Gysi in der DDR. Gysi kann noch so oft erklären, dass er keine andere Wahl hatte, als sich geschickt im Machtapparat zu bewegen, um für seine Mandanten überhaupt etwas herausholen zu können. Bärbel Bohley, Katja Havemann, Vera Lengsfeld (früher Wollenberger) und andere werden immer wieder behaupten, dass er sie genau damit an den Machtapparat verraten hat.

Die Stasi-Akten lassen genug Raum für ihre Annahme. Aber man hätte doch gern gewusst, warum sie diese Überzeugung nicht schon früher vertreten haben. Warum sie sich immer wieder an Gysi hielten, wenn sie schon damals der Meinung waren, dass ein Rechtsanwalt, der Oppositionelle verteidigt, gar nicht anders konnte, als mit den Häschern der Stasi gemeinsame Sache zu machen. Wie ist es dann zu erklären, dass Bärbel Bohley Gregor Gysi am 8. März 1988 aus Großbritannien einen Brief schrieb, in dem sie ihn wissen ließ: «Ich hoffe sehr, daß Sie mich weiterhin in allen Rechtsangelegenheiten vertreten und so gut, daß ich wirklich noch die Möglichkeit habe, mit Ihnen persönlich zu reden und Sie in Berlin wiederzusehen. Leider war unser Gespräch sehr kurz, aber ich habe trotzdem den Eindruck gewonnen, daß meine Angelegenheiten bei Ihnen in den besten Händen sind.»?

Warum schrieb sie ein paar Wochen später an ihre Freundin Katja Havemann: «Ich habe so ein Scheißgefühl, was unsere Rückkehr anbelangt, und ich glaube, daß Gysi doch so fast die einzige Hoffnung ist. Schnur hätte uns ja schon längst einen Brief schreiben können, aber er entzieht sich auf der ganzen Strecke, und ich glaube ihm nicht mehr sehr viel ...»?

Liegt die Erklärung darin, dass Bärbel Bohley immer sagt, was sie gerade fühlt?

Jeder, der sich heute über Bärbel Bohley oder andere Bürgerrechtler mokiert, weil sie mehr als fünfzehn Jahre nach der Wende immer noch nur ein einziges Thema kennen, der sei daran erinnert, dass sie jedes moralische Recht dazu besitzen, sie haben in der DDR viel riskiert, im Gegensatz zu den meisten Ostdeutschen. Nur, aus diesem moralischen Kapital allein erwächst keine intellektuelle Autorität.

Bärbel Bohley kann ihre Meinung über ihren Anwalt Gregor Gysi selbstverständlich ändern, erst recht, nachdem sie in den Stasi-Unterlagen Hinweise auf Maßnahmepläne des MfS gefunden hat, in denen ein IM «Sputnik» und ein IM «Notar» zur Umsetzung dieser Pläne verpflichtet werden. Aber der Weg von der «einzigen Hoffnung» Gysi zum «Stasi-Lügner» ist einfach zu weit, als dass Bohley ihn mit ein paar aufgeregten, selbstgerechten Sätzen glaubwürdig zurücklegen kann, trotz aller Ungewissheit und Angst, der sie im Stasi-Knast ausgesetzt war.

Antworten auf die Fragen wollte Bärbel Bohley für dieses Buch nicht geben. Sie hätte Gysi ein für alle Mal abgehakt, sagte sie am Telefon in Kroatien, wo sie heute lebt. Außerdem gebe es Wichtigeres in Deutschland zu tun, als ausgerechnet eine Biographie über diesen Herrn zu schreiben. Ein paar Tage später nahm Bohley aus den Händen von Angela Merkel in Berlin die «Goldene Henne» entgegen. Das ist so eine Art Bambi der *Super Illu*, der Zeitschrift für den Osten, deren Programm im Wesentlichen darin besteht, zu behaupten, dass in der DDR nicht alles schlecht gewesen sei.

Vielleicht kommt man der Wahrheit ja in Eisenhüttenstadt näher. Dort lebt Rolf Henrich. Er hat die Grenze überschritten, vor der Gysi immer stehen geblieben ist.

Henrich war Anwalt in der DDR, in Eisenhüttenstadt im Bezirk Frankfurt/Oder, Mitglied der SED, Absolvent der Bezirksparteischule. Einer wie viele andere. Er glaubte an den Sozialismus. Aber nach Bahros Buch «Die Alternative» begann sich etwas in ihm zu verändern. Er ersetzte Glauben durch Denken. Und denken kann Henrich wie nur wenige: messerscharf, schonungslos, kühl. 1980, als 36-Jähriger, fing er an zu schreiben. Sieben Jahre lang. Er analysierte das Gesellschaftssystem, das er bis dahin für das überlegene gehalten hatte. Schicht für Schicht legte er es von seinen alten Überzeugungen frei, und was er darunter zutage förderte, stimmte ihn nicht fröhlich: Das System war nicht überlebensfähig.

Aber Henrich war schon viel zu entschlossen, um jetzt noch umzukehren. «Der vormundschaftliche Staat» nannte er sein Buch. Im April 1989 veröffentlichte er es im westdeutschen Rowohlt Verlag. Er wusste, dass dies Ärger geben würde. Seit Bahro hatte sich kein SED-Mitglied mehr solchen Widerspruch getraut. Henrich flog aus der Partei und erhielt Berufsverbot. Aber er kam nicht in den Knast. Der Staat, den er so präzise seziert hatte, lag schon in seinen letzten Zügen.

Heute arbeitet Henrich wieder als Rechtsanwalt in Eisenhüttenstadt. Die Geschichte hat ihn gelassen und selbstbewusst gemacht. Er kann über Gregor Gysi genauso distanziert reden wie über Bärbel Bohley und Katja Havemann. Die Welten, die sie trennen, kennt er aus eigener Erfahrung.

Mit Gysi war er mal so etwas wie befreundet. Bevor er sein Buch über den «Vormundschaftlichen Staat» schrieb, lagen die beiden noch auf einer Wellenlänge. «Ich erinnere mich gut daran, wie er mir Wolfgang Leonhards ‹Kreml ohne Stalin› borgte. Es war in der DDR verboten, aber an solche Bücher heranzukommen war für Gysi ja kein Problem. Als ich ihm das Buch zurückbrachte, haben wir beide darüber gejammert, dass sich in der DDR nichts bewegte.»

Die beiden zogen unterschiedliche Schlüsse daraus. Der eine stieg aus, der andere spielte weiter mit und versuchte, die Regeln wenigstens ein bisschen zu ändern. Henrich ist trotzdem davon überzeugt, dass Gysi 70 Prozent von dem, was er im «Vormundschaftlichen Staat» festhielt, unterschrieben hätte. Aber Gysi habe nun mal seinen Beruf geliebt. «Ihm ging es nicht ums Geld oder ums große Auto, ihm ging es allein um die Bühne.»

Anwälte in der DDR, meint Henrich, seien die «Feigenblätter auf der Blöße der Justiz» gewesen. Gerade in politischen Verfahren hätten sie gar nichts ausrichten können. Das nicht zuzugeben – das sei das Einzige, was er Gysi vorwerfe. Aber die Bürgerrechtler, die «Kerzenträger», wie Henrich sie mit ätzendem Spott nennt, seien in dieser Frage keinen Deut besser als Gysi. Sie hätten das Spiel genauso mitgemacht. Sie hätten auf ihren Superanwalt Gregor Gysi große Stücke gesetzt. «Das ist heute nicht anders», sagt Henrich. «Alle glauben an das Bundesverfassungsgericht. Das ist das letzte Mysterium des 21. Jahrhunderts. Wir haben keine Kirche mehr, alle beten das Hohe Gericht an.»

Es gab eine Zeit, da führte die untergehende DDR Leute wie den kühlen Pragmatiker Rolf Henrich mit gefühlsbetonten Frauen wie Bärbel Bohley und Katja Havemann zusammen, die nicht viel von wissenschaftlicher Analyse, dafür aber umso mehr von plakativem Protest verstanden. Das scheint mindestens hundert Jahre her zu sein, so sehr ist die kollektive Erinnerung daran verblasst. Ostern 1989 verabredeten Henrich, Bohley und Havemann die Gründung der Oppositionsbewegung «Neues Forum», im September fand deren Gründungsversammlung statt. Der Antrag auf Anmeldung dieser neuen politischen Organisation wurde im Oktober vom DDR-Innenministerium abgelehnt.

«Auf einmal höre ich in den Nachrichten, Bärbel Bohley habe Gregor Gysi als Anwalt des ‹Neuen Forums› beauftragt», erinnert sich Henrich. «Ich dachte, die hat nicht alle Tassen im Schrank. Wir wollten doch gerade aufklärerisch tätig sein. Dazu gehörte, genau diese Rechtsillusion zu zerstören. Aber nein, Bohley schmiss sich wieder an Gysi ran. Die haben den doch gar nicht mehr losgelassen. Sie haben fest daran geglaubt, mit Gysi gehe es besser. Sie wollten eine Extrawurst gebraten haben. Für mich waren das Oppositionelle mit Anspruch auf Sonderbehandlung.»

Henrich will gar nicht erst verbergen, wie sehr ihn viele dieser Gutmenschen im «Neuen Forum» genervt haben. «Das waren Laienschauspieler», setzt er fort. «Moralapostel. Mit denen konnte man kaum das Wesentliche diskutieren. Illusionen hatten die! Solche Vorstellungen hatten selbst in der SED viele längst hinter sich gelassen.»

Henrich ereifert sich nicht. Er bleibt bei dem, was er sagt, ganz ruhig. Nur manchmal lächelt er spöttisch. Es liegt ihm fern, Gysi in Schutz zu nehmen. Er möchte nur zu verstehen geben, dass er das ganze Vergangenheitstheater in Deutschland für vergebliche Liebesmüh hält. «Verlorene Zeit kann man nicht zurückholen.»

Das Zweitmanuskript seines Buches «Der vormundschaftliche Staat» hatte Henrich 1987 in ein Gurkenglas gesteckt und in der Erde verbuddelt. Er wusste, dass die Stasi danach suchen würde. 14 Jahre lang ließ der Autor seine Geschichte unter der Erde liegen. Im Sommer 2001 kam ein Kamerateam des ZDF und buddelte das Glas aus. Das Fernsehen brauchte ein gutes Bild. Henrich musste sich mit einem Spaten an die Grube stellen.

Gysi war gar nicht so weit weg von Henrich. Er wollte auch einen Rechtsstaat. Aber er glaubte immer noch, er könne beides haben: eine sozialistische DDR und moderne, bürgerliche Rechtsnormen.

Dieser Illusion entspricht auch der Weg, den Gysi in der zweiten Hälfte der achtziger Jahre einschlägt. Auf der einen Seite präsentiert er sich als ehrgeiziger Kader. Als Vorsitzender des Berliner Anwaltskollegiums hält er den sozialistischen Betrieb am Laufen. Alle notwendigen Rituale des normierten Alltags erledigt er routiniert und ohne innere Anteilnahme. Auf der anderen Seite sucht er, quasi hintenherum, nach einem neuen Selbstverständnis für die Rechtsanwälte. Dieser Freiraum ist ohne das sozialistische Bekenntnis nicht zu haben.

In der Praxis sieht das dann so aus: Als Lothar de Maizière Ende der achtziger Jahre in einem Prozess gegen Skinheads auch den Eltern und Lehrern Versagen vorwirft, soll er von dem Anwaltskollegium, dessen Vorsitzender Gysi ist, kritisiert werden. Gysi geht zu de Maizière und sagt: «Ich soll eine Aussprache mit dir führen. Das ist hiermit geschehen.»

Gysi will, dass jeder in der DDR einen guten Verteidiger hat. Das ist sein Steckenpferd. Er schreibt darüber sogar in Fachzeitschriften. 1985 bricht Gysi in der *Neuen Justiz* eine Debatte vom Zaun, ob das Recht auf Verteidigung nicht mehr ist als nur ein Grundprinzip des sozialistischen Strafverfahrens. Er sieht darin ein verfassungsmäßiges Grundrecht. Wenn ein Rechtsanwalt aus objektiven Gründen vor Gericht nicht erscheine, etwa weil er einen Verkehrsunfall hatte oder weil das Gericht den Verteidiger nicht geladen habe, dürfe der Angeklagte darunter nicht leiden, schreibt Gysi in der Ausgabe 2/1985. Die Hauptverhandlung sei auf Antrag des Angeklagten zwingend zu unterbrechen oder zu vertagen. «Kommt es ... zwischen dem Prinzip der Gewährleistung des Rechts auf Verteidigung und dem der rationellen und zügigen Durchführung des Strafverfahrens zu einer Kollision», so Gysi, «dann ist klar und eindeutig festzustellen, dass der Gewährleistung des Rechts auf Verteidigung die höhere Bedeutung zukommt.»

Als Anwalt hat Gysi genug Erfahrungen gesammelt, um genau zu wissen, welche Rechte dem Angeklagten und seinem Verteidiger vorenthalten werden. Weder mit Bahro noch mit anderen Inhaftierten durfte er zum Beispiel während des laufenden Ermittlungsverfahrens über die «Sache» selbst sprechen. Im letzten Kommentar zur DDR-Strafprozessordnung wird dieses Verbot ausdrücklich für unzulässig erklärt. Autor dieser viel umkämpften Passage ist Gregor Gysi.

Als er 1988 Chef des Berliner Kollegiums wird, drängt zum ersten Mal ein Vorsitzender einer Anwaltskammer in die Öffentlichkeit. Gysi schreibt zusammen mit anderen Autoren ein «Handbuch für Rechtsanwälte»; es erscheint allerdings erst 1990. Und er versucht einer weitgehend rechtsunkundigen Bevölkerung das Selbstverständnis seines Berufsstandes zu erklären. Ende der achtziger Jahre gibt es in der DDR immer noch weniger als 600 Anwälte. «Häufig werden wir gefragt, warum ein Verteidiger nur entlastend, nicht jedoch belastend tätig wird, wie er sich zu verhalten hat, wenn sein Mandant die Tat bestreitet, jedoch durch andere Beweismittel überführt zu sein scheint», sagt Gysi in einem Interview mit dem *Neuen Deutschland* am 30. August 1988. «Aber ein Verteidiger ist eben ein Verteidiger und kein Ankläger, auch nicht ein ‹kleiner› oder ‹halber›.» Natürlich kann er im SED-Zentralorgan gar nicht anders, als auch die übliche Propaganda zu verbreiten. «Seit Gründung der DDR ist das Recht auf Verteidigung immer garantiert worden», sagt er und meint das, in einem höheren Sinne, vermutlich sogar ernst.

Gysi regt neue Wege für die Anwälte selbst an. Seit über dreißig Jahren verläuft ihre Arbeit jetzt in den gleichen Bahnen. Sie sind nach sowjetischem Vorbild kollektiviert und ideologisiert worden. Fast alle Anwälte sind mittlerweile in Kollegien organisiert. «Berufserfahrung, spezielle Qualifikation, besonders anwaltliches Können bleiben ziemlich unberücksichtigt», sagt Gysi auf einer Festveranstaltung anlässlich des 35-jährigen Bestehens der Rechtsanwaltskollegien am 1. Juni 1988 in Berlin. Als Vorsitzender des Rates aller Anwaltskollegien unterbreitet er einen neuen Vorschlag. «In unserem Kollegium ist vor Jahren schon einmal die Idee der sozialistischen Gemeinschaftspraxis entwickelt worden, und ich glaube, es ist an der Zeit, auf freiwilliger Basis ein Experiment zu starten, sobald wir über eine weitere Zweigstelle verfügen.» Das große Experiment DDR stirbt allerdings schneller als dieser kleine Versuch.

Für seine Ideen sucht Gysi Verbündete im Apparat – und übergeht dort einfach die, mit denen die DDR sowieso nicht mehr zu verändern ist. Ein paar Monate nach seiner Wahl zum Berliner Kollegiumsvorsitzenden trifft er sich mit Günter Böhme, dem stellvertretenden Leiter der Abteilung Staat und Recht im ZK der SED. Böhme ist für die Anwaltschaft formell gar nicht zuständig, aber in Gysis Augen offensichtlich einer der wenigen Verantwortlichen in dieser ZK-Abteilung, die wenigstens offene Ohren haben. Böhme, Mitte 40, ist ein typischer Vertreter der Egon-Krenz-Fraktion im Zentralkomitee: Er kommt aus einfachen Verhältnissen, hat sich an der Komsomol-Hochschule in Moskau zum Funktionär ausbilden lassen, ist engagiert und überfordert. Einer wie Gysi ist ihm intellektuell haushoch überlegen. «Ich habe mich auf das Gespräch sehr gefreut», erinnert sich Böhme. «Ich dachte, es kann für mich nur interessant werden, wenn ich mir anhöre, was so ein über den Dingen stehender Mensch zu sagen hat. Gysi stellte ganze andere Sachen in der DDR in Frage als ich. Für mich war er ein Mann von Welt. Er verbreitete so ein Flair, als würde er ständig mit großen Leuten im Westen reden.»

Gysi spricht an diesem Tag über alles Mögliche: die unzureichenden Arbeitsbedingungen der Anwälte, die fehlende Verwaltungsgerichtsbarkeit in der DDR, die seiner Meinung nach falsche Unterstellung der Strafvollzugsanstalten unter das Innenministerium, die fehlende Reisefreiheit. «Als er fertig war, sagte ich zu ihm: Genosse Gysi, trag das doch mal Egon vor. Krenz sei für ihn viel zu weit weg, antwortete er. Da bot ich ihm an, ein Treffen mit Egon Krenz zu organisieren», erzählt Böhme.

Das Gespräch mit dem Politbüro-Mitglied findet ein paar Tage später auch tatsächlich statt. Gysi redet über die gleichen Themen wie mit Böhme. Krenz schreibt ein paar Sachen mit. Es wird nichts protokolliert.

Böhme kann sich deswegen so gut daran erinnern, weil Gysi im Herbst 1989 immer behauptet hat, er sei zuvor erst ein einziges Mal in seinem Leben im Allerheiligsten, dem ZK-Gebäude am Werderschen Markt in Berlin, gewesen, Egon Krenz habe ihn dort im Juli 1989 zu einem Gespräch empfangen. Das erste Treffen mit Krenz ein paar Monate zuvor erwähnte Gysi dabei nicht.

Gysi wagt sich, je aufgeladener die Atmosphäre in der DDR wird, immer weiter vor. Im Februar 1989 gibt er sogar dem *Spiegel* ein Interview; es erscheint in der Ausgabe vom 13. März. Der *Spiegel* ist im SED-Politbüro ungefähr so beliebt wie Honecker in der DDR-Bevölkerung.

Der DDR-Korrespondent des Nachrichtenmagazins, Ulrich Schwarz, hatte Gysi bereits im Dezember 1986 kennen gelernt. Schwarz las damals in einer Zeitung, dass der Ostberliner Vikar Reinhard Lampe verhaftet worden war, weil er am 13. August 1986 ein

Anti-Mauer-Transparent aus seinem Fenster gehängt hatte. Er ging zu Lampes Anwalt, Gregor Gysi, um ihm zu sagen, dass Lampe ein Idealist sei und dass er es für eine Riesensauerei halte, so einen Menschen einfach in den Knast zu stecken.

Gysi hörte sich das an und fragte: «Habe ich Sie richtig verstanden, wenn Herr Lampe nicht ins Gefängnis kommt, wird in der Westpresse nichts über den Fall erscheinen?»

«Ich kann Ihnen gar nichts garantieren», antwortete Schwarz. «Aber ich werde mich dafür stark machen, dass nichts im *Spiegel* erscheint.»

Gysi ging mit dieser Nachricht zur Staatsanwaltschaft und teilte ihr kühl mit, der *Spiegel* werde eine Kampagne für Lampe lostreten, sollte der Vikar nicht freikommen. Die Drohung zeigte Wirkung: Lampe wurde, entgegen sonstigen Gepflogenheiten, nur auf Bewährung verurteilt. Der Knast blieb ihm erspart.

«Da hat mich Gysi regelrecht verblüfft», erinnert sich Schwarz. «Er holte das heraus, was ein Anwalt in der DDR für seinen Mandanten herausholen konnte. Er hat schnell und clever reagiert.»

Seit diesem Erlebnis rief er Gysi öfter an – und schickte dem Anwalt den *Spiegel* jede Woche kostenlos ins Haus. Gysi bereitete die Vorzugsbehandlung einige Probleme. Ein Staatssekretär des Justizministeriums forderte ihn auf, dem Korrespondenten mitzuteilen, er sei am *Spiegel* nicht interessiert, da er bereits ausreichend mit Lektüre versorgt werde. Er mache sich doch nicht zum Hampelmann, ließ Gysi den Staatssekretär wissen und las den *Spiegel* einfach weiter.

So aufmüpfig hat Schwarz den Rechtsanwalt nicht erlebt. «Er war immer ungeheuer vorsichtig im Umgang mit mir. Aber mit einem *Spiegel*-Korrespondenten zu reden war für fast alle in der DDR heikel. Das ging nicht ohne Rückendeckung.»

Natürlich auch nicht bei dem Interview im Februar 1989. Gysi schickt das Fragekonzept, das ihm Schwarz einen Tag vor dem Gespräch zugesandt hat, an einen Abteilungsleiter im Justizministerium weiter – aber erst, nachdem die beiden Interviewer sein Büro schon wieder verlassen haben.

Das *Spiegel*-Gespräch ist für Gysi ein einziger Drahtseilakt. Der Clou besteht darin, dass es überhaupt stattfindet. Ansonsten ist es etwas für geübte Zwischen-den-Zeilen-Leser. Frage: «Herr Gysi, ist es eigentlich nicht peinlich, dass ein Staat überhaupt pingelig festlegt, wann aus welchem Anlaß seine Bürger wie lange wohin fahren dürfen oder wann sie auswandern dürfen?»

Gysis Antwort: «Es gibt nur zwei andere Varianten. Entweder eine generelle Kann-Bestimmung, die weniger Rechtssicherheit bringt, oder eine generelle Genehmigung, wie sie bei Reisen in sozialistische Länder im Paragraphen 6 der Verordnung enthalten ist. Für eine generelle Genehmigung von Reisen in westliche Länder fehlen offensichtlich noch politische und ökonomische Voraussetzungen. Die Erfahrungen zeigen jedoch, je stärker die Souveränität der DDR respektiert wird, desto günstiger gestaltet sich die internationale Zusammenarbeit und damit auch das Reiserecht. In dieser Beziehung hätte es die Bundesregierung in der Hand, positive Beiträge zu leisten.»

So geht das ständig hin und her, über ganze sechs (!) Seiten. Der *Spiegel* will wissen, wie sich denn die Unabhängigkeit der Gerichte, von der der Anwalt eben noch gesprochen habe, mit dem Durchgriff der SED auf das Recht vertrage. Ausgeklügelt antwortet Gysi: «Etwas zur Legitimation der Partei zu sagen, die sich aus der Verfassung ergibt und darüber hinaus eine gesellschaftspolitische ist, will ich mir schenken, sehen Sie es als gegeben an, dass die SED die führende Rolle spielt. Diese führende Rolle kann sich meines Erachtens hinsichtlich des Rechts aber nur dahingehend auswirken, dass die Partei Einfluss nimmt auf die Setzung des Rechts ...» Und dann fügt er wider besseres Wissen hinzu: «Was es nicht geben kann, ist eine Einmischung der Partei in die Rechtsprechung der Gerichte. Parteibeschlüsse, die ein Gericht binden, gibt es nicht und wird es auch nicht geben.»

So ist das mit den Gratwanderungen. Man muss ständig auf beiden Seiten des Bergkammes darauf achten, dass man nicht abstürzt. Als der DDR-Justizminister Hans-Joachim Heusinger Gysis *Spiegel-*

Interview liest, schreibt er mit grünem Kugelschreiber an den Rand: «Gefällt mir ausgezeichnet. H.»

Die Gysis gehören zum kommunistischen Uradel. Sie empfinden sich, sosehr sie auch starke Persönlichkeiten sind, als Teil einer großen Idee. Über Jahrzehnte hinweg haben sie sich die Überzeugung antrainiert, dass man als Genosse an die «sozialistische Sache» auch glauben können muss. Klaus Gysi hat in der Illegalität gelernt, dass der Einzelne nicht immer alles verstehen kann, was die Partei in ihrer unendlichen Weisheit so macht und tut. Sein Sohn Gregor hat gegen dieses religiöse Verständnis kommunistischer Treue immer wieder rebelliert, aber entkommen ist er dieser Welt des Glaubens und Hoffens nicht. Als Michail Gorbatschow im März 1985 als neuer KPdSU-Generalsekretär in Moskau die Macht antritt, schöpft er, wieder einmal, Zuversicht, dass es mit der DDR doch noch besser werden könnte.

Aber ein anderes Mitglied der Gysi-Familie verweigert sich der politischen Opportunität. Gabriele Gysi, Gregors ältere Schwester, hat zu diesem Zeitpunkt bereits alle Hoffnung fahren lassen. Im Gorbatschow-Jahr verlässt sie die DDR.

Zum Abschied wird Gabriele Gysi von Kurt Hager, dem SED-Politbüromitglied, empfangen. Das ist in den letzten Jahren so üblich geworden, wenn bekannte Künstler oder die Kinder von Prominenten ihrem Land den Rücken kehren. Ein letzter Besuch am Hofe des Regenten soll daran erinnern, dass sie alle immer noch den gleichen, großen Traum von einer besseren Gesellschaft träumen: die einen in der DDR und die anderen jetzt eben mit einem Reisepass in der Tasche, der ihnen erlaubt, im Westen zu leben, ihnen aber auch garantiert, jederzeit zurückkommen zu können. Die Dissidenten der fünfziger und sechziger Jahre betrachtete die SED-Führung noch als Renegaten, sie sollten aus dem kollektiven Gedächtnis des Landes getilgt werden. Die Kritiker der siebziger und achtziger Jahre möchte sie loswerden, ohne sich völlig von ihnen zu trennen. Also verabschiedet die Parteispitze sie wenigstens korrekt.

Das ist der feudale Sozialismus in seiner reinsten Form. Die Vertreter der Macht und ihre Kritiker tun für einen Moment lang so, als könne unter scheinbar Gleichen, von Genosse zu Genosse sozusagen, alles beredet und geklärt werden. Manchmal trägt das lächerliche Züge. Bevor Thomas Brasch 1976 in die Bundesrepublik geht, führt er ein längeres Gespräch mit Erich Honecker. Dabei lässt Honecker den Satz fallen, ihm gehe es doch genauso wie Thomas Brasch, er habe sich den Sozialismus auch anders vorgestellt. Manchmal eröffnen diese vertraulichen Plaudereien allerdings auch Spielräume, die sonst verschlossen bleiben würden. Als der bekannte Wirtschaftshistoriker Jürgen Kuczynski Mitte der siebziger Jahre sein DDR-kritisches Buch «Dialog mit meinem Urenkel» veröffentlichen will, wird es verboten. Das Politbüromitglied Konrad Naumann bezeichnet es als das «republikfeindlichste Buch», das je in der DDR geschrieben worden sei. Kuczynski geht zu Honecker und erreicht, dass es 1983, nach sechs Jahren Wartezeit, doch noch erscheint. Das Buch wird ein Bestseller.

In der kleinen DDR haben eben selbst die Feindschaften noch ein egoförderndes Moment. Der Traum vom Sozialismus verbindet die Macht und ihre Intellektuellen in Hassliebe. Aber in Wirklichkeit regiert die Willkür: Heute empfängt der Fürst, und morgen lässt er wieder entfernen. Gabriele Gysi bespricht mit Hager bei ihrem Abschied die Zukunft ihres ehemaligen Lebensgefährten Frank Castorf, des umstrittenen Theaterregisseurs. Hager entscheidet: Castorf darf in der DDR weiterarbeiten.

Gabriele Gysi sollte, wenn es nach ihren Eltern gegangen wäre, eigentlich Rechtsanwältin werden. Sie hat dann aber den Beruf ergriffen, von dem Klaus und Irene Gysi meinten, ihr Sohn Gregor hätte dafür das größere Talent: Sie wurde Schauspielerin.

Nach ihrem Schauspielstudium Ende der sechziger Jahre in Berlin kommt sie bald an die Volksbühne. Das Ostberliner Theater erlebt unter dem großen Benno Besson als Intendant gerade seine beste Zeit. Gabriele Gysi erhält bei Besson mehrere Rollen, außerdem spricht sie Hörspiele, arbeitet beim Film, unter anderem in Frank

Beyers «Jakob der Lügner» (der einzige DEFA-Film, der jemals für einen «Oscar» nominiert war), und studiert nebenbei Philosophie an der Humboldt-Universität.

An der Volksbühne lernt sie auch Frank Castorf kennen. Castorf, der gerade beginnt, sich sein Halbstarken-Image zuzulegen, macht dort ein Praktikum. Als er nach Senftenberg weiterzieht, holt er Gabriele Gysi hinterher. Sie spielt dort Lessings «Minna von Barnhelm», Castorf ist für die Dramaturgie verantwortlich.

Bald wohnen die beiden in Gabriele Gysis Wohnung in Berlin zusammen. Sie diskutiert mit ihm über Theater, sie bekocht ihn, sie unterhält seine Freunde. Sie managt sein Leben. Gabriele Gysi ist intelligent, umtriebig und kontaktfreudig. Ihr Vater sagt immer, alle dreibeinigen Hunde würden zu ihr kommen. «Ich habe eben gerne Besuch», antwortet sie dann. Ihre Wohnung in Pankow ist eine Mischung aus Wohngemeinschaft und Salon. Castorf, sein Freund Henry Hübchen, Kollegen aus der Volksbühne, Bekannte aus Westberlin – alle kommen sie an ihrem Tisch zusammen. Der Castorf-Biograph Robin Detje bezeichnet diese große Künstlerfamilie als «Boheme der Bessergestellten». Ab und zu schauen auch Klaus und Gregor Gysi vorbei.

An Castorfs frühem Ruhm, ein junger Theaterrebell zu sein, hat auch Gregor Gysi seinen kleinen Anteil. Als Castorf 1979 am Theater in Brandenburg gefeuert wird, weil er das Stück «Golden fließt der Stahl» als eine DDR-Verarschung inszeniert hat, reitet Gregor Gysi als sein Anwalt in der Provinzstadt ein. Gabriele Gysi hat ihren Bruder zu Hilfe gerufen. Der warnt Castorf vor: «Ich mache das, aber wir verlieren das Ding.» Im Gerichtssaal sitzen die SED-Kreisleitung, der FDGB-Kreisvorstand und die Leitung des Brandenburger Theaters im sicheren Gefühl, dieses Politikum gar nicht verlieren zu können. Doch dann passiert, womit keiner rechnet: Gysi gewinnt den Prozess. Castorf ist natürlich begeistert. Zur Belohnung dürfen er und sein Regiekollege noch eine weitere Inszenierung in Brandenburg abliefern.

Gregor Gysi festigt damit nicht nur seinen Ruf als gefürchteter Anwalt auch in der ostdeutschen Provinz. Er wird ab jetzt öfter gerufen, wenn Künstler in Schwierigkeiten sind und einen guten Verteidiger brauchen. Und in Castorf hat er einen anregenden Gesprächspartner gefunden. Wenn sie in Gabriele Gysis Wohnung zusammensitzen, will Castorf von ihm wissen, wie die DDR-Justiz funktioniert. Ihn interessieren die dunklen Seiten der Menschen, die Gysi verteidigt, der Mörder, Räuber und Vergewaltiger. Gregor Gysi diskutiert mit Castorf leidenschaftlich die Schauprozesse der Stalin-Zeit. Er hat gerade eine Trotzki-Biographie gelesen, und dabei ist ihm eine alte Frage wieder durch den Kopf gegangen: Sind den Angeklagten in diesen Schauprozessen, Leuten wie Kamenjew, Sinowjew oder Bucharin, die Geständnisse unter Folter abgepresst worden? Oder haben sie sich für die «große Sache» geopfert, haben sie, obwohl unschuldig, gestanden, weil sie glaubten, mit ihrer Hinrichtung der Partei einen letzten Dienst erweisen zu können?

Die politische Stimmung in Gabriele Gysis WG hat die türkische Schauspielerin Emine Sevgi Özdamar eingefangen. Sie lebte damals in Westberlin und fuhr jeden Tag zur Arbeit in die Volksbühne. Sie freundete sich mit Gabriele Gysi an und zog später zu ihr in die Wohnung nach Pankow. In ihrem tagebuchartigen Roman «Seltsame Sterne starren zur Erde», der nah an der Wirklichkeit ist, notiert sie für den 3. Dezember 1976: «Gabis Vater kam aus Italien. Die Art, wie er allein die zwei Treppen zu Gabis Wohnung hochtrug, erinnerte mich an den Murnaufilm *Nosferatu*, in dem der Hauptdarsteller seinen eigenen Sarg wie einen Koffer zu den Ruinen trägt. Klaus Gysi küßte meine Wangen. ‹Und du siehst aus wie eine Kolchosin, die am Samstag zum Tanzen geht›, sagte er. Er hatte warme Hände und schöne Haut, ein kleiner Mann. Aus den Koffern holte er frische Feigen hervor, Oliven, Parmesankäse und Trüffel, eine Flasche Wein und einen Schnaps namens Centerba. Für Gabi und Gregor hatte er Bluejeans mitgebracht. Ich bekam einen Kugelschreiber, auf dem sich ein junger Mann auszog, wenn man auf den Knopf drückte. Gabi und ihr Vater fingen sofort an, über die DDR-Politik zu sprechen. Ich verstand kein Wort. ‹Was redet ihr?› Gabi antwortete: ‹Ich stelle den

Staat anders in Frage als mein Vater. Vati sagt, ich und viele andere messen diesen Staat immer nur an unseren eigenen Utopien, in diesem Vergleich muß der Staat immer versagen.»

Unter einem Februar-Sonntag 1977 hält sie fest: «Mit Gabi komme ich viel herum, gestern habe ich Katja Lange-Müller kennen gelernt. Sie hat trockenen Witz. Gabi sagte, das beste Produkt der DDR seien die Frauen. Abends besuchten wir die Schriftstellerin Monika Maron. Auch Heiner Müller war da, er fütterte mich mit eingelegtem Knoblauch aus einem Glas. Alle sprachen über Politik. Gabi: ‹Die DDR wird nur in der DDR klug kritisiert. Die Leute im Westen sagen: ‹Eure Straßen sind kaputt.› Das sind aber nicht meine Straßen. Ich arbeite nicht im Straßenbauamt. Oder sie sagen: ‹Eure Straßen im Osten sind so dunkel›, aber ich arbeite nicht bei der Beleuchtung. Ich mache auch nicht die Leute für Franz Josef Strauß im Westen oder die Stromverschwendung verantwortlich.»

Und am 29. Oktober 1977 schreibt Emine Özdamar: «Gabi hatte entdeckt, daß Sebastian den Klumpen Haschisch ins Klo geworfen und Bahros Buch im Ofen verbrannt hatte. Er sagte: ‹Ich wollte dich nur schützen.› Gabi hatte ihm Fragen gestellt, und er hatte gebeichtet, daß er beim Geheimdienst über Gabi Auskunft gegeben hatte. Gabi hatte Sebastian gefragt: ‹Ich möchte von dir nur wissen, ob du es wirklich aushältst, doppelt zu denken und zu leben? Willst du das?› Dann nahm sie das Telefon, rief einen Freund nach dem anderen an und schimpfte durch das abgehörte Telefon gegen die Staatssicherheit.»

Gabriele ist eine echte Gysi: klug, gebildet, Berliner Schnauze, starker Charakter, natürlich SED-Mitglied. Eine Künstlerin, die stets versucht, das auszudrücken, was sie empfindet – ob auf der Bühne, politisch oder privat. Gabriele Gysi denkt radikaler als ihr Vater und ihr Bruder. Sie hat keine Angst anzuecken. Als Rudolf Bahro verhaftet wird, geht sie mit Emine Özdamar einfach zu Gundula Bahro und deren Kindern und sagt: «Ihr habt jetzt keine Freunde mehr, wir haben noch ein paar für euch.» Für Bahros Sohn Andrej werden die beiden Frauen fast so etwas wie Ersatzmütter.

Die Ausbürgerung von Biermann, die Verhaftung von Bahro, die

Angriffe der SED-Führung auf die unabhängige polnische Gewerkschaft «Solidarność» – nie hält Gabriele Gysi still, im Gegenteil, sie provoziert die Parteileitung der Volksbühne mit ihrer Kritik. Einmal verlangt sie sogar, ein Parteiverfahren gegen Erich Honecker einzuleiten. Als sie im Mai 1981 das Jüdische Theater in Warschau besucht, eskaliert der Konflikt. Sie soll einen detaillierten Bericht über ihre nicht angemeldete Reise schreiben. Sie weigert sich und teilt in dürren Sätzen lediglich mit, wann sie angekommen ist, wann sie im Theater und wann Souvenirs kaufen war.

Als Folge der andauernden Auseinandersetzungen wird Gabriele Gysi im Mai 1982 aus der SED ausgeschlossen. Die Beschwerde, die sie mit Hilfe ihres Bruders an die Zentrale Parteikontrollkommission schreibt, wird abgelehnt.

Die Schauspielerin leidet zunehmend unter dem Provinzialismus in der DDR, der ideologischen Enge, den Beschränkungen der Freiheit. Ihr Lebensgefährte Frank Castorf lebt in einer Art Opposition, die er als «lumpenproletarische» bezeichnet: die Verweigerung als Form der politischen Haltung. Bloß kein Interesse an der Partei und ihrer politischen Linie zeigen!

Castorf mischt in dieser Zeit gerade das Provinztheater in Anklam und dessen kleinbürgerliches Publikum auf. Eine Gruppe von Gleichgesinnten hat er um sich geschart, die weitgehend sich selbst genügt. Provokation ist angesagt, um der Theaterwelt da draußen zu zeigen, was für ein toller Hecht in so einem kleinen Teich schwimmen muss. Die Stasi protokolliert selbst Castorfs Proben nervös mit. Gabriele Gysi spielt als Gast in einigen Stücken, 1982 inszeniert sie Brechts «Gewehre der Frau Carrar» sogar selbst.

Die Premieren der Castorf-Stücke in Anklam werden schnell das Ziel des Berliner Szenepublikums. Es gibt für einen Tag ein großes Hallo, lange Haare, Nickelbrillen, intellektuell verständnisvolles Nicken und eine bierselige Party in der Kantine. Danach darf die Bevölkerung von Anklam in ihrem Sonntagsanzug ran, sie sitzt verstört in ihrem schönen Theater. Zu den Premieren kommen, der Tochter bzw. Schwester zuliebe, regelmäßig auch Klaus und Gregor Gysi.

Die Besuche der beiden und die Erzählungen darüber sind Legende. Wie sie bis in den grauen Morgen hinein feierten, über das Theater im Speziellen und Gott und die Welt im Allgemeinen plauderten, wie sie sich die Hucke voll laufen ließen, wie Klaus Gysi von schwer beeindruckten Lokalpolitikern zum Gespräch gedrängelt wurde, obwohl er sich doch nur amüsieren wollte. Der Theaterkritiker Martin Linzer erinnert sich, wie «Gregor Gysi den Damen nachrannte und am Ende nur schwer wieder einzufangen war. Irgendwann wurde der Chauffeur bestellt, der die ganze Nacht beim Kaffee hatte zubringen müssen, und wir fuhren frühmorgens zurück nach Berlin. Gregor hinten schlafend, Klaus auch müde, aber immer noch wach genug, um sich mit mir zu unterhalten. Der Dienstwagen des früheren Ministers brachte mich bis vor meine Haustür, wo Klaus Gysi, ganz alte Schule, ausstieg, um mich außerhalb des Wagens zu verabschieden.»

Bald fällt in Anklam auf, dass Castorf einen unsichtbaren Schutz genießt, und nicht wenige vermuten dahinter Klaus Gysi. Und wenn es die lokalen Behörden doch wieder einmal zu weit treiben, dann reist eben Gregor Gysi an. Von einem Anwalt, der in Berlin Oppositionelle verteidigt, haben sie hier in der Provinz ganz gehörigen Respekt.

So lustig und schräg und provokant das alles erscheint – das Abenteuer Anklam mit seinen Behinderungen und Schikanen ist auch bitterer Ernst. Gabriele Gysi führt es einmal mehr vor Augen, dass sie nicht länger bereit ist, sich verbiegen zu lassen. Dann trennt sich auch noch Castorf von ihr. Sie entscheidet sich, in den Westen zu gehen. Ihr Traum von der DDR passt nicht mehr in dieses eingemauerte Land.

In der Familie gibt es Diskussionen, Vorwürfe und Tränen. Klaus Gysi versucht, seine Tochter von dem Entschluss abzubringen. Gregor Gysi ist hin und her gerissen. Er versteht, auch wenn es ihm am Anfang schwer fällt, seine Schwester, er bringt seinem Vater aber genauso viel Verständnis entgegen. Für Klaus Gysi steht in seiner Position einfach mehr auf dem Spiel.

«Das war ein kurzer, aufwallender, brüllender Prozess, zumindest zwischen ihr und meinem Vater», erinnert sich Gregor Gysi in einem Interview 2003 an die Abnabelung seiner Schwester. «Die Auseinandersetzungen zwischen den beiden hielten dann schon etwas länger an, ich war so der neutrale Vermittler.»

Klaus Gysi leidet unter dem Weggang seiner Tochter. Es tröstet ihn nur ein bisschen, dass sie zwar ausreist, aber ihre DDR-Staatsbürgerschaft behält. Doch als an der Entscheidung nicht mehr zu rütteln ist, sieht er wenigstens das ein. Er hilft seiner Tochter, die Ausreiseformalitäten mit den Behörden zu erledigen. Familie ist ihm in diesem Moment wichtiger als Politik.

Klaus Gysi weiß zu diesem Zeitpunkt schon länger, dass die DDR nicht mehr das Land ist, das er sich nach dem Krieg erträumt hatte. Überall dieses geistige Mittelmaß, diese Kulturlosigkeit seiner eigenen Parteiführung, diese plumpe, bisweilen brutale Art, wie sie sich an die Macht klammert, dieser große Traum vom Sozialismus, der auf eine zentralbeheizte 60-Quadratmeter-Neubauwohnung zusammengeschrumpft ist – der alte Gysi erträgt vieles nicht mehr. Und nimmt es doch hin.

Er stellt sich seinen Chefs nicht gern in den Weg, wenn er glaubt, es mache keinen Sinn. Gysi ist schon lange kein Held mehr. Lieber gibt er den leidenden Hiob.

Der Botschafterposten in Italien hat noch einmal den Horizont des über 60-Jährigen erweitert. Nach seiner Absetzung als Kulturminister dachte er ja, Rom sei der Abschied in den verdienten Ruhestand. Doch dann wurde es für ihn ein großes Abenteuer. Er stürzte sich in die Arbeit und ins aufregende Nachtleben. Er entdeckte eine andere Welt. Die lässige italienische Lebensart, die jahrtausendealte Kultur, die trickreiche, pragmatische politische Klasse, die hohe diplomatische Schule des Vatikans – das alles begeisterte Klaus Gysi, und es passte irgendwie besser zu ihm als dieser Strohhütchen-Sozialismus zu Hause.

Schon bald genoss er unter den italienischen Intellektuellen und Politikern große Sympathie, weit über das kommunistische Milieu hinaus. Mit dem Papst-Vertrauten Agostino Casaroli oder dem schillernden Ministerpräsidenten Giulio Andreotti kam er genauso gut zurecht wie mit IKP-Chef Enrico Berlinguer. Er sprach nicht nur Englisch und Französisch, sondern auch ein bisschen Italienisch. Und nach ein paar Jahren in Rom kannte er mehr Restaurants und Galerien als so mancher seiner italienischen Gastgeber. In einer Phase, in der die DDR im Westen um diplomatische Anerkennung rang, trug der weltmännische Gysi viel zum wachsenden kulturellen Ansehen seines Landes bei.

«Er war ein Epikureer», sagt Paolo Chiarini, Direktor des «Centro Thomas Mann». Chiarini lernte Gysi kennen, als dieser 1973 seinen Posten in Italien antrat. «Er lebte hier wie ein Römer. Er liebte es, gut zu essen und zu trinken, diskutierte gern und schaute ständig den Frauen hinterher.»

Die SED-Führung in Berlin war über so viel Einsatz bis tief in die Nacht hinein begeistert – und irritiert. Honecker zeichnete Gysi 1977 mit dem Karl-Marx-Orden aus. Die Parteigruppe in der Botschaft in Rom attestierte ihrem Chef einen unkonventionellen Arbeitsstil. «Er vertritt überzeugend und elastisch die Politik von Partei und Regierung», schrieb sie in einer Beurteilung. Aber sie kritisierte auch seine schwache ideologische Führung der Mitarbeiter. Und sie vergaß nicht zu erwähnen, dass Gysi kaum den Fahrdienst der Botschaft nutzte, sondern stattdessen lieber mit seinem italienischen Fahrer ausgedehnte Touren unternahm und dabei «so genannte Künstlerviertel und zweifelhafte Lokale» aufsuchte.

Da dauerte es natürlich nicht lange, bis der Botschafter zu Aussprachen nach Berlin bestellt wurde. Einmal ermahnte ihn Hermann Axen, das für Außenpolitik zuständige SED-Politbüro-Mitglied, streng, in der «Frage des persönlichen Lebens und der Familienverhältnisse offen gegenüber der Partei» zu sein. Bei derart aufmerksamen Sittenwächtern ist es kein Wunder, dass später das Gerücht die Runde machte, Gysi sei im Juni 1978 als Botschafter nicht etwa planmäßig, sondern wegen undurchsichtiger Frauengeschichten abgelöst worden.

Die fünf Jahre Aufenthalt in Italien haben Klaus Gysi gezeigt, dass es sich auch im untergehenden, faulenden Kapitalismus ganz gut leben lässt. «Anders ist nicht gleich falsch», fasste er diese Erkenntnis zusammen. In der DDR, die sich gern für die größte DDR der Welt hielt, galt so etwas als intellektuelle Offenbarung.

Gysi machte in seinen letzten Jahren in Rom auf Hans Arnold, den Italien-Botschafter der Bundesrepublik, den Eindruck eines «Menschen, der im Herbstlicht lebt». Das lag wohl nicht nur daran, dass Gysi von seinem baldigen Karriereende ausging. «Er schien mir oft auch resigniert zu sein über das, was sich zu Hause abspielte», meint Arnold. «Als er sich von mir in Rom verabschiedete, tat er das mit den Worten: ‹Ich gehe zurück in die DDR, das ist schließlich meine Heimat.› Ich fand dieses Bekenntnis ungewöhnlich. Mir wäre es nie eingefallen zu sagen: ‹Ich gehe zurück nach Bayern, das ist schließlich meine Heimat.› Ich habe mich gefragt, ob Gysi auch gegangen wäre, wenn er sich hätte frei entscheiden können.»

Klaus Gysi konnte vermutlich gar nicht anders, als zurückzugehen. Er war seit Hitlers Machtergreifung hoffnungslos mit Deutschland verstrickt. Er verließ für dieses Land 1940 sein sicheres Exil in Frankreich. Er war ein Rückkehrer.

Schon ein Jahr später jagt Klaus Gysi alle seine Zweifel zum Teufel. Die Partei ruft, wieder einmal. Honecker bestellt ihn im November 1979 zu sich ins Zentralkomitee. Er braucht einen diplomatisch versierten Mann für einen sensiblen Job. Er bietet Klaus Gysi an, Staatssekretär für Kirchenfragen zu werden. Kein Wort davon, dass der SED-Chef ihn sechs Jahre zuvor als Kulturminister gefeuert hat. Gysi ist überrascht. Aber seinen Einwand, dass er nichts von Kirchenpolitik verstehe, lässt Honecker nicht gelten. Der Generalsekretär sucht keinen Genossen, der die Bibel auswendig kennt, sondern einen, der ihm Ärger vom Hals hält. Gysi, inzwischen 67 Jahre alt, fühlt sich offenbar geschmeichelt. Er nimmt das Angebot an.

«Du hast bei mir immer eine offene Tür», gibt Honecker ihm noch mit auf den Weg. «Kirchenpolitik ist meine Entscheidung.»

Kirchenpolitik war schon unter Ulbricht Chefsache. Es ist ja auch ein heikles Feld für eine Partei, die sich im Besitz der einzigen wissenschaftlichen Weltanschauung glaubt. In ihren Augen ist es nur eine Frage der Zeit, bis die Kirchen in der DDR ihrem komischen Gott abschwören und zum sozialistischen Glauben übertreten. Aber so lange es die Kirche nun einmal gibt, muss die SED sich mit ihr auseinandersetzen. Dabei schwanken die Genossen ständig zwischen offener Feindschaft und pragmatischem Umgang.

Ende der siebziger Jahre ist wieder einmal Entspannung angesagt. Honecker will Ruhe an der Kirchenfront. Er hat internationale Ambitionen. Er möchte die Anerkennung des Westens für die DDR gewinnen. Seit der Unterzeichnung der KSZE-Vertrages 1975 sorgt er sich zunehmend um das internationale Ansehen seines Landes. Also vollzieht Honecker eine taktische Wende und versucht, die Kirchen als stabilisierenden Faktor der DDR-Gesellschaft in Anspruch zu nehmen. Am 6. März 1978 trifft sich der Staatschef zum ersten Mal in der Geschichte der DDR mit dem Vorstand der Konferenz der Evangelischen Kirchenleitungen. Dort setzt er die Zeichen auf Kooperation, Dialog und gegenseitige Toleranz. Natürlich bleibt ein kleinkarierter Mann wie Honecker, der sich seinen Marxismus in den dreißiger Jahren angelesen hat, trotzdem der festen Überzeugung, dass es vor allem Künstler und Kirchen sind, die das Böse in sein schönes Land tragen.

Für die Pflege der Klimaverbesserung zwischen Staat und Kirche scheint Klaus Gysi genau der richtige Mann zu sein. Viele von seinem geistigen Format hat die SED ja nicht. Gysi ist also wieder einmal Dolmetscher – ein Dauerredner im Auftrag der eigenen Partei, die in den achtziger Jahren nicht nur die Augen verschließt, sondern auch ihre Sprache verliert. Einer, der die Haltung der SED den «anderen», diesmal der Kirche, verständlich macht, und der umgekehrt den eigenen Genossen erklärt, dass 2000 Jahre Weltgeschichte nicht allein deswegen stattgefunden haben, damit am Ende die DDR entstehen konnte.

In dieser Herstellung von Kommunikation hat Klaus Gysi wohl zeit seines Lebens seine Hauptaufgabe gesehen. «Seit dem Turmbau zu Babel sprechen die Menschen alle verschiedene Spachen», sagte er in einem seiner letzten großen Interviews im April 1990. «Auf die Frage der Anstrengung kommt es an. Oder, um es abgekürzt zu sagen: Die Eltern verstehen die Kinder nicht, die Kinder die Eltern nicht, die Geschwister untereinander nicht, so hat es mal ein amerikanischer Botschafter gesagt, und nun kommen wir und wollen, daß sich die Völker verstehen. Also dahinter steckt eine tiefe Weisheit: Man muß sich große Mühe geben, man muß zuhören können, und man muß sein Eigenes artikulieren können, um ein Stück Verständigung zu erreichen.»

Gysi, das gebietet ihm seine bürgerliche Erziehung, vertritt von Anfang an eine offene Haltung zu Kirche und Religion. «Solange es Menschen gibt, die an Gott glauben, so lange wird es Gott geben», lautet eine seiner Überzeugungen. Mit diesem für einen DDR-Staatssekretär außergewöhnlichen Bekenntnis schafft er es sogar auf Seite 1 der *Bild*-Zeitung. Gysis Politik läuft nicht darauf hinaus, jeden Wunsch der Kirche von vornherein abzulehnen. Er möchte sich auf sie einlassen. Seine Mitarbeiter weist er an, in ihren Berichten in Zukunft auf die üblichen denunziatorischen Einschätzungen der Kirche gegenüber zu verzichten. «Gott schütze uns vor allseitiger Halbbildung!», sagt er zu ihnen.

Der neue Staatssekretär trägt seine positive Botschaft natürlich gern in die Welt hinaus. Das bewahrt ihn davor, sich um lästigen Verwaltungskram in Berlin kümmern zu müssen. Administrieren war noch nie sein Ding. Lieber ist er unterwegs. Gysi hält einen viel beachteten Vortrag vor dem Ökumenischen Zentrum in Genf, er besucht den Erzbischof von Canterbury, und anlässlich des Prayer Breakfast in Washington schüttelt er 1983 US-Präsident Ronald Reagan öffentlichkeitswirksam gleich beide Hände.

Zu Hause lässt er die Bischöfe nicht etwa in seinem Büro antanzen. Er will Gleichberechtigung demonstrieren und trifft sich mit ihnen auf «neutralem» Boden, am liebsten ist ihm natürlich ein gutes Restaurant. Die Kirchenleitungen sind so viel Zuwendung und freundliche Worte gar nicht gewöhnt. Und der Staatssekretär plaudert mit ihnen nicht nur über die große Politik. Als Bischof Werner Krusche von einer Dienstreise aus Salzburg zurückkehrt, fragt Gysi ihn, was er von der Stadt gesehen habe.

Wenig, antwortet Krusche, er habe gearbeitet.

Daraufhin guckt Gysi ihn ganz mitleidig an: «Sie sind ja genauso ein Kulturbanause wie meine Genossen. Salzburg, das riecht doch nach Geschichte! Da sind die Erzbischöfe noch mit ihren Mätressen ausgeritten.»

«Ich bin vor und nach ihm nie wieder einem Vertreter der SED oder der DDR-Regierung begegnet, der so gebildet war und so viel Welterfahrung hatte wie er», sagt der ehemalige Magdeburger Bischof Christoph Demke. Für Altbischof Albrecht Schönherr war Gysi schlicht eine «Ausnahmeerscheinung», ein «Glücksfall» für die Kirchen.

Doch sosehr die Atmosphäre sich auch verbessert, die Bischöfe merken schnell, dass Gysi zwar viel und interessant erzählt, aber nur wenig von dem hält, was er verspricht. «Immer wenn ich ihn verließ, hatte ich das Gefühl, neue Einsichten gewonnen zu haben», erinnert sich Demke. «Aber konkret herausgekommen ist bei den Gesprächen wenig oder gar nichts. Gysi hatte eine sehr ironische Art. Er ließ einen gern im Unklaren, ob seine Worte jetzt ernst gemeint oder nur Spaß waren. Er war ein Spieler.»

Der Staatssekretär für Kirchenfragen hat zwar eine Funktion, aber kein eigenes Amt. Und damit keine Macht. Gleichberechtigung von Christen im Alltag, Abschaffung des Wehrunterrichts in den Schulen, Einrichtung eines zivilen Wehrersatzdienstes, Unabhängigkeit der Kirchenzeitungen – viele der Streitpunkte kann Gysi nicht entschärfen, geschweige denn lösen. Besonders an der starrköpfigen Volksbildungsministerin Margot Honecker beißt er sich die Zähne aus. «Ich bin überzeugt, wenn er etwas zu sagen gehabt hätte, wäre manches anders gelaufen», meint Krusche. «So konnte er nur seine Misserfolge freundlich verkaufen. ‹Herr Bischof›, sagte er zu mir, ‹Ihnen kann ich es ja verraten, die Partei weiß alles, und die Volksbildung weiß alles besser.›»

Gysi ist der offizielle Vertreter des Staates gegenüber der Kirche und muss dessen offizielle Position verteidigen. Er tut das oft, wenn es von ihm verlangt wird, darin hat er Übung. Er kann auch gegenüber den Bischöfen den beinharten SED-Funktionär heraushängen lassen. Aber er weiß auch, wie man die Befehle der Partei unterläuft.

Über das brutale Vorgehen von Polizei und Schuldirektoren gegen junge Leute, die den Aufnäher «Schwerter zu Pflugscharen» tragen, schüttelt Gysi 1981 zunächst fassungslos den Kopf. Trotzdem überbringt er der Kirchenleitung den Regierungsbeschluss, wonach das Tragen dieses pazifistisch verdächtigen Symbols in allen Bildungseinrichtungen ab sofort verboten ist. «Die Dinger müssen weg», weist er kühl an. Unter vier Augen gesteht er Bischof Schönherr jedoch: «Ich habe hier einen Ukas der Regierung, den ich Ihnen vorlesen muss. Ich sage Ihnen gleich: Der ist Unsinn.»

Gysi setzt lieber auf den Kompromiss im Detail. Er versucht Einzelfälle hinter den Kulissen zu klären, wenn er vorn auf der großen Bühne schon kaum etwas ändern kann. Nur wenn gar nichts mehr läuft, ruft er mit großer Selbstverständlichkeit Honecker an. Das können sich nicht viele erlauben. «Es kam vor, dass wir bei ihm am Konferenztisch saßen und nicht weiterwussten», erinnert sich Horst Dohle, Gysis damaliger Büroleiter. «Er nahm dann den Telefonhörer und wählte die bestimmten Zahlen: ‹Erich, wann hast du denn mal zwanzig Minuten Zeit für mich?› So ging das über Jahre.»

Mitte der achtziger Jahre ist damit Schluss. Der neue für Kirchenpolitik zuständige ZK-Sekretär Werner Jarowinsky weist den Honecker-Intimus zurecht: «Also, paß mal auf, lieber Klaus Gysi, was zum Generalsekretär geht, geht über meinen Schreibtisch.»

Gysis Stern sinkt. In den Kirchen sammeln sich die kritischen Friedens- und Umweltgruppen. Die Kirchenleitungen, mehr auf Ausgleich bedacht, geraten in eine schwierige Vermittlerrolle. Aber auch ihre Fragen werden immer drängender, sie haben mit Kirchenpolitik im engeren Sinne nur noch wenig zu tun, sie werfen die krisenhaften Erscheinungen der ganzen Gesellschaft auf. Die SED-Führung geht wieder zur offenen Konfrontation über. Gysi kann nur noch mahnen, die Fragen der Kirchen doch einmal konkret zu beantworten, anstatt ihnen immer nur konterrevolutionäre Absichten zu unterstellen. Aber auf ihn hört keiner mehr. Im Politbüro wettern sie schon über seine zu lasche Haltung gegenüber dem «Hort der Opposition». Die Stasi übernimmt jetzt die operative Führung.

Nicht ganz zufällig, als Gysi zu kirchenpolitischen Gesprächen in Genf weilt, besetzt in der Nacht vom 24. zum 25. November 1987 eine MfS-Einsatzgruppe mit einem Staatsanwalt die Umweltbibliothek in der Gemeinde der Berliner Zionskirche. Die Stasi will die Redakteure des illegalen *Grenzfall* beim Druck der Zeitschrift überraschen. Die spektakuläre Aktion misslingt.

In Genf verteidigt Gysi die Durchsuchung. «Es muss ein schwerer Fall sein», sagt er, betont aber gleichzeitig, dass er die politischen Gründe für die Maßnahme nicht kenne. Der Staatssekretär bewahrt nur mühsam Haltung. Er hält den Stasi-Übergriff für eine politische Dummheit.

Bis heute halten sich Gerüchte, Gysi selbst sei es gewesen, der Oberkirchenrat Martin Ziegler «unter dem Siegel der Verschwiegenheit» vor der Durchsuchung der Umweltbibliothek gewarnt habe. So steht es auch in Akten der Staatssicherheit. Ziegler behauptet jedoch, er sei von Gysis Hauptabteilungleiter Peter Heinrich, selbst Stasi-Offizier im besonderen Einsatz, einige Tage vorher über eine anstehende Aktion informiert worden. Heinrich hätte auf die illegale Zeitschrift hingewiesen und gesagt: «Bringen Sie das selbst in Ordnung.» Er könne natürlich nicht ausschließen, sagt Ziegler, dass Gysi seinen Abteilungsleiter mit der Warnung beauftragt habe.

Als Gysi aus Genf zurückkehrt, wirkt er müde und resigniert. «Wisst ihr», sagt er im Kreis seiner Mitarbeiter, «das könnte das Ende sein.» Sein Vertrauter Horst Dohle erinnert sich noch genau an diesen Moment: «Einem wie mir, der mit der DDR groß geworden ist, lief es in diesem Augenblick kalt über den Rücken.»

Klaus Gysi kann nichts mehr tun. Die Hardliner in der SED-Führung haben sich durchgesetzt. Die Kirchenfeindschaft der fünfziger

Jahre feiert Auferstehung. Gysi ist mit seiner Politik gescheitert. Aber das wenigstens einigermaßen stilvoll.

Am 14. Februar 1988 nimmt er zum letzten Mal an einer Sitzung des SED-Politbüros teil. Einen Tag zuvor waren nach Gottesdiensten in Dresden mehrere Leute verhaftet worden. Daraufhin hat Honecker Hans Modrow, den 1. Sekretär der SED-Bezirksleitung Dresden, zum Rapport nach Berlin bestellt. In der Politbürositzung erläutert Modrow, warum er sich für die Freilassung der Inhaftierten eingesetzt hat. Honecker erklärt daraufhin, was jetzt zu tun sei. Er nuschelt, wie immer. Gysi sitzt ganz hinten im Saal. Nach der Sitzung geht er zu Modrow und fragt: «Was hat Honecker da erzählt?»

Gysi hat die Anweisungen seines Parteichefs nicht gehört. Er versteht ihn schon lange nicht mehr.

Ein halbes Jahr nach dem Überfall auf die Umweltbibliothek wird Gysi gefeuert. Am 29. Juni 1988 beschließt das Sekretariat des ZK der SED seine Entlassung. Am 13. Juli erscheint Ministerpräsident Willi Stoph in seinem Büro und verabschiedet ihn in gut geheuchelter harmonischer Stimmung. Einen Tag später steht in der Zeitung, der Staatssekretär für Kirchenfragen sei aus «gesundheitlichen Gründen» abgelöst worden. Solche schäbigen Abschiede haben in der kommunistischen Bewegung Tradition.

Ein paar Tage nach dem Rauswurf kommt sein Sohn Gregor vorbei. Er möchte den Vater trösten. «Ach, weißt du», antwortet der alte Gysi. «Ich habe mich zwar geärgert, aber das Ganze hat auch sein Gutes. In zwei Jahren müssen die alle gehen, und dann bin wenigstens ich nicht mehr dabei.»

Die DDR liegt in diesem Sommer 1988 in Agonie. Aber von einer Wende ist weit und breit noch nichts zu sehen.

9. Kapitel

Don't worry, take Gysi: Der Messias, die Ostdeutschen und die PDS

Ein paar Tage nach der Volkskammerwahl am 18. März 1990 ruft Klaus Gysi bei seinem Sohn an. Er ist aufgewühlt. «Junge», sagt der alte Gysi, der gerade seinen 78. Geburtstag gefeiert hat, «du hast meinem Leben wieder einen Sinn gegeben.» Gregor Gysi ist ganz verlegen am Telefon. So viel Zuwendung ist er von seinem Vater gar nicht gewohnt. Der Alte warf immer einen langen Schatten auf das Leben seines Sohnes, er hat sich so manches Mal Sorgen um ihn gemacht, aber er, der große Klaus Gysi, hat den in seinen Augen stets kleinen Gregor auch mit Nichtachtung gestraft. Selbst vor ein paar Monaten hat er den Sohn noch verspottet und gefragt: «Wie kann dieser chaotische Junge nur Parteivorsitzender werden?»

«Dieses Nichternstgenommenwerden war für Gregor das eigentliche Problem», sagt einer seiner Freunde. «Ich habe mich immer gefragt, warum er so darum rang, von seinem Vater ernst genommen zu werden. Klaus Gysi war doch in seiner ganzen Art so unernst. Ich verstand nicht, dass Gregor gerade ihn als Leitbild nehmen musste. Aber das ist wahrscheinlich so im Leben: Man hat nur einen Vater, und den liebt man.»

Gerade deswegen versuchte Gregor Gysi früher immer zu beweisen, dass er nichts dem politischen Einfluss seines Vaters verdankte. In den achtziger Jahren verteidigte er als Anwalt sogar Wehrdienstverweigerer. Manche seiner Freunde glaubten, er tue das nur, um seinen Vater zu provozieren. Der musste als Staatssekretär für Kirchenfragen die Tatsache rechtfertigen, dass es in der DDR keinen offiziellen zivilen Wehrersatzdienst gab. Da passte es ihm gar nicht, dass sich sein Sohn für Wehrdienstverweigerer einsetzte.

Jetzt zeigt Klaus Gysi zum ersten Mal in seinem Leben, dass er wahnsinnig stolz ist auf diesen «chaotischen Jungen». Bei der großen Berliner Demonstration am 4. November 1989 hatte er sich noch unbemerkt unter die Menschenmassen gemischt und zu seinem Sohn aufgeschaut. Damals wusste er nicht, wie das mit der SED und der DDR einmal enden würde. Fünf Monate später hat sein Sohn wenigstens die Partei gerettet, der er, der alte Kommunist, seit fast sechzig Jahren angehört.

Aber nicht nur das. Gregor Gysi hat der PDS auch einen Teil ihrer Würde zurückgegeben. Quasi im Alleingang bestritt er ihren Wahlkampf in den zurückliegenden Wochen. Er verteidigte dabei die verzweifelte Staatspartei und deren Lebenszweck, die DDR, witzig und selbstbewusst. Das brachte der PDS bei der ersten freien Volkskammerwahl in der Geschichte des Landes kaum für möglich gehaltene 16,4 Prozent ein. Sie stellte im Parlament die drittstärkste Fraktion. Die Herbstrevolutionäre vom Bündnis 90 hatten gerade mal 2,9 Prozent der Stimmen erhalten. Ihren politischen Gegnern war es nicht gelungen, die PDS in die Bedeutungslosigkeit zu verbannen.

Die alte Kommunistische Partei verfügt jetzt über einen neuen Helden.

Gregor Gysi ist damit endgültig aus dem Schatten seines übermächtigen Vaters getreten. Noch auf dem Parteitag im Dezember 1989 war er kurz vor seiner Wahl zum SED-Vorsitzenden mit seinem Vater verwechselt worden. «Ich heiße nicht Klaus, sondern Gregor Gysi, aber das macht nichts, daran habe ich mich gewöhnt», hatte er damals leicht resignierend geantwortet. Jetzt muss sich Gregor Gysi nicht länger die Frage gefallen lassen, ob er der Sohn von Klaus Gysi sei. Ab jetzt muss sich der Alte erklären. «Ach, Sie sind der Vater von Gregor Gysi?»

Aber bei allem Stolz, eine letzte väterliche Bemerkung über den neuen Beruf seines Sohnes kann er sich nicht verkneifen. «Ich hätte ihm etwas anderes gewünscht», sagt er. «Politik ist nun mal das härteste Geschäft der Welt.»

Diese Erkenntnis hatte Gregor Gysi zu diesem Zeitpunkt bereits gratis. Innerhalb von nur vier Wochen war aus dem neuen SED-Hoffnungsträger die am meisten gehasste Figur der DDR geworden. Gysi hatte diesen brutalen Wandel der Gefühle selbst mit herbeigeführt. Er stellte sich vor den alten Parteiapparat. Er weigerte sich, das SED-Eigentum abzugeben, und das mit dem perfiden Argument, das letzte Mal sei die Partei 1933 enteignet worden. Er hielt zu Ministerpräsident Hans Modrow, als dieser sich gegenüber dem Runden Tisch widersetzte, das Amt für Nationale Sicherheit, die alte Staatssicherheit, aufzulösen. «Lügen haben kurze Beine – Gysi, zeig uns doch mal deine», riefen die Leipziger Montagsdemonstranten. Der neue SED-Chef verkörperte plötzlich die restaurativen Machtambitionen seiner Partei und nicht mehr die versprochene radikale Erneuerung.

Selbst viele Genossen sahen in der SED-PDS nur noch das Symbol einer völlig diskreditierten Staatspartei. Sie waren es leid, ständig mit der alten SED identifiziert zu werden. Im Januar 1990 tobte noch einmal die Debatte über die auf dem Parteitag eigentlich schon entschiedene Frage, ob man die Partei nicht besser auflösen solle. Gysi forderte abermals den Erhalt und die Erneuerung der SED-PDS. Er argumentierte, eine Auflösung sei politisch nicht zu verantworten. Die Folgen wären politische Instabilität der DDR, Gefahren für die Perestroika in Moskau und eine Bedrohung der sicheren Grenze zu Polen. Der Parteivorstand folgte ihm: Am 20. Januar beschloss er mit 80 Ja-Stimmen bei 7 Enthaltungen und 2 Gegenstimmen, die Auflösung der SED-PDS abzulehnen und Maßnahmen einzuleiten, um sie noch schneller erneuern zu können.

Unmittelbar nach der Sitzung traten drei Parteireformer aus dem Vorstand aus. Andere enttäuschte Intellektuelle vom radikal-demokratischen Flügel folgten ihnen, sie verließen die Partei. Einen Tag später trat auch der stellvertretende Parteivorsitzende Wolfgang Berghofer, einer der Hoffnungsträger, aus der SED-PDS aus. Er nahm gleich noch 39 führende Genossen aus dem Bezirk Dresden mit, unter ihnen landesweit bekannte Wirtschaftsführer wie den Robotron-Chef Friedrich Wokurka.

Die Troika Gysi-Modrow-Berghofer war zerbrochen. Die Partei traf dies wie ein Schock. Eine neue Austrittswelle setzte sich in Bewegung. Der endgültige Zerfall der SED-PDS schien nur noch eine Frage der Zeit zu sein. Gysi war nach dieser Januar-Krise eigentlich schon am Ende.

Aber der Parteichef blieb davon überzeugt, dass die alte Staatspartei noch gebraucht werde. Ihre ersatzlose Auflösung wäre in seinen Augen politisches Abenteurertum gewesen. Gysi kämpfte, eine Kapitulation kam für ihn nicht in Frage. Es war eine plötzlich einsetzende Bewegung an der Parteibasis, die Gysi in seinem freien Fall nach unten auffing. Vor allem jüngere Leute wollten die Partei endlich radikal und basisdemokratisch erneuern. Es bildeten sich überall im Land Initiativgruppen, die eine konsequente Umsetzung der Beschlüsse des Sonderparteitags vom Dezember forderten. Die SED-PDS sollte mit dem Stalinismus brechen, ihr Verständnis als «Weltanschauungspartei» ablegen und offen sein gegenüber den Bürgerbewegungen, der SPD, den Kirchen, den Gewerkschaften. Diese Basisbewegung rettete Gysi. Ihre Begeisterung trug ihn über die nächsten Monate.

Gysi war ein Außenseiter. Er war ein politisches Naturtalent, aber er hatte von Politik und ihrer Organisation keine Ahnung. Er kannte ja nicht einmal seine eigene Partei. Das war immer noch Honeckers Laden und nicht seiner. Der alte SED-Generalsekretär wusste, wie man eine kommunistische Kaderpartei zu führen hat: konsequent, hart und unerbittlich. Als er 1971 die Macht übernahm, setzte er zuallererst seine eigenen Leute an alle Schaltstellen. Klaus Gysi hatte das am eigenen Leib erfahren, er war von Honecker als Kulturminister gefeuert worden.

Gregor Gysi jedoch räumte nicht auf, schon gar nicht brutal. Dazu fehlte ihm die nötige Härte. Er ließ die meisten auf ihren alten Plätzen sitzen. Er wusste am Anfang ja nicht einmal, wie groß der Apparat war, den er nicht durchschaute. Als er hörte, dass die SED über 44 000 Angestellte hat, war er bis ins Mark erschüttert. Er kämpfte allein. Er arbeitete bis tief in die Nacht. Er beantwortete sogar alle Briefe selbst.

Als ihn Günter Gaus am 27. Februar 1990 im Fernsehen fragte, welches sein bisher schwerster Fehler als Parteivorsitzender gewesen sei, antwortete Gysi: «Ach Gott, das waren so viele, wenn ich jetzt versuchen sollte, die schwersten herauszusuchen ... Ich glaube, der schwerste bestand darin, dass ich die Aufgabe unterschätzt habe, richtig restlos unterschätzt habe.» – «Sie kamen da in dieses ZK-Gebäude, und da war ein Apparat, und da kam der Rechtsanwalt Gysi», warf Gaus ein. – «Und ich kannte niemanden. Und mich kannten nun inzwischen alle. Und ihre Meinung zu mir war sehr differenziert. Und ich habe überhaupt nicht daran gedacht, was es da alles noch so gibt – mal abgesehen von den Dingen, die ich gewusst habe: Akademie, Parteihochschule, Institut. Und dann kam noch vieles hinzu, wovon ich nichts gewusst habe. Und dann begann ein Prozess der restlosen Überforderung, wo ich dann auch nicht mehr wusste, wem kann ich noch trauen, wem kann ich nicht trauen. Wer versucht dir hier ein Bein zu stellen? Wer meint es ehrlich? Meine psychologischen Kenntnisse diesbezüglich begannen zu versagen. Und da hatte ich eigentlich auch immer nur die Wahl zwischen zwei Fehlern. Und ich wusste immer nicht genau, welcher ist der schlimmere.»

Im Januar 1990 traf Gysi mit Willy Brandt in Paris zusammen. Da fragte ihn der große alte Mann der Sozialdemokratie, welcher Masochismus ihn bloß dazu bewogen hätte, einen «derart beschissenen Job» zu übernehmen.

In Gysi steckte noch die ganze DDR, als er plötzlich auf die Bühne der Weltgeschichte katapultiert wurde, und das ausgerechnet in einem Moment, in dem sich die Bühne unaufhörlich und immer schneller drehte. Jeden Tag wurde ein neues Stück aufgeführt, nur die Hauptdarsteller blieben dieselben: Reagan, Kohl, Thatcher, Mitterrand, Baker, Gorbatschow, Genscher, Schewardnadse. Gysi stand einigen Politikern, die er bislang nur aus dem Fernsehen kannte, plötzlich leibhaftig gegenüber: Mitterrand, Brandt, Bahr, Gorbatschow. Er machte dabei eine gute Figur, reden konnte er ja, aber politisch war er hoffnungslos überfordert. Gysi stolperte, wie so viele, mit großen Augen durchs neue, unübersichtliche Gelände.

Besonders deutlich wurde das bei seinen Gesprächen mit Gorbatschow. Gysi telefonierte zweimal mit dem KPdSU-Generalsekretär, am 10. sowie am 14. Dezember 1989. Einmal traf er ihn zu einem längeren Meinungsaustausch in Moskau, das war am 2. Februar 1990. Eine weitere, nur kurze Begegnung gab es am 15. November 1990 am Rande eines Treffens von Reformsozialisten der ehemaligen Ostblockstaaten in Moskau.

Gorbatschow war für den neuen SED-Chef eine Legende. Gysis ganze Hoffnungen, die DDR reformieren und Honecker durch einen Jüngeren ersetzen zu können, waren mit Gorbatschows Politik in Moskau verbunden. Als er den Erfinder von Perestroika und Glasnost zwei Tage nach seiner Wahl zum SED-Vorsitzenden jetzt persönlich sprechen konnte, war es ein bisschen so, als treffe ein Groupie sein Pop-Idol.

Gysi sagte gleich zu Beginn dieses ersten Telefongesprächs, dass Gorbatschow seit vielen Jahren sein politisches Vorbild sei. Außerdem hob er hervor, dass er Kommunist sei und viel von der Unterstützung der KPdSU und der UdSSR erwarte. Er, Gysi, sei auch jederzeit bereit, wenn Gorbatschow dies wünsche, sich mit ihm zu treffen. Er schätze ihn so sehr, dass er ihm persönlich danken wolle.

Gysi bewegte sich noch ganz in den alten Rollen, die sich ins kollektive Bewusstsein seiner Partei gefressen hatten. Da sprach ein traditioneller SED-Parteiführer mit seinem großen Bruder. Gysi erkannte die Hierarchien des jahrzehntelang praktizierten proletarischen Internationalismus vorbehaltlos an. Er nahm die bisherigen sowjetischen Interessen als gegeben hin. Und er vertraute darauf, dass der KPdSU-Generalsekretär sich schon als Wahlkampfhelfer der SED einspannen lassen würde, jetzt, wo Honecker nicht mehr da war, der einst Gorbatschows Rat «Wer zu spät kommt, den bestraft das Leben» stur überhört hatte.

Doch die Welt hatte sich auch in den vergangenen Wochen seit dem SED-Sonderparteitag rasant weiterbewegt. Gysi schien das noch nicht präzise verarbeitet zu haben, er konnte auch nicht alles wissen. Er erfuhr erst später, dass in Moskau einige führende Politiker bei ihren deutschlandpolitischen Überlegungen schon gar nicht mehr auf ihn, den Parteichef, sondern lieber gleich auf den DDR-Ministerpräsidenten Hans Modrow setzten. Er konnte nicht ahnen, dass bereits Mitte Dezember 1989 einige im Beraterkreis Gorbatschows dafür plädierten, «die DDR ihrem Schicksal zu überlassen», wie der russische Deutschland-Experte Walentin Falin in seinen Memoiren schreibt. Der KPdSU-Generalsekretär hatte das zweite Telefonat am 14. Dezember mit Gysi noch mit der Floskel beendet, «die SED könne davon ausgehen, daß die KPdSU und das Volk der Sowjetunion sehr am Erfolg der Sozialistischen Einheitspartei Deutschlands interessiert seien».

Als Gysi am 2. Februar 1990 nach Moskau reiste, hatte sich die Bewertung der deutschen Frage durch den Kreml endgültig verändert und entschieden. Auf einer Strategieberatung am 26. Januar war eine Runde unter Gorbatschows Leitung zu der Einsicht gekommen, dass «die Wiedervereinigung unvermeidbar» sei. Die Sowjetunion wollte die Initiative zu einer Konferenz der vier Siegermächte sowie der beiden deutschen Staaten übernehmen. Auch davon wusste Gysi nichts, als er in Moskau landete. Sein politisches Gespür hatte ihn allerdings nicht ganz im Stich gelassen. In einem Interview mit der *Bild*-Zeitung am 30. Januar hatte er eingeräumt, dass der Prozess der Wiedervereinigung «nicht mehr aufzuhalten» sei, allerdings auch hinzugefügt, «es wäre unverantwortlich, jetzt so zu tun, als ob es morgen möglich wäre».

Diese Aussagen hatte Gysi nicht ganz zufällig getroffen. Hans Modrow war an diesem 30. Januar in Moskau und sprach dort mit Gorbatschow über seinen noch geheimen deutschlandpolitischen Plan «Für Deutschland, einig Vaterland». Modrows Konzept sah vor, über eine Konföderation von DDR und BRD zu einem einheitlichen deutschen Staat in Form einer Föderation zu gelangen. Der SED-Ministerpräsident sollte diesen Plan am 1. Februar der Öffentlichkeit vorstellen, ohne jedoch vorher das Präsidium der SED-PDS zu informieren. Gysi hatte einen Tag vor Modrows Abreise zufällig davon erfahren. Sein *Bild*-Interview war also nicht nur eine vorsichtige Anerkennung der deutschlandpolitischen Realitäten, sondern auch der Versuch, den Schock, den Modrow in breiten Teilen der SED-PDS mit seinem «Deutschland, einig Vaterland» auslösen würde, bereits vorher etwas wirken zu lassen.

Das Gespräch zwischen Gysi und Gorbatschow, das über zweieinhalb Stunden dauerte, verlief scheinbar in völliger Harmonie. Gysi betonte ganz in alter Manier, wie wichtig die Beziehungen zur KPdSU seien, seine Partei wolle sie gern ausbauen, und Gorbatschow antwortete mit den üblichen Phrasen, die ihm leicht über die Lippen kamen. «Eure Sorgen sind auch unsere Sorgen», sagte er und behauptete, dass die KPdSU «alles tun» werde, «um den Genossen in der DDR zu helfen». Auch bei der Beurteilung der SPD verfiel Gysi in alte Klischees. Willy Brandt mache ihm große Sorgen, meinte er offenherzig. Brandt laufe Gefahr, sein großes Lebenswerk wieder kaputtzumachen. Wenn ihn noch jemand von seiner gegenwärtigen nationalistischen Linie abbringen könne, dann sei dies Gorbatschow.

In der deutschlandpolitischen Frage hielt sich Gorbatschow Gysi gegenüber auffällig bedeckt. Er wusste, dass Kohl erst am 10. Februar zu vorentscheidenden Gesprächen mit der sowjetischen Führung nach Moskau kommen würde. Es kostete ihn überhaupt nichts, Gysi zu versichern, dass die DDR «nicht nur ein wichtiger Faktor der europäischen, sondern auch der Weltpolitik» sei. Den Modrow-Plan interpretierte Gorbatschow als Versuch, «die Initiative nicht zu verlieren und den Gang der Ereignisse nicht der BRD, vor allem aber nicht der Straße zu überlassen». Gysi antwortete darauf, dass es seiner Partei um eine schrittweise Annäherung der beiden deutschen Staaten gehe. Er sprach von «Unabhängigkeit und Nichteinmischung» als Voraussetzung von «Verhandlungen zwischen gleichberechtigten Partnern» sowie von einer «völligen Entmilitarisierung» als Bedingung einer späteren deutschen Föderation. Er kämpfe «für ein europäisches Deutschland, nicht für ein deutsches Europa».

Gysi glaubte immer noch daran, den Prozess der deutschen Einheit mit Hilfe der Sowjetunion wenn schon nicht zu stoppen, so doch wenigstens noch beeinflussen zu können. Er schlug Gorbatschow die Gründung gemeinsamer Betriebe vor, dies könnte «später ein wirtschaftlicher Fuß der Sowjetunion in einem einheitlichen Deutschland» sein. Gysi dachte auch daran, «gemeinsame Betriebe der Parteien» zu schaffen, um so «das Eigentum der Parteien abzusichern». Gorbatschow stimmte diesem Gedanken sogar noch zu. Nur ein einziges Mal blitzte ein Interessenkonflikt auf. Gysi sagte, die Losung von «Deutschland, einig Vaterland» komme ihm gegenwärtig nur sehr schwer über die Lippen. Da werde er wohl noch üben müssen, antwortete Gorbatschow.

Am Ende des Gesprächs wurde Gysi noch einmal von seiner Sentimentalität übermannt. Er sei Russland zu Dank verpflichtet, sagte er. Sein Urgroßvater habe Industriewerke in Kolomna besessen. Dies sei der Ursprung dafür, dass er Kommunist geworden sei. Für ihn gebe es keine besseren Ideen in der Welt.

Für Gorbatschow galt das nicht mehr so ohne weiteres. Gysi hat das offenbar nicht eine Sekunde lang in Rechnung gestellt. Die Treueschwüre des KPdSU-Generalsekretärs gegenüber der einstigen Bruderpartei waren nur fürs Protokoll. Er kam nicht, wie von Gysi gewünscht, zum nächsten PDS-Parteitag Ende Februar 1990, er schickte nicht einmal eine persönliche Grußbotschaft. Was für Gysi jedoch viel desillusionierender war: Gorbatschow hatte gegenüber Kohl bereits am 10. Februar 1990 die Zusage gegeben, unter Berücksichtigung der sowjetischen Interessen die deutsche Einheit herbeizuführen. Im Juli 1990 versprach er dem Bundeskanzler auf dem legendären Treffen im Kaukasus sogar noch, dass die Sowjetunion auch eine Nato-Mitgliedschaft Deutschlands akzeptiert. Die PDS hatte da gar nichts zu melden.

Gysis Selbsttäuschung hielt einige Jahre an. Er erzählte später immer wieder, Gorbatschow habe ihm im ersten Telefongespräch gesagt, wenn er die SED auflöse, löse er die DDR auf, und wenn sich die DDR auflöse, löse sich die Sowjetunion auf. Diese riesige Verantwortung habe er als kleiner Anwalt nicht auf sich nehmen können. In dem offiziellen SED-Vermerk, der das Telefonat in indirekter Rede wiedergibt, findet sich von dieser dramatischen Formulierung Gorbatschows kein einziges Wort.

Natürlich kann man Gysi unterstellen, er erinnere sich deswegen so ungenau, weil ihm dieses vermeintliche Gorbatschow-Zitat immer in seine SED-Rettungsstrategie gepasst hat. Viel wahrscheinlicher ist jedoch, dass sich in Gysis Erinnerung wirklich einiges verschoben hat. Er wollte glauben, dass Gorbatschow es so gesagt hat. Es entsprach seiner politischen Überzeugung.

Wie schreibt Gorbatschow in seinen Erinnerungen über Gysi und dessen neue Parteiführung so prägnant: «Es war sofort spürbar: Hier sprachen Persönlichkeiten, wie man sie bisher in Ostberlin nicht kennengelernt hatte, intelligent, unvoreingenommen, selbständig, originell im Denken und im Handeln. Freilich kamen sie zu spät. Für einen neuen Anlauf blieb ihnen keine Zeit mehr. Ihre politischen Opponenten im Westen waren unvergleichlich erfahrener und geschickter.»

Die SED-PDS hatte so gut wie nichts mehr: keinen politischen Einfluss, keinen Rückhalt in der Bevölkerung, keinen moralischen Kredit. Spätestens mit dem Modrow-Plan vom 1. Februar 1990 war klar, dass es keine wichtige politische Kraft mehr gab, die sich der Vereinigung der beiden deutschen Staaten prinzipiell entgegenstellte. Das Schicksal der DDR war besiegelt. Die einstige Staatspartei musste ihren politischen Bankrott erklären. Sie hatte ihre Identität und ihren höheren Zweck verloren.

Jetzt, wo die DDR nicht mehr zu retten war, rettete sich die SED-PDS einfach selbst. Das wurde der eigentliche Sinn ihrer Weiterexistenz. Aus historischem Trotz schuf sie sich eine Solidargemeinschaft, eine Heimatpartei, in der die DDR wenigstens geistig überleben konnte: die PDS. Ihr Anführer: Gregor Gysi. Ihre Feuerprobe: der erste wirkliche Wahlkampf in der Geschichte der DDR.

Bereits am 24. Januar hatte Gysi vom Gebäude des alten Zentralkomitees das SED-Symbol abnehmen lassen. (Honecker sollte später zu Protokoll geben, diese Demontage sei für ihn der traurigste Augenblick der ganzen Wende gewesen, weil Gysi dabei gegrinst habe.) Am 4. Februar beschloss der Vorstand der SED-PDS, der Partei als Ausdruck ihrer Veränderung ab sofort einen neuen Namen zu geben: Partei des Demokratischen Sozialismus. Der Wahlkampfleiter André Brie plädierte mit Blick auf den 18. März dafür, einen leisen Wahlkampf zu führen, der Bescheidenheit mit einem aufrechten Gang verbinden sollte.

Aufrecht war der Wahlkampf, bescheiden eher nicht. Das lag auch an den finanziellen Möglichkeiten, die die PDS immer noch besaß. «Geradezu kafkaesk ging es zu, als ich Geld für den Wahlkampf benötigte», erinnert sich André Brie, einer der Parteireformer. «Ich hatte keine Ahnung, um welche Summen es sich handeln könnte, und keine davon, wie die Prozeduren im Vorstand der SED-PDS waren. Ich meldete mich daher bei Wolfgang Langnitschke an, der die Abteilung Finanzen leitete. Meine Scheu vor dem Großen Haus und dem Apparat saß tief. Mit Gysi war ich schnell vertraut geworden, er ließ sich von Beginn unserer Zusammenarbeit an ohne Umwege kritisieren, aber ansonsten war ich das Gefühl nicht losgeworden, im Zentralkomitee der Sozialistischen Einheitspartei zu sein. Daß der Abteilungsleiter Finanzen mich warten ließ, störte mich, weil ich alles, nur natürlich keine Zeit hatte, aber ich empfand es als durchaus normal. Als ich schließlich vorgelassen wurde, ging es um so schneller. ‹Wieviel brauchst du?› – ‹Das kann ich noch nicht sagen.› – ‹Gut, dann stellen wir erst mal zwanzig Millionen ein.›»

Gysi prägte diesen Wahlkampf wie kein Zweiter. Politisch war er nicht immer auf der Höhe der Zeit, die DDR erschien in seinen Schilderungen eher wie ein Klub der Volkssolidarität mit Gleichberechtigung zwischen Mann und Frau, billigen Mieten und schönen Kindergärten, die Bundesrepublik hingegen als Hort von Massenarbeitslosigkeit, Drogen und bösen «Republikanern». Gysi repräsentierte aber eine völlig neuartige politische Kultur, die dieses Land bislang nicht gekannt hat. Er war selbstbewusst, geistreich, witzig, lässig, selbstironisch und auch noch links. Er war so, wie seine demoralisierte Partei nie werden würde.

Gysi ging auf die Menschen zu, er sprach ihre Sprache, er konnte komplizierte Zusammenhänge ganz leicht aussehen lassen. Er verteidigte die Eigenständigkeit der DDR als Voraussetzung für einen gleichberechtigten deutsch-deutschen Zusammenschluss. Er warnte vor einer zu schnellen Währungsunion und dem Kahlschlag der ostdeutschen Industrie. Er entwickelte ein ganz elementares Gefühl von sozialer Gerechtigkeit. Er verkörperte, wovon fast niemand etwas hören wollte: Heimatbewusstsein, den Stolz auf die vermeintlich positiven Seiten des untergehenden Landes. Er war der Einzige seiner Partei, der glaubwürdig fürs Weitermachen und für einen Neuanfang stand.

Was bei der SPD oder der von Kohl zusammengezimmerten «Allianz für Deutschland» groß, schwer, mächtig und hausbacken wirkte, kam bei der PDS dank Gysi leicht, frech und originell daher. «Natürlich kann ich mir vorstellen, mit Helmut Kohl auf einer Wahlkampftribüne zu stehen», sagte er selbstbewusst. «Das hätte nur zwei Nachteile: Von mir wäre nicht viel zu sehen und von ihm nicht viel zu hören.» Wenn nicht einmal mehr der Humor half, sprang der PDS-Vorsitzende mit dem Fallschirm vom Himmel. «Don't worry – take Gysi», plakatierte seine Partei.

Als Robin Hood der Ostdeutschen wurde Gysi aber nicht nur in den Beifall, sondern vor allem in die Verachtung hineingeboren. Er wurde bespuckt, beschimpft und gehasst. Er bekam Morddrohungen. Er war plötzlich der Sündenbock für alles: für die Stasi, den KGB, den Trabi, die Misswirtschaft. «Modrow, Gysi – an die Wand, Deutschland, einig Vaterland», skandierten Rechtsextreme in Leipzig. Selbst die SED-Stalinisten, die einen wie Gysi früher am liebsten aus der Partei geworfen hätten, hielten ihm plötzlich vor, seine PDS sei immer noch der gleiche alte Haufen.

«In manchen Ecken im Süden der DDR trauten sich unsere Genossen nicht mehr auf die Straße», erinnert sich Harald Pätzolt, heute stellvertretender Wahlkampfleiter der PDS und damals als freiwilliger Helfer mit seinem Parteichef unterwegs. «Wenn Gysi dorthin zu Wahlveranstaltungen fuhr, empfingen ihn schon Leute mit einem

Strick um den Hals. ‹Hängt ihn auf!›, riefen sie. ‹Hängt ihn auf!› Es war immer eine extrem aufgeheizte Stimmung. Einmal in Schmalkalden rieten ihm seine Sicherheitsleute, lieber nicht aufzutreten. Auf dem Marktplatz standen Tausende Menschen, geteilt in zwei Lager: hier ein paar PDS-Anhänger, dort viele PDS-Hasser. Ein lokaler Politiker der DSU rief unter tosendem Beifall, Gysi solle verschwinden, er sei für das ganze Elend hier verantwortlich. Gysi hatte Angst, aber er blieb. Er kletterte auf die Tribüne und redete. Es wurde ein großer Auftritt. Hinterher sagte Gysi, er habe den DSU-Mann genau beobachtet. Dem hätten bei seiner Rede die Knie gezittert. In dem Moment habe er gewusst, diesen Marktplatz würde er erobern.»

Nur mit dem Hass auf Gysi war auch die Begeisterung für ihn zu erklären. Seine Anhänger jubelten über den «Kleinen», weil sie selbst voller Angst und ohne Selbstbewusstsein waren. Nach seinen Reden schütteten ihn völlig verzweifelte Menschen mit ihren Problemen zu. Einige waren glücklich, dass sie ihn einfach mal anfassen durften. «Sie sehnten sich regelrecht nach jemandem, der ihre Hoffnungen und ihre Leiden verkörperte», sagt Pätzolt. «Sie suchten einen Retter, einen Messias. Gysi stand bereit. Er war die ideale Führungsfigur. Kein anderer besaß diese seltene Mischung aus Charisma, Verstand und Ehrgeiz. Also wählten ihn die Menschen zu ihrem Anführer. Sie projizierten alle ihre Erwartungen auf ihn. Dieser Volkskammer-Wahlkampf 1990 hat mich an die alten Jesus-Schinken im Fernsehen erinnert.»

Gysi musste sich größer machen, als er wirklich war. Wie das geht, hatte er von seinem Vater gelernt. Wenn er redete, schob er die Kiste weg, die sie dem kleinen Anwalt hinters Rednerpult geschoben hatten. «Erst macht ihr mich zum Parteivorsitzenden, und jetzt soll ich auch noch 20 Zentimeter wachsen», kokettierte er vor seinen Genossen. «Das ist einfach zu viel verlangt.»

Die älteren unter den Genossen trauten manchmal ihren Augen und Ohren nicht. Der sich da für sie und ihre Partei einsetzte, war das Abziehbild ihres alten Gefährten Klaus Gysi. Die knapp 165 Zentimeter Körpergröße, das leicht runde Gesicht, die Halbglatze, die Brille, die vollen Lippen, die Rhetorik, der dialektische Charme, der Witz, sogar der Tonfall in der Stimme – alles war bei Gregor Gysi genauso wie bei seinem Vater, als dieser Anfang vierzig war. Viele von den Jüngeren bekamen diese frappierende Ähnlichkeit erst zehn Jahre später mit. Auf einer Gedenkveranstaltung zum ersten Todestag Klaus Gysis am 5. März 2000 in der Berliner Volksbühne spielten sie ein Tonband mit einem Rundfunk-Interview von 1949 vor. Darin berichtete der Kulturbund-Sekretär Klaus Gysi vom Besuch Thomas Manns in Weimar. Viele Zuhörer hielten das lange für einen Gag. Sie glaubten die Stimme Gregor Gysis zu hören.

Der PDS-Vorsitzende stellte sich in diesem Frühjahr 1990 bedingungslos vor seine Partei. Er verteidigte sie. Er wurde ihr Anwalt. Es war fast so wie früher bei Bahro und Havemann. Ein aussichtsloser Fall. Aber er liebte aussichtslose Fälle. Da konnte man nicht verlieren. Jeder kleine Erfolg war ein großer Sieg.

Es war der Reflex des Außenseiters, sich auf die Seite der Schwächeren zu stellen. «Wenn man über Jahre einen Beruf ausgeübt hat, der darauf gerichtet ist, den Schwachen gegen ein relativ starkes System zu helfen», sagte er im Februar 1990, «ja, dann kriegt man auch sofort wieder ein Solidaritätsgefühl, wenn eine solche ganze Bewegung schwach wird.»

Dabei ging es Gysi gar nicht mal so sehr um die Partei als Partei, auch nicht in erster Linie um die Milliarden, an die sich die PDS klammerte. Er verteidigte die Menschen und ihre Ideale, die sie mit der Partei verbanden. Er machte nicht Politik, sondern kümmerte sich um Schicksale. Auch um das seines Vaters.

Gysi redete in dieser Zeit in Interviews viel darüber, was ihn an der kommunistischen Bewegung immer fasziniert und zugleich bedrückt habe. «Diese fatale Nähe von Heroismus und Verbrechen. Sie brauchen sechs Begriffe, um diese Bewegung zu beschreiben: wirkliche Opfer, wirkliche Heldentaten, wirklicher Idealismus, riesige Fehler, riesige Irrtümer, riesige Verbrechen. Wenn Sie nur einen Begriff weglassen, stimmt das ganze Bild nicht mehr.»

Er versuchte diese komplizierte Dialektik bei der Bewertung der

DDR durchzuhalten. Gysi gab immer unumwunden zu, dass es in seinem Land schweres Unrecht gegeben habe. Trotzdem wandte er sich gegen den Begriff des «Unrechtsstaates», weil er dadurch die historische Legitimität der DDR in Frage gestellt sah. Genau aus diesem Grund hatte er ja selbst bis zum Schluss an ihr festgehalten: Weil er das sozialistische Land als eine Konsequenz aus dem Holocaust betrachtete. «Es stand nicht zur Debatte, ob die DDR demokratisch war», meinte Gysi, «sie war es einfach nicht. Die Frage war, ist sie ein Staat gegen den Faschismus? Ist sie ein Bollwerk gegen den Imperialismus? … Im Grunde gab es eine Entwicklung, in der viele sagten, wir haben etwas gegen bestimmte Seiten, sogar gegen diesen Staat, aber gegen die Richtung können wir nicht sein.»

Gysi warf der SED vor, in ihren letzten Jahren «keine linke Partei» mehr, sondern «reaktionär» gewesen zu sein. Trotzdem bewertete er die SED differenziert: «Es waren Mitglieder dieser Partei …, die zum Beispiel die Filme verboten haben, aber es waren auch Mitglieder dieser Partei, die diese Filme gedreht haben.»

Gysi setzte sich öffentlich auch mit seinem Vater kritisch auseinander: «Er war zutiefst davon überzeugt, auf der richtigen Seite der Geschichte zu stehen. Und er wollte auf dieser richtigen Seite Erfolg haben und Karriere machen. Aber je mehr Fehlentwicklungen es in der DDR gab und je höher mein Vater auf der Karriereleiter kletterte, desto mehr redete er sich ein, er tue das, um Schlimmeres zu verhindern.» Trotzdem verteidigte er die sozialistischen Ideale der Genossen aus der Gründergeneration der DDR. Er ließ den Alten ihre Überzeugung. Er äußerte sogar «ein gewisses Verständnis» dafür, dass die Emigranten und KZ-Überlebenden nach 1945 kein Demokratiebewusstsein entwickeln konnten. Sie seien nun mal mit der Erfahrung aus der Nazizeit gekommen, dass sie selbst Recht, aber mehr als 99,5 Prozent der deutschen Bevölkerung Unrecht gehabt hätten.

Gysi ist ein Romantiker. Er glaubt an das Gute im Menschen. Die utopische Verheißung der DDR, die in Wahrheit Teil des Machtmissbrauchs der SED gewesen war, verteidigte er über ihr Ende hinaus. Was ihn an der DDR am meisten interessiere, ist der Schriftsteller

Volker Braun kurz nach der Wende gefragt worden. «Das, was aus ihr werden könnte», lautete seine Antwort. Dieser Satz passt auch zu Gysi.

Die Alten in Gysis Partei wollten immer nur einen bestimmten Teil seiner Reden über die SED und die DDR zur Kenntnis nehmen: den, in dem es um die hehren Ideale und nicht um die traurige Wirklichkeit ging. Sie wollten sich ihr Scheitern nicht eingestehen. Selbst ein Mann wie Klaus Gysi, der Honeckers Ende frühzeitig hatte kommen sehen, tat sich damit ungeheuer schwer.

Als der alte Gysi am 26. November 1990 bei Günter Gaus im Fernsehinterview eine Bilanz seines Lebens zog, saß da kein gebrochener, sondern ein selbstbewusster, eloquenter Mann im eleganten grauen Anzug. Er sprach ganz offen über die Geburtsfehler der DDR, die Arroganz und Kulturlosigkeit ihrer Führung, die Kasernenhofdisziplin in der SED. «Das Auffälligste ist doch Folgendes», sagte er. «Dass Leute – wenigstens ein Teil im Politbüro –, die mal gut angefangen haben, die mal bereit waren, ihr Leben zu opfern für eine gute Sache, nicht zu widmen, sondern zu opfern, die wirklich mal Kämpfer waren, so unrealistisch werden können. Und – das muß man auch sagen – moralisch verkommen, wie das der Fall war.»

Aber als Gaus ihn fragte, ob nicht nur Ulbricht, Honecker und Mielke, sondern auch er selbst ein Leben von immerwährendem Selbstbetrug geführt habe, drückte der 78-Jährige sich vor einer ehrlichen Antwort. Er verschanzte sich hinter der großen Utopie. «Herr Gaus, das ist nicht nur eine quälende Frage», antwortete Klaus Gysi. «Unterschätzen Sie die Frage nicht. Es ist vielmehr natürlich auch für mich die Frage, ob mein Leben überhaupt irgendeinen Sinn hatte. Das wissen Sie doch ganz genau. Gucken Sie sich mein Leben an. Also, wenn ich sage, es war absolut sinnlos, dann muß ich auch akzeptieren, daß es absolut sinnlos war. Ich glaube es nicht. Ich glaube, daß irgendwo etwas von den Idealen weiterlebt – also wenn ich auf meinen Sohn sehe, oder auf meine Tochter. Und das Zweite ist, und das ist natürlich die große Frage: Konnte man überhaupt etwas Schlimmeres verhüten als das Ende, das jetzt da ist. Aber die Frage kann ich Ihnen noch nicht beantworten. Ich kann's mir ja einfach machen. Ich kann sagen: Ja, alles ist schwarz. Aber in der Geschichte ist doch niemals alles schwarz. Oder alles weiß.» Eine Diktatur müsse man vor ihrem Beginn verhindern, sagte er. «Das ist eine der Erfahrungen meines Lebens. Hinterher wird es unerhört schwer und kompliziert. Unerhört schwer.»

Da war eine typisch deutsche Antwort. Mut vor dem Königsthron hatte die Intelligenz in diesem Land nur selten bewiesen. Klaus Gysi erklärte, historisierte und relativierte die Entwicklung in der DDR so lange, bis man ihn selbst darin kaum noch erkennen konnte. Plötzlich sah es so aus, als hätte sich der Einzelne dem Großen und Ganzen niemals entgegenstellen können.

«Klaus Gysi seziert die gerade erst versunkene DDR mit großem Abstand, so, als handele es sich um eine Gesellschaft, die im vierten Jahrhundert nach Christus in Mittelasien unterging», schrieb der *Spiegel*-Reporter Cordt Schnibben 1991 nach einem Gespräch mit ihm. Der alte Gysi war der spöttische Beobachter eines Untergangs geworden, der natürlich nicht sein eigener war. Sein Sohn führte seine Mission ja fort.

Aber diese Mission forderte ihren Preis. Gregor Gysi wollte sich mit der SED nicht aus der Geschichte schleichen, jetzt musste er auch alles von dieser Geschichte mitschleppen: den Antifaschismus der Altkommunisten, den Idealismus der Aufbaugeneration, die Illusionen der Kinder der DDR. Er musste alle miteinander versöhnen: die Klaus Gysis, die Hans Modrows und die Reformer seiner Generation. Er wollte die alte Staatspartei reformieren, aber ihre Mitglieder nicht verlieren. Er nahm Rücksichten, machte Kompromisse und schlichtete.

Gregor Gysi gelang dies anfangs mühelos. Als Rechtsanwalt hat er für vieles Verständnis. Für ihn gilt zunächst die Unschuldsvermutung. Als das PDS-Präsidiumsmitglied Rainer Börner im September 1990 in der Volkskammer freiwillig seine IM-Tätigkeit bei der Stasi offen legen wollte, war Gysi strikt dagegen. Börner erinnert sich: «Er sagte in der Fraktionssitzung wörtlich zu mir: ‹Was nicht beweisbar ist, gibt man nicht zu.› Als ich ankündigte, es trotzdem zu tun, schlugen in der Fraktion die Wellen hoch. Meine eigenen Genossen warfen mir parteischädigendes Verhalten vor. Gysi hielt sich plötzlich zurück. Er kann ja eine Situation sehr genau einschätzen, er hat ein hervorragendes psychologisches Gespür. Als ich dann auf meinem Platz in der Volkskammer saß, kam Gysi noch einmal vorbei. Jetzt versuchte er es auf die sanfte Tour. ‹Rainer, verschieb's lieber auf nächste Woche›, sagte er. ‹Ich glaube, heute ist es nicht so günstig.›»

Börner outete sich und erntete für sein mutiges Bekenntnis aus fast allen Fraktionen große Zustimmung. Gysi machte ihm hinterher keinen Vorwurf. Das Experiment war ja gut gegangen. Zwei Jahre später wollte der PDS-Vorsitzende die fast 20-jährige Stasi-IM-Tätigkeit seines Freundes André Brie, von der er in einem vertraulichen Gespräch erfahren hatte, nicht öffentlich machen – obwohl es zu dieser Zeit schon einen Parteitagsbeschluss gab, der genau diese Offenlegung forderte.

Die PDS war Gysis wichtigster Fall, die Genossen waren seine Mandanten, und für einen Strafverteidiger gibt es kein größeres Verbrechen, als seinen Klienten zu verraten. «Ich werde niemals dazu bereit sein, ein mir gegenüber gewährtes Vertrauen zu verletzen», sagte er 1993 in einem Interview. Gysi hat das eisern durchgehalten. Er war zehn Jahre lang der Beichtvater der Partei. Viele Genossen kamen und haben bei ihm ihre kleinen und großen Sünden abgeladen. Er hat von diesen Gesprächen nicht ein Sterbenswörtchen preisgegeben, niemandem gegenüber. Gysi hat ja nicht einmal verraten, wer zu DDR-Zeiten in seiner Anwaltskanzlei das Leck gewesen sein könnte, durch das angeblich Informationen an die Stasi geflossen sind. Freunde von ihm behaupten, er kenne die Person, aber er habe sie, trotz der Stasi-Angriffe auf sich selbst, nicht bloßstellen wollen.

Die PDS verlor in ihrem «ersten» Jahr immer mehr den Kontakt zur ostdeutschen Gesellschaft. Sie wurde komplett ausgegrenzt und zog sich trotzig in ihre eigene Welt zurück. Sie schmuggelte 107 Millionen D-Mark nach Moskau, sie scheute die Auseinandersetzung mit ihrer eigenen Vergangenheit und tat trotzdem so, als sei sie eine neue Partei. Der Einzige, der sie am Leben erhielt, war Gysi.

Er bestritt den Wahlkampf seiner Partei zur ersten gesamtdeutschen Bundestagswahl im Dezember 1990 wiederum fast allein. Wo seine Partei ohne jedes Selbstbewusstsein war und sich kaum heraustraute, demonstrierte Gysi einen unbändigen Selbstbehauptungswillen. Die Alten in seiner Partei waren gerührt, die Jungen fanden ihn cool. «Er ist der brillante Strafverteidiger linker Politik, der Perry Mason der Alternativen», schrieb der *Spiegel*. «Ob Gysi glaubwürdig ist oder nicht, ist den Jugendlichen egal. Er ist gegen die ewigen Gewinner in Bonn, obwohl er in seinem Anzug selber wie einer aussieht.»

Gysi wurde gejagt und gehetzt. Aber er hatte im Gegensatz zu den meisten seiner Genossen gelernt, mit Ausgrenzungen umzugehen.

Er wirkte auf seine Fans wie eine Droge – wer ihn einmal hatte, wollte ihn wiederhaben.

Im Dezember 1990 zog die totgesagte PDS in den Deutschen Bundestag ein: mit nur 2,4 Prozent der Stimmen, aber dank des «Wunders von Karlsruhe». Das Bundesverfassungsgericht hatte überraschend entschieden, zwei getrennte Wahlgebiete mit separaten Fünf-Prozent-Hürden einzurichten. Im Osten gewann die PDS 11,1 Prozent, im Westen nur 0,3 Prozent.

1990, das deutsche Jahr, gehörte Helmut Kohl – und Gregor Gysi. Der PDS-Chef fand Gefallen an der Ironie der Geschichte: Kohl war die DDR los, aber ihn hatte er im Bundestag.

Alles, was Gysi später erreichen sollte, ist ohne diese atemlose Zeit nicht zu erklären. In diesen zwölf Monaten ist er zur öffentlichen Kultfigur geworden. Das Phänomen Gysi konnte sich nur durch die außergewöhnliche historische Situation, das hohe Tempo und die unglaubliche Medienresonanz entfalten. Er war der witzigste und zugleich einer der intelligentesten Hauptdarsteller eines ganzjährigen Spektakels. Wäre er auch nur ein halbes Jahr später Parteivorsitzender geworden – die Welt hätte ihn wahrscheinlich gar nicht kennen gelernt.

Unter diesem unvorstellbaren öffentlichen Druck hat Gysi in nur einem Jahr alles, was er von Hause aus mitbrachte, fürs politische Geschäft dauerhaft ausgeprägt: sein Talent, seinen Stil, seine Intelligenz, seinen Instinkt, sein Charisma, seine Schwächen. So gesehen ist er als Politiker eigentlich ein Frühvollendeter, ganz im Gegensatz zu Joschka Fischer, dem Unvollendeten, der sich ständig neu erfindet. Gysis Rolle stand seit 1990 fest.

Gysis Überhöhung zum ostdeutschen Helden bleibt ein wichtiges Kapitel der deutschen Vereinigungsgeschichte. Er erschien so riesig, dass seine Partei hinter ihm völlig verschwand. Die PDS war ein Einmannunternehmen. Das kam Gysis Charakter entgegen. Und es war eine der wichtigsten Voraussetzungen für die spektakulärste Erfolgsgeschichte der deutschen Parteienlandschaft in den neunziger Jahren: den Aufstieg der PDS von der Staatspartei der DDR zum ostdeutschen Gesamtkunstwerk.

Die eigentliche Grundlage für diesen Aufschwung bildete jedoch die Ignoranz des Westens gegenüber dem Osten. Die arrogante Vorstellung, es reiche aus, das westdeutsche Erfolgsmodell zu exportieren und es unter Ausschaltung der ostdeutschen Eliten umzusetzen, hat der PDS zu einem neuen Daseinszweck verholfen. Gebrochene Wahlversprechen, verfehlte Treuhandpolitik, aber vor allem die kollektive Kränkung des ostdeutschen Selbstwertgefühls haben der Bockigkeit, die die PDS in ihren Anfangsjahren auslebte, ab 1992 eine neue Bedeutung verliehen. Plötzlich erschien der eigentlich rückwärts gewandte Trotz als Symbol von Widerständigkeit und ostdeutschem Selbstbewusstsein. Die DDR war komplett und gründlich abgewickelt, übrig blieben als Symbole das grüne Ampelmännchen und die PDS.

Gysi war die personifizierte Restelite des Ostens. Er erklärte den Ostdeutschen die Veränderungen, die sie nicht verstanden. Er nahm ihnen die Sprachlosigkeit, er war ihre Stimme. Er behauptete sich im Westen stellvertretend für sie. Das machte es ihnen leichter, mit ihrem Minderwertigkeitskomplex zu leben.

Die PDS stand plötzlich nicht mehr am Rand der ostdeutschen

Gesellschaft, sondern mittendrin. Natürlich war die Partei nicht mit Ostdeutschland identisch. Aber sie verkörperte wichtige Elemente des ostdeutschen Lebensgefühls: Sehnsucht nach Heimat, Nostalgie, Selbstbehauptung, Protest und, gerade auch bei Jüngeren, die Verachtung der westdeutsch geprägten Gesellschaft, die die 68er und die Grünen mit einschloss. Sie war die einzige Partei, die konsequent bis zur Rücksichtslosigkeit ostdeutsche Interessen vertrat. Sie war die einzige Partei, die nicht westdeutsch dominiert war. Ab jetzt wirkte ihre Ausgrenzung identitätsstiftend, nach innen wie nach außen. Von Kohls Spruch über die «rot lackierten Faschisten» und der Rote-Socken-Kampagne der CDU im Bundestagswahlkampf 1994 fühlten sich nicht nur die Genossen der PDS angegriffen.

Im Westen hat das kaum einer verstanden. Dort wurde Politik traditionell analysiert. PDS? Das war für die Westdeutschen die SED-Nachfolgepartei, und fertig. Sie verstanden nichts von dem inzwischen gewachsenen Heimatmilieu, von der Tatsache, dass für viele Ostdeutsche die ganze Politik mehr mit Gefühl, Takt und verletzter Ehre zu tun hatte. Sie blickten in den Osten wie in einen Zoo – einigermaßen interessiert an dem, was dort lebte, aber ratlos angesichts dieser seltsamen Spezies namens «Ossi». Sie konnten nicht fassen, warum ein Viertel der Ostdeutschen regelmäßig die Erben von Honecker und Mielke wählte.

Mit jeder neuen Attacke von außen wurde das alte Abhängigkeitsverhältnis der PDS zu ihrem einzigen Star neu festgezurrt. Gysi blieb ihr Verteidiger. Die Angriffe auf die Partei bezog er immer auch auf sich selbst. Und die Angriffe auf sich als Person stellte er als Herabsetzung der PDS dar. So erschien die Rettung der PDS als seine Rettung – und umgekehrt.

An dieser Ausnahmestellung änderte sich auch nichts, als Gysi 1993 den Parteivorsitz niederlegte und sich auf seine Arbeit im Bundestag konzentrierte. Er blieb der Einzige, der die kulturelle Barriere in den Westen überwinden konnte. Er machte die PDS, bei aller Ausgrenzung, überhaupt erst gesellschaftsfähig.

Der PDS-Spitzenmann strebte indes längst nach mehr als einem ostdeutschen Heimatverein. Er wollte beweisen, dass er das historische Experiment, eine marxistisch-leninistische Staatspartei in eine moderne linke Partei zu transformieren, nicht zum Spaß angetreten hatte. Gysis Traum war eine gesamtdeutsche Partei, die im Osten zwar ihr Standbein hat, die sich aber auch im Westen verankert, vor allem im postmaterialistischen Milieu der Grünen und von Teilen der SPD.

Aber gerade bei der Umsetzung dieses Plans zeigten sich die Grenzen seiner Mission und seines politischen Talents.

Gysi gehörte im Herbst 1989 zu den glaubwürdigen Erneuerern der SED, aber nicht zu ihren radikalen Reformern. Seinen Führungsanspruch hatte er mit dem Versprechen erkauft, die alten, orthodoxen Mitglieder nicht aus der Partei zu drängen. Und bei der überstürzten Westausdehnung im Herbst 1990 hatte er sich ohne Not auf die versprengten Truppenteile des K-Gruppen- und DKP-Milieus gestürzt, die ihr Sektierertum jetzt in der PDS austobten. Auf all diese Kräfte musste er Rücksicht nehmen. Gleichzeitig trat Gysi ihnen immer wieder entgegen, das verlangte seine politische Überzeugung. Aber den permanenten Widerspruch zwischen Tradition und Aufbruch in die Moderne, den er selbst konstruierte, löste er nie auf. Er glaubte, diesen 1989 versprochenen Zusammenhalt seiner Partei auf ewig schuldig zu sein.

Jetzt zeigte sich, dass Gysis Stärken organisch mit seinen Schwächen verbunden waren. Er hat seine Partei zwar immer geführt und repräsentiert, aber sie nicht wirklich dominiert. Er war nie der unumschränkte Herrscher, der die PDS nach seinem Bild formte. Das hätte er gerne gehabt, aber er hat es nicht vermocht. Er ist der Partei immer ein bisschen fremd geblieben.

Der Intellektuelle Gysi konnte den leicht elitären Zug seines Herkunftsmilieus nie ganz ablegen. Er wollte nicht der Mann fürs Grobe sein. Vor Parteitagen telefonierte er sich nicht seine Mehrheiten zusammen, wie Helmut Kohl es tat, sondern schrieb seinen Genossen regelmäßig Briefe und erklärte ihnen die kleine Welt der PDS. Er begab sich nicht auf die Suche nach Verbündeten.

Gysi hat sich in seiner eigenen Partei nie ein Netzwerk aufgebaut. Er brauchte nur ein kleines Küchenkabinett, ein paar Männerfreunde, die er in seiner Anfangszeit 1989/90 kennen gelernt hatte und die die gleiche Abneigung gegen den Apparat und die offiziellen Strukturen pflegten wie er. Er litt darunter, dass er niemandem so sehr vertrauen konnte wie sich selbst. Und keinen anderen für ebenso gut hielt. Wenn eine Arbeitsgruppe seiner Bundestagsfraktion wochenlang an einem Gesetzentwurf gearbeitet hatte, überflog ihn Gysi in der Sitzung innerhalb von zehn Minuten und erkannte auf Anhieb jeden Schwachpunkt. Er konnte aus dem Handgelenk einen neuen diktieren.

Gysi besaß nie das Verständnis für die Organisation einer Partei. Er hatte eine brillante Idee, und die wollte er umsetzen, am liebsten sofort. Wenn er damit durchfiel, hatte er eben eine neue brillante Idee. Er liebte die schnelle, unmittelbare Konfrontation, den Kitzel hatte er aus dem Gerichtssaal mitgebracht. Gysi gegen den Rest der Welt.

Er war alles andere als bequem für seine Partei, aber ihm fehlte der unbändige Durchsetzungswille eines Underdogs, wie ihn beispielsweise Joschka Fischer besitzt. Gysi ist da viel eleganter, melancholischer und – weicher. Er ist ein durch und durch politischer Mensch, aber kein *political animal*. So ein Kraftpaket wie Fischer macht ihm eher Angst. Dessen darwinistisches Politikverständnis, dessen Brutalität und Rücksichtslosigkeit selbst gegenüber Parteifreunden sind ihm völlig fremd. So würde Gysi nie werden wollen. Insgeheim bewundert er Fischer jedoch auch für dessen Fähigkeit, über alle Ablehnung hinweg auf offener Bühne für seine Positionen zu kämpfen. In Gysi steckt da einfach zu viel an ostdeutscher Harmoniesucht. Bei Widerstand neigt er dazu, schnell aufzugeben.

Gysi hat die dauerhafte Auseinandersetzung in seiner Partei gescheut. Lieber lebte er sein Leiden an der PDS aus, an ihrem Dogmatismus und kulturellen Konservatismus. Lange Zeit fiel diese Unentschlossenheit jedoch nicht ins Gewicht. Die PDS konnte eigentlich beschließen, was sie wollte, auf ihre Wahlergebnisse hatte das kaum Auswirkungen. Als Milieupartei war sie in Ostdeutschland fest verankert. Und gerade ihre politische Unschärfe als «sozialistische» Partei machte sie zur idealen Projektionsfläche für jede Art Sehnsucht und Ressentiment. Für den Rest sorgte Gregor Gysi Superstar.

Mit den Erfolgen, die der PDS dabei über Jahre hinweg kontinuierlich zuwuchsen, stieg ihr Einfluss und ihr Selbstbewusstsein. 1998 feierte sie ihren bislang größten Sieg: Mit 5,1 Prozent zog sie in Fraktionsstärke in den Bundestag ein. Gysi wurde ihr Fraktionschef.

Diese Akzeptanz machte es der PDS leichter, ihren Widerstand gegen das «System» aufzugeben. Sie kam auf ihre ganz eigene, ostdeutsche Weise in der bundesdeutschen Gesellschaft an – immer noch etwas trotzig und nicht ohne die Fremdheit gegenüber dem Westen neu aufzuladen, aber doch auch zufrieden, endlich dazugehören zu dürfen. Die PDS konnte das werden, was die Mehrheit ihrer Mitglieder, die unideologischen, pragmatisch orientierten ehemaligen Funktionseliten der DDR, im Grunde immer sein wollte: eine fleißige, brave, staatstragende Partei. In Mecklenburg-Vorpommern durfte sie sogar schon mitregieren.

Die PDS verlor damit ihren wertvollen Status als politisches Phänomen. Der antikommunistische Furor im Westen ließ nach. Die Partei war auf sich selbst zurückgeworfen – und versagte.

Nach 1998 rächten sich alle Halbheiten Gysis und seiner zaudernden Reformerriege. Die Partei war immer verwundbar geblieben. Sie ruhte nicht in sich selbst. Sie hatte keinen Kern. Ihr fehlte ein politisches Profil. Ihre Mitgliedschaft war überaltert. Im Westen wurde sie kulturell nicht angenommen. Sie verfügte auf der bundespolitischen Bühne über keinerlei Kompetenzen. In ihrer Sozialpolitik dominierte der alte sozialistische Umverteilungstraum. In der Außenpolitik machte sie es sich als «Friedenspartei» bequem, ohne sich mit den neuen internationalen Herausforderungen wirklich auseinander zu setzen.

Gysi wusste um diese Schwächen. Aber er hatte sich von seiner Partei schon zu weit entfernt, um auf ihre Entwicklung noch Einfluss nehmen zu können. Er hatte wohl auch die Lust dazu verloren. Nicht zufällig erlebte die PDS eine ihrer schwärzesten Stunden, als Gysi (und mit ihm der Vorsitzende Lothar Bisky) von seiner Partei innerlich schon Abschied genommen hatte.

Auf dem Parteitag in Münster im April 2000 stimmte zum ersten Mal seit dem Dezember 1989 die Mehrheit der Genossen in einer Grundsatzfrage anders als ihre reformorientierte Führung. Die Delegierten lehnten es ab, dass die PDS zukünftig jeden von der UNO beschlossenen Militäreinsatz daraufhin prüft, ob sie ihn möglicherweise unterstützen kann. Diese vorsichtige Anpassung an außenpolitische Realitäten war im Vorfeld des Parteitages maßgeblich von Gysi betrieben worden. Dafür geworben hatte er unter den Genossen nicht. Er schien ihnen nur noch beweisen zu wollen, dass sie der Zeit hinterher waren. Jetzt musste er sich deswegen in Münster als «Kriegstreiber» und «Militarist» beschimpfen lassen. «Gregor, Arsch lecken!», riefen selbst ernannte Weltrevolutionäre der Hamburger Studentenfraktion.

Zu diesem Zeitpunkt hatte Gysi bereits resigniert. Er ließ die PDS mit ihrem fundamentalen Pazifismus allein. In der Debatte meldete er sich gar nicht erst zu Wort. Er saß nicht einmal im Saal. Den Parteitag verfolgte er sprachlos am Bildschirm in einem Hinterzimmer. Er erkannte seine Partei nicht wieder.

In Münster wurde der Gründungskonsens der Partei aufgekündigt. Die alte Funktionärselite fühlte sich, unterstützt von dogmatischen West-Linken und idealistischen Junggenossen aus dem Osten, nicht mehr an den Burgfrieden von 1989 gebunden. Sie brauchte niemanden mehr, der die Partei rettete.

Als alles vorbei war, hielt Gysi am Ende des Parteitags doch noch eine Rede. Es war eine seiner besten, auch wenn sie um Jahre zu spät kam. Von ihm fiel plötzlich alles Zweideutige ab. «Wir, die Linken, sind doch Teil dieser Gesellschaft», sagte er beschwörend. Er rechnete schonungslos mit seinen Widersachern in der Partei ab. Er warnte vor neuer DDR-Nostalgie und alten Feindbildern. Es sei höchst unangenehm, wenn der Daimler-Benz-Vorstand ganz allein über 15 Millionen Mark völlig willkürlich entscheiden könne. Genauso unangenehm sei es ihm aber gewesen, dass Günter Mittag ganz allein über 15 Millionen entschieden habe. Gysi rief dazu auf, die sozialen Errungenschaften des Westens zu verteidigen. «Wir haben doch nicht mehr den Villa-Hügel-Kapitalismus», stellte er klar. Selten wurde so deutlich, dass Gysi in einer völlig anderen Welt lebte als die meisten seiner Genossen.

Dann kündigte er an, dass er lange vor dem Parteitag entschieden habe, sich von der PDS-Fraktionsspitze zurückzuziehen. Er werde auch nicht wieder für den Bundestag kandidieren. Der Verteidiger der Partei trat ab. Sein Mandant war undankbar geworden.

Die PDS stürzte daraufhin in ihre größte Krise. Die Niederlage bei der Bundestagswahl 2002 war, von ein paar zu vernachlässigenden Umwegen abgesehen, die konsequente Folge.

Gysi versuchte später, seinem Rückzug das Spektakuläre zu nehmen. Er habe gehen müssen, weil er an Einfluss verloren hatte. Eine Mehrheit in der PDS habe geglaubt, es gehe auch ganz gut ohne ihn. «Der Emanzipationsprozess war von beiden Seiten gewollt. Das ist keine Frage von Schuld», sagte er. «Meine Verteidigungsaufgabe ist erfüllt. Jetzt ist der Übergang zum ganz normalen Politiker notwendig, einem, der Rentenkonzepte verteidigt und nicht mehr das Projekt PDS.»

Gysi hat sich damit selbst zu dem gestempelt, der er eigentlich nie sein wollte, in Wirklichkeit jedoch wohl ist: ein Politiker für die Ausnahmesituation, nicht für den Alltag. Eine historische Übergangsfigur.

Vielleicht wird in den Geschichtsbüchern über ihn wirklich nur eines stehen: dass er große Teile der DDR-Elite gewaltfrei in die bundesdeutsche Gesellschaft geführt hat. Das wäre weniger, als Gysi gewollt hat. Aber allein dafür hätte sich seine historische Mission gelohnt. Hätte es die PDS nicht gegeben, hätte man sie glatt erfinden müssen.

10. Kapitel

«Das läßt einen niemals los»:
Die Gysis und das Jüdischsein

Ist am 15. Januar 1990 aus dem Linken Gregor Gysi der Jude Gregor Gysi gemacht worden?

An diesem Tag erschien der *Spiegel* mit einer zehnseitigen Titelgeschichte über den rapiden Vertrauensverlust des neuen SED-Vorsitzenden. «Erst Mitleid, dann zuschlagen» lautete die Überschrift. Der Text beschrieb die «Wende der Wende des Gregor Gysi», den Versuch der SED-PDS, von ihrem alten Machtapparat so viel wie möglich in die neue Zeit hinüberzuretten, ungeachtet der Versprechen, die der Parteivorsitzende auf dem Sonderparteitag ein paar Wochen zuvor gegeben hatte. Auf dem *Spiegel*-Cover war Gregor Gysis Kopf in Nahaufnahme zu sehen, mit Schiebermütze, Nickelbrille und Leberfleck am rechten Mundwinkel. «Der Drahtzieher» stand in großen gelben Buchstaben darunter.

Der Titel erinnerte viele an den *Stürmer*, das Hetzblatt aus der Nazizeit. Ob bewusst oder nur fahrlässig, der *Spiegel* hatte eines der ältesten antisemitischen Klischees aufgewärmt: der Jude als Drahtzieher hinter den Kulissen des Weltgeschehens, als geschäftstüchtiger, raffgieriger Trickser. Auch wenn sich in den zehn Seiten Text kein einziger expliziter Hinweis auf Gysis jüdische Herkunft findet, auch wenn Ulrich Schwarz, einer der Autoren der Titelgeschichte, versichert, er habe beim Schreiben keine Sekunde lang daran gedacht, dass Gysi jüdischer Abstammung sei – die Jagd auf den Juden Gregor Gysi war eröffnet.

Fortan wurde in manchen Zeitungen in unterschwellig antisemitischem Tonfall über ihn berichtet. Da war er plötzlich kein «guter Anwalt» mehr, sondern ein «wendiger Advokat». Auf öffentlichen Veranstaltungen vor der Volkskammerwahl im März 1990 wurde Gysi offen als Jude attackiert. «Ab in die Gaskammer!», schallte es ihm entgegen, oder auch «Jude raus!». In Leipzig und Dresden verteilten Demonstranten den «Drahtzieher»-Titel des *Spiegel*. In Hunderten von Briefen wurde er als «Juden-Sau» beschimpft. Manche dieser Briefe bekam er sogar an seine Privatadresse geschickt, gefüllt mit Kot, dazu nur ein Wort: «Scheiß-Jude». Auch sein Briefkasten und seine Türklinke waren oft mit Kot beschmiert. Seine Partei musste für ihn Personenschutz organisieren. Wenn er unterwegs war, fuhren zur Tarnung immer zwei Autos vor. Wenn er nach Hause kam, blieben seine Mitarbeiter noch eine Weile vor seiner Haustür stehen.

Als er in dieser Zeit einen Empfang der israelischen Botschaft besuchte, kam Benjamin Navon, der Botschafter, auf ihn zu und sagte: «Seltsam, Herr Gysi, seit Sie in Bonn sind, bekomme ich weniger antisemitische Post.»

Gysi war von den Angriffen schockiert. «Sie haben ihn tief verletzt», sagt André Brie, Gysis Freund und damaliger Wahlkampfmanager. «Faschismus findet er ohnehin widerwärtig, aber Antisemitismus ist etwas, was ihn wütend macht.»

Und hilflos. Gregor Gysi empfand das gleiche Dilemma wie sein Vater fünfzig Jahre zuvor: Er wurde für etwas angegriffen, wofür er nichts konnte – für seine Herkunft. Gerade deshalb bestand ja Klaus Gysi sein ganzes Leben lang so vehement darauf, von den Nazis in erster Linie als Kommunist und nicht so sehr als Jude verfolgt worden zu sein. Das gab ihm das Gefühl, kein wehrloses Opfer zu sein.

Gregor Gysi fühlte sich Stück für Stück in die Rolle des Juden gedrängt. Die Empörung darüber war so groß, dass er einmal sogar behauptete, er sei eigentlich nie Jude gewesen. Auf einer Veranstaltung der Rheinland-Loge des jüdischen «B'nai B'rith»-Bundes im Juni 1992 sagte er, erst die Medien der Bundesrepublik hätten aus ihm einen Juden gemacht.

Genau genommen ist das nicht ganz falsch. Nach halachischem (jüdischem) Gesetz ist Gysi kein Jude, weil er keine jüdische Mutter hat. Außerdem bekennt er sich nicht zum Judentum. Und trotzdem kann man diese Erklärung als Übertreibung lesen. Gysi weiß sehr genau, dass er jüdischer Abstammung ist. Und er weiß noch besser, dass es nahezu unmöglich ist, sich dieser jüdischen Herkunft entziehen zu wollen. Das hat er schon als kleiner Junge von seiner Großmutter Erna gelernt, die ihren neunmalklugen Enkel lautstark darauf hinwies, dass die Unterteilung der Welt in Juden und Nichtjuden ihr persönliches Schicksal bestimmt habe.

«Mir ist völlig klar, daß ich dadurch auch geprägt bin», sagte Gysi 1990 in einem der wenigen Interviews, in denen er sich über sein Verhältnis zum Judentum äußerte. «Ich möchte es nur nicht permanent definieren müssen. Also ich kann nicht sagen, was an mir das oder jenes ist, sondern ich will, daß man mich nimmt, wie ich bin, wissend, daß meine jüdischen Wurzeln dazugehören. Bei den Amerikanern und Israelis habe ich ja nichts gegen diese Fragen, aber bei einigen Deutschen ist es so, daß sie durchaus versuchen, damit einen Negativbeweis anzutreten … Im Scherz habe ich auch schon gesagt, daß es komisch ist, wenn jeder meine jüdischen Vorfahren kennt, aber keiner weiß, daß ich auch eine adlige Großmutter hatte. Und ich möchte gerne auch mal etwas über mein blaues Blut lesen.»

Gregor Gysi ist nach der Wende 1989 mit einem Teil seiner Identität konfrontiert worden, der ihm in der DDR verwirrend genug erschienen sein muss. Über das Judentum wurde zwar in seiner Familie geredet, nicht aber in seinem Land. In den Heldenerzählungen seiner Eltern vom antifaschistischen Widerstandskampf spielten Juden durchaus eine Rolle, wenn auch eine viel kleinere als Kommunisten. Gregor Gysi erfuhr, dass viele seiner Verwandten aus genau dem einen Grund von den Nazis umgebracht worden sind – weil sie Juden waren. In der offiziellen Staatsideologie hingegen kamen solche Opfer kaum vor. Da redete man lieber über die «Kämpfer». Es war ein Antifaschismus ohne Juden, der in der DDR gepredigt wurde. Der Holocaust verschwand in der Geschichte des Widerstandes.

Dieser Persil-Antifaschismus, «sauber» und «gereinigt», war für die Bevölkerung ein Angebot zum Vergessen. Von den jüdischen Kommunisten verlangte er Wohlverhalten, Anpassung und Unterwerfung. Die ehemaligen Emigranten, Illegalen und KZ-Überlebenden mussten ihre jüdische Identität verleugnen. Sie taten das aus Überzeugung und scheinbar freiwillig, das sah der junge Gregor Gysi bei seinem Vater, der ja aus tiefstem Herzen von sich behauptete, ein Kommunist und Heide zu sein, aber bloß ja kein Jude. Schon die Arbeiterbewegung der zwanziger Jahre hatte versprochen, die jüdische Herkunft durch Assimilation in Internationalismus und Weltrevolution aufheben zu können. Und jetzt versprach die DDR, der bessere deutsche Staat zu sein, in dem solche Verbrechen wie die der Nazis nie wieder möglich und der Antisemitismus ein für alle Mal ausgerottet sein sollten.

Was Gregor Gysi nicht sah, was er damals wohl nicht einmal ahnte, war das Ausmaß an Verdrängung, das hinter dieser vermeintlich festen Überzeugung der jüdischen Kommunisten stand, das tief sitzende jüdische Trauma, die Angst, von den eigenen Genossen als «Zionist» oder «Agent des Weltjudentums» gebrandmarkt zu werden.

Davon erfuhren die Kinder der jüdischen Kommunisten so gut wie nichts. Manchmal schnappten sie von ihren Eltern einzelne, fast verschämt ausgesprochene Sätze auf, deren verwirrende Botschaft sie nicht verstanden. André Brie berichtet, wie er 1961, als 11-Jähriger, mit seiner Mutter und seinem jüngeren Bruder Thomas auf einem Handelsschiff von China in die DDR zurückfuhr. Sein Vater, der in Peking drei Jahre lang an der DDR-Botschaft gearbeitet hatte, war bei dieser Rückreise nicht dabei. «Als wir mit dem Schiff durch den Suezkanal fuhren, fing mein Bruder plötzlich an, auf Israel zu schimpfen. Da sagte meine Mutter fast beiläufig: ‹Euer Vater ist übrigens Jude.› Als mein Vater davon erfuhr, schrieb er meiner Mutter sofort einen Brief, sie solle nie wieder darüber reden. ‹Wer weiß, wie es in Deutschland noch einmal kommt›, fügte er hinzu.»

Der junge André Brie, Gregor Gysi und die anderen Kinder jüdischer Kommunisten mussten mit der Zeit jedoch lernen, dass die SED-Führung sehr genau wusste, wer von ihren Genossen jüdischer Herkunft war, und dass sie sich nicht scheute, daraus politisches Kapital zu schlagen.

Am 9. Juni 1967 erschien auf Seite 1 im *Neuen Deutschland* eine

«Erklärung jüdischer Bürger der DDR». Sie verurteilten darin den Sechstagekrieg Israels gegen Ägypten, Syrien und Jordanien. «Wir fühlen uns berechtigt und verpflichtet, unsere Stimme zu erheben», schrieben sie zu ihrer Legitimation, «denn wir Bürger der DDR, in der der Antisemitismus ausgerottet und für Antisemiten kein Platz ist, die wir selber unter den Verfolgungen des Hitlerfaschismus schwer gelitten haben, beklagen ebenso wie viele Bürger Israels den Verlust zahlreicher Familienangehöriger, gemordet von den deutschen Imperialisten. Wenn die Regierung Israels sich anmaßt, im Namen der Juden zu sprechen, so sei festgestellt, daß die erdrückende Mehrzahl der Juden außerhalb Israels lebt und dies nicht als ihren Staat betrachtet.» Es sei die Tragik der jüdischen Bevölkerung Israels, heißt es weiter, dass die Machthaber ihres Staates eine Politik betrieben, die sich in den Dienst der strategischen Interessen imperialistischer Großmächte am Suezkanal und den arabischen Ölquellen gestellt habe. «Leider trifft das nicht nur auf das Jahr 1967 zu. Schon die Geburt des Staates Israel ist behaftet mit Wortbruch und Annexion.» Dabei schreckten die Machthaber Israels nicht einmal davor zurück, «offen mit den Nazimördern des jüdischen Volkes, mit den westdeutschen Imperialisten in Bonn» auf das allerengste zusammenzuarbeiten. Am Ende der Erklärung heißt es: «Wer auf der Insel lebt, soll sich das Meer nicht zum Feind machen!»

Kein Satz über die Vorgeschichte der militärischen Auseinandersetzung im Juni 1967. Kein einziges Wort über die Drohungen der PLO und der arabischen Staaten, Israel auslöschen zu wollen.

Diese Erklärung, von zehn Personen unterschrieben, war ein Auftragswerk von Albert Norden, selbst Sohn eines Rabbiners und Mitglied des SED-Politbüros. Die «jüdischen Bürger der DDR» waren fast alle hochrangige SED-Mitglieder wie der Journalist Kurt Goldstein, der Anwalt Friedrich Karl Kaul und der Wirtschaftsprofessor Siegbert Kahn oder bekannte Künstler wie die Grafikerin Lea Grundig und der Schauspieler Gerry Wolf. Es war das erste und einzige Mal, dass die DDR-Führung ihren Antizionismus durch Juden und deren eigene Verfolgung im Nationalsozialismus beglaubigen ließ.

Als Gregor Gysi diese Stellungnahme las, wird den 19-jährigen Jurastudenten bestimmt nicht deren offen antiisraelischer Tonfall gestört haben. Der war in der DDR selbstverständlich, das Land stand im «antiimperialistischen Kampf» natürlich auf der Seite der Palästinenser und der «arabischen Völker». In dieser ideologischen Welt war für Israel nur als «Speerspitze des US-amerikanischen Imperialismus» Platz, nicht als Land, in dem die Juden den aufrechten Gang gelernt haben. Den jungen Gysi hat offenbar mehr die Tatsache verwirrt, dass hier SED-Mitglieder, die er über seine Eltern kannte und die ihre jüdische Identität, wenn überhaupt, bisher nur beiläufig erwähnt hatten, plötzlich als «jüdische Bürger» in Erscheinung traten. Schon das Wort «Jude» kam in der DDR sonst ja kaum jemandem über die Lippen.

Dem amerikanischen Journalisten Jonathan Kaufman erzählte Gysi Jahre später, dass ihn damals, 1967, vor allem eine Frage bewegt hätte: Woher wussten die Herausgeber des *Neuen Deutschland*, dass diese zehn Persönlichkeiten Juden sind, und warum haben sie gerade diese ausgesucht?

Als Gysi sich in seinem Bekanntenkreis umhörte, erfuhr er, dass einige «jüdische Bürger», darunter sogar Mitglieder der SED, sich geweigert hatten, diese antiisraelische Erklärung zu unterschreiben: der weltbekannte Schriftsteller Arnold Zweig, seine Kollegen Heinz Kamnitzer und Peter Edel, die Sängerin Lin Jaldati sowie Helmut Aris, der Präsident des Verbandes der Jüdischen Gemeinden in der DDR. Die einen, wie Kamnitzer und Edel, trieben nur bloße Zurückhaltung und das Unbehagen, sich als Juden von der DDR-Führung außenpolitisch missbrauchen zu lassen. Die anderen, wie Zweig und Jaldati, waren aufrichtig empört. «Hier in der DDR gibt es überhaupt kein ‹Bewältigungsproblem› wie drüben», stellte Zweig sarkastisch fest. «Drüben hat ja die Bewältigung mehr mit der faschistischen westdeutschen Gegenwart zu tun als mit der Vergangenheit. Wir sind mit der Vergangenheit fix und fertig. Man hat sie nicht bewältigt. Man hat sie ausgekotzt.»

Solche Erlebnisse blieben für Gregor Gysi jedoch nur Momentaufnahmen. Die Frage nach seiner jüdischen Herkunft empfand er für sein Leben nicht als zentral. Er wusste, dass er dadurch geprägt ist, und registrierte den Unterschied zu anderen, mehr aber auch nicht. Für ihn war die Frage beantwortet, wo er zwischen 1933 und 1945 gestanden hätte. «Es ist eben so, daß ich damals keine Wahl gehabt hätte. Das ist für meine Generation eine ungeheuer wichtige Frage, denn ich habe natürlich auch manchmal überlegt, ob ich wirklich den Mut gehabt hätte, so ganz allein gegen das Regime zu kämpfen ...»

1974 fuhr Gysi nach Auschwitz. Als Jude empfand er Trauer. In den Todeslisten fand er die Namen vieler Familienangehöriger, die in dem KZ vergast worden sind. Aber zum ersten Mal fühlte er als Deutscher auch Schuld.

Gysi hat die besonderen Umstände dieses Auschwitz-Besuches 1991 in einem Interview so geschildert: «Ich besuchte Auschwitz, nachdem ich schon drei Wochen in Polen war; nachdem ich also nur polnische Sprache, polnische Lieder gehört hatte ... Es war ein Nachmittag, es regnete. Ich war in diesem Nebenlager allein mit meiner damaligen Frau. Ich bin durch dieses Nebenlager gegangen, durch die Baracken, habe die Rampe gesehen, und dann habe ich plötzlich die deutschen Schilder gesehen am Zaun: ‹Vorsicht, Lebensgefahr›. Nachdem ich so lange nur Polnisch gehört hatte und plötzlich die deutschsprachigen Schilder las, bekam ich das erste Mal das Gefühl, als Deutscher daran beteiligt gewesen zu sein, mich dem nicht entziehen zu können.

Plötzlich war ich mit drin im Täterkreis, meinem eigenen Gefühl nach. Ich habe es sofort bekämpft, aber es ist mir nie mehr ganz gelungen.»

Im Mai 1986 traf sich eine Gruppe von etwa 70 Emigrantenkindern in einem kleinen Raum im Gebäude neben der Ruine der Neuen Synagoge in der Oranienburger Straße in Berlin. Am Eingang stand in großen Buchstaben, eingerahmt von zwei Davidsternen: «Jüdische Gemeinde zu Berlin».

Die allermeisten derer, die sich hier zusammenfanden, waren nicht Mitglieder der Jüdischen Gemeinde. Sie hatten zum traditionellen Judentum überhaupt keine Beziehung. Sie glaubten an die kommunistischen Ideale, viele waren Mitglieder der SED, überzeugte Genossen. Aber sie waren jüdischer Herkunft. Zu ihnen gehörte auch die Tochter des SED-Politbüromitglieds Hermann Axen.

Irene Runge – als Kind jüdischer Emigranten in New York geboren, Oberassistentin an der Humboldt-Universität, seit 1983 Mitglied der Jüdischen Gemeinde – hatte die Idee zu diesem Treffen von einer USA-Reise mitgebracht. In Amerika ist es möglich, dass sich Juden in eigenen Gruppen zusammenschließen, die in Deutschland übliche Struktur jüdischer Gemeinden gibt es dort nicht. Runge verabredete gemeinsam mit einigen Gemeindemitgliedern die erste Zusammenkunft. Sie schrieben an, wen sie so kannten. Das waren vor allem Kinder jüdischer Kommunisten.

Viele von ihnen kamen, die meisten wohl einfach aus Neugier und nicht etwa auf der Suche nach einem neuen Glauben. Vielleicht trieb einige auch das Bedürfnis, sich stärker mit dem Teil ihrer Identität auseinander zu setzen, der im Alltag ihrer Familien keine Rolle spielte, aber doch gerade wegen des Unausgesprochenen nie ganz aus der Welt war. Die ausländerfeindlichen Übergriffe und die provokanten Auftritte von Fascho-Gruppen, die es in der DDR seit Anfang der achtziger Jahre gab, hatten das Nachdenken darüber neu ausgelöst. Andere wiederum suchten möglicherweise nach Spuren einer verloren geglaubten Kultur.

Als sich alle der Reihe nach vorstellten, verlief es bei vielen nach dem gleichen Muster: Ich heiße Soundso, wurde in Frankreich, den USA, der Sowjetunion oder sonst wo geboren und bin mit meinen Eltern 1945, 1949 oder 1955 in die DDR gekommen. Ich wusste nicht, wohin es geht, und konnte kein Deutsch. Dass wir jüdisch sind, habe ich erst spät erfahren. Meine Eltern waren treue Genossen, sie haben darüber nicht geredet. Einige von denen, die heute Abend hier sind, kenne ich von früher.

Das unsichtbare Band, das ihre Eltern miteinander verbunden

hatte, diese gebildeten, eleganten, bürgerlichen Kommunisten, die Englisch und Französisch sprachen und am liebsten unter ihresgleichen waren, dieses Band hielt auch die Kinder, die inzwischen selbst erwachsen waren, auf besondere Weise zusammen. Das wurde ihnen in diesem Moment klar.

Anetta Kahane, Übersetzerin und Tochter des Frankreich-Emigranten Max Kahane, erinnert sich an dieses erste Treffen: «Für die meisten war es das erste Mal, dass sie sich in eine derart eindeutig deklarierte Institution bewegten ... Es kamen Bekannte aus Kindheitstagen, Freunde und deren Freunde; manche wunderten sich, die Hälfte der Anwesenden zu kennen, und andere staunten, die Hälfte der Anwesenden nicht zu kennen. Und alle verband das Geheimnisvolle des Wiedererkennens. Es war wohl doch so, dass unsere Eltern eine ausgesprochene oder unausgesprochene Verbindung zueinander gehalten hatten. Das Besondere ihrer Verfolgungsgeschichte machte das Besondere ihrer Vertrautheit untereinander aus. Und so ging es uns auch.»

In einem Rundbrief des Vorstandes der Jüdischen Gemeinde vom 24. Juni 1986 erklärte Runge den Zweck des Treffens so: «Dabei geht es uns auch darum, jüngere Erwachsene aus jüdischen Elternhäusern einzuladen, die sich für Fragen des Judentums und die Gemeinde interessieren, ... und somit auch davon zeugen, daß auch bei uns jüdisches Leben möglich ist.» Runge stellte fest, daß in der neuen Generation zwar ein Zugang zur jüdischen Religion fehle, es dafür aber ein starkes Identitätsproblem gebe.

Zunächst stand das Ziel, für die kleine, überalterte Jüdische Gemeinde neue Mitglieder zu gewinnen, nicht im Vordergrund. Es sollte ein Kreis etabliert werden, der jüngere, aufgeschlossene Leute an die Gemeinde heranführte. Dafür wurde sogar die orthodoxe Definition, wer Jude sei, gelockert. Als Nachweis der jüdischen Herkunft genügte auch ein jüdischer Vater, wobei immer wieder darauf verwiesen wurde, dass das Judentum allein durch die jüdische Mutter weitergegeben wird.

Die Gruppe nannte sich «Wir für uns». Der Name sollte eine programmatische Erklärung sein: Im Unterschied zu anderen Organisationen in der DDR nehmen wir unsere Interessen selbst in die Hand. «Wir für uns» traf sich jetzt regelmäßig in den Räumen der Jüdischen Gemeinde, mindestens einmal im Monat. Die Gruppe diskutierte über Judentum, Religion und Politik, über jüdische Identität, Antifaschismus und Deutschsein. Ein Rabbiner aus Westberlin sprach über jüdische Feiertage und jüdische Bräuche. Einer, der an diesen Veranstaltungen teilnahm, aber vielen nicht weiter auffiel, war Gregor Gysi.

«Mal kam er, mal kam er nicht», sagt Irene Runge. «Ich kann nicht behaupten, dass Gysi in unserer Gruppe ausgesprochen aktiv oder sein Interesse an jüdischen Themen besonders ausgeprägt gewesen ist. Nur ein Auftritt ist mir in besonderer Erinnerung geblieben. Wir diskutierten den Fall des ehemaligen SS-Obersturmführers Henry Schmidt, der erst spät in der DDR aufgespürt und verhaftet worden war. Schmidt ist im September 1987 wegen Verbrechen gegen die Menschlichkeit zu lebenslanger Haft verurteilt worden. Gysi sprach leidenschaftlich darüber, dass auch dieser SS-Offizier einen Verteidiger verdient habe, was viele von uns nicht verstanden. Jeder in der DDR habe das Recht auf einen guten Anwalt, sagte Gysi, aber im Gegensatz zur BRD werde bei uns nur der Angeklagte verteidigt, nicht das System, in dem er die Verbrechen begangen hat.»

Welche Bedeutung die Gruppe «Wir für uns» für Gregor Gysi hatte, ist nicht bekannt. Er selbst hat darüber nicht gesprochen. «Ich glaube, dass Gysi in dieser Gruppe nur ein Außenseiter war», meint Annette Leo, «wie ich selbst auch.»

Annette Leo hat die Treffen von «Wir für uns» fast drei Jahre lang regelmäßig besucht, ein paarmal war sie aus Neugier zum Gottesdienst in der Synagoge. Aber ihr Interesse an jüdischer Religion hielt sich in Grenzen. Die Historikerin fühlte sie mit der Verfolgungsgeschichte ihrer Eltern verbunden, der galt ihr besonderes Interesse, nicht so sehr dem traditionellen Judentum.

Die Gruppe «Wir für uns» wechselte über die Jahre ihre Zusammensetzung. Einigen ging es zu religiös zu, andere verloren einfach das Interesse. Es gab aber auch Söhne und Töchter jüdischer Kommunisten, die ihr Interesse an jüdischer Kultur, Sprache und Tradition entdeckten. Sie bekannten sich zum Judentum, traten in die Jüdische Gemeinde ein und brachten ihre Kinder mit. Einige Männer ließen sich sogar beschneiden.

In manchen Familien führte das zu Konflikten. Die Eltern, die sich in ihrer Jugend gegen ihre religiösen Familien aufgelehnt hatten, verstanden nicht, dass ihre Kinder plötzlich den Weg zurückgingen, den sie einst verlassen hatten. Andere Eltern hingegen tauchten selbst in der Synagoge auf. Diese Rückbesinnung erfuhr 1989/90, als es mit der DDR zu Ende ging, noch einmal einen Aufschwung. Runge und andere gründeten den «Jüdischen Kulturverein Berlin» als eine Art Nachfolgeorganisation von «Wir für uns». Mit der Ideologie brach für viele auch ihre Identität zusammen. Einigen Emigrantenkindern erschien das Judentum als Schutz vor den Wirren der Zeit. Sie flüchteten aus der alten in eine neue Kirche.

Die Gruppe «Wir für uns» fand nicht zufällig in einer Zeit zusammen, in der über die DDR ein wahres Festival des bislang Verschwiegenen hereinbrach. Im Land durfte nicht nur wieder, nein, plötzlich musste über Juden geredet werden. Erich Honecker träumte davon, dass ihm US-Präsident Ronald Reagan in Washington den roten Teppich ausrollen würde. Außerdem strebte die wirtschaftlich angeschlagene DDR nach der Meistbegünstigungsklausel im Handel mit den USA. Dieser Weg führte nur über eine Normalisierung der Beziehungen mit den jüdischen Weltorganisationen sowie mit Israel.

Ein paar Jahre zuvor hatte es in der DDR bereits vorsichtige Verschiebungen in der offiziellen Erinnerungspolitik gegeben. 1985 erkannte die Abteilung Kirchenfragen im ZK der SED die Überalterung der Jüdischen Gemeinden und das allmähliche Verschwinden der jüdischen Minderheit im Land. Zum ersten Mal nahm die SED-Führung dies als demografisches und kulturelles Problem wahr. Die Jüdischen Gemeinden in der gesamten DDR zählten noch ganze 450 Mitglieder. Bis zum April 1986 erstellte die ZK-Arbeitsgruppe eine rund 50-seitige Dokumentation über das jüdische Leben in der DDR.

So erfuhr der Holocaust anlässlich der Gedenkveranstaltungen fünfzig Jahre nach der «Reichskristallnacht» im November 1988 eine in der DDR bislang nicht gekannte öffentliche Aufmerksamkeit. Ausstellungen, Konferenzen, Dokumentarfilme, Bücher, Artikelserien in den Zeitungen ergossen sich über das Land. Jüdisches Leben wurde plötzlich chic und romantisch. Reporter strömten scharenweise durchs alte Scheunenviertel in Berlin.

Die Volkskammer berief am 8. November eine Sondersitzung ein, bei der Heinz Galinski, der Vorsitzende der Westberliner Jüdischen Gemeinde, neben Honecker sitzen durfte. Auf der zentralen Gedenkveranstaltung des Verbandes der Jüdischen Gemeinden einen Tag später im Deutschen Theater in Berlin spielte man Lessings «Nathan der Weise». Am 10. November wurde vor der Ruine der Neuen Synagoge in der Oranienburger Straße in Anwesenheit von Honecker der Grundstein für den Wiederaufbau der Synagoge gelegt. Die Erinnerung anlässlich des 50. Jahrestages der «Kristallnacht» geriet zum ersten Mal in der DDR-Geschichte zum Staatsakt.

Der Staats- und Parteichef umschmeichelte den Jüdischen Weltkongress. Er zeichnete Personen der «jüdischen Weltbewegung» für «jahrzehntelange» Aktivitäten aus. Die Vorsitzenden der Jüdischen Gemeinden in der DDR sowie einige jüdische «Arbeiterveteranen» erhielten von Honecker den Vaterländischen Verdienstorden. Überhaupt schlug Honecker in den vielen Reden dieser Tage völlig neue Töne an. Natürlich reklamierte er die DDR zum hundertfünfzigsten Mal als wahre Heimstatt für deutsche Juden. Aber er würdigte zum ersten Mal auch die «Märtyrer und Opfer der faschistischen Pogromnacht» gleichberechtigt mit den Kämpfern des antifaschistischen Widerstandes. Er bezeichnete «die Bürger jüdischen Glaubens, unsere jüdischen Mitbürger» plötzlich als «Freunde und Verbündete», die als «Weg- und Kampfgefährten mit zu den Aktivisten der ersten Stunde gehörten». Honecker erinnerte mit einem Blick zurück auf die Weimarer Republik sogar daran, dass «nicht wenige Mitglieder der KPD aus jüdischen Familien kamen».

Diese späte, allzu späte Ehrung für die Juden in der DDR war alles Mögliche: Heuchelei, außenpolitisches Kalkül, Pragmatismus, aber auch der vorsichtige Versuch, sich das bislang so vernachlässigte Erbe der deutsch-jüdischen Geschichte neu anzueignen. Dabei verdrängte die Ideologie immer noch das Eingeständnis historischer Schuld. Die Ausrottung der europäischen Juden blieb das Werk des bösen Kapitalismus. Wiedergutmachungszahlungen an Israel kamen für die DDR-Führung nicht in Frage.

Verantwortlich für den vorsichtigen Kurswechsel der DDR im Verhältnis zu den Juden war ein Mann, der wusste, wie schwierig es ist, mit einer gebrochenen jüdischen Identität zu leben: Klaus Gysi. Als Staatssekretär für Kirchenfragen war vor allem er es, der die Lösung einer Reihe ungeklärter Fragen vorantrieb. Gysi sorgte dafür, dass die Jüdische Gemeinde in Berlin mit Isaac Newman einen amerikanischen Rabbiner bekam. Er setzte sich für eine vorsichtige Öffnung und Rückgabe des Archivs der Jüdischen Gemeinde aus der staatlichen Archivverwaltung ein. Und auf seine Initiative ging auch der Wiederaufbau der Neuen Synagoge sowie die Gründung der internationalen Stiftung «Centrum Judaicum» zurück. Gysi nutzte dafür vor allem seine persönlichen Kontakte in den USA.

Der Staatssekretär handelte mit der Unterstützung und dem Einverständnis Honeckers. Gysi ließ sich dabei für die Realisierung der außenpolitischen Wunschträume seines Parteichefs einspannen. Aber er setzte sich auf diese Weise auch gegen die Hardliner in der SED-Führung durch. Die Stasi beobachtete dieses Kräftespiel sehr genau. In einem Bericht vom 30. April 1987 schätzte die MfS-Hauptverwaltung XX/4 Gysis Politik als gefährlich ein: «Genosse Gysi hat eigenmächtig Schritte unternommen, einen Rabbiner aus den USA in die DDR zu holen. Er hat wissentlich gegen die Haltung des Genossen Jarowinsky (für Kirchenpolitik zuständiger ZK-Sekretär/J. K.) und gegen die Position des MfS gehandelt. Durch einen persönlichen Brief an Genossen Honecker (liegt vor) und durch Gespräche mit dem Präsidenten des Verbandes der Jüdischen Gemeinden in der DDR, Aris/Dresden, und dem Vorsitzenden der Jüdischen Gemeinde in Berlin, Kirchner, hat er sich entsprechende Rückendeckung sowie Unterstützung geholt. Sein Handeln in dieser Frage ist sehr emotional für die Juden geprägt und Ausdruck eines Entgegenkommens gegenüber jüdischen Kreisen in den USA.»

Klaus Gysi gestand sich erst jetzt ein, dass die DDR im Umgang mit Israel und dem Holocaust kapitale Fehler begangen hatte. Im April 1990 schaute er in einem Interview selbstkritisch auf seine späten Einsichten zurück: «Dabei machte ich die Feststellung, daß die menschliche wie die historische und politische Bedeutung dieser besonderen Frage vielen einfach nicht bewußt war. Natürlich hat man die Juden nach der Befreiung betreut, wie alle anderen Opfer des Faschismus. Sie bekamen eine Rente, es gab Heime, Altersheime, medizinische Betreuung, Kuren und alles mögliche. Was man für alle tat, tat man auch für sie. Aber man ging über dieses dunkelste Kapitel deutscher Geschichte relativ schnell zur Tagesordnung über. Es ist richtig, daß außer den sechs Millionen Juden auch sechs Millionen Polen, zwanzig Millionen Europäer, ihr Leben im Zweiten Weltkrieg und unter faschistischer Besetzung verloren. Aber das Spezifikum der jüdischen Frage in Deutschland ging dabei unter ... Wir hatten eine völlige Unkenntnis und Unklarheit über die deutschen Juden und ihren Beitrag zur deutschen Geschichte und die Geschichte ihrer Ermordung zugelassen.»

Über seine eigene jüdische Herkunft sprach Klaus Gysi in den achtziger Jahren in der Öffentlichkeit kaum. Aber in kleinen Runden kokettierte er immer ungenierter damit. Kurz nach seinem Amtsantritt empfing er eine Delegation von Vertretern der Jüdischen Gemeinden in der DDR. Sie tasteten sich mit vorsichtigen Worten an den neuen Staatssekretär heran. Gysi hörte ihnen wortlos zu. Als sie fertig waren, sprach er sie lächelnd an: «Sie hätten mindestens ‹Schalom› sagen können.» Ein paar Jahre später erzählte ihm einer seiner Mitarbeiter, ein Lehrer habe voller Stolz behauptet, dass es in der DDR keinen Antisemitismus gebe. Als Begründung hätte der Lehrer angeführt, dass die Schüler und Studenten doch gar nicht mehr wüssten, was ein Jude sei. «Das ist das Ergebnis von universitärer Halbbildung», sagte Gysi und schüttelte fassungslos den Kopf. «Die Deutschen werden uns Auschwitz niemals vergessen.»

Viele jüdische Kommunisten nahmen ihre Herkunft erst wieder unverstellt wahr, als die DDR, das Land ihrer Jugendträume, das Zeitliche gesegnet hatte. Sie machten sich zum ersten Mal in ihrem Leben nach Israel auf. Befreit von Parteidisziplin und Ideologie, erkannten sie in dem verbotenen Land plötzlich die Heimstatt der Juden. Manchen erschien es sogar als Ort, an dem man, wenn das vereinigte Deutschland nicht mehr zu ertragen sein sollte, Aufnahme finden könnte, als letzte Zuflucht sozusagen.

«Israel ist also doch nicht ein Staat wie jeder andere», stellte der Schriftsteller Stephan Hermlin, selbst Jude, in einer Rede zur Gründung der Gesellschaft DDR–Israel im März 1990 selbst anklagend fest. «Er ist ein Staat, hervorgegangen aus der längsten und erbittlichsten Verfolgung eines kleinen Volkes oder, besser, einer Schicksalsgemeinschaft, ein Staaten-Phoenix, hervorrauschend aus dem Blut und der Asche des furchtbarsten Massakers der Geschichte, und über diesem Staat liegt ein deutscher Schatten. Wir hätten es wissen müssen, und wir haben es gewußt, wir haben es die ganze Zeit gewußt, nur haben wir es verschwiegen, wir haben es in uns hinabgeschwiegen, und wir haben getan, als hätten wir eine Pflicht erfüllt, als seien die Schuldner nur auf der anderen Seite, jenseits der Elbe zu finden, als sei alles in Ordnung.»

Ein paar Jahre nach dem Ende der DDR besuchte der amerikanische Journalist Jonathan Kaufman für die Recherchen zu einem Buch über die Juden in Osteuropa Klaus Gysi in dessen Wohnung in Berlin. Als sie auf dem Balkon standen, hoch über der Leipziger Straße im Zentrum der Stadt, deutete der alte Gysi auf ein Gebäude, das jenseits der ehemaligen Mauer stand, und erklärte, dies sei früher eines der größten jüdischen Verlagshäuser in Berlin gewesen. Sein Onkel hätte dort gearbeitet. Diese Welt sei völlig untergegangen, bemerkte Gysi traurig.

«Aber dieses Jüdischsein», sagte er, «das läßt einen niemals los.»

Als Gregor Gysi im Dezember 1989 zum neuen SED-Chef gewählt wurde, korrigierte er sofort die verhängnisvolle Position seiner Partei zu Israel und den Juden in der DDR. Das war natürlich kein Zufall. Die alte Politik, so sagte er, habe er seit langem für verfehlt gehalten. In seiner Rede auf der zweiten Tagung des SED-Sonderparteitages am 17. Dezember 1989 beschäftigte sich der neue Parteivorsitzende in einer eigenen Passage mit diesem Thema. «Unsere Partei bekennt sich rückhaltlos dazu, die jüdische Religion und Kultur zu schützen und dem Verband der Jüdischen Gemeinden in der DDR und allen jüdischen Mitbürgern die Fürsorge von Staat und Gesellschaft angedeihen zu lassen. Unsere antifaschistische Grundposition schließt den Schutz der Würde jedes jüdischen Bürgers ein.» Gysi empfahl der DDR-Regierung, mit Israel die Aufnahme diplomatischer Beziehungen zu vereinbaren. Das bedeute keineswegs eine Zustimmung zur Politik der israelischen Regierung gegenüber den Palästinensern. «Aber wir sind als deutsche Republik dem jüdischen Volk gegenüber in einer besonderen Weise verpflichtet und sollten diese Verpflichtung auch wahrnehmen.»

Es war überfällig, als sich die Modrow-Regierung Ende 1989/Anfang 1990 um eine deutliche Verbesserung der Beziehungen zu Israel bemühte. Am 12. April 1990 verabschiedete die erste frei gewählte Volkskammer eine von allen Parteien, also auch der PDS, getragene Israel-Erklärung. «Wir bitten die Juden in aller Welt um Verzeihung», hieß es darin, «für Heuchelei und Feindseligkeit der offiziellen DDR-Politik gegenüber dem Staat Israel und für die Verfolgung und Entwürdigung jüdischer Mitbürger auch nach 1945 in unserem Land.»

Ein Jahr später reiste Gregor Gysi zum ersten Mal nach Israel.

Der Zeitpunkt der Reise im März 1991 war alles andere als Zufall. Vier Wochen zuvor, kurz nach Beginn des Golfkriegs, hatte ein Israel-Besuch der grünen Parteiführung in einem Eklat geendet. Vorstandssprecher Hans-Christian Ströbele hatte noch vor der Abreise in einem Interview in Berlin behauptet, Israel sei an den Raketenangriffen der Iraker auf Tel Aviv selbst schuld: «Das ist die Konsequenz der israelischen Politik den Palästinensern und den arabischen Staaten gegenüber, auch dem Irak.» Diese unbekümmerten, hochmütigen Worte, veröffentlicht, als Ströbele gerade vor Ort war, riefen in

Israel helle Empörung hervor. Das Außenministerium weigerte sich, die grüne Delegation zu empfangen. Der verabredete Termin in der Knesset platzte. Selbst Vertreter der israelischen Friedensbewegung verlangten eine ausführliche Stellungnahme der Deutschen. Die Grünen mussten die Reise vorzeitig abbrechen. Ströbele trat als Vorsitzender zurück.

Dieses Debakel kam der PDS-Führung wie gelegen. Sie plante kurzfristig ihren ersten Nahost-Besuch und wählte demonstrativ Israel aus und nicht ein arabisches Land. Die Genossen Sozialisten wollten die Chance nutzen, sich im Land der Juden als die wahren Linken zu präsentieren, als Deutsche, die aus ihrer verhängnisvollen Geschichte gelernt haben. Ihr Vorsitzender Gregor Gysi schien für diese schwierige Aufgabe prädestiniert. Außerdem konnte die PDS ganz nebenbei ihren Opferstatus unter Beweis stellen. Bundestagspräsidentin Rita Süssmuth hatte im Monat zuvor eine Bundestagsdelegation nach Israel geschickt, die dem im Golfkrieg bedrohten Land die Solidarität der Bundesrepublik übermitteln sollte. Die Bundestagsgruppe der PDS/Linke Liste hatte Süssmuth dabei bewusst übersehen.

Gysi fuhr mit seinem Freund André Brie, dem stellvertretenden PDS-Vorsitzenden, sowie der Bundestagsabgeordneten Jutta Braband. Vorgewarnt durch die Grünen, hielten sich die drei streng an die politische Etikette, die für deutsche Politiker in Israel gilt. Schon auf dem Hinflug hatte Gysi Jutta Braband mitgeteilt, dass es mit dem von ihr gewünschten offiziellen Besuch in einem palästinensischen Flüchtlingslager nichts werden würde.

Gysi spielte seine komplizierte Rolle in Israel vier Tage lang glänzend. Er holte sich demütig die Ohrfeigen ab, die eigentlich Ulbricht und Honecker hätten bekommen müssen. Er beantwortete die kritischen Fragen seiner Gastgeber offen und ehrlich: Warum die DDR nie Entschädigungen an Israel gezahlt habe, warum sie der antisemitischste Staat in Europa gewesen sei, warum das Land arabische Terroristen ausgebildet habe. Die Haltung gegenüber Israel sei einer der dunklen Punkte in der Geschichte der DDR, erklärte Gysi. Sein Land habe so gut wie nichts für die Vergangenheitsbewältigung getan. Daher seien auch die Kenntnisse über Israel und das Judentum in Ostdeutschland heute minimal oder falsch. Auch die späten Versuche der Honecker-Regierung, Kontakte zu Israel aufzunehmen, seien nicht durch eine Änderung der israelfeindlichen Haltung bestimmt gewesen. Gysi nahm natürlich gleich auch noch das wiedervereinigte Deutschland in die Pflicht. Da die alte Bundesrepublik die DDR immer an ihre Zahlungsverpflichtungen gegenüber Israel erinnert habe, müsse sie als Rechtsnachfolger der DDR jetzt ihre Kassen öffnen. Solche Sätze kamen in Israel natürlich gut an, bei aller Skepsis, die diesem Kommunisten entgegenschlug.

Gemessen an der Tatsache, dass die PDS damals eine deutsche Zwei-Komma-noch-was-Prozent-Partei repräsentierte, war Gysis Programm hochklassig: Gespräche mit dem stellvertretenden Außenminister Benjamin Netanjahu sowie mit Schimon Peres, dem ehemaligen Ministerpräsidenten, ein Treffen mit dem außenpolitischen Ausschuss der Knesset, ein Deutschland-Vortrag vor der Gesellschaft für Auslandsbeziehungen. Stets buhlte Gysi um Anerkennung und Aufmerksamkeit. Er präsentierte sich als verständnisvoller Zuhörer und vermied es, wie er selbst sagte, «als Oberlehrer aufzutreten, die hier hinkommen und allen sagen, wie man es besser macht». Er betonte, wo immer es ging, die Gemeinsamkeiten. Er teilte die Ängste seiner Gesprächspartner vor einem neuen Großdeutschland. Und er registrierte mit einer gewissen Genugtuung, dass er überall als Jude wahrgenommen wurde.

«Gysi wollte den Juden in Israel gefallen», erinnert sich die mitgereiste Jutta Braband. «Klar, er ist eitel, und das spürt man auch immer. Aber diesmal war es anders. So hatte ich das bei ihm noch nie erlebt. Deswegen hat er sich auch so demonstrativ wegen der Israel-Politkik der SED entschuldigt. Dieser Besuch bedeutete ihm viel.»

Bei Gysi schwang viel Persönliches mit. Es war ihm wichtig, dass André Brie an seiner Seite war, wie er Sohn jüdischer Kommunisten. «Für uns war das alles andere als eine gewöhnliche Reise», sagt Brie.

«Wir waren aufgeregter als sonst und hatten uns sehr gut vorbereitet, was bei Gregor eher ungewöhnlich ist. Wir hatten Bücher über jüdische Kultur und Religion sowie die Geschichte Israels dabei. Hinzu kam die angespannte politische Situation: der Golfkrieg, den wir ablehnten, aber eben auch die Bedrohung Israels. Wir hatten das Gefühl, wir kehren zu den Opfern zurück.»

Gysi besuchte in Jerusalem zusammen mit Brie die Holocaust-Gedenkstätte Yad Vashem. Im Dokumentationsarchiv für die Millionen ermordeter Juden fand er den Namen seiner in Auschwitz vergasten Urgroßmutter. Gysi bat trotz des engen Terminplans den Direktor der Gedenkstätte ausdrücklich darum, noch die Bücher mit «B» herauszusuchen, damit auch sein Freund nachschlagen konnte. Brie entdeckte die Namen mehrerer Familienangehöriger.

Am nächsten Tag schrieb eine israelische Zeitung, Gysi und Brie wären die ersten beiden deutschen Politiker gewesen, die in Yad Vashem die Namen ihrer ermordeten Angehörigen gefunden hätten. Gysi erwähnte diesen Zeitungsbericht später bei jeder passenden Gelegenheit. Man könne ja über die PDS denken, was man wolle, fügte er dann hinzu, aber an der Spitze dieser Partei stünden wenigstens Leute, deren antifaschistische Herkunft ihrer Familien völlig eindeutig sei.

Die Reise nach Israel hat Gysi enorm fasziniert und noch lange danach beschäftigt. Vielleicht machte sie es ihm leichter, mit dem Teil seiner Familiengeschichte, der in der DDR so verschämt unausgesprochen blieb, souveräner umzugehen. Ein paar Monate nach seinem ersten Israel-Besuch erzählte Gysi in einem Interview, was ihn an dem Land besonders beeindruckt hatte: «Zum Beispiel die Kibbuzim, da funktioniert etwas Linkes, also nach meiner Ansicht etwas Linkes, wovon man gar nicht geglaubt hätte, dass das funktionieren kann. Das ist schon aufregend, wenn man die Art des Umgangs der Menschen miteinander in einem Kibbuz beobachtet und unmittelbar sieht. Dann sahen wir dieses hervorragende Diaspora-Museum, in dem der Weg der Juden durch die Diaspora nachgestellt ist. Das war ein enormes Erlebnis. Irgendwie fühlte ich mich in Israel nie und zu keinem

Zeitpunkt nicht geborgen. Es gab sozusagen ein anderes Vorzeichen. Ich glaube nicht, dass sich Herr Kohl das erlauben könnte. Auch wurde mir viel Kritisches gesagt, was ich nicht übel nahm. Es gab mit vielen ein Grundverstehen. Ich will es auch nicht überbewerten. Es ist nicht mein Land. Aber ich habe in dem Sinne sowieso kein Land mehr, mein Land war die DDR ... In Israel schwang besonders viel Emotionales mit.»

Bei seinen späteren Besuchen in Israel und den USA Mitte der neunziger Jahre kultivierte Gysi seine Rolle. Er war selbstbewusster geworden. «Beim Jüdischen Weltkongress in New York standen uns alle Türen offen», erzählt André Brie. «Gregor Gysi nutzte die Tatsache, dass er dort als Jude willkommen war. Die Leute mochten ihn, sie waren stolz auf ihn. Israel Singer, der Generalsekretär, hatte schon zu Klaus Gysi gute Beziehungen. Jetzt baute der Sohn einfach auf die alten Kontakte auf. Er nutzte sie, um der PDS internationales Ansehen zu verschaffen.»

Gysi war sehr wohl bewusst, dass seine jüdische Herkunft gerade Anfang der neunziger Jahre, als Deutschland durch rechtsradikale und antisemitische Ausschreitungen erschüttert wurde, als Legitimationsverstärker für seine umstrittene PDS wirkte. Aber er reagierte ungehalten, wenn seine eigene Partei seine Herkunft politisch instrumentalisieren wollte.

Als sein Wahlkampfleiter André Brie ihm vorschlug, auf die antisemitischen Angriffe gegen ihn mit einer Kampagne zu reagieren, in der die PDS darauf hinweisen sollte, dass sie die deutsche Partei mit den wahrscheinlich meisten jüdischen Mitgliedern sei, lehnte Gysi kategorisch ab. Ihm gefiel es auch nicht, als der Schriftsteller und PDS-Bundestagsabgeordnete Gerhard Zwerenz im Sommer 1995 die Bürgerrechtler, die Gysi als «Stasi-Spitzel» angriffen, mit den Worten beschimpfte: «Hitlers Kinder rächen sich an Hitlers Opfern.»

«Das ist nicht mein Stil und wird auch nicht mein Stil werden», kommentierte Gysi den absurden Vorwurf.

Einmal versäumte es Gysi allerdings, energisch zu widersprechen, als aus ihm ein jüdisches Opfer gemacht werden sollte. Der bekannte Schriftsteller Stefan Heym, der für die PDS knapp ein Jahr im Bundestag saß, hatte am 28. Oktober 1994 den Gysi-Kritikern aus der DDR-Bürgerrechtsbewegung «antisemitische Tendenzen» unterstellt. Mit ihren permanenten Stasi-Anwürfen wollten sie «einen neuen Fall Dreyfus schaffen» und Gysi zwingen, wie einst der französische, jüdische Hauptmann Alfred Dreyfus 1894 in dem berüchtigten antisemitischen Komplott gezwungen worden war, «sich selbst die Epauletten herunterzureißen». Gysi saß auf der Pressekonferenz neben Heym und wies den aberwitzigen Vergleich nicht zurück. Das brachte ihm prompt den Vorwurf ein, sich als Opfer einer antisemitischen Verschwörung zu stilisieren. «Lassen Sie es sein, vergessen Sie den ‹Anwalt›, vergessen Sie den ‹Juden› und hören Sie mit dem Etikettenschwindel auf», ätzte Henryk M. Broder in der *Woche*. «Totalitärer Übermut hat mit jüdischer Chuzpe nichts gemein, und aus einem kleinen Ferkel wird keine koschere Delikatesse, wie sehr sich der Koch auch bemühen mag.»

Die Kritik an Gysis Schweigen war notwendig. In Broders ganzseitiger Polemik ging nur ein bisschen unter, dass nicht Gysi selbst, sondern Heym die dämliche Dreyfus-Analogie gezogen hatte. Broder holte jedoch gleich den ganz großen Hammer heraus. Er unterstellte Gysi pauschal – genauso wie einige Monate später der Historiker Michael Wolffsohn in seinem Machwerk «Die Deutschland-Akte» –, dieser würde immer dann, wenn er sich in der Defensive befinde, sein ansonsten nie praktiziertes Judentum entdecken und sich lauthals über seine Diskriminierung als Jude beklagen. Dieser Vorwurf ist bösartig. Zumal er mit einer immer wieder aufgewärmten spektakulären Geschichte «belegt» wird, deren Faktenlage äußerst dünn ist.

Der PDS-Vorsitzende soll im Februar 1990 bei einem Treffen mit dem israelischen orthodoxen Rabbi Zvi Weinmann die Juden in aller Welt um finanzielle Hilfe gebeten haben, um so die deutsche Einheit zu verhindern. So stand es am 21. Februar 1990 in der *Washington Times*. Deren Quelle: kein einziges belegtes Zitat von Gysi selbst, sondern die Aussagen von Weinmann. Der Rabbiner behauptete, der PDS-Chef habe ihm erklärt, dass «ein vereintes Deutschland schlecht für die ganze Welt und besonders für die Juden sei. Er sagte, dass wir Juden wegen des Nationalsozialismus diejenigen sein müssten, die an der Spitze der Opposition gegen die Wiedervereinigung Deutschlands stehen.» Weinmann erwähnte noch, dass Gysi ihn um einen 15-Milliarden-Dollar-Kredit gebeten habe. Nur so könne die DDR unabhängig bleiben, soll dessen Begründung gelautet haben.

Weinmann konnte man nicht unbedingt als verlässlichen Zeugen betrachten. Das israelische Außenministerium hatte es vor und nach seiner DDR-Reise abgelehnt, mit dem ultraorthodoxen Rabbiner zu konferieren. Gysi hatte die zweifelhafte Meldung am 23. Februar 1990 in der *taz* als «ausgemachten Quatsch» bezeichnet. «Ich habe gewiß Unternehmer aus vielen Ländern bei verschiedenen Treffen aufgefordert, in der DDR zu investieren. Allerdings ging es da nicht um die Frage der deutschen Einheit, sondern um die kritische soziale Situation in der DDR.» Es verwundert einigermaßen, dass diese kaum belegte Geschichte eine solche Karriere hinlegen konnte. Sie passte eher in die Denunziationslinie des *Spiegel*-Titels vom 15. Januar 1990: der Jude Gregor Gysi als Drahtzieher gegen die Einheit, den Herzenswunsch aller guten Deutschen.

Gregor Gysis Herkunft aus einer jüdisch-kommunistischen Familie wird in den USA und Israel selbstverständlicher und unverkrampfter wahrgenommen als in Deutschland. Die *New York Times* hat ihn als den «bekanntesten jüdischen Politiker» Deutschlands bezeichnet. «Für Amerikaner, besonders wenn sie aus New York, Chicago, Los Angeles oder Cleveland kommen, wirkt Gysi vertraut», schreibt Jonathan Kaufman in seinem Buch «A Hole in the Heart of the World», «ein smarter, schnell denkender, linker jüdischer Intellektueller. In Deutschland jedoch ist er einzigartig, wie ein längst ausgestorbener Vogel, der plötzlich wieder in den Wolken auftaucht … In einem anderen Deutschland, in dem die Nazis nie an die Macht gekommen wären, gäbe es heute Tausende wie Gysi.»

So aber symbolisiert er in gewisser Weise das, was durch den Holocaust ausgelöscht worden ist: den Typus des jüdischen Intellektuellen der Weimarer Republik.

11. Kapitel

Der Demagoge, der es gut meint: Gysis Politikverständnis

Der PDS-Vorstand analysiert die triste Lage der Partei. Es sieht wie immer schlecht aus. Also beschließt die Führung, dass ein Wunder geschehen muss. Einer fordert, Gysi solle auf dem Berliner Müggelsee wandeln. Dieser lehnt ab und sagt, er sei schon mit dem Fallschirm vom Himmel gefallen, das müsse reichen. Doch die anderen lassen nicht locker. Der PR-Effekt werde riesig sein, argumentieren sie, außerdem hätte die Aktion so etwas Göttliches. Gysi lässt sich wie immer überreden. Er also rauf aufs Wasser. An einem Sonntag. Herrliches Wetter. Und während er so auf dem Müggelsee dahinwandelt, sammeln sich am Ufer lauter Spaziergänger. Plötzlich ruft einer ganz laut: Typisch PDS! Nicht mal schwimmen können sie.

Über solche Witze haben sie 1990 in der PDS lauthals gelacht. Mit Galgenhumor ließ sich die Welt damals einigermaßen ertragen. Zehn Jahre später waren die Genossen ernster geworden. Von ihrer Partei hing inzwischen einiges ab. Gysi glaubte mittlerweile, wenn er eine Partei fast im Alleingang gerettet habe, dann könne das vielleicht sogar mit dem Laufen übers Wasser klappen.

Und so fuhr der Fraktionschef der kleinsten deutschen Oppositionspartei am 14. April 1999 zum serbischen Diktator Slobodan Milošević nach Belgrad. Gysi wollte von Milošević … ja, was eigentlich? Wollte er den Kriegsverbrecher zum Frieden überreden? Wollte er die Nato-Bombardierungen, die seit drei Wochen im Gang waren, im Alleingang stoppen? Oder wollte er bloß ein symbolisches Zeichen dafür setzen, dass Reden immer besser sei als Schießen?

Vielleicht wollte Gysi von allem etwas. Vielleicht hat er auch gespürt, dass ihm die Kontrolle über seine Idee schnell entglitten war, und er konnte deswegen hinterher nicht mehr so genau erklären, was er vorher eigentlich beabsichtigt hatte. Vielleicht war dieser Besuch im Reich eines berechnenden, skrupellosen Menschenschlächters für den außenpolitisch unerfahrenen Gysi aber auch einfach eine Nummer zu groß.

Milošević hatte bereits Kriege in Kroatien und Bosnien-Herzegowina geführt. Er hatte den Autonomiestatus des Kosovo innerhalb Jugoslawiens aufgelöst. Er hielt die albanische Bevölkerungsmehrheit dort seit Jahren im Würgegriff. Er unterdrückte und vertrieb sie. Als die internationale Gemeinschaft 1998 dagegen protestierte und ihm zum Einhalten aufforderte, führte der jugoslawische Präsident die Welt an der Nase herum. Er verhandelte, drohte, gab scheinbar nach und setzte doch die Vertreibungen im Kosovo fort. Als die Friedensgespräche im französischen Rambouillet im Frühjahr 1999 scheiterten, begann die NATO, ohne dazu vom UN-Sicherheitsrat legitimiert zu sein, am 24. März mit Luftangriffen auf Jugoslawien. 21 Tage nach Kriegsbeginn saß Gregor Gysi aus Berlin dem Diktator gegenüber. Um zu reden.

Am Ende blieb nur ein Bild, auf dem ihm Milošević die Hand reichte. Mehr hatte der jugoslawische Präsident gar nicht gewollt. Er konnte zeigen, dass es auch im Westen Politiker gab, die den Krieg der Nato gegen ihn und sein Land ablehnten. Gegen diese plumpe Symbolik aus der alten Propaganda-Schule war Gysi machtlos.

Genau das hatte ihm sein außenpolitischer Berater Ernst Krabatsch, ein erfahrener Diplomat aus dem früheren DDR-Außenministerium, vor der Reise prophezeit. Gysi war trotz dieser Bedenken gefahren. Unterstützung dafür hatte er sich bei niemandem geholt. Nicht einmal seine eigene Partei wusste von dem heiklen Besuch. Nur ganz wenige Genossen waren in sein Geheimunternehmen eingeweiht. Das Einzige, was Gysi im Gepäck hatte, war ein «PDS-Friedensplan» von Parteichef Lothar Bisky und ihm selbst. Der sah im Kern vor, dass Jugoslawien in eigener Initiative über den Sicherheitsrat der Vereinten Nationen UN-Friedenstruppen für den Kosovo anfordern sollte. Der PDS-Fraktionschef glaubte, diese Idee sei für Milošević eher annehmbar als der internationale Friedensplan von Rambouillet, der eine Autonomie für den Kosovo und die Stationierung einer internationalen Friedenstruppe forderte. Das Rambouillet-Abkommen lief Gysis Meinung nach darauf hinaus, dass die militärische Hoheit in Jugoslawien faktisch auf die NATO übergeht. Bei der Anforderung von UN-Truppen hätte der Präsident über Anzahl, Herkunft und Ausrüstung der Blauhelm-Soldaten mitbestimmen können. Der PDS-Plan hatte nur einen kleinen Haken: Er vertraute auf Milošević und dessen Zusagen.

Dabei hätte der Präsident die Vereinten Nationen jederzeit bitten können, wenn er es denn gewollt hätte. Wozu brauchte er da einen Herrn Gysi. Aber Milošević wollte natürlich nicht. Er ließ seine Polizei und sein Militär die Kosovo-Albaner, für die er Schutz anfordern sollte, diskriminieren, vertreiben, ermorden. Er nahm einfach das Recht des Stärkeren für sich in Anspruch.

Gysi muss überzeugt davon gewesen sein, dass sein Gespräch mit Milošević Aussicht auf Erfolg haben würde. Als er aus Belgrad zurückgekehrt war, antwortete er in einem *taz*-Interview auf die Frage, warum er mit dem Präsidenten geredet habe, zunächst mit einem allgemeinen Bekenntnis: «Ich will die Logik des Krieges durch die Logik des Friedens ablösen. Ich verstehe diesen ganzen Irrsinn nicht: Welche einzige Bombe hat bisher das Leid eines einzigen Kosovo-Albaners gelindert?» Auf die Nachfrage, ob er davon überzeugt sei, dass Milošević auch Frieden wolle, sagte Gysi: «Ich glaube, dass Milošević Frieden will, Frieden wollen muss. Er ist nicht so naiv zu glauben, er sei der militärischen Macht der NATO gewachsen. Die entscheidende Frage ist, was für ein Frieden mit dem jugoslawischen Präsidenten zu machen ist. Wenn Milošević nicht von vornherein das Gefühl hat, er soll über den Tisch gezogen werden, dann hört er auch anders zu.» Ihm jedenfalls habe der Präsident zugehört.

Das, was die geballte Macht des Westens, ihrer Staatschefs, ihrer außenpolitischen Eliten, ihrer Militärs, nicht vermocht hatte – Milošević von einer Verhandlungslösung zu überzeugen –, das könne einer wie er schaffen, suggerierte Gysi. Einer, der nicht mit einem Diktatfrieden droht. Einer, der die Gabe besitzt, einen fairen, freundlichen Frieden zu bringen.

In Wahrheit hatte Gysi doch nur eines: null Einfluss. Milošević ließ ihn eiskalt abblitzen. Er übermittelte ihm, seine Vorschläge seien sicherlich gut gemeint, aber UN-Truppen kämen für Jugoslawien überhaupt nicht in Frage, weil es nach den Erfahrungen des Zweiten Weltkrieges nie wieder Besatzer akzeptieren werde, in welchem Teil des Landes auch immer.

Als der PDS-Fraktionschef zurück in Bonn war, prügelten sie im Bundestag alle auf ihn ein. In der Sondersitzung des Parlaments zum Kosovokrieg am 16. April 1999 verloren einige sogar die Fassung. Nicht nur Gysis Besuch bei Milošević machte die anderen Parteien wütend, sondern auch seine Rede, die er an diesem Tag im Parlament hielt. Darin warf er der rot-grünen Regierung vor, sich an einem völkerrechtswidrigen Krieg zu beteiligen, und er kritisierte die mangelnde Beweislage für den angeblichen Völkermord der Serben an den Kosovo-Albanern. «Man ist völlig verunsichert in dem, was man eigentlich glauben soll», so Gysi. «Man hat keine Beweise. Es wird gesagt, dass es Bilder gibt, die aber nicht gezeigt werden. Warum werden diese Bilder nicht gezeigt, wenn sie doch die Notwendigkeit des eigenen Handelns unterstreichen könnten? Das spricht dafür, dass es sie nicht gibt.»

Den Frontalangriff auf Gysi eröffnete der Bundeskanzler höchstpersönlich. «Sie müssen aufpassen, dass Sie sich nicht langsam den Vorwurf einhandeln, von der fünften Kolonne Moskaus zur fünften Kolonne Belgrads zu werden», sagte Gerhard Schröder, nachdem er sich während seiner Rede einen Zwischenruf der PDS eingefangen hatte.

Der Verteidigungsminister streckte den Genossen Sozialisten Aufnahmen deutscher Aufklärungsflugzeuge entgegen. Er bebte nur so vor Zorn. «Wenn der Kollege Gysi sagt, er habe keine Bilder gesehen: Bitte schauen Sie sich die an!», rief Rudolf Scharping. «Aus den Wäldern und aus den Tälern des Kosovo. Glauben Sie, die Menschen gehen freiwillig da hin? Meinen Sie, die fressen Gras, weil sie es wollten?»

Der Außenminister trieb es noch weiter. Er griff Gysi dafür an, dass dieser braun gebrannt im Bundestag erschienen war; der PDS-Fraktionsvorsitzende hatte vor seinem Besuch bei Milošević ein paar Tage Urlaub gemacht. «Die Opposition hat ein Recht auf Urlaub», giftete Joschka Fischer. «Aber wir haben rund um die Uhr gearbeitet und haben es nicht nötig, uns von einem urlaubenden Abgeordneten beschimpfen zu lassen wegen Unfähigkeit.» Anschließend warf er ihm vor, sich zum «Weißwäscher für eine neue Politik des Faschismus» zu machen. «Sie sprechen von Völkerrecht», kanzelte er Gysi ab. «Wo ist das Recht der Ermordeten in den Massengräbern? Wo ist das Recht der vergewaltigten Frauen?»

Diese Vorwürfe haben Gysi tief verletzt. Sein Sendungsbewusstsein war so groß, dass er nicht verstand, wie man sein ernsthaftes Bemühen um Frieden als Unterstützung für einen neuen Faschismus denunzieren konnte. Es erschütterte ihn, wie insbesondere Joschka Fischer für die Rechtfertigung des Kosovokrieges auch noch den Holocaust instrumentalisierte und behauptete, die Grünen hätten nicht nur «Nie wieder Krieg!», sondern auch «Nie wieder Auschwitz!» gesagt. Seit dieser Auseinandersetzung ist Gysis Verhältnis zu Fischer – bis dahin Duz-Kumpel, die sich respektierten – dauerhaft gestört; er nennt ihn, mit unüberhörbarer Distanz, nicht mehr Joschka, sondern nur noch Joseph Fischer.

Die Inbrunst, mit der besonders die führenden Sozialdemokraten und Grünen auf den PDS-Mann einschlugen, war ja auch nicht allein mit dessen «Friedensmission» zu erklären. Der Eifer von Schröder, Fischer und Scharping galt auch den eigenen Reihen. Dort hatten sich Zweifel, Gewissensbisse und Ängste breit gemacht. Deutschland schickte zum ersten Mal seit 1945 eigene Soldaten in einen Krieg, und mit dieser Last musste ausgerechnet eine rot-grüne Regierung leben. Sie drohte zeitweilig sogar, daran zu zerbrechen. Da kam der Milošević-Besucher Gysi gerade zur rechten Zeit des Wegs. Aus ihm konnten sie den idealen Sündenbock machen.

Sie hätten ihn lieber ganz ruhig fragen sollen, was er beim jugoslawischen Präsidenten erreicht hat.

Natürlich war es Blödsinn, Gysi als fünfte Kolonne Belgrads zu bezeichnen. Es war sein gutes Recht, zu Milošević zu fahren, und selbstverständlich durfte er ihm die Hand schütteln. Es stand Gysi allerdings auch frei, sich in Belgrad zu blamieren, und das hat er ausgiebig getan. Er wäre, wenn er denn schon glaubte, ins große Rad der Geschichte greifen zu müssen, besser nach Peking oder Moskau gereist. China und Russland hatten die notwendige UN-Resolution für ein gemeinsames Vorgehen der internationalen Gemeinschaft gegen Milošević aus sehr durchsichtigen Gründen verhindert. Aber für Gysi und seine PDS waren nicht die vertriebenen, vergewaltigten und ermordeten Kosovo-Albaner der Ausgangspunkt ihrer Überlegungen, sondern die Bomben der NATO. Das war ein durchsichtiger und bequemer Pazifismus. Da lag es natürlich nahe, zuerst zu Milošević zu reisen.

Der Westen lud mit seinen Bomben Schuld auf sich. Das offen anzusprechen war notwendig. Aber der PDS-Fraktionschef tat so, als gebe es einen einfachen Ausweg aus dem komplizierten Konflikt. Er wollte nicht erkennen, dass es historische Situationen gibt, in denen man noch schuldiger wird, wenn man gar nichts tut. Das markiert den Unterschied zwischen Politik und der Verteidigung hehrer Prinzipien.

Gysi betrachtet die Welt mit den Augen eines Anwalts. Er bewertete die Vertreibung der Kosovo-Albaner und den Luftkrieg ausschließlich juristisch. Er lehnte ein militärisch gestütztes UN-Protektorat für den Kosovo ab, weil er immer noch die Staatensouveränität verteidigte, in der das alte Prinzip der Nichteinmischung in die inneren Angelegenheiten galt. Er weigerte sich noch 1999, den jugoslawischen Diktator als Kriegsverbrecher zu bezeichnen, weil dieser als solcher bislang nicht ordnungsgemäß verurteilt worden war. «Es gibt keine Anklage, keine Beweise, kein Urteil», sagte er damals. Gysi beschränkte sich darauf, die Völkerrechtswidrigkeit der Luftangriffe auf Jugoslawien anzuprangern. Juristisch gesehen hatte er damit ohne Zweifel Recht, aber er beantwortete die entscheidende Frage genauso wenig wie seine Partei: Wie unterbindet man den systematischen Terror eines Diktators, wie unterbindet man einen Völkermord, wenn alle diplomatischen Mittel versagt haben? Die Antwort darauf muss nicht zwangsläufig «Krieg» heißen – aber irgendeine überzeugende Antwort hätte man gern gehört. Wie sollten die 500 000 Flüchtlinge in den Kosovo zurückkehren, wenn nicht ohne den militärischen Schutz internationaler Truppen?

Er sei kein Pazifist, behauptet Gysi von sich. Umso interessanter wäre es, von ihm zu erfahren, unter welchen Voraussetzungen er ein militärisches Eingreifen als letztes Mittel der Politik akzeptieren würde. Als Fischer ihn in der Bundestagsdebatte zum Kosovokrieg an die militärische Hilfe der internationalen linken Brigaden für das republikanische Spanien erinnerte, blieb er sprachlos.

Ein paar Jahre später tat Gysi so, als sei er im April 1999 ohne jede Illusion nach Belgrad gefahren. Umso schärfer stellt sich die Frage, was er vom jugoslawischen Präsidenten dann überhaupt gewollt hat. In seinem 2001 erschienenen Buch «Ein Blick zurück, ein Schritt nach vorn» schreibt er über seine Motive: «Keine Sekunde glaubte ich, dass ich Milošević überzeugen könnte, denn er brauchte kein Gespräch mit mir, um ein solches Ersuchen an den Sicherheitsrat der Vereinten Nationen zu richten. Wie aber sollte ich, wenn ich denn den Friedensplan ernst meinte und alles tun wollte, um den Krieg wenigstens so schnell wie möglich zu beenden, andererseits rechtfertigen, dass ich ein solches Gesprächsangebot ausschlug? Angenommen, ich hätte die Reise, die mir bis heute vorgeworfen wird, verweigert, und nach der demokratischen Wende in Jugoslawien wäre veröffentlicht worden, dass ich einer Einladung, Milošević von der Notwendigkeit von Friedenstruppen im Kosovo zu überzeugen, nicht gefolgt sei: Hätte man dann nicht in allen deutschen Zeitungen schreiben können, ich hätte den Frieden gar nicht wirklich gewollt, sondern ausschließlich versucht, den Krieg zu nutzen, um Profil und Stimmen für die PDS und mich zu organisieren? Schließlich standen im Juni 1999 Europawahlen bevor. In einer solchen Situation ist man auf sich allein gestellt. Wie auch immer man sich entscheidet, ein negatives Echo ist einem gewiss. Nach kurzem Bedenken entschloss ich mich, zu fahren und einen Versuch zu unternehmen, auch wenn absehbar war, dass er erfolglos bleiben würde. Immerhin aber konnte ich mir dann sagen, dass ich alles mir Mögliche getan hätte.»

Es ist sehr aufschlussreich, wie oft in diesen paar Sätzen dieses «ich» nach vorne drängt.

Gysi ist von sich überzeugt. Er glaubt offenbar an die unbeschränkte Macht seines Wortes. Er berichtet stolz davon, wie er damit auch Diktatoren ins Wanken bringen kann. «Milošević hatte unser Gespräch offenkundig anders konzipiert, als es verlief», schreibt er in seinem Buch. «Nachdem ich noch einmal gesprochen und er darauf kurz geantwortet hatte, tat ich etwas, was einem Präsidenten selten widerfährt und was ihn auch verwirrte: Ich fiel ihm ins Wort ... Ich fragte weiter, was seiner Meinung nach am Ende des Bombardements passieren werde. Die Frage war ihm ziemlich ungenehm, denn sein Außenminister und andere saßen ja auch am Tisch. Das wisse er nicht, gestand er plötzlich ein. Und so kam ich auf meine Argumentationsschiene zurück.»

Wolfgang Gehrcke, der als außenpolitischer Sprecher der PDS-Bundestagsfraktion die Reise mit vorbereitet hatte, erinnert sich daran, welche versteckten Hoffnungen seine Partei mit Gysis Trip verband: «Wir wären schon gern die Friedensbringer gewesen.»

«Gysi war wirklich der Meinung, es hänge von ihm ab», sagt André Brie. «Er ist oft davon überzeugt, dass er große Dinge bewegen kann. Dabei überschätzt er sich manchmal maßlos, dann geht ihm auch das Gespür für seinen Gegenüber verloren. Es wollte einfach nicht in seinen Kopf, dass seine Argumente an einem Mann wie Milošević abprallen könnten.»

Manche in der PDS, die Gysi gut kennen, glauben, er halte seine Belgrad-Reise inzwischen für einen Fehler. Er selbst hat sich so nie geäußert. Es spricht allerdings nicht viel für diese Annahme. Dazu hat Gysi den Kosovokrieg viel zu leidenschaftlich abgelehnt. Und mal abgesehen von seiner Hybris, die einem wirklich den Atem nehmen kann: Er war von der Richtigkeit seiner Reise zu Milošević innerlich überzeugt. Sie entspricht seinem Verständnis von Politik.

Gysi ist kein Zyniker. Er glaubt daran, dass sich mit Vernunft und guten Argumenten fast alles regeln lässt.

Florian Havemann hat über einen solchen Menschen und dessen Glauben an die Vernunft ein Theaterstück geschrieben. Es heißt «Der Demagoge» und handelt davon, wie ein Politiker damit liebäugelt, als Bürgermeisterkandidat anzutreten. Der gute Mann verfängt sich jedoch in seiner Idee immer mehr, sodass er schließlich gezwungen wird, das, womit er am Anfang nur gespielt hat, am Ende wirklich umzusetzen: Er muss jetzt ins Rennen um das Amt des Bürgermeisters gehen.

Dieser Politiker verführt nicht das Volk, er betört es. Er wirft immer und überall seine große Illusionsmaschine an. Er erklärt im Detail, wie alles besser werden könnte. Dass man nur dies logischer organisieren und jenes vernünftiger regeln müsste. Dass man sich nur zusammensetzen und miteinander reden bräuchte. Er lässt alle davon träumen, in der Politik könnte es rational zugehen, der «richtige» Gedanke würde sich aufgrund seiner offenbaren Einsichtigkeit durchsetzen.

Dieser Politiker kann das deswegen, weil er von dem, was er sagt, überzeugt ist. Er ist kein Scharfmacher. Er ist ein moderner Demagoge.

«Der moderne Demagoge meint es gut», sagt Havemann. «Er weiß nicht, dass er ein Demagoge ist. Er darf es auch gar nicht wissen. Sonst würde er seine Glaubwürdigkeit verlieren. Glaubwürdig ist man als Politiker heute aber nur noch, wenn man an das, was man sagt, selbst glaubt. Der reine Zyniker, der etwas anderes denkt, als er öffentlich vertritt, kommt nicht mehr durch.»

Dieser Demagoge in Havemanns Theaterstück heißt Gregor Gysi.

Es geht in dem Stück um Gysis Wahlkampf im Jahre 2001, als er angetreten war, Regierender Bürgermeister von Berlin zu werden. Erreicht hat er dieses Ziel nicht, aber funktioniert hat seine Illusionsmaschine in dieser Stadt bis zu einem gewissen Grade schon.

Das meiste von dem, was Gysi vorschlug, klang in den Ohren vieler Berliner einleuchtend: eine bürgerschaftliche Renaissance der Stadt, ihre Selbstfindung jenseits von Ost und West, die Neudefinition ihrer Rolle als Hauptstadt eines föderalen Deutschlands, Sanierung des maroden Berliner Haushalts, Verschlankung der Verwaltung, Vermeidung betriebsbedingter Kündigungen, Erhöhung der Ausgaben für Bildung um zehn Prozent, keine Kürzungen im Kulturetat, keine Schließung auch nur einer einzigen Oper. Gysi kam in seiner einzigartigen Mischung aus sozialistischer Elite und weltläufiger Bürgerlichkeit der Berliner Sehnsucht nach Aufbruch, Niveau und Intellektualität entgegen. Das machte ihn selbst für die alte Westberliner Elite interessant und in Teilen des Westberliner Bildungsbürgertums sogar populär. Für sie spielte es zunächst keine große Rolle, ob seine Vorschläge für die hoch verschuldete Stadt überhaupt realistisch und finanzierbar waren. Gysi, der große Solist, stand schließlich nicht für das Berliner Provinztheater, da sollten ruhig alle anderen auftreten. Er spielte auf der großen Hauptstadtbühne, da ging es um Visionen, nicht um Zahlen. Der moderne Demagoge hatte das Publikum ganz in seinen Bann geschlagen.

Der Journalist Klaus Hartung reagierte darauf in der *Zeit* mit einer bitterbösen Polemik. Der PDS-Star sei «der am meisten überschätzte Politiker Deutschlands», schrieb er am 21. Juni 2001. «Gysi, der Welterklärer, hatte zwar noch nie ein Amt, aber er hat immer die ‹vernünftige Lösung› parat. Man muss sich zusammensetzen, fair verhandeln, vernünftig reden: pure Als-ob-Politik. Wo einst das historische Subjekt oder die Arbeitermacht waltete, herrscht jetzt die ‹vernünftige Lösung›. Gysis (von den Medien verdecktes) Geheimnis ist: Er bedient das unpolitische Bürgertum. Der erfolgreiche Unternehmer kennt seinen Markt, aber als Bürger verachtet er die Politik und hat allemal ‹vernünftige Lösungen› parat. Gysi ist der Profiteur dieses Politikverdrusses, ein Schwadroneur des Vernünftelns.»

Man braucht die politische Klasse des Landes, die ganzen Wolfgang Gerhardts dieser Republik, nur einmal an seinem geistigen Augen vorbeiziehen zu lassen, um die maßlose Übertreibung des Vorwurfs, Gysi sei der am meisten überschätzte Politiker, zu erkennen. Mit seiner Kritik hat Hartung im Kern trotzdem Recht. Er legt eine zentrale Schwäche in Gysis Politikverständnis bloß.

Der Lauf der Welt wird nicht von der Einsicht der historischen Akteure in eine imaginäre Vernunft, sondern von Macht und handfesten Interessen bestimmt. «Vernünftige Lösungen» entstehen dabei, wenn überhaupt, im freien Spiel der Kräfte, im permanenten Aushandeln dieser sich widerstreitenden Interessen. Der Intellektuelle Gysi «übersieht» das gern. Da steckt ein Rest DDR in ihm: die avantgardistische Vorstellung seiner alten Staatspartei, dass es die Vernunft an sich gibt und es nur einer politischen Vorhut bedarf, die diese erkennt und ihr im Namen der herrschenden Klasse zum historischen Durchbruch verhilft. Die DDR ist auch an dieser Beglückungsstrategie zugrunde gegangen.

Seine Haltung macht Gysi zu einem idealen Vertreter der Sabine-Christiansen-Gesellschaft. Wenn Sonntag für Sonntag nach der Zauberformel dafür gesucht wird, wie der Untergang der Bundesrepublik verhindert werden kann, ist er ganz in seinem Element. Er entzieht sich zwar als einer der wenigen dem neoliberalen Mainstream, bedient aber mit seinem Gestus des Alles-ist-möglich-wenn-wir-nur-Wollen auch nur den unpolitischen Charakter dieses endlosen Palavers der großen Koalition zur Rettung Deutschlands.

Gysi ist bei Christiansen deswegen ein so gern gesehener Gast, weil er nicht mehr für seine ungeliebte Partei steht, sondern einen Post-PDS-Zustand verkörpert: eine Art linksbürgerliche Vernunft, die in Deutschland selten anzutreffen ist. Er kann mit dem Chef von Daimler-Chrysler genauso selbstverständlich an einem Tisch sitzen wie mit dem bayerischen Ministerpräsidenten. Erleichtert wird ihm das nicht nur durch seine bürgerliche Herkunft, sondern auch durch seine Distanz zur Macht. Das lässt ihn in den Augen der anderen sympathisch erscheinen – und harmlos. Er ist kein gefährlicher Kontrahent, sondern ein anregender Gesprächspartner.

Gysi ist an Macht im herkömmlichen Sinne ohnehin nicht interessiert. Er möchte nicht kraft eines politischen Amtes wirken, sondern kraft seiner Person. Macht bedeutet für ihn nicht die Herrschaft über einen Apparat. Ihn interessiert höchstens die Macht über ein Publikum.

Sein Politikverständnis hat Gysi 1993 in einem Interview mit dem sehr deutschen Satz umschrieben, Politik sei eigentlich nur dazu da, mehr Kultur zu ermöglichen. Das darf man sich als eine Art politischen Idealzustand vorstellen: die Herrschaft von Fortschritt, Toleranz und Vernunft schlechthin. Gesellschaftliche Strukturen, die nicht länger auf Macht angewiesen sind. Eine unmittelbar praktizierte Demokratie, in der die Bürger ihre Angelegenheiten selbst in die Hand nehmen können. Politiker aller Parteien, von links bis rechts, die sich dem gesellschaftlichen Gemeinwohl verpflichtet fühlen und fair miteinander umgehen. Eine politische Kultur, in der man ein Amt annehmen, aber unbeschadet auch wieder abgeben kann. «Es müsste also eine Politik gemacht werden», erläuterte Gysi sein politisches Credo, «die die Politiker selbst Schritt für Schritt überflüssiger werden lässt.»

Daraus spricht das Erbe der Aufklärung. Das entstammt der Welt von Gregor Gysis Vater. Klaus Gysis geistiges Rüstzeug für seine ersten Jahre in der Politik nach 1945 bestand genau darin: Das andere, antifaschistische Deutschland sollte seine Identität ja gerade in der Wiedergewinnung der deutschen Kultur, ihres klassischen Humanismus und der Ideale der Aufklärung finden.

Diese kulturelle Dimension des Politischen umfasst bei Gregor Gysi vieles. Da ist zum Beispiel seine Freundschaft zu Lothar de Maizière. Der Sozialist und der Christdemokrat kennen sich seit Mitte der siebziger Jahre. Sie haben als Anwälte viele Fälle zusammen bearbeitet. Sie können sich aufeinander verlassen und besitzen beide einen Hang zur Ironie. Obwohl sie aus sehr unterschiedlichen Elternhäusern kommen – de Maizière, Jahrgang 1940, stammt aus einer preußisch-hugenottischen Familie – und ihr Blick auf die DDR oft nicht der gleiche war, fühlten sie sich trotzdem nahe. Als der SED-Mann Gysi 1988 Vorsitzender des Rechtsanwaltskollegiums von Berlin wurde, bestand er darauf, sehr zum Ärger der Genossen im

Zentralkomitee, dass der CDU-Mann de Maizière sein Stellvertreter werden durfte.

Die Politik hat ihre Freundschaft auf eine harte Probe gestellt. Gysi wurde SED-Vorsitzender, de Maizière erst CDU-Chef und dann auch noch DDR-Ministerpräsident. Ihre Parteien haben sich ziemlich rücksichtslos bekämpft, die eine stand für, die andere gegen den Sozialismus. Doch die beiden Freunde hatten eine Vereinbarung getroffen: Wir greifen uns in der Sache an, aber wir werden nie persönlich. Das haben sie, bis auf wenige Ausnahmen, durchgehalten. Berührungsängste kannten sie schon gar nicht.

Als de Maizière am 9. Dezember 1989 im Fernsehen sah, wie der völlig übermüdete Gysi die Glückwünsche zu seiner Wahl als SED-Vorsitzender entgegennahm, fuhr er sofort zum Ort des Parteitags, um seinen Freund abzuholen. So wie der aussieht, dachte er, fährt der doch glatt gegen den nächsten Baum. Kaum hatte de Maizière jedoch die Berliner Dynamo-Sporthalle betreten, wurde er von einem übereifrigen SED-Ordner als CDU-Vorsitzender entlarvt und unsanft vor die Tür gesetzt. Er wartete draußen und konnte Gysi erst gratulieren, als dieser nach dem Ende des Parteitags auf die Straße trat. Der CDU-Chef schenkte dem neuen SED-Vorsitzenden ein Buch – vor den Augen der konsternierten Journalisten. De Maizière bot Gysi schließlich an, ihn nach Hause zu fahren. «Das geht aber nur, wenn du mich in deinem Auto versteckst», antwortete dieser kokett, «sonst bin ich bei meinen Leuten erledigt.»

Vier Monate später konnte Gysi sich mit den Glückwünschen revanchieren. Als de Maizière am 12. April 1990 zum DDR-Ministerpräsidenten gewählt worden war, klingelte es am Abend zu Hause an seiner Tür. «Hallo, hier ist der Führer der deutschen Opposition», meldete sich eine Stimme in der Wechselsprechanlage. Es war Gysi. Oben in der Wohnung angekommen, sagte er zu de Maizière: «Du erwartest nicht, dass ich dir gratuliere, trotzdem wünsche ich dir alles Gute.» Und dann prophezeite er dem Regierungschef, dass er am Ende seiner Amtszeit ziemlich einsam sein und wenig Freunde haben werde.

Ihre Beziehung hat alles überdauert: de Maizières Demontage als Bundesminister in Kohls Kabinett, die Gysi mit steigender Wut beobachtete; die Stasi-Verdächtigungen, denen beide ausgesetzt waren; Gysis Besuch bei Milošević, den de Maizière für einen Fehler hielt. Der rote Sozialist und der schwarze Kirchenmann – sie zelebrieren geradezu ihre Freundschaft. Die Geschichten ihrer außergewöhnlichen Verbindung erzählen sie in aller Öffentlichkeit. Eine solche Nähe über ideologische Grenzen hinweg für selbstverständlich zu halten, darin zeigt sich für Gysi der zivilisatorische Standard einer politischen Ordnung. «In Deutschland weiß man kaum, dass gegenseitige Akzeptanz von Linken und Konservativen ganz selbstverständlich sein kann», sagte er im August 1999 in einem *Tagesspiegel*-Interview. «In Frankreich, Italien oder Spanien ist das so. Wenn Sie so wollen, leisten Lothar und ich einen Beitrag, um dies zur deutschen politischen Kultur zu machen.»

Was zwischen ihm und de Maizière funktioniert, davon ist Gysi überzeugt, das muss auch zwischen den Parteien möglich sein. Darunter versteht er «politische Normalität» in Deutschland: die gegenseitige Anerkennung von sozialistischen Linken und Konservativen, von PDS und CDU. «Ich will immer noch an einer neuen politischen Kultur arbeiten: Dass die Konservativen die Linken als Herausforderung begreifen und ungekehrt», sagte der PDS-Mann 2000 in der *Frankfurter Rundschau*. «Bis heute leben beide in der Vorstellung, dass eine Gesellschaft nur gut ist, in der es die jeweils anderen nicht gibt. Linke und Rechte sind seit 50 Jahren sauer, dass bei den Nazis die Falschen ermordet wurden. Die Linke ist nach wie vor über die Hinrichtung jedes Wehrmachtsgenerals sauer, weil das in ihr Weltbild nicht passt. Und die 20.-Juli-Feierer ärgern sich seit Jahren, dass die Kommunisten zuerst hingerichtet wurden. Könnten wir nicht um alle Opfer trauern?»

Darin hat Gysi in den letzten Jahren seine eigentliche politische Mission gesehen, die weit über die Rettung einer verstörten Partei hinausging: die Überwindung des totalitären Antikommunismus auf der rechten Seite genauso wie die Überwindung des totalitären Antinationalismus auf der linken Seite. Er selbst – wer sonst? – verstand sich dafür als eine Art Schlüsselfigur. Er lebte dieses große Projekt im Kleinen vor. Er verstand sich von Anfang an als Teil der Gesellschaft, die er verändern wollte, nicht als deren Gegner. Den zynischen Defätismus vieler radikaler Westlinker hat er genauso abgelehnt wie die Übellaunigkeit der Ost-Genossen, die das ganze Elend dieser Welt ständig in ihrem Gesicht trugen. Gysis Credo lautet: «Linke müssen doch menschlich sein.»

Dazu gehörte für ihn auch, seine politischen Gegner als Kontrahenten, nicht aber als Feinde zu behandeln. Den Respekt, den er von den anderen forderte, brachte er ihnen selbst entgegen. Er hat sich nicht einmal dazu hinreißen lassen, Helmut Kohl, als dieser noch Kanzler war, zu beschimpfen oder gar lächerlich zu machen, im Gegenteil.

Wenn der PDS-Fraktionschef im Bundestag redete, drehte er sich oft zur Regierungsbank. Er erwies Kohl mit dieser Geste eine gewisse Achtung. Und als nicht einmal die CDU-Chefin Angela Merkel den Mut hatte, ihren wegen des Spendenskandals in Verruf geratenen Altkanzler auf der Festveranstaltung zur deutschen Einheit am 3. Oktober 2000 reden zu lassen, forderte ausgerechnet Gysi «historische Ehrlichkeit» und plädierte ganz selbstverständlich für einen Auftritt Helmut Kohls. Alles andere wäre «Geschichtsfälschung», argumentierte er.

Gysi hat selbst in schwierigsten Situationen in den eigenen Reihen um Fairness gegenüber anderen geworben. Nach den harten Angriffen auf ihn wegen seines Besuches bei Milošević wollte seine Partei öffentlich machen, dass Joschka Fischer als Außenminister von Anfang an über die Reise informiert gewesen war. Gysi lehnte das ab. «Das darf nicht unser Stil sein», sagte er.

Die PDS hat dadurch nicht an Glaubwürdigkeit gewonnen. Gysi schon. Nach seiner letzten Bundestagsrede als PDS-Fraktionsvorsitzender am 29. September 2000 nickte Angela Merkel anerkennend, Helmut Kohl klatschte ausgiebig Beifall, Bundeskanzler Gerhard Schröder erhob sich sogar von seinem Platz, ging quer durchs Plenum zu dem PDS-Politiker und drückte ihm die Hand. Gysi hatte in der Debatte zum 10. Jahrestag der deutschen Einheit gesprochen und sich im Hinblick auf die politische Kultur der Bundesrepublik «einfach Normalität» gewünscht. Er hatte allerdings auch Schwierigkeiten in diesem Prozess eingeräumt. «Sosehr wir uns mühen, sosehr ich mich auch selbst bemüht habe: Es fällt schwer, sich von einmal erworbenen Vorurteilen zu verabschieden.» Mit dem Beifall des Bundestages für diese Rede schien es für einen Moment so, als habe die gesamte politische Klasse des Landes Gregor Gysi zum Abschied etwas Normalität gegönnt.

Kurz vorher war bekannt geworden, dass Helmut Kohl den PDS-Fraktionschef 1999 und 2000 zu drei vertraulichen Gesprächen empfangen hatte. Gysi muss diese Begegnungen als ersten großen Erfolg seines nationalen Versöhnungsplans empfunden haben. Er war seit einiger Zeit auf der Suche nach einer großen Aufgabe, einem «nationalen Band», wie er sagte, das die sozialistische Linke und die Rechte einen sollte. Diese Aufgabe sah er in der Beendigung des Kalten Krieges, die seiner Meinung nach nur von PDS und CDU geleistet werden konnte. Gysi hatte dafür sogar eine gewisse Arbeitsteilung vorgesehen: Nachdem die CDU die staatliche Einheit hergestellt hatte, wozu die deutsche Linke nicht in der Lage gewesen wäre, sollte ausgerechnet diese Linke jetzt die innere Einheit schaffen. «Wäre das nicht das erste Mal in Deutschland, dass ein nationales Band Linke und Rechte einte?», fragte er. Der PDS-Mann betrachtete dies als Voraussetzung dafür, dass sich «alle für das Ganze verantwortlich fühlen könnten».

Gysi überschätzte damit die Fähigkeit seiner eigenen Partei zur Identitätsbildung gewaltig, weil er in der PDS eine linkssozialistische Partei mit gesamtdeutscher Ausstrahlung sah, die sie in Wirklichkeit nie war. Seine Vision trug außerdem Züge des Auserwähltseins. In seinem Verständnis sollten sich ja vor allem die Eliten des Landes, die linken wie die rechten, zusammenfinden – nicht als Interessenvertreter ihrer «Klassen», sondern im Namen der Nation, des gesellschaftlichen Ganzen.

Mit diesem Anspruch fühlt sich Gregor Gysi der Überzeugung

seines Vaters verpflichtet: ein Linker und zugleich ein Deutscher zu sein. Klaus Gysi hatte dagegen gekämpft, dass Hitler definierte, wer Deutscher war. Er wurde als Kommunist und als Jude verfolgt, die Nazis vertrieben ihn aus seinem Land, aber er ist 1940 wiedergekommen. Das verschaffte ihm Genugtuung. Klaus Gysi bestand darauf, ein deutscher Kommunist zu sein. Aber die Geschichte ging nicht spurlos an ihm vorüber. «Ich bin ein hoffnungsloser Deutscher», behauptete er zeit seines Lebens.

1990 bekannte Klaus Gysi, dass er selbst die Honecker-Propaganda von der DDR und der BRD als den «zwei deutschen Nationen» nie ernst genommen habe. «Ich war der Meinung, es handelt sich um eine Nation, die gespalten war», sagte er, «jeweils natürlich stark mitbestimmt durch die Tatsache, dass die einen in einer kapitalistischen Ordnung und die anderen, zwar nicht in einer sozialistischen, wie wir rückblickend sagen müssen, aber in einer völlig anderen Ordnung lebten. Ich glaube schon, dass das auf Menschen eine tiefe Wirkung hat. Nur daraus werden nicht gleich zwei verschiedene Nationen. Da muss man sehr vorsichtig sein in einem Land, dessen Kleinstaaterei im Grunde bis 1918 gedauert hat … Wenn die Heranbildung der Nationen ein halbes Jahrtausend gebraucht hat, verschwindet das Nationalbewusstsein nicht in ein paar Jahrzehnten.»

Diese Geisteswelt seines Vaters rief Gregor Gysi in seiner bislang letzten Rede im Deutschen Bundestag am 31. Januar 2002 in Erinnerung. Gysi, bereits frisch gewählter Berliner PDS-Wirtschaftssenator, aber noch einfacher Abgeordneter des Bundestages, verglich, unter Protestrufen der Unionsfraktion, seinen Vater mit Helmut Kohl. Die beiden hätten, bei allen Unterschieden, doch eine Gemeinsamkeit gehabt. «Sie bestand darin», so Gregor Gysi, «dass sie ihre wichtigste Sozialisation noch in einem einheitlichen Deutschland erlebt und deshalb eine bestimmte Beziehung zu dem Land als Ganzem hatten. Ein Irrtum bestand darin, zu glauben, dass die nächste und übernächste Generation das genauso empfinde.» Deswegen hätten einem Joschka Fischer Länder wie Frankreich oder Italien immer näher gestanden als die DDR.

Gregor Gysi hatte aus diesem «Generationsirrtum» der deutschen Vereinigung seine Lektion gelernt. Er wollte die Nation nicht wieder allein den Konservativen überlassen. Viele Linke in Deutschland hätten nie um die Nation gekämpft, behauptete er, und damit wären sie zum Scheitern verurteilt gewesen. Als Ursache dafür machte Gysi die unglückliche deutsche Nationengründung verantwortlich. Sie sei extrem spät gekommen, dadurch sei Deutschland bei der Kolonialaufteilung zu kurz gekommen, das habe das Land besonders aggressiv gemacht. Und dann hätte Bismarck den Gründungsakt der deutschen Nation auch noch mit dem Ausschluss der Linken verbunden: mit dem Sozialistengesetz von 1878. «So haben die deutschen Konservativen die Nation immer verstanden als eine, zu der die Linken nicht gehörten. Teile der Linken haben sich daran gewöhnt und es irgendwann akzeptiert. Sie haben sich außerhalb und gegen die Nation definiert. Und dann kam die Hitler-Zeit mit dem folgenschwersten Fehler eines Teils der Linken, akzeptiert zu haben, dass Hitler definiert, was deutsch ist. In dem Moment konnten sie sich nur noch gegen Hitler definieren, in dem sie sich gegen alles Deutsche definierten. Mit dieser Störung haben wir es bis heute zu tun. Darunter leidet dieses Land bis heute.»

Diese historische Entwicklung korrigiert zu haben – das sähe Gregor Gysi gern als sein politisches Vermächtnis. Als er sich am 2. Oktober 2000 mit Tränen in den Augen als PDS-Fraktionsvorsitzender von seinen Abgeordneten verabschiedete, gab er ihnen, ganz bescheiden, sein Erbe gleich mit auf den Weg. «Es gab mal eine Überschrift mit dem Wort ‹Gysiismus›. So etwas gibt es natürlich nicht, das ist Blödsinn», sagte er. «Da hätte ich ein theoretisches Rüstzeug vorlegen müssen, das ist mir gar nicht vergönnt. Einen Wunsch hatte ich allerdings, das will ich zugeben. Und es wäre mir wichtig, wenn man das fortsetzte. Man kann es ganz einfach ausdrücken: Ich wollte einfach ein Stück Vernunft in die Linke bringen.»

Was die PDS angeht, mag Gysis Mission geglückt sein, wenn man ihm abnimmt, dass es ihm wirklich nur um «ein Stück» Vernunft gegangen ist. Seine eigene Partei, die unter dem Namen SED über 40 Jahre lang davon träumte, die kapitalistische Ordnung gewaltsam stürzen zu können, hat Gysi gezähmt und zivilisiert. Das ist eine historische Leistung, die unzweifelhaft Bestand haben wird, unabhängig davon, was die Zukunft der PDS bringt.

In Bezug auf die sozialistische Linke insgesamt – Gysi umschreibt damit das vage politische Potenzial links neben SPD und Grünen – ist er mit seinem Anspruch bislang gescheitert. Dafür war er der richtige Mann in der falschen Partei. Wo der PDS-Star weit über das eigene Milieu hinausstrahlte und selbst noch in CSU-Hochburgen in Bayern die Menschen in Verzückung versetzte, kam seine Partei, mit kaum mehr im Gepäck als ihrem sozialistischen Biedermeier-Charme und ein paar versprengten westdeutschen Linksradikalen, nicht einmal in links-alternativen Hochburgen wie Hamburg oder Bremen auf die Füße.

Darin bestand Gysis größte Illusion überhaupt: zu glauben, die PDS, dieses ostdeutscheste aller ostdeutschen Produkte, könne mit ihren aufgewärmten sozialistischen Visionen ausgerechnet im antikommunistisch geprägten Westdeutschland Karriere machen und als Partei der Einheit in die Geschichte eingehen. Die hartnäckige Ablehnung selbst unter linksliberalen Intellektuellen im Westen hat er als eine persönliche Zurückweisung empfunden.

Doch mit dieser Ausgrenzung soll im Jahr 2005 Schluss sein. Gysi sieht – zum wievielten Male eigentlich? – die Chance gekommen, endlich eine linke Kraft salonfähig zu machen: eine Partei, die die Spaltung der Linken überwindet und die im Osten wie im Westen Deutschlands gleichermaßen akzeptiert wird. «Mit einer linken Partei neben der SPD könnte ein Stück europäische Normalität in Deutschland entstehen», sagt er.

Für diese Aufgabe hat Gysi ein ungewöhnliches politisches Objekt auserwählt: eine Linkspartei, von der man nicht mehr weiß, als dass sie eine Vereinigung aus PDS und der westdeutschen «Wahlalternative Arbeit & soziale Gerechtigkeit» (WASG) sein soll.

Wann genau die Geburtsstunde dieser Idee von der Linkspartei geschlagen hat, lässt sich nicht sagen. Intellektuell vorgedacht war das Projekt schon seit drei, vier Jahren. Aber nicht Gregor Gysi und Oskar Lafontaine sind dessen Urheber, sondern zwei Männer im Hintergrund, die zu den wenigen wirklich kritischen Intellektuellen gehören, die die PDS überhaupt hat: André Brie, heute Abgeordneter des Europaparlaments, sowie sein Bruder Michael, der Kopf der PDS-nahen Rosa-Luxemburg-Stiftung.

Gysi und Lafontaine, die beiden großen Unterbeschäftigten der deutschen Politik, plauderten immer mal wieder über ein solches Linksbündnis, mehr als das öffentliche Kokettieren mit dieser Idee kam dabei jedoch nicht heraus. Als sie am 2. Mai 2004 gemeinsam im Deutschen Theater in Berlin auftraten, stellte Gysi Lafontaine zum Gaudi des Publikums eine nicht wirklich ernst gemeinte Frage: «Ist an dem Gerücht was dran, dass du mit dem Gysi eine neue Linkspartei gründen willst?» Antwort Lafontaine: «Die enttäuschten Wähler brauchen eine neue Heimat. Ich signalisiere hiermit meine Bereitschaft, mich wieder mehr zu engagieren. Aber die Aufgaben, die ich übernehmen könnte, müssten stimmen. Ich bin ja nicht unzufrieden.» Dann sagte er, braun gebrannt und ausgeruht, lachend Richtung Publikum: «Sie können ja sehen, wie unzufrieden ich aussehe.»

Gysi bereitete das Projekt geistig erst ab Herbst 2004 vor, als er seiner Partei in mehreren Interviews vorhielt, im Westen der Bundesrepublik gescheitert zu sein. «Der PDS ist es in den letzten 14 Jahren nicht gelungen, das Defizit an linker Politik, das es im Westen gibt, aufzufüllen und Hemmungen ihr gegenüber deutlich zu überwinden», sagte Gysi. «Ich hatte seit 1990 immer die Hoffnung, dass das eine Frage der Zeit ist. Diese Hoffnung habe ich aufgegeben.» Doch aus der Deckung gewagt hat er sich genauso wenig wie Lafontaine.

Es war ausgerechnet der Bundeskanzler, der die beiden unter Druck setzte. Die überraschende Ankündigung Gerhard Schröders, nach der historischen SPD-Niederlage in Nordrhein-Westfalen die Bundestagswahl auf September 2005 vorzuziehen, brachte Lafontaine und Gysi in Zugzwang – sowohl mit ihrem politischen Projekt als auch mit ihren Karriereplänen. Die beiden großen Zauderer taten das, was ihnen die wenigsten zugetraut hatten: Sie nahmen die Herausforderung an.

Nur 48 Stunden nach dem Vorstoß des Kanzlers erklärte Lafontaine in der *Bild*-Zeitung seinen Austritt aus der SPD und kündigte an, für ein Linksbündnis aus PDS und WASG anzutreten. Zehn Tage später folgte ihm Gysi. Er kehrte am 3. Juni in den politischen Betrieb zurück, den er im Sommer 2002 nach der so genannten Bonusmeilen-Affäre verlassen hatte.

Gysi hatte damals anlässlich seines Rücktritts begriffen, dass das Spiel der Macht keinen Ausstieg kennt. Aus welchen Gründen auch immer ein Politiker freiwillig geht – der Rückzug verletzt die vertrauten Regeln des Geschäfts, das Publikum reagiert mit Verblüffung, der Betroffene muss mit dem Makel des Gescheiterten leben.

Gysi war klar, dass das Spiel der Macht erst recht keinen Wiedereinstieg kennt. Wie kann einer glaubwürdig begründen, dass er zurückwill in den politischen Betrieb, den er einst in Wehmut oder auch unter Absingen schmutziger Lieder verließ? Wie kann das ausgerechnet ein Gregor Gysi – der sich bereits zweimal ins Privatleben zurückgezogen hat und dabei über die zerstörerischen Seiten der Politik sprach? Der vor seiner Gehirnoperation im November 2004 öffentlich bekannte, Angst vor dem Tod zu haben? Dem nach der Operation wochenlang sein Körper nicht gehorchte?

Gysi löste das Problem auf seine Weise: Er machte am Tag seiner Rückkehr einfach alles wie früher. Großes Journalistenaufgebot in die PDS-Zentrale bestellen. Die eigene Unersetzlichkeit behaupten. Eine historische Situation heraufbeschwören.

Gysi erklärte sich bereit, für die PDS bzw. das noch nicht gegründete Linksbündnis im Berliner Wahlkreis Treptow/Köpenick anzutreten. Den hat die PDS bei Bundestagswahlen seit 1990 noch nie gewonnen. Den will Gysi jetzt holen; dort, in Johannisthal, hat er ja immerhin die ersten zwanzig Jahre seines Lebens verbracht, seine Mutter lebt immer noch da. Dies könnte für die PDS das dritte Direktmandat bedeuten und ihr den Einzug in den Bundestag garantieren, unabhängig davon, ob die Partei die Fünfprozenthürde überspringt.

Dafür hat die PDS ihren einzigen populären Politiker schließlich aus dem Ruhestand zurückgeholt: dass er sie ein zweites Mal nach 1989 rettet.

Aber Gysi ist kein Mann für einen Wahlkreis irgendwo vor den Toren Berlins. Er hat immer das Große im Blick. Darum drehte sich seine Erklärung, in der er sein Comeback begründete. Er will gegen den «neoliberalen Zeitgeist» in Deutschland und Europa kämpfen. Für eine «internationale soziale Marktwirtschaft». Für die «Wiederherstellung des Primats der Politik über die Wirtschaft». Er möchte, dass überhaupt wieder «gesellschaftspolitische Debatten über Alternativen» stattfinden.

Gysi will keinen Posten mehr mit Achtstundensitzungen. Er strebt nicht nach Macht. Er will reden. Er sucht nach einer politischen Plattform, von der aus er sich einmischen kann. Die PDS allein kann das nicht mehr sein, sie ist in seinen Augen zu einer «ostdeutschen Volkspartei mit kleinbürgerlichen Zügen» geworden. Gysi will eine neue Grundsatzdiskussion unter den Linken anstoßen. Die Linke hat seiner Meinung nach die Globalisierung, den Turbokapitalismus und die Neuordnung der Welt völlig zu Recht kritisiert, aber eine Antwort auf die gewaltigen Herausforderungen noch nicht gefunden. Sie steht im Prinzip genauso ratlos da wie 1989. Gysi und Lafontaine als ihre Vorreiter, als die großen Anti-Neoliberalen, die die unsoziale Republik aufmischen – so in etwa schwebt es dem PDS-Politiker vor. Das hätte in seinen Augen einen Hauch von Wende. Das wäre fast wieder so wie 1989/90.

Die Geschichte mit der Linkspartei ist typisch für Gysi: große Idee, große Worte, großer Drang, über die Details generös hinwegsehen. Der Name dieser neuen Partei, ihr Programm, ihre inhaltlichen Konzepte, die Kandidaten der WASG – das ist für Gysi alles eher nebensächlich. In der Talkshow bei Johannes B. Kerner kokettierte er im Juni öffentlich damit, dass er an den Fusionsverhandlungen zwischen PDS und WASG gar nicht teilnimmt – weil er kein Vorstandsmitglied mehr sei, aber auch, weil er keine Lust dazu habe. «Was ich seit 1989 an Sitzungen mitgemacht habe, das können Sie sich gar nicht vorstellen», sagte Gysi zu Kerner. Und er gab offen zu, die Mitglieder der WSG nicht zu kennen. Die Strukturen und Personen dieser linken Partei seien zweitrangig. Wichtig sei doch, dass die WASG ganz offensichtlich ein reales Bedürfnis artikuliere; sie habe ohne einen einzigen bekannten Namen und ohne großen Wahlkampf in Nordrhein-Westfalen 2,2 Prozent gewonnen.

Gysi ist die Ausstrahlung dieses Bündnisses wichtig, ein bisschen sexy muss es in seinen Augen schon sein. Die Linkspartei brauche Personen, die dafür symbolisch stehen, sagte er in seiner Comeback-Erklärung. Ihm fielen, ganz zufällig, zwei Namen zuerst ein: sein eigener und der Lafontaines.

Doch bei aller Fokussierung aufs Symbolische, bei allem Spiel mit zwei schillernden Figuren – die objektive Chance für eine Linkspartei ist da. Allein das spricht gegen die These, dass der wahre Antrieb für das Linksbündnis zwei Männer sind, die ein Projekt brauchen, um ihre politische Karriere abzurunden. Dieses Motiv mag eine Rolle spielen, aber es allein könnte niemals diese Sogwirkung entfalten. Die Zeit ist reif für neue Ideen. Ob aber ausgerechnet die Traditionskompanien von PDS und WASG eine solche moderne, optimistische linke Botschaft verkünden können, die zugleich dem individuellen Engagement Raum gibt, kann man bezweifeln. Doch die Linkspartei könnte eine wachsende Zahl von Reformverlierern im Bundestag repräsentieren, das wäre für die deutsche Demokratie nicht das Schlechteste.

Offen bleiben muss sowieso die Frage, ob dieses Bündnis inhaltlich mehr zu bieten hat als nur den Protest gegen Hartz IV und die bestehenden Verhältnisse. Klar ist nur, dass hier zwei Parteien zusammenfinden müssen, die zwei völlig verschiedene Welten und kulturelle Milieus repräsentieren. Hier die arrivierte, staatskonforme ostdeutsche Volkspartei, die in ihrem Mittelbau mittlerweile von vielen jungen Funktionären getragen wird; Mitgliederzahl: 60 000. Dort eine fundamentaloppositionelle westdeutsche Linkspartei ohne Stars, ein glanzloser Verein von enttäuschten Gewerkschaftern und SPD-Dissidenten, vorwiegend Männer, im Schnitt zwischen 50 und 60 Jahre alt; Mitgliederzahl: 6000.

Mit dem Linksbündnis verhält es sich wie mit einer Spekulationsblase am Neuen Markt. Gefüllt ist sie mit ein bisschen historischem Mythos von einer Partei links neben der SPD, zwei Promi-Figuren sowie überraschend guten Gewinnerwartungen. Früher oder später wird diese Blase platzen.

Dabei dürfte eine Frage die besondere Aufmerksamkeit des Publikums auf sich ziehen: Wie werden die beiden Egomanen Gysi und Lafontaine miteinander auskommen, wenn sie, wie absehbar, gemeinsam den Fraktionsvorsitz des Linksbündnisses übernehmen? «Wir kennen uns nicht so gut, doch gut genug, um uns gegenseitig zu vertrauen», gab Gysi schon vor der Wahl entsprechend Auskunft. Außerdem seien sie beide in einem Alter, in dem man Eitelkeiten nicht mehr nötig habe. Als der Populist Lafontaine im Wahlkampf ausländische Arbeiter in reinstem Nazijargon als «Fremdarbeiter» bezeichnete, die «deutschen Familienvätern und Frauen» die Arbeitsplätze «wegnehmen» würden, ging Gysi nur vorsichtig auf Konfrontation. Er gab zwar zu Protokoll, dass das Wort «Fremdarbeiter» nicht zu seinem Vokabular gehöre, spielte den Vorfall gleichzeitig aber herunter. «Wir waren Vorsitzende zweier verschiedener Parteien, wir sind unterschiedliche Persönlichkeiten», erklärte er im *Spiegel*. «Wir wollen zusammenarbeiten, nicht heiraten.»

Für Gysi geht es mit dem ehrgeizigen Projekt einer neuen Linkspartei um viel. Zuletzt war er nur noch der Ex. Ex-Parteivorsitzender. Ex-Fraktionsvorsitzender. Ex-Wirtschaftssenator. Er hat nie gezeigt, ob er wirklich mehr kann, als aus einer totalitären eine demokratische Partei zu machen. Es ist seine letzte Chance, zu beweisen, dass er nicht der überschätzte Politiker ist, für den ihn viele halten. Dazu müsste er sich jedoch aus der Talkshowfigur in einen ernst zu nehmenden Politiker zurückverwandeln.

Ob er sich dafür die richtige Aufgabe ausgesucht hat, wird sich erst noch erweisen müssen. Ein Experte für Parteineugründungen ist Gysi ja nicht gerade, das hat er im Herbst 1989 eindrucksvoll unter Beweis gestellt.

12. Kapitel

Spezialist für politische Erregungszustände: Über die Leidenschaft, rückfällig zu werden

Das erste Mal wollte sich Gregor Gysi aus dem Staub machen, als er gerade vier Wochen Parteivorsitzender war. Am 21. Januar 1990 trat Wolfgang Berghofer als Gysis Stellvertreter zurück und gleich noch aus der SED-PDS aus. Die Forderungen nach Auflösung der Partei wurden immer lauter. Gysi schrieb in der Nacht darauf einen verzweifelten Brief an seine Genossen und verlas ihn am nächsten Morgen im Parteipräsidium. Er hatte entschieden, Schluss zu machen. Lothar Bisky meldete sich in der Sitzung als Erster zu Wort. Er unterbreitete drei Vorschläge. Erstens: Der Brief darf dieses Haus auf keinen Fall verlassen, er muss sofort zerrissen werden. Zweitens: Gysi wird mit Gewalt nach Hause geschickt und soll sich 48 Stunden ausschlafen. Drittens: Alle anderen Herrschaften, die hier herumsitzen, könnten in dieser Zeit vielleicht ausnahmsweise mal arbeiten.

In den wirren Wendezeiten nannten sie das Politik. Gysi blieb Parteichef. Und hatte in Bisky einen neuen Freund.

Zurückgetreten ist Gysi später doch noch, und das mehr als einmal: 1993 vom Amt des PDS-Vorsitzenden, 2000 als PDS-Fraktionschef im Bundestag, 2002 als Berliner Wirtschaftssenator. Über Rücktritte gesprochen hat er noch viel öfter – kokett, drohend, moralisierend. Gysi ist harmoniesüchtig. Er hat es immer gemocht, der zu sein, der er ist, und es schmeichelt ihm, dafür sogar geliebt zu werden. Aber als Politiker wurde Gysi auch immer von dem Wunsch gejagt, ein ganz anderer zu sein.

Im Westen nennt man dies Larmoyanz. Es ist wahr, vielen Ostdeutschen fehlt es an einer gewissen Härte. Aber in Bezug auf Gysi wird dabei vergessen, dass ihn nicht der Wunsch nach Karriere, sondern eine historische Ausnahmesituation in die Politik gespült hat.

Gysi, der clevere Anwalt, wollte nie ein «normaler» Politiker sein. In einem Interview im Juli 2000 gab er sogar zu, in seinem «tiefsten Innern» sich gar nicht als Politiker zu fühlen. Ihm fehlt die Ausdauer, die Demut vor dem Amt, die Mittelmäßigkeit. Er langweilt sich schnell. Er braucht Abwechslung. Und Widerstand. Er will den großen Auftritt. Politik jedoch ist das Reich des Immergleichen.

Gysi hat sich selbst, den Fremden im politischen Geschäft, stets ganz genau beobachtet. Er entwickelte von Anfang an feines Gespür für die Deformationen seines neuen Berufsstandes. Dies hatte viel mit den Erfahrungen des Ostdeutschen zu tun, der nach einem rauschhaften Jahr des revolutionären Umbruchs Ende 1990 plötzlich im Parlament der Bonner Republik saß, das einfach so weitermachte, als sei nichts geschehen. Der PDS-Vorsitzende fühlte sich ohnmächtig wie nie zuvor.

In einem Fragebogen der *Woche* antwortete er im April 1993 auf die Frage, welcher Politiker ihm Vertrauen einflöße: «Einer mit Selbstzweifeln und der Fähigkeit, wirklich freiwillig zurückzutreten.»

Was Gysi bei seinen Beobachtungen über Gysi herausfand, ließ er seine Partei immer dann wissen, wenn er sich zu einschneidenden Veränderungen in seinem politischen Leben durchgerungen hatte. Er schrieb, wie schon im Januar 1990, Briefe an den Vorstand, den Parteirat oder gleich an die gesamte Mitgliedschaft. Diese Mitteilungen enthielten selten eine überzeugende Antwort auf die Frage, warum Gysi gerade diesen oder jenen Schritt erwogen hatte. Aber sie waren oft aufschlussreiche Selbstreflexionen eines Politikers, der sich selbst nicht über den Weg zu trauen schien. Der einsame Vorgang des Briefeschreibens, frei vom Beifall eines Publikums, verführte Gysi offenbar zu tieferem Nachdenken. Er erlaubte der Partei allerdings auch keinen direkten Widerspruch zu den Plänen ihres Vorsitzenden.

Schon bei seinem ersten Rücktritt – auf dem Parteitag im Januar 1993 verzichtete er auf eine erneute Kandidatur als PDS-Chef – räsonierte er über die Zumutungen des politischen Betriebs. Gleich am Anfang seines Briefes an den Vorstand vom 30. November 1992 schrieb Gysi, worauf es ihm ankam: «Ich wollte und will auf jeden Fall vermeiden, von Politik abhängig zu werden.» Er habe in den vergangenen drei Jahren keinerlei Zeit für Privatleben oder Kunst und Kultur gehabt, seine Substanz sei erschöpft. «Ich fürchte dadurch, allmählich an Persönlichkeit zu verlieren und damit so wie viele andere Politiker zu werden.»

Gysi konzentrierte sich fortan auf seine Arbeit im Bundestag. Sieben Jahre später hatte er dann endgültig genug. Genervt von seiner reformunwilligen Partei, zermürbt von unzähligen Attacken in der Öffentlichkeit, müde vom Kampf gegen die Stasi-Vorwürfe, gab er den PDS-Fraktionsvorsitz im Bundestag auf. Gysi nannte es eine «Lebensentscheidung».

In langen, nachdenklichen Interviews erklärte er, warum zehn Jahre im politischen Betrieb mehr als genug seien und er den Abschied, trotz aller öffentlichen Zustimmung und vieler Erfolgserlebnisse, auch als Befreiung empfinde. Noch einmal sprach er ausführlich über die Kehrseite des Daseins als Spitzenpolitiker. «In der Politik gibst du die Souveränität über dich auf, du verfügst nicht mehr über dich: nicht über dein öffentliches Bild, nicht über dein Image, nicht über deine Zeit», sagte er. «Plötzlich merkst du, du gehörst nicht mehr dir. Das ist das Zerstörerische an dem Beruf.» Daraus entstünde die Sehnsucht, wieder in sein altes Leben zurückzukehren – um die Souveränität über sich selbst zurückzugewinnen. Gysi empfahl allerdings auch, kein allzu großes Mitleid mit Politikern zu empfinden. Sie seien zwar «oft hilflos, ohnmächtig, überfordert». Aber sie geständen sich die Begrenztheit ihrer Wirkungsmöglichkeiten nicht ein. Im Gegenteil: «Politiker sind an dem trügerischen Bild, das über sie existiert, sogar interessiert.»

Gysis Image wurde durch solche Äußerungen zunächst nicht beschädigt. Er blieb populär – trotz seiner Rückzüge, trotz seiner zur Schau gestellten Distanz zum politischen Betrieb, trotz der Tatsache, dass er bis dahin nie ein öffentliches Amt innehatte, in dem er seine Qualitäten beweisen musste. Oder sollte man besser sagen: gerade deswegen? Bediente Gysi mit seiner Kritik nicht gerade die in Deutschland tief sitzende Fremdheit gegenüber der Politik, dem Kompromiss, der kleinen Lüge? Profitierte er nicht sogar davon?

Das traf zu, und doch hatte seine Haltung etwas Sympathisches, für Ostdeutschland in den ersten Jahren nach der Wende sogar Aufklärerisches. Viele Ostler fanden sich in Gysis Kritik am westlichen Politikgeschäft wieder, in bestimmter Hinsicht erleichterte sie ihnen sogar die Versöhnung mit dem «System», das ihnen so fremd war: Gysi hatte es stellvertretend für sie erobert und bewegte sich darin so sicher und elegant wie die Schäubles, Schröders und Fischers.

Wenn Gysi es geschafft hatte, so dachten viele Ostdeutsche, dann konnte es nicht so falsch gewesen sein, wie sie in der DDR gelebt hatten. Das machte Gysi zur Ikone: weil er sich im «Westen» so bewegte, wie sie das auch gern gekonnt hätten.

In Westdeutschland ist dieses Phänomen nie richtig verstanden worden. Dort galt Gysi entweder als Verkörperung der SED-Diktatur oder als Fast-Wessi. Sah er in seinen schicken Anzügen nicht genauso aus wie diese Sieger der Geschichte aus Bonn? Sprach er nicht mit der gleichen ironischen Distanz wie sie? Gysis bürgerlicher Habitus wurde fast nie mit der DDR in Verbindung gebracht.

Mit diesem Missverständnis lebt Gysi seit dem Herbst 1989. Eines der ersten Porträts, das über ihn in einer westdeutschen Zeitung erschien, ist von genau dieser Verblüffung getragen. «Ob im eleganten dunklen Anzug im Fernsehstudio oder mit Schlägermütze bei Demonstrationen auf der Straße – seit dem Sturz Honeckers ist Gregor Gysi, der klar denkende, juristisch und politisch gleichermaßen bestechend argumentierende Jurist, immer dabei, wenn in der DDR … überlegt wird, wie es weitergehen soll», schrieb Peter Jochen Winters am 5. Dezember 1989 in der *Frankfurter Allgemeinen Zeitung*. «Wenn man ihn reden hört, glaubt man, einem westlich geschulten Anwalt zuzuhören, der in einem Rechtsstaat aufgewachsen ist und dessen Strukturen verinnerlicht hat.»

Gysi hat dieses Missverständnis immer geschickt ausgenutzt. Er ist ein Illusionskünstler. Er besitzt die Gabe, sich in der Welt der Reichen und Schönen zu behaupten und sich gleichzeitig als Vertreter aller Geknebelten und Erniedrigten auf diesem Erdball zu verkaufen. Das sozialistische Heldenkind aus der weltläufigen bürgerlichen Familie war schon in der DDR beides: Außenseiter und Privilegierter.

Als ein CDU-Mann Gysi auf diesen Umstand aufmerksam machte, war dieser nachhaltig verstört. In seinem Buch «Ein Blick zurück, ein Schritt nach vorn» hat Gysi die aufschlussreiche Episode festgehalten: Erwin Marschewski, der innenpolitische Sprecher der CDU/CSU-Bundestagsfraktion, ist irgendwann Mitte der neunziger Jahre in der Parlamentarischen Gesellschaft in Bonn an Gysis Tisch getreten und hat ihn gefragt, ob er ihm eine Geschichte aus seiner Kindheit erzählen dürfe. Dann schilderte er einen Ausflug mit seiner Schulklasse: Er habe mit seinen Klassenkameraden auf einem Bahnhof gestanden und plötzlich hätten ihn alle Kinder angesehen, weil sein Vater vor ihren Augen den Bahnsteig fegte. Als Marschewski mit der Geschichte fertig war, fragte er Gysi, ob dieser als Kind so etwas auch einmal erlebt hätte. Er gab gleich selbst die Antwort, sagte «bestimmt nicht» und verließ wortlos den Tisch.

Gysi kannte solche Reaktionen auf ihn und seine Herkunft aus DDR-Zeiten. Ihm ist aber nie in den Sinn gekommen, dass er im vereinigten Deutschland aus den gleichen Gründen auf Ablehnung stoßen könnte. Er ging davon aus, dass sich alle Westdeutschen den Ostdeutschen generell überlegen fühlten.

Gysi verkörpert jedoch gerade wegen seiner besonderen Herkunft eine in der deutschen Politik sehr seltene Mischung: Er ist links, weltläufig, volksnah und witzig. Er verfügt über Selbstironie, was im politischen Geschäft normalerweise verpönt ist. Gysi kann sich selbst auf den Arm nehmen – das ist Teil der Leichtigkeit, die die Menschen an ihm mögen. Aus genau diesem Grund lehnen ihn viele aber auch ab. Sie halten seine Ironie für mangelnde Ernsthaftigkeit. Ähnliche Erfahrungen musste Gysi schon zu DDR-Zeiten machen.

Er hat für diese Ablehnung sogar ein gewisses Verständnis. Die Deutschen «wollen normal sein, also auch normal repräsentiert werden», sagt Gysi. Er aber könne ein Amt nun mal nicht «anders als locker» ausüben.

Egal, ob geliebt oder gehasst – Gysi wurde in den neunziger Jahren zu einer Art politischem Pop-Star. Seine Wirkung geht weit über das politische Milieu hinaus. Er ist auf dem ostdeutschen Mutti-und-Kind-Tag in Suhl genauso anschlussfähig wie auf einem Ethik-Kongress in Tutzingen. Gysi hat das Format, um in jeder Harald-Schmidt-Sendung zu bestehen. Er veranstaltet im Deutschen Theater in Berlin seit Jahren eine eigene Gesprächsreihe mit prominenten Künstlern und Politikern, die stets ausverkauft ist. Er hat es zur leicht verfremdeten Romanfigur in zwei Büchern gebracht – in Hans-Joachim Schädlichs «Anders» und Wolfgang Herles' «Eine blendende Gesellschaft». Und als er sich 1994 von seiner Lebensgefährtin Monika Koepp trennte und mit Andrea Lederer zusammenzog, der Vizechefin der PDS-Bundestagsgruppe, war dies den Boulevardzeitungen mehrere Aufmacher wert: «Der rote Gysi: Verliebt in seine Stellvertreterin».

Doch je fester Gysi sich im politischen Establishment etablierte, desto hohler klang seine Kritik an ihm. Als er dann schließlich seinen Fraktionsvorsitz aufgab, hielt sein Versprechen, er könne auf Politik und Öffentlichkeit ganz gut verzichten, nicht lange vor.

Zuerst merkte es seine Partei. In Fraktionssitzungen las Gysi demonstrativ Zeitung. Wenn sein Nachfolger Roland Claus im Bundestag sprach, schüttelte er vor laufenden Kameras schon mal mit dem Kopf. Plötzlich fiel allen in der PDS auf, dass ihr Übervater ihnen schon seit Jahren nicht mehr richtig zugehört hatte.

Gysi hatte sich verändert. Er ließ immer weniger Menschen an sich heran und war einsam geworden. Und jetzt konnte er sich von der Politik nicht verabschieden. Der einstige Partei- und Fraktionschef sah, dass es auch ohne ihn lief – das kränkte ihn. Er glaubt, unersetzbar zu sein. Gysi nahm aber auch wahr, dass es ohne ihn anders lief, langsamer, biederer. Es fehlte sein Glanz. Die PDS langweilte ihn noch mehr als ohnehin schon. Seine Nachfolger merkten das und ließen es ihren einstigen Star spüren. «Gysi nach Gysi – das ist auch für Gysi ein Problem», sagte der neue Fraktionschef Roland Claus.

Claus wusste genau, wovon er sprach. Er erlebte in diesem Frühjahr 2001 einen Gysi, wie er ihn bislang nicht kennen gelernt hatte: rücksichtslos, illoyal, unzufrieden mit sich selbst.

An einem Sonntagabend im Mai lud der Bundeskanzler eine kleine PDS-Abordnung zu einem halb privaten Plausch in seine Dienstvilla nach Berlin-Dahlem. Schröder brauchte für seine Rentenreform die rot-rote Koalition in Mecklenburg-Vorpommern, für deren Stimmen im Bundesrat wollte er den Genossen Sozialisten ein paar Zugeständnisse bei den Ostrenten anbieten. Auf den besonderen Wunsch des Kanzlers hin gehörte zu den Gästen an diesem Abend auch Gysi, obwohl er in der PDS keinerlei Funktionen mehr bekleidete; Schröder hatte mit ihm schon des Öfteren angenehm geplaudert, außerdem teilten die beiden eine tiefe Abneigung gegen Beschlüsse der Parteizentrale.

Als die PDS-Gruppe am Abend in Dahlem erschien, rief der Pförtner fröhlich: «Ach, Herr Gysi, Sie schon wieder. Sie waren doch vorhin erst hier.» Fraktionschef Claus, der Parteivorsitzenden Gabi Zimmer und Mecklenburg-Vorpommerns Vizepremier Helmut Holter entglitten die Gesichtszüge: Gysi hatte ohne ihr Wissen schon im Laufe des Tages mit dem Kanzler verhandelt.

Beim Gespräch in der Villa spielte Gysi die ihm von Schröder zugedachte Rolle: Er warb für einen Kompromiss im Bundesrat – entgegen den Beschlüssen seiner Partei- und Fraktionsführung. Der Kanzler war in bester Laune und schwadronierte von einer möglichen Koalition aus SPD und PDS in Berlin. Die Leutseligkeit zeigte Wirkung: Vor den Augen Schröders fielen die Genossen von der PDS plötzlich übereinander her. Es bildeten sich zwei Lager, insbesondere der alte und der neue Fraktionschef standen unversöhnlich gegeneinander. Claus wollte sich nicht vom Kanzler kaufen lassen. Als Gysi weiter drängte, drohte Claus mit seinem Rücktritt. «Da braucht wohl bald einer einen neuen Job», sagte Schröder und grinste. Doch der PDS-Fraktionschef ging als Sieger aus der Auseinandersetzung hervor.

Gysi war stinksauer. Zwischen Claus und ihm herrschte eine ganze Weile Funkstille.

Der Aussteiger wusste in dieser Zeit offenbar nicht, was er wirklich wollte: Arbeit in einer Anwaltskanzlei oder doch lieber Politik? Privatleben oder öffentliche Auftritte?

Als sich ihm dann die Chance bot, bei der Neuwahl in Berlin als Spitzenkandidat der PDS anzutreten, wurde Gysi endgültig rückfällig. Berlin, die Stadt, in der er von Geburt an lebte; in der sein Vater 1945 als stellvertretender Bezirksbürgermeister von Zehlendorf arbeitete; die deutsche Hauptstadt, die trotz ihrer Dauerkrise als Laboratorium der deutschen Einheit galt – die Verlockung, hier als Sozialist regieren und Geschichte schreiben zu können, war für Gysi, den Spezialisten für politische Erregungszustände, einfach zu groß. Er verdrängte seine eigenen Worte von der Befreiung, die ihm der Abschied von der Politik beschert habe.

Und doch schien ihn dieses Bekenntnis zunächst immer wieder einzuholen. Gysi gab Interview um Interview und versuchte sich jedes Mal aufs Neue selbst davon zu überzeugen, warum ein Ja vielleicht besser sei als ein Nein, um im nächsten Augenblick darüber zu reden, welchen Vorteil so ein Leben als Anwalt hätte … In der letzten Woche vor der Entscheidung, als immer mehr Leute ihn bedrängten, als ein Walter Jens sagte, wenn Gysi regieren würde, wäre das Land wiedervereinigt, als selbst wildfremde CDU-Wähler in Aachen ihn aufforderten, diesen Saustall in Berlin endlich mal gründlich auszumisten – in dieser aufgeregten Woche also trug Gysi in seiner abgewetzten Aktentasche zwei Erklärungen mit sich herum: die Nein-Version für den Verstand, knapp eine halbe Seite lang; die Ja-Version fürs Herz, zwei voll beschriebene Seiten. An beiden Erklärungen redigierte er lange herum. Wenn er die eine las, überzeugte sie ihn, bis er sich die andere vornahm, dann fand er plötzlich sie glaubwürdiger. Noch am Abend vor der Bekanntgabe seiner Kandidatur, so behauptet Gysi, habe er nicht gewusst, wie er sich nun entscheiden solle. Er hatte sich selbst so kunstvoll in Fesseln gelegt, dass er sich nicht mehr frei bewegen konnte.

Am 17. Juni 2001 sagte er Ja und kündigte an, Regierender Bürgermeister von Berlin werden zu wollen. Der Rest der Geschichte ist bekannt: Für Gysi reichte es nur zum Wirtschaftssenator – ohne Kenntnisse von Wirtschaft und ohne Leidenschaft für die kleinen Kompromisse. Er bekämpfte die Durchschnittlichkeit des Jobs ein halbes Jahr lang mit viel Geschick und einem 16-Stunden-Arbeitstag. Er war höchstens im Stillen verzweifelt – darüber, dass ihn dieses Amt lähmte und von sich selbst entfremdete. Und dieser Verzweiflung hat er freien Lauf gelassen, als die Geschichte mit den Bonusmeilen aufflog: Gysi hatte vor seiner Zeit als Senator – wie viele andere Bundestagsabgeordnete auch – dienstlich erworbene Extrameilen für private Flüge genutzt.

Am 31. Juli 2002 trat Gysi, gegen den Rat aller Freunde und führenden Genossen in der PDS, vom Amt des Wirtschaftssenators zurück. «Andere springen aus dem Fenster, Gysi ist aus der Politik gesprungen», sagt einer aus der Parteispitze, der ihn gut kennt.

Gysi ist an dem Moralismus gescheitert, den er selbst immer wieder befeuert hat. Seine Rücktrittserklärung strotzte nur so vor Larmoyanz. «Ich fürchte mich vor meinen eigenen Persönlichkeitsveränderungen», schrieb er. Und ließ vor lauter Furcht gleich alle Verantwortung fahren. Er habe stets Wert darauf gelegt, sich «moralisch fehlerfrei» zu bewegen, stellte Gysi fest. Aber jetzt habe er begonnen, Privilegien als Selbstverständlichkeiten hinzunehmen. Er sei dabei, so zu werden, wie er nie werden wollte. Gysi sagte damit indirekt: So zu werden wie alle anderen dieser korrupten Politiker.

Gysi hatte sich für einen Moment in seiner eigenen Welt eingemauert. Kein anderer hatte Zugang zu ihr.

«Er glaubte wirklich, die Ikone zu sein, die viele in ihm sahen», sagt Roland Claus.

Gysi ist das Opfer seines Charismas geworden. Eine solche besondere Ausstrahlungskraft lässt sich im demokratischen Alltag, in der Routine eines öffentlichen Amtes nun einmal nicht beweisen. Gysi weckt Erwartungen, die er nicht erfüllen kann – und mit der Enttäuschung kann er schlecht umgehen. Er müsste sich dem Amt unterwerfen. Dann würde er das erleben, was Joschka Fischer bereits 1998 als Erkenntnis seiner politischen Karriere formuliert hatte: «Die

Verwandlung des Amtes durch den Menschen dauert eben etwas länger als die Verwandlung des Menschen durch das Amt.»

Gysi schrieb stattdessen in seiner Rücktrittserklärung: «Mein Entschluss vom vorletzten Jahr, aus der Politik auszuscheiden, war richtig, die kurzfristige Revision – wie ich heute weiß – ein Fehler.» Sprach aus diesem Satz Einsicht? «Das hat schon was Endgültiges», kommentierte Gysi seinen Abschied in einem Interview.

Das Comeback Gysis im Jahr 2005 ist ein Déjà-vu. Wieder ein Rücktritt vom Rücktritt. Wieder ein großes politisches Projekt. Und wieder das Bekenntnis des Protagonisten, mittlerweile ein Mensch geworden zu sein, der die Öffentlichkeit nicht mehr zum Leben brauche.

Nur zwei Dinge sind anders: In der Zwischenzeit war Gysi wirklich weg. Er hat drei Jahre lang erfolgreich als Anwalt gearbeitet, in einer noblen Kanzlei in der Fasanenstraße mitten im alten Westberlin. Und seine lebensgefährlichen Erkrankungen haben ihm klar gemacht, dass es auch ein Leben jenseits der Politik geben muss.

Das habe ihn glaubwürdig verändert, versichern seine Freunde. Er sei einfach zu nah am Tod vorbeigeschlittert. Gysi hat mit dem Rauchen aufgehört, nimmt sich Zeit für seine Familie, treibt Sport, isst mehr Obst («schmeckt mir übrigens gut»).

«Ich bin ruhiger geworden», sagt er über sich selbst.

Als er Anfang Juni 2005 seine Rückkehr in die Politik verkündete, machte er klar, dass er sich nicht mehr dem Ausbeutungsstress der früheren Jahre aussetzen werde. Er sei Anwalt und Publizist, diese Tätigkeiten hätten im Wahlkampf Vorrang, und auch wenn er wieder im Bundestag sitzen sollte, werde er seinen Beruf nicht ganz aufgeben. Außerdem bat er um Verständnis, dass er künftig nicht alle Interviewwünsche berücksichtigen werde. «Ich darf und werde mich nicht überfordern und meine Familie keinen Tag vergessen.»

Dieser denkwürdige Auftritt geschah an einem Freitagvormittag. Noch am Abend desselben Tages saß Gysi in einer Talkshow des MDR, Samstag diskutierte er auf dem ND-Pressefest, einen Tag später saß er bei Sabine Christiansen, Montag war er auf Phoenix zu sehen, Dienstag bei n-tv und Johannes B. Kerner, Mittwoch bei Spiegel-TV, Donnerstag im ZDF-heute-Journal, gleich danach kamen Beckmann, Illner und all die anderen an die Reihe.

«Gysi hat sich nach der Politik zurückgesehnt», sagt André Brie. «Aber er kann nicht einfach so zugeben, von ihr abhängig zu sein.»

Gysi braucht gegenüber der Öffentlichkeit, aber mehr noch gegenüber sich selbst eine starke Begründung dafür, dass er nach seinen vielen Abschieden doch immer wieder zurückkommt. Er benötigt eine Aufgabe, die ihn reizt und herausfordert. Diesmal ist es die Rettung der deutschen Linken.

Gysi mag ein politischer Junkie sein, auch ein Spieler – er ist trotzdem eine politische Ausnahmeerscheinung, die für ihre Ziele zu kämpfen vermag. Ausnahmeerscheinung – das Wort kann man in seinem Fall ruhig einmal andersherum lesen: eine Erscheinung für die Ausnahme. Gysi hat zwar alle technischen Fähigkeiten, die man in der Politik braucht, im Übermaß: Intelligenz, Instinkt, Überzeugungskraft, taktische Finesse. Vom Typus her ist er jedoch der Politiker für den Ausnahmezustand geblieben, für die Krise einer Partei zum Beispiel, vielleicht ja sogar einer Linkspartei.

Ob er, der nicht in die Politik hineingeboren wurde, als Berufspolitiker enden wird, weiß vermutlich nicht einmal er selbst. Es kommt ganz darauf an, welche Seite in Gysi in Zukunft die Oberhand gewinnt: diejenige, die fürs Herz zuständig ist, oder die für den Verstand. Möglicherweise mal die eine und dann wieder die andere. Typisch Gysi eben.

«Manche wollen ja, dass ich mich komplett ändere», erklärte er im März 2005 in einer Fernsehtalkshow, kurz nach der Genesung von seiner schweren Gehirnoperation. «Das kann ich gar nicht. Das habe ich auch nicht vor. Ich will mich ja nicht neu kennen lernen, das ist viel zu anstrengend.»

Und dann fügte Gysi mit Berliner Schnauze hinzu: «Ick bin, wie ick bin.»

Anhang

Zu den Quellen

Mit folgenden Zeitzeugen wurden Interviews geführt:
Linda Ansorg, Hans Arnold, Uri Avnery, Andrej Bahro, Rudi Beckert, Wolfgang Berghofer, Günter Böhme, Rainer Börner, Jutta Braband, André Brie, Michael Brie, Paolo Chiarini, Roland Claus, Christoph Demke, Peter-Michael Diestel, Rainer Eppelmann, Thomas Falkner, Thomas Flierl, Wolfgang Gehrcke, Axel Grote, Karin Hartewig, Helmut Hauthal, Florian Havemann, Sibylle Havemann, Rolf Henrich, Guntolf Herzberg, Klaus Höpcke, Ursula Jung-Friedrich, Dietmar Keller, Katja Kipping, Peter Kirchner, Dieter Klein, Thomas Klein, Günter Kolodziej, Rainer Kosewähr, Werner Krusche, Daniel Küchenmeister, Günter Kunert, Christoph Lang, Vera Lengsfeld, Annette Leo, Doris Lessing, Stefan Liebich, Lothar de Maiziere, Werner Mittenzwei, Hans Modrow, Karl A. Mollnau, Gero Neugebauer, Harald Pätzolt, Petra Pau, Ulrike Poppe, Bodo Ramelow, André Rompe, Irene Runge, Wolfgang Schäuble, Hermann Schauer, Albrecht Schönherr (verstorben), Gerd Schulz, Werner Schulz, Ulrich Schwarz, Ekkehard Schwarzkopf, Adolf Senftleben, Klaus Siegel, Hans-Christian Ströbele, Fritz Tech, Rosemarie Varga, Rosemarie Will, Markus Wolf, Carsten Wurm, Martin Ziegler, Gabi Zimmer sowie mit einigen anderen Gesprächspartnern, die in diesem Buch zitiert werden, aber aus nachvollziehbaren Gründen namentlich nicht genannt werden wollen. Für die wahrheitsgemäße Wiedergabe ihrer Informationen und Aussagen verbürgt sich der Autor.

Benutzte Archive:

Stiftung Archiv der Parteien und Massenorganisationen im Bundesarchiv (SAPMO-BA)
Landesarchiv Berlin
Archiv der Humboldt-Universität Berlin

Zitatnachweis

Alle wörtlichen Zitate Gregor Gysis sind seinen Büchern und Reden entnommen bzw. stammen aus bereits veröffentlichten Interviews mit ihm, aus aufgefundenen Akten und Unterlagen sowie aus Gesprächen mit oben genannten Zeitzeugen. An dieser Stelle wird darauf verzichtet, jedes einzelne Zeitungsinterview mit Gysi anzugeben.

Einleitung

Die Episode mit Heiner Müller hat Gysi mehrfach in der Öffentlichkeit erzählt. Zitiert nach: Dietmar Keller/Jürgen Reents (Hg.): *Gregor Gysi. Neueste Gespräche über Gott und die Welt*, Berlin 2001, S. 21

2. Kapitel

S. 10 «Eigentlich ist Rainer Eppelmann ...» Wolfgang Sabath: *Gregor Gysi*, Berlin 1993, S. 104
S. 12 Brief an Generalstaatsanwalt. Gregor Gysi: *Das war's. Noch lange nicht!*, Düsseldorf 1995, S. 50
S. 16 «Ich war begeistert ...» Ebenda, S. 63
S. 17 «Noch nie in meinem Leben ...» SAPMO-BA DP 1 SE 1740, Bl. 47
S. 19 «Vieles geschah eher ...» Gysi: Das war's, S. 74
S. 23 «Ich wollte in meine Anwaltskanzlei ...» Ebenda, S. 78
       «Mein Gefühl ...» Ebenda, S. 80
S. 24 «Die gegenwärtige komplizierte Lage ...» SAPMO-BA DP 1 SE 1741, Bl. 31
S. 30 «Das Merkwürdigste war ...» Gregor Gysi/Thomas Falkner: *Sturm aufs Große Haus*, Berlin 1990, S. 79

3. Kapitel

S. 38 «Als Gottfried ...» Doris Lessing: *Unter der Haut. Autobiographie 1919–1949*, München 1996, S. 426
S. 39 «In uns loderte ...» Ebenda, S. 399
       «Er war immer ...» Ebenda, S. 414 f.
       «Gottfried war immer ...» Ebenda, S. 434
S. 40 «Von Anfang an ...» Ebenda, S. 421
       «Es war meine Pflicht ...» Ebenda, S. 421
S. 41 «Sie leben sehr gut ...» Ebenda, S. 595
       «Als er zurückkam ...» Ebenda, S. 599
S. 42 «sahen aus ...» Ebenda, S. 599
       «Gottfried gab sich ...» Ebenda, S. 600
S. 43 «großen Helden ...» Nelson Mandela: *Der lange Weg zur Freiheit*, Frankfurt/M. 1994, S. 833
       «Er war mit Sicherheit ...» Lessing: Unter der Haut, S. 604
S. 45 «Wenn diese aus ...» Zitiert nach: *Neue Berliner Illustrierte* 33/1989, S. 5
S. 47 «Sie war viel ...» Lessing: Unter der Haut, S. 423
       «an die Frühzeit ...» Ebenda S. 423
S. 49 «noch im letzten Augenblick ...» Karin Hartewig: *Zurückgekehrt*, Köln/Weimar/Wien 2000, S. 172 f.
S. 54 «Es herbstet ...» Gespräch mit einem der namentlich nicht genannten Zeitzeugen
S. 59 «Dieser Beschluss war ...» SAPMO-BA DY 30/IV 2/11/v. 4911, Bl. 212
S. 63 «eindrucksvoll wohlausgestatteten ...» Felix Hartlaub: *In den eigenen Umriss gebannt*, Bd. 1, Frankfurt/M. 2000, S. 363

S. 63 «Sie glaubt an ...» Ebenda, S. 363
       «Man muß wohl ...» Ebenda, S. 682 f.
S. 65 «Wie es sein soll ...» Ebenda, S. 683

4. Kapitel

S. 68 «Ich bin Europäerin ...» Sabath: Gysi, S. 119
S. 69 «Lieber Minister ...» SAPMO-BA DR 1/8228, Bl. 291–294
       «Lieber Freund ...» Ebenda
S. 71 «So hatte ich ...» Gysi: Das war's, S. 9
S. 72 «Als sechzigjährige ...» SAPMO-BA DY 30/IV/ 2/11/v. 4911, Bl. 216 bis
       220
       «Das war nun ...» Gregor Gysi: *Einspruch. Gespräche, Briefe, Reden*,
       Berlin 1992, S. 300
S. 73 «Jude war man ...» Gysi: Das war's, S. 11
       «Selbst wir Kinder ...» Ebenda, S. 13 f.
S. 74 «Immer läuft dieser ...» Irene Runge/Uwe Stellbrink: *Gregor Gysi. «Ich
       bin Opposition»*, Berlin 1990, S. 31
S. 76 «Bloß nichts ...» Margarete Mitscherlich/Irene Runge: *Kulturschock*,
       Hamburg 1993, S. 71
S. 78 «Wenn auf der ...» Gysi: Das war's, S. 15
S. 79 «Unter den Gruppenratsvorsitzenden ...» Sabath: Gysi, S. 19
       «Er war immer ...» Ebenda, S. 15
S. 80 «Männer sind immer ...» Jonathan Kaufman: *A Hole in the Heart of the
       World*, New York 1997, S. 130
S. 81 «Unter der Scheidung ...» Gysi: Einspruch, S. 290
       «Durch die Scheidung ...» Ebenda, S. 290 f.
       «Die Versammlung ...» Irene Böhme: *Die Buchhändlerin*, Berlin 1999
       S. 160 ff.
S. 84 «Alle.» SAPMO-BA DY 30/IV/ 2/11/v. 4911, Bl. 257
       «Die wesentlichsten» Ebenda, Bl. 251–253
S. 88 «guter und geschickter ...» Ebenda, Bl. 245
       «Trivialität immer ...» GünterKunert: *Erwachsenenspiele*, München
       1997, S. 141
       «Klaus Gysi war ...» Heiner Müller: *Krieg ohne Schlacht*, Köln 1994,
       S. 92
S. 89 «Das Verhältnis ...» SAPMO-BA DY 30/IV/ 2/11/v. 4911, Bl. 234–238
       «zeigt deutlich ...» Ebenda, Bl. 188/189
S. 91 «weil sie sehr ...» Ebenda, Bl. 199
S. 92 «Ich bin nach ...» Ebenda, Bl. 207
       «Mischung von Politik ...» Ebenda, Bl. 207
       «Die ZPKK konnte ...» Ebenda, Bl. 136
S. 93 «Genossin Gysi hat ...» SAPMO-BA DY 30/IV/ 2/4/440, Bl. 10
S. 95 «Hierdurch verpflichte ...» Alle Angaben zu Klaus Gysis Stasi-Tätigkeit
       zitiert nach: Joachim Walther: *Sicherungsbereich Literatur*, Berlin 1996,
       sowie: Janka: *Die Unterwerfung*, München/Wien 1994

S. 97   «Im November 1956 …» SAPMO-BA DY 30/IV/ 2/11/v. 4911, Bl. 170 bis 175

S. 100   «Bildung einer staatsfeindlichen …». Magdalena Heider/Kerstin Thöns: *SED und Intellektuelle in der DDR der fünfziger Jahre*, Köln 1990, S. 120 ff.

S. 101   «Gysi machte mir …» Brigitte Reimann: Alles schmeckt nach Abschied, Berlin 2001, S. 122

S. 105   «erfolgreichen Politkarrieristen». Janka: Unterwerfung, S. 78

5. Kapitel

S. 106   «Im Sommer 1966 …» Gysi: Das war's, S. 21

S. 108   «Studiere doch Jura …» Ebenda, S. 23

«Ihre Argumentation …» Ebenda, S. 24

S. 109   «Ich verstand ihn …» Ebenda, S. 24

«Es gab für …» Anetta Kahane: *Ich sehe was, was du nicht siehst*, Berlin 2004, S. 41 f.

S. 110   «weil sie eigentlich» Rita Kuczynski: *Mauerblume*, München 2000, S. 67 f.

«Ich war nicht …» Ebenda, S. 136

S. 111   «Als die Neue …» Ebenda, S. 132 f.

«Und du hattest …» Ebenda, S. 220

S. 113   «Eigentlich schade …» Diese Episode hat Klaus Gysi geschildert in: Sabath: Gysi, S. 30

S. 114   «Man braucht sehr …» Gysi: Einspruch, S. 290

«Ich habe einiges …» Ebenda, S. 290

S. 119   «Alle Besucher …» Landesarchiv Berlin C-Rep. 903-01-12, Nr. 189

S. 120   «daß einige Genossen …» Ebenda, C-Rep. 903-01-12, Nr. 234

«ideologische Windstille» Ebenda, C-Rep. 903-01-12, Nr. 230

S. 123   «meine Ansicht blieb …» Gysi: Das war's, S. 27

«Als erste Maßnahme …» Ebenda, S. 28

S. 125   «Wenn du dein …» Kaufman: Hole in the Heart, S. 139 f.

S. 126   «die Angst davor …» Gysi: Einspruch, S. 297

S. 128   «Du meinst …» Martina Hanf/Kerstin Schulz: *Das blanke Wesen. Thomas Brasch*, Berlin 2004, S. 71 f.

S. 131   «Gregor bemühte sich …» SAPMO-BA DP 1 VA Nr. 3172

S. 132   «Vom Antrag des …» Ebenda

S. 133   «Arbeitserfahrungen über …» Ebenda

S. 134   «Keiner mochte …» Gysi: Das war's, S. 38

S. 135   «Hier handelt es …» SAPMO-BA DP 1 VA 2667

S. 142   «Ein kleiner Jude …» Stefan Heym: *Nachruf*, Frankfurt/M. 1990, S. 701

«Der hat immer …» Müller: Krieg, S. 114 f.

6. Kapitel
S. 144 «durch hervorragende Arbeit ...» SAPMO-BA DP 1 VA 2976
S. 146 «Der Klassengegner ...» Landesarchiv Berlin C-Rep. 903-01-12 Nr. 190
«entsetzliche Demütigung» Gysi: Das war's, S. 34
S. 151 «Wenn ich überhaupt ...» Gysi: Einspruch, S. 285
S. 155 «Wir distanzieren uns ...» Kopie der Entschließung im Besitz des Autors
S. 156 «Unter sehr fadenscheinigen ...» Gysi: das war's, S. 39 f.
S. 157 «Keiner hatte ...» Robert Havemann: *Die Stimme des Gewissens*, Reinbek 1990, S. 212
«Ich meine ...» Hubert Rottleuthner: *Steuerung der Justiz in der DDR*, Köln 1994, S. 428
S. 158 «Gregor Gysi als Vorsitzender ...» Havemann: Die Stimme, S. 212
S. 160 «Ich werde mit ...» Emine Sevgi Özdamar: *Seltsame Sterne starren zur Erde*, Köln 2004, S. 230
S. 164 «Bahro mochte ich ...» Gysi: Das war's, S. 41 f.
S. 167 «wesentlich geringere ...» Guntolf Herzberg/Kurt Seifert: *Rudolf Bahro*, Berlin 2002, S. 257
S. 168 «Ich muss darüber ...» Ebenda, S. 258 ff.
«Als Anwalt ...» Gysi: Das war's, S. 43
«Zur Ehre ...» Walter Janka: *Schwierigkeiten mit der Wahrheit*, Berlin, Weimar 1990, S. 106
S. 169 «Bahro konnte ...» Herzberg/Seifert: Bahro, S. 265
S. 174 «Ich kann keinen ...» Vollnhals: Havemann, S. 97 f.
S. 175 «Ich habe nur ...» Katja Havemann/Joachim Widmann: *Robert Havemann oder Wie die DDR sich erledigte*, München 2003, S. 268 f.
S. 177 «Der eloquente ...» Ebenda, S. 272 f.
S. 181 «Ich unterhielt mich ...» Gysi: Das war's, S. 47 ff.

7. Kapitel
S. 191 «Für mich gibt ...» Herzberg/Seifert: Bahro, S. 305
«Richtig ist ...» Ebenda, S. 617
S. 193 «Mein Anwalt ist ...» Auskunft Sibylle Havemann gegenüber dem Autor
S. 216 «Im Gesamtzusammenhang ...» BVerfG, 2 BvE 2/98 vom 30.6.1998, Absatz 74
«Die Schlußpassage ...» Ebenda, Absatz 76
«Die – rechtsstaatswidrigen ...» Ebenda, Absatz 59
S. 218 «In seinem Schachspiel ...» Gysi: Das war's, S. 47
«bestimmte politische Grenzen ...» Jochen Zimmer: *Das Gauck-Lesebuch*, Frankfurt/M. 1998, S. 123

Alle anderen Zitate sind entnommen: «Bericht des Ausschusses für Wahlprüfung, Immunität und Geschäftsordnung zu dem Überprüfungsverfahren des

Abgeordneten Dr. Gregor Gysi» sowie «Stellungnahme des Abgeordneten Dr. Gregor Gysi vom 29. Mai 1998» zu diesem Bericht – beides Bundestagsdrucksache 13/10893. Außerdem: «Gutachterliche Stellungnahme des BStU vom 26. Mai 1995», «Ergänzender Bericht des BStU» zur Gutachterlichen Stellungnahme vom 13. März 1997 sowie Gysis «Stellungnahme» zu diesem Ergänzenden Bericht vom 17. April 1997

8. Kapitel

S. 221 «wie sich eine …» SAPMO-BA DP 1 VA 4279

S. 235 «Das war ein …» Gysi: Einspruch, S. 292 f.

S. 237 «Ich hoffe sehr …» Gysi zitiert den Brief in: *taz*, 4.11.1994
«Ich habe so …» Havemann/Widmann: Havemann, S. 408

S. 249 «Ich mache das …» Thomas Irmer/Matthias Schmidt: *Die Bühnenrepublik*, Berlin 2003, S. 267

S. 250 «Gabis Vater …» Özdamar: Sterne, S. 182

S. 251 «Mit Gabi …» Ebenda, S. 201
«Gabi hatte …» Ebenda, S. 236

S. 253 «Gregor Gysi den Damen …» Martin Linzer: *Ich war immer ein Opportunist*, Berlin 201, S. 222

S. 255 «Er vertritt überzeugend …» SAPMO-BA DY 30/ IV 2/11/v. 4911, Bl. 77/78
«Frage des persönlichen …» Ebenda, Bl. 87

S. 260 «Es kam vor …» Horst Dohle/Joachim Heise (Hg.): *Klaus Gysi*, Berlin 2002, S. 310

S. 261 «Einem wie mir …» Ebenda, S. 315

9. Kapitel

S. 263 «Wie kann …» Kaufman: Hole in the Heart, S. 264

S. 264 «Ich hätte ihm …» *Der Morgen* 9./10.2.1991

S. 269 «die DDR ihrem Schicksal …» Valentin Falin: *Politische Erinnerungen*, München 1993, S. 489
«die SED könne …» Dieses Zitat wie alle anderen Zitate aus den Gesprächen Gysis mit Gorbatschow aus: Detlef Nakath/Gero Neugebauer/Gerd-Rüdiger Stephan (Hg.): *Im Kreml brennt noch Licht*, Berlin 1998

S. 272 «Es war sofort …» Michail Gorbatschow: *Erinnerungen*, Berlin 1995, S. 937

S. 273 «Geradezu kafkaesk …» André Brie: *Ich tauche nicht ab*, Berlin 1996, S. 163 f.

S. 277 «Es stand nicht …» Runge/Stellbrink: Opposition, S. 38
«Er war zutiefst …» *taz*, 5./6. Juli 2003

Bildnachweis

Bundesarchiv Koblenz 8 (unten) (Bild 183-1990-0705-25), 14 (oben) (Bild 183-1990-0202-29); Deutsches Historisches Museum 3 (unten); Sauer/images.de 13; Jochen Zick/Keystone 16 (unten); Tom Sandberg 1, 6 (oben), 6 (unten), 10, 11, 16 (oben); Ullstein Bilderdienst 2 (oben), 2 (unten), 3 (oben), 4 (oben), 5, 7, 8 (oben), 9, 12 (oben), 12 (unten), 14 (unten), 15 (oben), 15 (unten)

Reproduktion des Fotos auf Tafel 4 (unten) mit freundlicher Genehmigung des Ch. Links Verlags.